**문화와
역사로
만나는**

우리 나무의 세계 1

박상진

우리나라 나무 문화재 연구 분야 국내 최고 권위자인 박상진 교수는 1963년 서울대학교 임학과를 졸업하고 일본 교토대학 대학원에서 농학박사 학위를 받았다. 산림과학원 연구원을 거쳐, 전남대학교 및 경북대학교 교수를 지냈고, 지금은 경북대학교 명예교수로 있다. 나무의 세포 형태를 공부하는 목재조직학이 주 전공인 저자는 일찍부터 나무 문화재를 과학적으로 분석하는 일에 매진해왔다. 해인사 팔만대장경판, 무령왕릉 관재, 고선박재, 사찰 건축재, 출토목질유물 등의 재질 분석에 참여했다. 2002년 대한민국 과학문화상을 수상한 바 있으며, 2007~2009년에 걸쳐서 문화재청 문화재위원(천연기념물 분과)을 역임했다.

현재는 한국의 사계를 수놓는 주요 수목 및 천연기념물 문화재 나무를 통해 우리 문화와 역사 속에서 나무 이야기를 찾아내고, 각종 매체를 통하여 관련 사진과 글을 직접 기고하고 있다. 저서로는 《나무에 새겨진 팔만대장경의 비밀》(김영사, 2007), 《역사가 새겨진 나무이야기》(김영사, 2004), 《나무, 살아서 천년을 말하다》(랜덤하우스중앙, 2004), 《궁궐의 우리나무》(눌와, 2001), 《朝鮮王宮の樹木》(世界書院, 2005), 《우리 문화재 나무 답사기》(왕의 서재, 2009) 등을 비롯해 전문서인 《목재조직과 식별》(향문사, 1987) 등 여러 권이 있다.
이메일: sjpark@knu.ac.kr

문화와 역사로 만나는 우리 나무의 세계 1

지은이_ 박상진

1판 1쇄 발행_ 2011. 1. 27.
1판 7쇄 발행_ 2023. 8. 10.

발행처_ 김영사
발행인_ 고세규

등록번호_ 제406-2003-036호
등록일자_ 1979. 5. 17.

경기도 파주시 문발로 197(문발동) 우편번호 10881
마케팅부 031)955-3100, 편집부 031)955-3200, 팩스 031)955-3111

저작권자 ⓒ 2011 박상진
이 책의 저작권은 저자에게 있습니다.
저자와 출판사의 허락 없이 내용의 일부를 인용하거나 발췌하는 것을 금합니다.

값은 뒤표지에 있습니다.
ISBN 978-89-349-4691-5 04900
    978-89-349-4700-4(세트)

독자 의견 전화_ 031)955-3200
홈페이지   www.gimmyoung.com   블로그 blog.naver.com/gybook
인스타그램 instagram.com/gimmyoung   이메일 bestbook@gimmyoung.com

좋은 독자가 좋은 책을 만듭니다.
김영사는 독자 여러분의 의견에 항상 귀 기울이고 있습니다.

문화와
역사로
만나는

우리 나무의 세계

①

박상진

김영사

차례

머리말 나무 속에서 문화와 역사를 발견하다 · 6

1 / 꽃이 아름다운 나무

개나리 · 10 계요등 · 14 국수나무 · 18 꽃사과나무 · 22 노린재나무 · 25 누리장나무 · 29 능소화 · 33 동백나무 · 38 덜꿩나무 · 44 등나무 · 47 때죽나무 · 52 쪽동백나무 · 56 매화나무 · 60 명자나무(명자꽃) · 67 모감주나무 · 73 모란 · 78 목련 · 83 무궁화 · 89 박쥐나무 · 94 박태기나무 · 98 배롱나무 · 103 백당나무 · 109 병꽃나무 · 113 산딸나무 · 117 산사나무 · 122 생강나무 · 128 서향 · 133 수국 · 137 수수꽃다리 · 141 실거리나무 · 145 아왜나무 · 150 야광나무 · 154 영산홍 · 157 철쭉 · 161 자귀나무 · 166 장미 · 171 조팝나무 · 175 족제비싸리 · 179 진달래 · 183 찔레꽃 · 189 팥배나무 · 194 풍년화 · 199 해당화 · 203 협죽도 · 207 황매화 · 211

/ 과일이 열리는 나무

가래나무 · 218 호두나무 · 223 감나무 · 227 고욤나무 · 233 개암나무 · 237 귤나무 · 242 까마귀밥나무 · 247 능금나무 · 251 다래나무 · 256 키위 · 260 대추나무 · 264 돌배나무 · 268 머루 · 274 포도나무 · 279 멀꿀 · 284 으름덩굴 · 288 모과나무 · 292 무화과나무 · 297 천선과나무 · 301 밤나무 · 305 보리장나무 · 310 복사나무 · 314 비파나무 · 320 살구나무 · 324 석류나무 · 330 앵두나무 · 335 자두나무 · 341

/ 가로수로 심는 나무

가죽나무 · 감탕나무 · 먼나무 · 계수나무 · 구실잣밤나무 · 까마귀쪽나무 · 낙우송 · 메타세쿼이아 · 느티나무 · 단풍나무 무리 · 단풍나무 · 고로쇠나무 · 복자기 · 신나무 · 버드나무 무리 · 버드나무 · 수양버들 · 왕버들 · 호랑버들 · 사시나무 무리 · 사시나무 · 은사시나무 · 미루나무 · 벽오동 · 산벚나무 · 왕벚나무 · 아까시나무 · 은행나무 · 이나무 · 이팝나무 · 칠엽수 · 튤립나무 · 플라타너스(버즘나무) · 회화나무 · 후박나무 · 히말라야시다

/ 정원수로 가꾸는 나무

개비자나무 · 광나무 · 쥐똥나무 · 괴불나무 · 굴거리나무 · 금송 · 꽝꽝나무 · 나도밤나무 · 남천 · 노박덩굴 · 다정큼나무 · 담쟁이덩굴 · 돈나무 · 마삭줄 · 목서 · 반송 · 처진소나무 · 백량금 · 자금우 · 비목나무 · 사스레피나무 · 사철나무 · 송악 · 위성류 · 작살나무 · 주목 · 팔손이나무 · 피라칸다 · 측백나무 · 호랑가시나무 · 화살나무 · 회양목

약으로 쓰이는 나무

개오동나무·350 겨우살이·355 골담초·359 구기자나무·363 꾸지뽕나무·369 딱총나무·373 마가목·377 머귀나무·381 무환자나무·385 복분자딸기·389 붉나무·394 산수유·399 소태나무·404 순비기나무·408 오갈피나무·412 오미자·416 음나무·420 인동덩굴·425 주엽나무·430 헛개나무·435

생활에 쓰이는 나무

갈매나무·442 갯버들·447 노각나무·452 노간주나무·456 닥나무·461 대나무 무리·466 대나무(왕대)·467 이대·472 조릿대·476 대팻집나무·480 두릅나무·484 뽕나무·488 사위질빵·493 삼지닥나무·497 소사나무·502 쉬나무·506 싸리나무·512 예덕나무·518 오리나무·522 옻나무·527 차나무·531 참죽나무·536 청미래덩굴·540 초피나무·544 치자나무·550 칡·556 탱자나무·561 팽나무·565 푸조나무·570 향나무·574 황벽나무·580 황칠나무·585

찾아보기·591

재목으로 쓰이는 나무

가시나무·굴피나무·너도밤나무·녹나무·느릅나무·말채나무·멀구슬나무·물푸레나무·비자나무·삼나무·서어나무·소나무 무리·소나무·곰솔·금강소나무·리기다소나무·잣나무·솔송나무·오동나무·일본목련·잎갈나무·자작나무 무리·거제수나무·자작나무·사스래나무·박달나무·전나무·조록나무·참나무 무리·굴참나무·상수리나무·졸참나무·갈참나무·신갈나무·떡갈나무·참식나무·편백·피나무

만나기 어려운 귀한 나무

가문비나무·가침박달·개느삼·구상나무·담팔수·댕강나무·등칡·만병초·망개나무·미선나무·백송·붓순나무·비쭈기나무·소귀나무·시로미·오구나무·팥꽃나무·황근·후피향나무·히어리

머리말

나무 속에서 문화와 역사를 발견하다

우리나라는 어디를 가나 고개를 들면 산과 마주한다. 아스라이 먼 옛날부터 산의 주인은 나무였다. 나무마다 얼굴이 다르고 살아가는 방식이 달라도 함께 모여 숲이란 안식처를 만들고 넉넉한 품안에 누구나 차별 없이 보듬는다. 나무는 5천 년 우리 역사의 현장을 지키면서 좋은 일, 궂은 일, 민족의 슬픔, 기쁨 모두 함께했다. 당연히 수많은 사연이 얽혀 있을 터이다.

임학과를 졸업하고 교수가 되어 학생을 가르치며 연구란 이름으로 나무 곁을 맴돈 지도 벌써 40년이 넘었다. 처음 인연은 나무속의 세포를 현미경으로 들여다보는 목재조직학에서 시작하여 나무의 바깥 모습을 연구하는 수목학에 이르기까지 나의 발길을 조금씩 넓혀 나갔다. 그러나 내가 공부한 학문의 성격상 전문가들과 연구실을 맴돌 수밖에 없었다. 다행히 최근 들어 자연과 환경의 중요성에 눈을 뜨면서 연구실의 학문만이 아니라 나무를 좋아하는 사람들과 함께 지식을 나누어 가질 기회가 찾아왔다. 대중과 소통할 수 있는 창구를 마련하기 위하여 나무라면 생각나는 단순한 푸르름의 이미지에 변화를 주고, 나무 자체의 단단함을 조금 부드럽게 만들고 싶었다. 우선 재미있고 유익한 나무 이야기가 있어야 할 것 같았다. 우리 문화와 역사 속의 나무들을 주목했다. '문화·역사·나무'

라는 서로 어울리지 않을 것 같은 주제의 연결고리를 찾아보자는 조금 건방진 생각을 하였다. 틈틈이 역사책과 고전을 읽고 자연과학자가 바라보는 나무살이의 여러 사연을 조금씩 정리해 나갔다.

 이 책은 이런 자료들을 모아 문화와 역사로 만나는 우리 나무의 세계를 나무 이야기로 펼친 것이다. 우선 1천여 종이 넘는 우리 나무 중 242종을 골라냈다. 이 숫자는 전문가가 아닌 일반인들이 알고 있는 우리 나무는 거의 다 포함된다. 우리나라에 원래부터 자라던 나무는 물론 최근 들어온 외국 나무까지 이 땅의 알 만한 나무는 모두를 아우른 셈이다. 우선 나무 종류마다 간추린 설명과 해상도 높은 컬러사진으로 이해를 돕게 했지만, 내용의 대부분은 나무에 서려 있는 수많은 이야기를 끌어내는 데 주안점을 두었다. 우리 문화와 역사 속에서 펼쳐지는 나무의 세계는 생각보다 넓고 깊었다. 삼국사기, 삼국유사, 고려사, 조선왕조실록의 4대 사서를 비롯하여 고전소설, 선비들의 문집, 시가집 등에서 종류 별로 기록을 찾아내어 정리했다. 그 외 개화기의 시인이나 문학작품까지 나무와 관련된 자료들은 가능한 두루 참조했다. 그 속에는 놀랍게도 재미거리 뿐만 아니라 선조들의 삶을 들여다볼 수 있는 자료가 들어 있었다.

 책의 구성은 '꽃이 아름다운 나무', '과일이 열리는 나무', '약으로 쓰이는 나무', '생활에 쓰이는 나무', '가로수로 심는 나무', '정원수로 가꾸는 나무', '재목으로 이용되는 나무', '만나기 어려운 귀한 나무'의 여덟 분류로 나누어 독자들이 친근하게 가까이 할 수 있도록 했다. 흥미로운 나무 이름의 유래를 가능한 찾아 넣었고 중국과 일본을 비롯하여 서양의 관련 자료들도 포함시켰다. 또 영명, 일본명, 중국명, 한자명, 북한명을 일일이 찾아내어 관심 있는 분들에게 도움이 되게 하였다.

내가 문화와 역사로 만나는 나무 이야기를 준비해온 지는 퍽 오래되었다. 시작 당시에는 한자 읽기의 어려움으로 지지부진했으나, 1990년대 초부터 고전번역이 활발해지고 온라인 세상으로 들어서면서 가속도가 붙었다. 자료가 쌓이면서 학생들뿐만이 아니라 산을 좋아하고 나무를 사랑하는 분들과 함께하기 위해 각종 매체에 하나둘씩 나무 이야기를 발표해 나갔다. 이런 자료들을 모아 2001년에는 《궁궐의 우리나무》를 발간한 바 있으며, 일부 내용은 여기서도 인용하였다.

이 책에는 700여 장의 나무 사진과 50여 장의 옛 그림이 들어 있다. 대부분의 사진은 직접 촬영한 것이나 20여 장은 대구 고등법원장을 역임한 황영목 변호사가 제공해주었다. 그 외 몇 장은 대구수목원과 완도수목원에서 제공받았다. 옛 그림의 상당부분은 명지대 유홍준 교수의 연구실에 소장하고 있는 도록을 이용하였다. 수많은 옛 그림 복사본 파일을 가지고 있는 연세대 이종영 학생으로부터도 많은 도움을 받았다. 아울러서 그 동안 도움을 준 (주)유한킴벌리에게도 고마움을 전하고 싶다. 그 외 이 책이 나올 수 있도록 도움을 주신 모든 분들과 방대한 책의 출판을 맡아주신 김영사에게도 깊이 감사를 드린다.

2011년 1월

박상진

꽃이
아름다운
나무

/

개나리 / 계요등 / 국수나무 / 꽃사과나무 / 노린재나무 / 누리장나무 / 능소화 / 동백나무 / 덜꿩나무 / 등나무 / 때죽나무 / 쪽동백나무 / 매화나무 / 명자나무(명자꽃) / 모감주나무 / 모란 / 목련 / 무궁화 / 박쥐나무 / 박태기나무 / 배롱나무 / 백당나무 / 병꽃나무 / 산딸나무 / 산사나무 / 생강나무 / 서향 / 수국 / 수수꽃다리 / 실거리나무 / 아왜나무 / 야광나무 / 영산홍 / 철쭉 / 자귀나무 / 장미 / 조팝나무 / 족제비싸리 / 진달래 / 찔레꽃 / 팥배나무 / 풍년화 / 해당화 / 협죽도 / 황매화

개나리는 꽃잎이 네 갈래로 갈라져 샛노랗게 핀다(2010.03.24. 영남대)

물푸레나무과
학명:*Forsythia koreana*
영명:Korean Golden-bell
일본명:チョウセンレンギョウ朝鮮連翹
중국명:朝鮮连翘
한자명:連翹, 大連翹
북한명:개나리꽃나무

개나리

/

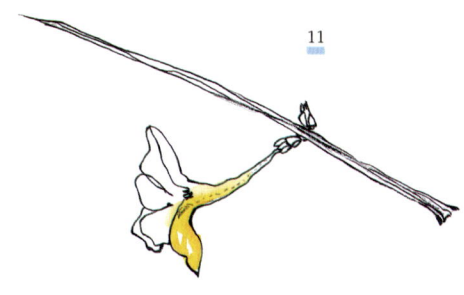

나리 나리 개나리
잎에 따다 물고요
병아리 떼 종종종
봄나들이 갑니다

 동화작가 윤석중의 〈봄나들이〉는 유년을 되돌아보게 하는 유명한 동요다. 개나리는 잎이 피기 전, 나뭇가지가 보이지 않을 정도로 샛노란 꽃이 길게 늘어서서 뭉게구름처럼 피어난다. 홀로 핀 개나리 꽃은 상상할 수 없다. 춤추는 홍학이 무리를 이룰 때 장관이듯 개나리도 수백 수천 그루가 무리를 지어 필 때 아름다움이 더한다.
 노란빛은 희망과 평화를 상징하고, 누구에게나 마음의 안정을 주는 색깔이다. 물론 개나리보다 먼저 산수유와 생강나무가 노란 꽃으로 봄 치장을 하여 겨울잠에서 대지를 깨운다. 그래도 무르익어 가는 봄을 온몸으로 표현하는 꽃은 개나리가 단연 으뜸이다.
 개나리란 이름은 초본식물인 나리꽃보다 좀 작고 아름다움이 덜하다는 뜻으로 짐작된다. 북한에서는 접두어 '개'가 들어간 식물의 이름을 모두 바꾸었으나 개나리만은 그대로 두었다. 개나리는 나리꽃과 관련을 짓지 않은 것으로 보인다.

◀마주보기로 달리는 개나리 잎(2006.09.19. 대구 신천)
▶결실이 어려워 흔치 않은 개나리 열매(2009.09.29. 경북대)

개나리가 꽃으로 우리 문헌에 처음 등장한 것은 《화암수록(花菴隨錄)》[1]이다. 강인재의 〈화목(花木) 9품〉 중 맨 뒤 9품에 무궁화와 함께 개나리가 나온다. 이 아름다운 꽃을 보고 선조들이 시 한 수 남기지 않았다는 것은 아쉬운 일이지만, 그래도 꽃으로서 관심을 가져주니 반가운 일이 아닐 수 없다.

개나리는 네 개의 꽃잎으로 갈라져 있으나 아랫부분은 합쳐져 있다. 얼핏 서양의 종 모양이 연상되는데, 그래서인지 영어 이름도 '황금종(golden bell)'이다. 우리나라 어디에서나 만날 수 있으며, 땅에서부터 여러 가닥의 줄기가 올라와 포기를 이룬다. 그대로 두면 가지가 활처럼 휘어져 밑으로 처진다. 약간 높은 언덕바지에 산울타리로 심어 두면 꽃 피는 계절에 올려다보는 경치가 일품이다.

꽃이 진 개나리는 맑은 날의 우산처럼 쓰임새가 없는 것으로 알기 쉽다. 그러나 가을에 열리는 볼품없는 열매가 옛날에는 귀중한 약재로 쓰였다는 사실은 잘 알려져 있지 않다. 개나리의 열매는 연교(連翹)라 하여 한약재로 쓰인다. 종기의 고름을 빼고 통증을 멎게 하거나 살충 및 이뇨작용을 하는 내복약으로 쓴다. 조선시대에 임금님께 올리는 탕제로 처방했다는 기록이 여러 차례 등장하는 것으로 보아 귀한 약재였음을 알 수 있다. 그러나 개나리 열매는 그렇게 흔치 않다.

개나리꽃은 암술이 낮고 수술이 높은 단주화(短柱花) 개체와 그 반대인 장주화(長柱花) 개체가 있다. 수정이 되어 열매가 열리려면 단주화와 장주화가 섞여 있어야 열매를 더 잘 맺는다. 우리 주변에는 단·장주화가 섞인 개나리가 훨씬 적다.[2)] 열매가 잘 열리지 않아도 번식에는 문제가 없다. 번거롭게 씨를 받아 심을 필요 없이 가지를 꺾어다 꽂아 놓기만 해도 쉽게 뿌리를 내리기 때문이다.

키 3미터 정도이며 잎과 가지는 서로 마주보면서 붙어 있다. 마디 부분 이외의 가지 골속은 비어 있다. 개나리의 학명을 살펴보면 종(種) 이름에 'koreana'가 들어 있다. 우리 땅이 개나리 조상의 중심지였다는 이야기다. 우리나라에서 자라는 개나리 식구들은 개나리를 비롯하여 산개나리, 만리화, 장수만리화, 의성개나리 등이 있다. 모양새가 비슷비슷하나 만리화와 장수만리화는 잎이 크고 넓은 타원형이므로, 잎이 좁은 다른 개나리들과 구분할 수 있다.

꼭두서니과
학명: *Paederia scandens*
영명: Fevervine
일본명: ヘクソカズラ屁糞葛
중국명: 鸡矢藤, 鸡尿藤
한자명: 鷄尿藤

계요등

'닭'과 연관된 풀 종류로는 닭의난초, 닭의덩굴, 닭의장풀이 있으며, 나무로는 계요등이 있다. 계요등은 길이가 5~7미터 정도에 이르며 잎이 지는 덩굴식물이다. 근처에 있는 다른 식물의 줄기를 만나면 왼쪽감기로 꼬불꼬불 타고 오르지만, 신세질 아무런 식물이 없어서 땅바닥을 길 때는 덩굴을 곧바르게 뻗는다.

　육지에서는 주로 충청 이남에서 자라고, 섬 지방은 동해의 울릉도와 서해의 대청도까지 올라간다. 우리나라뿐만 아니라 일본, 중국에서도 자란다. 적응범위가 넓어 자람 터는 척박하고 건조한 곳에서부터 습한 곳까지 거의 낯가림이 없다.

　잎은 손바닥 반 크기의 타원형이며, 잎 아래는 심장형이다. 마주보기로 달려 있고, 초록색이 더욱 진해 보이며 가장자리가 밋밋한, 흔히 볼 수 있는 평범한 모양새의 잎이다. 그래서 푸름에 묻혀 있는 계요등은 쉽게 우리 눈에 들어오지 않는다.

　하지만 여름에서 초가을에 피는 꽃을 보고 나면 그 특별한 자태를 머릿속에서 쉽게 지워버릴 수 없다. 덩굴 끝이나 잎겨드랑이에 여러 갈래로 갈라지면서 뻗어나온 꽃자루에는 손톱 크기 남짓한 작은 통모양의 꽃이 핀다. 꽃통의 윗부분은 다섯 개로 갈라지고, 꽃

◀담벼락에 길게 늘어져 자라는 계요등 덩굴(2010.08.02. 영암)

은 약간 주름이 잡히면서 하얗게 핀다. 안쪽은 붉은 보랏빛으로 곱게 물들어 있고, 제법 긴 털이 촘촘히 뻗쳐 있다. 초록을 배경으로 핀 보랏빛 점박이 꽃은 여름에서부터 초가을에 걸쳐 마땅한 꽃이 없어 심심해진 숲에 한층 운치를 더해준다. 대부분의 꽃이 같은 색깔로 피는 것과는 달리 계요등은 흰빛과 보랏빛이 조화를 이뤄 더욱 돋보이기 때문이다. 그래서 꽃을 한 번이라도 본 사람들은 계요등이라고 하면 먼저 꽃부터 떠올리게 된다. 열매는 콩알 굵기로 둥글고 황갈색으로 익으며 표면이 반질거린다. 한방에선 열매와 뿌리를 말려서 관절염이나 각종 염증 치료약으로 쓰기도 한다.

어떻게 해서 '계요등(鷄尿藤)'이라는 이름이 붙여졌는지 그 유래에 대해서 알아보자. 계요등이 한창 자랄 때 잎을 따서 손으로 비벼 보면 약간 구린 냄새가 난다. 그래서 계요등의 다른 이름은 구린내나무다. 또 속명 'Paederia'는 라틴어의 'paidor'에서 유래되었는데, 역시 좋지 않은 냄새가 난다는 뜻이다. 봄과 여름에 냄새가 더 심하고 가을이 되면 거의 없어진다. 사람에 따라 다르겠지만 혐오감을 줄 정도로 냄새가 지독한 것은 아니며, 더욱이 양계장에서 풍기는 진한 닭똥 냄새와 비교하여 그다지 역하지도 않다. 그러나 이름을 붙일 때는 좀 과장되기 마련이다. 우리 이름인 계요등은 글자 그대로 닭 오줌 냄새가 나는 덩굴이란 뜻이다. 중국 이름인 계시등(鷄屎藤)은 닭똥 냄새라는 뜻이다. 일본의 《만엽집(萬葉集)》[3] 이란 옛 시가집에 실린 이름은 시갈(屎葛)로, 아예 똥 냄새 덩굴이란 뜻이다. 여기서 한 가지 짚고 넘어가야 할 부분이 있다. 새 무리들은 항문과 요도가 합쳐져 있어서 똥오줌을 따로따로 누지 않는

보랏빛 점박이가 특징인 계요등 꽃(2009.07.11. 부산)

다. 따라서 우리 이름인 계요등보다 중국 이름인 계시등이 보다 합리적인 이름이다. 또 계요등이라는 표기도 국문법에 맞지 않는다. 우리가 똥오줌을 '분뇨'라고 하듯이 닭 오줌이란 말을 꼭 쓰려면 '계요등'이 아니라 '계뇨등'으로 해야 옳다는 의견이 많다.

  계요등은 또 다른 말썽의 소지가 있다. 풀인지 나무인지 명확하지 않아서다. 일반적으로 풀과 나무의 구분 기준은 관다발이 있고, 적어도 몇 년을 살며 겨울에 지상부가 살아 있으면 나무로 분류하고 그렇지 않으면 풀로 분류하는 것이 보통이다. 그런데 계요등은 대부분의 경우 겨울 동안 지상부가 말라 죽는다. 따라서 풀로 분류하는 것이 더 합리적일 것 같은데, 우리나라 식물도감은 대부분 나무로 분류하고 있다. 반면 일본 식물도감에는 계요등을 풀로 분류하고 있다. 이는 학자들 간의 좀 더 면밀한 검토가 필요한 부분이다.

줄기 뻗음이 국수를 닮았다고 하여 국수나무라 불린다(2010.04.17. 대구 앞산)

장미과
학명: *Stephanandra incisa*
영명: Lace Shrub, Cutleaf Staphanandra
일본명: コゴメウツギ 小米空木
중국명: 小米空木
한자명: 小珍珠花

국수나무

숲속의 큰 나무 밑에 활처럼 휘어진 가느다란 줄기를 길게 늘어뜨리고 자라는 나무가 있다. 이와 비슷한 모습으로 자라는 나무가 여럿 있지만 그중에서도 눈에 잘 띄는 나무가 바로 국수나무다.

국수나무는 가지가 처음 자랄 때는 적갈색이지만 나이를 먹으면서 하얗게 변한다. 가느다란 줄기 뻗음이 얼핏 보아 국수 면발이 연상된다고 하여 이런 이름이 붙여졌다. 잘라서 세로로 찢어 보면 목질은 얼마 없고 대부분이 좀 푸석거리는 황갈색의 굵은 고갱이가 들어 있다.

우리 식물 이름 중에 국수가 붙은 나무가 여럿 있다. 족보가 조금씩 다르긴 하지만 나도국수나무, 산국수나무, 섬국수나무, 중산국수나무를 비롯하여 금강산에서 발견되어 북한의 천연기념물로 지정된 금강국수나무까지 있다. 나무 이름에 국수를 붙일 정도로 먹을거리 부족에 시달려온 옛사람들의 절박했던 삶의 흔적을 보는 것 같아 마음이 아프다.

국수를 먹기 시작한 것은 인류의 역사만큼이나 오래되었다고 한다. 기원전 6000~5000년경부터 이미 아시아 지방에서 만들어졌다는 것이다. 우리나라에도 일찍감치 들어왔을 것으로 보이지만, 기록으로는 《고려도경》이 처음이다. "고려의 음식은 십여 가지가

다소곳이 피어 있는 국수나무 작은 꽃(2007.05.26. 제천 월악산)

있는데, 그중에서도 국수를 으뜸으로 삼았다"라는 기록이 있으며, 특히 국수는 귀하여 큰 잔치가 있어야 먹을 수 있을 만큼 고급 음식이었다고 한다. 이렇게 국수가 생일, 혼례 등 경사스러운 날의 특별 음식이 된 것은 긴 면발이 서로의 인연과 긴 수명을 상징하기 때문이다. 오늘날에도 흔히 국수 먹는 날을 결혼식 날로 일컫는다.

국수는 잔칫날이나 되어야 먹을 수 있는 별미였고 가난한 백성들은 잘 먹을 수도 없는 음식이었지만, 국수나무는 우리나라 어디에서나 쉽게 만날 수 있다. 국수나무는 봄이 짙어 갈 즈음 재빨리 잎부터 피워낸다. 자랄 터가 숲속의 큰 나무 밑이라 어물거리다가는 그늘이 져 햇빛을 구경하기가 어려워지기 때문이다. 큰 나무들의 잎으로 그늘이 생기기 전에 재빨리 광합성을 하여 한 해 농사를 서둘러 짓겠다는 계산이다. 자람의 과정을 보면 4월에 여린 잎을 펼

큰 나무들이 아직 잠잘 때 잎부터 먼저 피우는 국수나무 무리(2007.05.26. 대구 앞산)

치고 5월에 꽃을 피우고 바로 열매를 맺는다. 그 이후로는 바람에 큰 나무들이 흔들릴 때마다 잠깐씩 들어오는 햇빛으로 조금씩 도움을 받으면 그것으로 족하다. 나무마다 들여다보면 살아가는 지혜가 사람 뺨치게 영리하고 정교하다.

국수나무는 땅에서 줄기가 여럿으로 갈라져 포기를 이루어 자란다. 잎은 어긋나기로 달리고 끝이 뾰족하며, 가장자리는 몇 군데 깊이 패어 있다. 가지 끝에 원뿔모양의 꽃차례를 만들고 황백색의 작은 꽃이 핀다. 열매는 타원형의 골돌(蓇葖)[4]이다.

장미과
학명: *Malus prunifolia*
영명: Crab Apple
일본명: ヒメリンゴ(イヌリンゴ)
중국명: 海棠果, 楸子, 海紅, 奈子

꽃사과나무

가을이면 우리 주변에 있는 공원이나 큰 공공건물 앞에서 예쁜 아기사과가 달려 있는 나무를 흔히 만날 수 있다. 열매는 대체로 작은 새알만 하지만 제법 굵은 것도 있으며, 색깔은 붉은색이 가장 많다. 또한 사과 모양의 특징이 잘 나타나며, 꽃받침 자국이 선명하게 남아 있다.

봄이면 거의 나무 전체를 뒤덮어 버릴 만큼 많은 꽃이 잎과 함께 핀다. 진분홍색의 꽃이 대부분이지만 원예품종은 하얀 꽃이 피기도 한다. 키 5~6미터에 지름은 한 뼘 정도이며, 원래 아름드리로 자라는 나무는 아니다. 잎은 타원형으로 가장자리에 톱니가 있고, 잎의 앞뒷면으로 털이 나 있어서 희끗희끗하게 보인다. 열매와 마찬가지로 잎이나 껍질모양도 사과나무를 많이 닮았다. 열매는 떫고 별다른 맛이 없어서 그냥 먹기는 어렵지만 과일주를 담그기도 한다.

꽃사과나무는 중국이 원산이나 오래전부터 사람들이 개량하여 원예품종을 계속 만든 탓에 수많은 품종이 있고, 학자들 간에도 이 나무의 분류학적인 위치에 대하여 의견일치를 보지 못하고 있다.

비슷한 종류인 서부해당화(학명 *Malus halliana*)와 꽃아그배나무(학명 *Malus froribunda*)를 포함하여 한꺼번에 '꽃사과'라고 부르는 경우

◀등산로 입구에 활짝 피어 있는 꽃사과나무 꽃(2010.04.30. 대구)

꽃사과 열매는 품종에 따라 여름에서 가을까지 익는 시기가 다르다(2003.06.17. 강릉 오죽헌)

가 많다. 이들 셋은 비슷비슷한 나무지만 조금씩 차이가 있다. 서부해당화는 중국 원산이며 현재도 널리 심고 있는 꽃나무 중 하나다. 꽃봉오리는 붉은빛이지만 꽃이 완전히 피고 나면 연분홍색이 되고, 열매는 꽃사과나무보다 작다. 꽃아그배나무는 일본에서 개량한 품종으로 보이며, 에도시대 말기인 19세기 중엽 유럽에 전해져 지금까지도 인기를 누리고 있다. 꽃봉오리는 붉은색이 강하고, 꽃잎이 벌어지면 분홍색이었다가 꽃이 완전히 피면 거의 백색이 된다. 열매는 붉은 열매보다 노란 열매가 더 흔히 열린다. 셋 중에 가장 꽃이 아름답고 특히 분홍빛이 강하다.

그러나 이들 셋은 서로 구분이 어렵고 상호간, 혹은 야광나무나 아그배나무와 수많은 교잡종이 있어서 특징을 딱히 나누어 말하기는 어렵다. 전문가가 아니면 세 가지 모두를 꽃사과나무로 알고 있어도 크게 문제될 것이 없을 것 같다.

노린재나무

녹음이 짙어 가는 늦봄의 끝자락인 5월 말이나 6월 초쯤이면 숲속의 큰 나무 밑에서 새하얀 꽃 뭉치를 잔뜩 달고 있는 자그마한 노린재나무를 흔히 만날 수 있다. 다섯 장의 갸름한 꽃잎 위로 노란 꽃밥과 긴 대궁을 가진 수술이 수십 개씩 뻗어 있어서 꽃잎은 묻혀 버리고 작은 솜꽃이 몽실몽실 피어나는 듯하다. 게다가 은은한 향기도 갖고 있어서 등산객의 발길을 멈추게 한다.

노린재나무란 이름은 황회목(黃灰木)에서 유래되었으며, 특별한 쓰임새가 있다. 자초(紫草)나 치자 등 식물성 물감을 천연섬유에 물

가까이에서 본 노린재나무의 새하얀 꽃 뭉치(2010.05.15. 대구 앞산)

노린재나무과
학명:*Symplocos chinensis* for. *pilosa*
영명:Sweet Leaf
일본명:サワフタギ沢蓋木
중국명:華山礬
한자명:黃灰木, 牛鼻木, 華山礬, 白花丹

들이려면 매염제(媒染劑)가 반드시 필요하다. 노린재나무는 전통 염색의 매염제로 널리 쓰인 황회를 만들던 나무다. 잿물이 약간 누런 빛을 띠어서 노린재나무란 이름이 붙여진 것으로 보인다. 오늘날에는 숲속의 수많은 이름 없는 자그마한 나무들 중 하나에 불과하지만, 불과 백여 년 전만 해도 천에 물감을 들일 때 꼭 필요한 귀중한 자원식물이었다.

《조선왕조실록》에 보면 중종 8년(1514)에 '죽청'이란 중이 "지금 황회목(黃灰木)으로 돈 버는 일 때문에 곽산에 와 있다"라는 내용이 실려 있다. 《상방정례(尙方定例)》[5]에는 "명주를 보라색으로 염색할 때는 한 필에 지초 8근, 황회 20근, 매실 1근으로 염색한다"라는 기록이 남아 있다. 또 《규합총서(閨閤叢書)》[6]에는 "자초 염색을 할 때는 노란 잿물을 받아 사용한다"라고 하여 조선조 때는 황회가 염색에 빠지지 않는 매염제였음을 알 수 있다.

조선의 황회를 이용한 염색기술은 멀리 일본에까지 수출하기도 했다. 《대화본초(大和本草)》라는 일본의 옛 문헌에 따르면 "조선 사람의 도움을 받아 노린재나무의 잎을 끓인 즙으로 찹쌀을 물들여 떡을 만들고 사각형으로 잘라서 팔았다"라고 전해진다. 역시 같은 책에 "잎을 건조시키면 대개 황색으로 되고, 염색할 때 이것을 명반 대신에 사용하므로 한자 이름을 산반(山礬)이라고 한다"라는 기록이 있다. 그 후 황회를 이용한 염색법이 널리 퍼지게 되었고, 제주도의 섬노린재를 일본인들은 아예 탐라단(耽羅檀)이라고 불렀다.

노린재나무는 숲속의 키다리 나무 밑에서 자라나는데, 크게 자라

◀숲속에서 하얀 꽃을 잔뜩 피우고 있는 노린재나무(2010.05.15. 대구 앞산)

초가을부터 익어 가는 짙푸른 노린재나무 열매(2004.08.23. 여수)

도 4~5미터 남짓하다. 굵기라야 고작 팔목 굵기 정도인 줄기를 위로 내밀어 사방으로 가지를 여기저기 뻗는다. 거의 수평으로 긴 타원형의 수많은 잎을 펼치고 있는 모양새를 보고 있노라면 노린재나무가 살아가는 처지를 미루어 짐작할 수 있다. 햇빛을 더 많이 받아 보겠다는 처절한 경쟁에서 물려받은 유전인자로는 가당치도 않으므로 일찌감치 포기했다. 그래서 음지는 물론 추위와 메마른 땅, 공해에 찌든 도심, 갯바람을 마주하는 바닷가까지 씨앗이 어디에 떨어지건 상관없이 잘 자라는 뛰어난 적응력을 과시한다.

꽃이 지고 나면 팥알보다 좀 굵은 갸름한 열매가 열린다. 초가을에 들어서면서 익어 가는 열매의 색깔로 노린재나무의 종류를 구분하는 기준으로 삼는다. 열매가 짙푸른색이면 노린재나무, 검은 빛깔을 띠면 검노린재나무, 푸른색이 너무 진하여 거의 검은빛을 띠면 섬노린재나무다.

누리장나무

짐승의 고기에서 나는 기름기 냄새를 누린내라고 한다. 대부분의 사람들은 이 냄새를 싫어하여 고기를 요리할 때는 누린내를 줄일 수 있는 여러 가지 방법을 동원한다. 누리장나무는 이런 누린내가 난다. 물론 동물의 누린내처럼 메스껍고 역겨운 것이 아니라 누린내 비슷한 냄새가 나기는 해도 사람들이 싫어할 정도는 아니다. 누리장나무가 한창 자라는 봄에서 여름까지는 이 나무 근처에만 가도 금방 누린내를 맡을 수 있다. 잎을 찢어보면 냄새가 더 강하다. 북한 이름은 아예 누린내나무이고, 중국 이름은 냄새오동, 일본 이

브로치(brooch)모양의 아름다운 누리장나무 열매(2002.09.20. 청송, ⓒ황영목)

여름날 활짝 핀 누리장나무 꽃(2007.08.24. 완도 소안도)

마편초과
학명 : *Clerodendron trichotomum*
영명 : Harlequin Glorybower, Glory Tree
일본명 : クサギ 臭木
중국명 : 海州常山, 臭梧桐
한자명 : 海州常山
북한명 : 누린내나무

름은 냄새나무다. 하지만 꽃이 필 때는 향긋한 백합 향을 풍긴다. 누린내로 너무 각인이 되어 꽃 시절은 잘 챙겨주지 않으니 누리장나무로서는 좀 억울할 만도 하다.

우리나라 어디에서나 자라지만 누리장나무를 자주 만날 수 있는 곳은 숲의 가장자리나 산비탈의 돌이 쌓여 있는 노출지 등 양지바른 곳이다. 키 3~4미터의 자그마한 나무이며, 타원형의 잎은 손바닥만큼 커지기도 한다. 옛사람들은 큰 잎을 가진 나무에 흔히 '오동'이란 접두어나 접미어를 잘 붙였다. 마찬가지로 잎이 큰 누리장나무도 냄새오동(臭梧桐)이라 부르기도 했다. 8~9월에 끝 부분이 다섯 개로 갈라진 동전 크기만 한 꽃이 흰빛 또는 연분홍빛으로 무리지어 핀다. 수술이 길게 뻗어나온 모습이 독특하여 멀리서도 금방 눈에 띈다.

누리장나무는 가을이 되면 냄새 때문에 생긴 불명예를 씻어 버리기라도 하듯 정말 특별하게 생긴 열매로 우리 눈을 유혹한다. 열매가 맺힐 때면 붉은 말미잘 모양의 열매받침을 펼치고, 가운데 1캐럿(지름 6.5밀리미터) 크기의 사파이어 보석이 박힌다. 열매는 매끄러운 진한 푸른색으로 가을 하늘과 맞서려 한다. 냄새나무 이미지와는 전혀 딴판이다.

열매 받침과 열매가 이루는 전체 모양은 브로치(brooch)를 연상케 한다. 옛 한복에서 저고리의 고름이 없어지고 편리한 브로치로 바뀌던 개화기 때는 누리장나무 열매 모양이 가장 널리 쓰였다. 보기야 좋지만 누리장나무 자신은 왜 이렇게 특수한 설계를 하게 되었을까? 이는 종족보존을 위하여 고안된 뒤는 방식이라고 생각된다.

붉은 바탕과 푸른 열매는 새들이 찾기 쉽고 매력적인 색 대비이기 때문이다. 열매 안에는 새들이 목마를까봐 맛있는 즙액을 잔뜩 넣어 두는 것도 잊지 않았다.

어린잎은 나물로 먹는다. 신기하게도 냄새 성분은 휘발성이 강하여 금방 날아가 버린다는 것이다. 잔가지와 뿌리는 말려서 민간약으로 기침이나 피부병에 이용하기도 한다. 근래에는 꽃과 열매를 보기 위하여 흔히 정원수로 심는다. 점차 누리장나무의 매력을 알아주는 사람들이 늘어나고 있다. 또 누리장나무 과일에서 추출한 푸른색 색소는 한때 식품첨가물로 쓰이기도 했으나, 지금은 생산량이 거의 없어서 승인이 취소되었다고 한다.

능소화

여름이 깊어 갈수록 주변은 온통 초록의 바다가 된다. 그러나 늘 푸름도 너무 오래가면 금세 신물이 나서 화사한 봄꽃의 색깔이 그리워진다. 이럴 즈음, 꽃이 귀한 여름날의 아쉬움을 달래주는 능소화가 우리의 눈길을 끈다. 고즈넉한 옛 시골 돌담은 물론 삭막한 도시의 시멘트 담, 붉은 벽돌담까지 담장이라면 가리지 않는다. 담쟁이 덩굴처럼 빨판이 나와 무엇이든 가리지 않고 달라붙어 아름다운 꽃 세상을 연출한다. 가장자리가 톱날처럼 생긴 여러 개의 잎이 한

꽃통이 길고 꽃 크기가 작은 미국능소화(2009.07.18. 부산)

절집의 담장에 피어 있는 능소화 꽃(2002.07.05. 순천 선암사)

능소화과
학명 : *Campsis grandiflora*
영명 : Chinese Trumpet Creeper
일본명 : ノウゼンカズラ凌霄花
중국명 : 凌霄, 凌霄花
한자명 : 凌宵花, 紫葳花, 金藤花

잎자루에 달려 있는 겹잎이고, 회갈색의 줄기가 길게는 10여 미터 이상씩 꿈틀꿈틀 담장을 누비고 다니는 사이사이에 아기 나팔모양의 꽃이 얼굴을 내민다.

 꽃은 그냥 주황색이라기보다 노란빛이 많이 들어간 붉은빛이다. 화려하면서도 정갈한 느낌이 든다. 다섯 개의 꽃잎이 얕게 갈라져 있어서 정면에서 보면 작은 나팔꽃 같다. 옆에서 보면 깔때기 모양의 기다란 꽃통의 끝에 꽃잎이 붙어 있어서 짧은 트럼펫이 연상된다. 꽃이 질 때는 꽃잎이 하나하나 떨어져 날아가 버리는 보통의 꽃과는 달리 동백꽃처럼 통째로 떨어진다. 그래서 시골에서는 흔히 처녀꽃이란 이름으로도 불려진다. 꽃은 감질나게 한두 개씩 피지 않고 원뿔모양의 꽃차례에 붙어 한창 필 때는 잎이 보이지 않을 정도로 많이 핀다. 한번 피기 시작하면 거의 초가을까지 피고 지고를 이어간다.

 흔히 능소화 꽃가루에는 갈고리가 달려 있어서 눈에 들어가면 심지어 실명한다고 잘못 알려져 있다. 식물의 꽃가루는 대체로 0.01~0.05밀리미터 크기의 원형이나 타원형이며, 종류마다 형태가 다르고 표면에 돌기가 있는 경우도 가끔 있다. 그러나 능소화 꽃가루는 크기 0.02~0.03밀리미터 정도의 타원형으로 전자현미경으로 확대해보면 표면이 그물모양일 뿐[7] 갈고리 같은 흉기는 없다. 사실 돌기가 있는 코스모스 등의 꽃가루도 크기가 너무 작아 일부러 눈에 넣고 비비지 않는 다음에야 눈에 영향을 미치지는 않을 것이다.

 중국의 《시경(詩經)》에 나오는 소지화(苕之華)란 이름의 꽃나무는

진안 마이산 탑사 절벽을 뒤덮고 있는 능소화가 꽃을 피우고 있다(2010.07.19.)

능소화로 짐작된다. 이를 미루어 보아 적어도 3천 년 전부터 사람들이 심고 가꾸었던 나무임을 알 수 있다. 우리나라의 능소화는 시대는 알 수 없지만 중국에서 들어온 것으로 짐작할 뿐 기록으로 남아 있는 것은 없다. 19세기 초 유희가 쓴 《물명고(物名攷)》[8]에 보면 능소화는 '자위(紫葳)'라 하였으며, "야생의 덩굴나무로 영산홍과 같이 붉은 황색을 띠며 꽃에 작은 점이 있고, 8월에 콩꼬투리 같은 열매가 열린다"라는 기록이 있다. 아주 드물긴 하지만 산속에서도 어쩌다 만날 수 있다. 들어온 지가 오래된 식물은 이렇게 엉뚱한 곳에서 자라는 경우도 있다. 사람이나 동물이 옮겨주었기 때문에 가능한 일이다.

《동의보감》에서도 자위라 하였으며 줄기, 뿌리, 잎 모두 약재로 기록되어 있다. 처방을 보면 "몸을 푼 뒤에 깨끗지 못하고 어혈이 이리저리 돌아다니는 것과 자궁출혈 및 대하를 낫게 하며, 혈을 보하고 안태시키며, 대소변을 잘 나가게 한다"라고 나와 있다. 부인병에 널리 쓰이는 약재로 일찍부터 재배한 것으로 보인다. 오늘날에는 귀한 약나무에서 관상용으로 사람의 눈을 즐겁게 해줄 뿐이다.

능소화는 원래 남부지방에서 주로 심던 나무다. 20세기 초까지만 해도 서울에서는 매우 보기 드문 꽃이었다고 한다.《화하만필(花下漫筆)》에는 "서울에 이상한 식물이 있는데, 나무는 백송이 있고 꽃에는 능소화가 있다"라고 하였다. 하지만 옛날보다 날씨가 훨씬 따뜻해진 탓에 지금은 서울을 포함한 중부지방에서도 잘 자라고 있다. 겨울에 들어서서 잎이 지고 나면 마치 가느다란 실을 세로로 덕지덕지 붙여 놓은 것 같은 회갈색의 줄기가 특별히 눈에 띈다. 줄기는 세월이 그렇게 많이 지나지 않아도 고목 줄기의 느낌을 준다. 능소화는 겨울 줄기가 볼품없지만 앙상함이 아니라 그 나름의 기품을 잃지 않는다.

근래 들어 주변에서 흔히 볼 수 있는 능소화 외에 최근에 들여온 미국능소화를 주로 심고 있다. 미국능소화는 꽃의 크기가 작고, 거의 위로 향하여 피며 더 붉은색을 띠는 것이 보통 능소화와의 차이점이다.

이루지 못한 사랑의 대명사인 동백나무 꽃(2005.03.18. 거제 지심도)

차나무과
학명 : *Camellia japonica*
영명 : Common Camellia
일본명 : ツバキ椿
중국명 : 山茶, 茶花
한자명 : 山茶, 冬柏, 春柏, 探春花

동백나무

가지에 매달린 채 시든 꽃을 흔히 볼 수 있다. 화려하고 아름답던 시절의 미련을 버리지 못하는 탓이리라. 그러나 동백꽃은 이런 추한 모습을 보이지 않는다. 꽃으로서 주어진 임무를 다하면 새빨간 꽃잎을 고스란히 간직한 채 통째로 떨어져 버린다. 그 모습을 보고 옛사람들은 마치 남자에게 농락당하고 버려진 아름다운 여인과 비교했다.

동백꽃은 예부터 이루지 못한 사랑의 대명사였다. 고려 말 이규보의 《동국이상국집(東國李相國集)》에 실린 시 〈동백화(冬栢花)〉를 비롯하여 꽃은 못 보고 막걸리집 여자의 육자배기만 들었다는 서정주의 〈선운사 동구〉에서처럼 언제나 여인과 함께 등장한다. 동양의 꽃인 동백은 서양에 건너가서도 비련의 여인 이미지를 이어갔다. 동백은 프랑스 소설가 뒤마가 1848년에 발표한 소설《동백꽃 부인 (La Dame aux camlias)》의 주인공이 되었다. 원래《동백꽃 부인》이 옳은 번역이나 일본 사람들이《춘희(椿姬)》라고 해석한 것을 우리도 그대로 따르고 있다. 창녀인 여주인공 마르그리트 고티에는 동백꽃을 매개로 순진한 청년 아르망 뒤발과 순수한 사랑에 빠지지만 결국은 비극으로 끝나버린다는 줄거리다. 이 소설은 5년 뒤 베르디의 오페라 〈라 트라비아타〉로 각색되어 세계적인 선풍을 일으킨다.

우리
나무의
세계

〈화조묘구도(花鳥猫狗圖)〉, 이암, 16C 전반, 86.4x43.9cm, 평양조선미술관
커다란 붉은 꽃이 핀 고목나무를 붙잡고 있는 고양이와 까치, 강아지 두 마리의
어울림이 정겹고 따뜻하다. 꽃이 조금 과장되게 그려져 있지만 잎이나 줄기의
모습으로 보아 동백나무임을 알 수 있다. 동백나무가 자라는 고장이라면 그림의
배경은 서남해안의 비교적 따뜻한 지방으로 짐작된다.

동백이란 이름 외에 산다화(山茶花), 탐춘화(探春花)라고도 한다. 동백나무는 원래 따뜻한 기후를 좋아한다. 육지로는 서해안의 충남 서천에서부터 남부지방과 동해안의 울산에 걸쳐 자라고, 섬 지방은 대청도와 울릉도까지 육지보다는 더 북으로 올라온다.

동백나무는 늘푸른잎을 달고 있는 굵기 한 뼘 남짓 크기의 아담한 나무다. 주위의 다른 나무들은 활동을 멈추고 겨울잠 준비에 여념이 없는 늦가을부터 조금씩 꽃봉오리를 만들어 간다. 차츰 찬바람이 휘몰아치는 겨울이 깊어가는 데도 아랑곳하지 않고 하나 둘씩 꽃을 피우기 시작한다. 이렇게 시작하여 봄의 끝자락에 이를 때까지 꽃이 이어진다. 윤이 반지르르한 초록빛 잎사귀를 캔버스 삼아 진한 붉은 꽃으로 수놓은 아름다운 수채화를 그려 놓는다.

동백나무 열매와 씨앗
(1999.10.25. 강진)

꽃이 아름다운 나무

너도 나도 꽃 피우기에 여념이 없는 좋은 계절을 마다하다가 왜 하필이면 한겨울에 꽃을 피우는 것일까? 동백나무 나름대로의 계산이 있어서다. 엄청난 정력을 쏟아부어야 하는 꽃 피우기에서 경쟁자를 따돌리고 종족보존의 유리한 고지를 점령하기 위함이다. 문제는 벌도 나비도 없는 겨울날에 어떻게 꽃가루받이를 할 것인가이다. 이 어려운 숙제를 아주 작고 귀여운 동박새와 '전략적인 제휴'를 함으로써 슬기롭게 해결했다.

우선 잎사귀 크기에 버금가는 큰 꽃에서 많은 양의 꿀을 생산하도록 만들었다. 꽃통의 맨 아래에 꿀 창고를 배치하고 위에는 노란 꽃술로 덮어두었다. 동박새로서는 추운 겨울을 나기 위하여 열량이 높은 동백나무의 꿀을 열심히 따먹어야 한다. 그러나 세상에 공짜는 없다. 꿀을 가져갈 때는 깃털과 부리에 꽃밥을 잔뜩 묻혀 여기저기 옮겨 달라는 주문이다. 동백꽃의 진한 붉은 꽃잎과 샛노란 꽃술도 그냥 만든 것이 아니다. 새는 색채 인식 체계가 사람과 비슷하여 붉은색에 특히 강한 인상을 받는다고 한다. 우리가 초록 바탕에 펼쳐지는 강렬한 붉은 색깔의 동백꽃을 금세 알아보듯이 동박새도 쉽게 눈에 띄도록 배려한 것이다. 이렇게 새에게 꿀을 제공하고 꽃가루받이하는 꽃을 조매화(鳥媒花)라고 한다. 겨울에 시작한 동백꽃 피우기는 봄까지 이어진다. 봄날에는 벌과 나비의 도움도 일부 받겠다는 계산이다.

　동백나무는 외톨이로 자라기보다 여럿이 모여 숲을 이룬다. 고창 선운사, 강진 백련사, 광양 옥룡사 터 등 유난히 절 주변에 동백나무가 많다.

　잎이 두꺼워 살이 많으며, 늘푸른나무라 우선은 산불이 절로 번지는 것을 막아준다. 아울러 동백기름은 등유로 쓰고 남는 것은 내다 팔아 절의 재정에 도움을 주며, 관청에서 요구하는 기름 공출을 댈 수 있다. 그 외에도 여수 오동도, 서천 마량리, 보길도 윤선도 유적지 등은 대표적인 동백나무 숲이다.

　서남해안 지방은 물론 섬 지방 어디를 찾아가더라도 겨울 동백꽃은 우리를 반갑게 맞아준다. 동백꽃은 꽃이 필 때뿐만 아니라 질 때의 모습도 장관이다. 동백꽃이 하나둘 떨어지는 날, 동백나무 아래는 맨발로 사뿐사뿐 걸어가고 싶을 만큼 보드라운 붉은 카펫이 깔린다. 이래저래 동백꽃은 우리에게 겨울의 낭만을 안겨주기에 모자람이 없다.

천연기념물 515호 나주 송죽리 동백나무(2009.04.17.)

꽃으로서의 임무가 끝나면 밤톨 굵기만 한 열매가 열린다. 익은 씨앗을 발라 기름을 짜면 고급 머릿기름이 된다. 이 머릿기름은 옛 여인들의 삼단 같은 머릿결을 윤기 나고 단정히 하는 데 필수품이었다.

우리의 토종 동백꽃은 모두 붉은 홑꽃잎으로 이루어져 있다. 돌연변이를 일으킨 분홍동백과 흰동백은 아주 드물게 만날 수 있을 따름이다. 겹꽃잎에 여러 가지 색깔을 갖는 동백이 널리 퍼져 있지만, 이는 자연산이 아니라 일본인들이 만든 고급 원예품종이 대부분이다. 품격으로 따진다면 토종 홑동백이 한 수 위다. 또 일본 원산의 애기동백도 널리 심는다. 이들은 꽃잎이 뒤로 넘어갈 만큼 활짝 피며, 꽃이 질 때는 벚꽃처럼 꽃잎이 한 장씩 떨어져 나가는 것이 동백꽃과의 차이점이다.

봄날 우산을 펼친 듯 피어나는 덜꿩나무 흰 꽃(2010.05.20. 대구)

인동과
학명：*Viburnum erosum*
영명：Erosum Viburnum, Japanese Arrowwood
일본명：コバノガマズミ 小葉莢迷
중국명：宜昌莢謎, 糯米条子
한자명：探春花

덜꿩나무

덜꿩나무는 중부 이남의 야산에서 흔히 볼 수 있다. 키 2~3미터 남짓한 작은 나무이며, 줄기는 여러 개로 갈라져 포기를 이루어 자란다. 타원형의 잎은 마주보기로 달려 있고, 앞뒷면으로 털이 소복이 나 있어서 만지면 느껴질 정도다.

큰 나무가 띄엄띄엄 서 있는 숲속의 봄은 평지보다 훨씬 늦게 찾아온다. 부지런한 녀석들은 잎을 살짝 내밀고 기지개를 켜지만, 아직 숲속까지 봄 냄새가 완전히 퍼지기 전에 덜꿩나무는 꽃을 피운다. 계절로는 늦봄에서 초여름에 걸쳐 손톱 크기의 하얀 꽃이 여러 개가 모여 우산모양을 이루면서, 갓 피어난 초록 잎 사이에 새하얀 소복을 입은 정갈한 여인처럼 곱게 피어난다. 아직 숲이 완전한 초록 옷을 갈아입기 전인데다 하얀 꽃은 흔치 않아 금방 눈에 띈다.

꽃이 지면 덜꿩나무는 잠시 다른 나무들의 푸름에 묻혀버린다. 잊고 있던 덜꿩나무가 다시 우리 눈에 들어오는 시기는 추석 전후다. 콩알 굵기만 한 새빨간 열매가 꽃 핀 자리마다 송골송골 열린다. 육질이 많은 이 열매는 찬 서리가 내리고도 한참은 더 남아 있어서 배고픈 산새들의 고마운 먹이가 된다.

덜꿩나무라는 이름은 아무래도 꿩과 관련이 있는 것 같다. 들에 있는 꿩들이 좋아하는 열매를 달고 있다는 뜻으로 들꿩나무로 불

콩알 굵기만 한 새빨간 열매가 지천으로 열린다(2009.09.12. 구미)

리다가 덜꿩나무가 된 것으로 생각된다.

《삼국사기》와 《삼국유사》에도 등장하는 꿩은 예부터 우리 주변에 흔한 새로서 초본에는 꿩의다리, 꿩의바람꽃, 꿩의밥, 꿩의비름 등 꿩이 들어간 식물이 여럿 있다. 그러나 나무로는 덜꿩나무가 유일하다.

덜꿩나무와 거의 같은 시기에 꽃이 피고 모양새도 비슷한 가막살나무가 있다. 너무 닮은 점이 많아 한마디로 차이점을 간단히 설명하기는 어렵다. 덜꿩나무를 더 흔히 만날 수 있기 때문에 대표나무로 들었을 뿐이다. 또 분꽃나무도 비슷하게 생겼으나 덜꿩나무보다 꽃이 조금 먼저 핀다. 꽃 색깔은 연분홍이고 모양은 분꽃을 많이 닮아서 이런 이름이 붙여졌다.

등나무

계절의 여왕 5월에 들어서면 쉼터 여기저기에서 연보랏빛의 아름다운 꽃이 수없이 주렁주렁 매달려 있는 등나무가 먼저 눈에 들어온다. 오른쪽 감기가 전문인 등나무는 아까시나무 비슷한 짙푸른 잎을 잔뜩 펼쳐 한여름의 뙤약볕을 피할 수 있는 그늘을 만들어준다. 이어서 열리는 보드라운 털로 덮인 콩꼬투리 모양의 열매는 너무 짙푸른 등나무 잎사귀의 느낌을 부드럽게 해준다. 콩과 식물이라 거름기 없이도 크게 투정부리지 않고 아무 데서나 잘 자라는 것도 등나무가 사랑받는 이유 중 하나다. 이렇게 등나무는 예쁜 꽃으로 우리 눈을 즐겁게 하며 쉼터의 단골손님으로 친숙한 나무다.

 그러나 자람의 방식은 사람들의 눈에 거슬린다. 등나무는 주위의 다른 나무들과 피나는 경쟁을 하여 삶의 공간을 확보하는 것이 아니라 손쉽게 다른 나무의 등걸을 감거나 타고 올라가 어렵게 확보해놓은 이웃나무의 광합성 공간을 혼자 점령해버린다. 칡도 마찬가지로 선의의 경쟁에 길들어 있는 숲의 질서를 엉망으로 만들어 버린다. 그래서 사람 사이의 다툼을 칡과 등나무가 서로 엉키듯 뒤엉켜 있다고 하여 갈등(葛藤)이라 한다. 또 등나무는 홀로 바로 서는 것이 아니라 다른 나무를 감고 올라간다. 옛 선비들은 등나무의 이와 같은 특성을 못마땅하게 생각하여 가장 멸시하던 소인배에 비

봄이 한창인 5월 초 연보랏빛 꽃을 주렁주렁 매단 등나무(2005.04.30. 경북대)

콩과
학명: *Wisteria floribunda*
영명: Japanese Wisteria
일본명: フジ藤
중국명: 多花紫藤, 紫藤
한자명: 藤, 紫藤, 藤羅花

〈고송유수첩(古松流水帖)〉, 이인문, 18C 후반~19C 초반, 38.1x59.1cm, 중앙박물관
초옥의 처마 위로 등나무가 보인다. 앞쪽으로는 선비가 한가로이 앉아 쉬고 있고 옆에는 부채질을 하면서 찻물을 끓이는 동자가 보인다. 예나 지금이나 효과적인 해가림에는 등나무가 제격이다.

유하기도 했다.

 그러나 갈등을 빚는 나무이든 소인배 나무이든 등나무만큼 쓰임새가 많은 나무도 없다. 줄기는 지팡이를 만들었고, 가는 가지는 바구니를 비롯한 우리의 옛 생활도구를 만들었다. 껍질은 매우 질겨 종이의 원료가 되었다. 송나라 사신이 쓴《고려도경(高麗圖經)》[10]에는 "백접선(白摺扇)은 대나무를 엮어서 뼈대를 만들고 등지(藤紙)를 말아서 덮어씌운다"라고 나와 있다. 부산 범어사 앞에는 천연기념물 176호로 지정된 등나무 군락이 있는데, 이는 스님들이 종이를 만들기 위해 가꾸고 보호한 흔적으로 짐작하고 있다.

 등나무의 쓰임에 관한 인상 깊은 이야기가《삼국지》에 나온다. 제갈량이 오늘날의 윈난성이나 베트남쯤 되는 남만(南蠻)의 맹획을

천연기념물 254호로 지정된 국무총리 공관의 등나무(2009.05.07.)

우리
나무의
세계

일곱 번이나 붙잡았다가 매번 놓아 주는 내용이 있다. 일곱 번째 마지막 싸움에서 제갈량은 맹획의 부탁을 받고 출병한 오과국의 왕 올돌골이 거느린 등갑군(藤甲軍)에게 크게 고전한다. 등갑은 기름을 먹인 등나무로 만든 갑옷을 말하는데, 금속제보다 가볍고 물에 뜨면서도 화살이 뚫지 못할 만큼 단단하다. 등갑의 재료는 우리나라에서 자라는 등나무(藤)가 아니다. 한자가 비슷하여 흔히 혼동하지만 래턴(籘, rattan)이란 전혀 별개의 나무다. 이 나무는 열대와 아열대에 걸쳐 자라는 덩굴성 식물로서 대나무와 비슷하며, 래턴의 섬유는 식물섬유 중에 가장 길고 질기다. 한때 우리나라에서 널리 사용하던 등가구는 모두 '래턴가구'다.

경주시 오류리에 있는 천연기념물 89호는 팽나무에 등나무가 뒤엉켜 있다. 여기에 얽힌 전설이 애처롭다. 신라 때 이 마을에는 두

자매가 살고 있었다. 두 사람이 같이 좋아하던 옆집 청년이 전쟁터에 나갔는데, 어느 날 청년의 전사 소식을 전해 들은 자매는 함께 마을 앞 연못에 몸을 던져버렸다. 그 후 연못가에는 등나무 두 그루가 자라기 시작했다. 얼마의 세월이 흐른 어느 날, 죽은 줄로만 알았던 그 청년은 훌륭한 화랑이 되어 마을로 돌아왔다. 그러나 두 자매의 사연을 듣고 괴로워하던 그 청년도 결국 연못에 뛰어들어 버렸다. 다음해가 되자 두 그루의 등나무 옆에 한 그루의 팽나무가 갑자기 쑥쑥 자라기 시작했다. 그래서 굵은 팽나무에 등나무 덩굴이 걸쳐 자라게 되었다는 것이다. 하지만 등나무의 사랑이 너무 진한 탓인지, 광합성을 제대로 할 수 없었던 팽나무는 예나 지금이나 비실비실한다 최근 문화재청에서는 철제 지주를 세워 팽나무로부터 강제로 등나무 줄기를 떼어 놓았다.

서양 종모양의 꽃이 아래를 향해 수없이 피어 있다(2010.05.19. 대구)

때죽나무과
학명: *Styrax japonicus*
영명: Japanese Snowbell
일본명: エゴノキ
중국명: 野茉莉
한자명: 齊墩

때죽나무

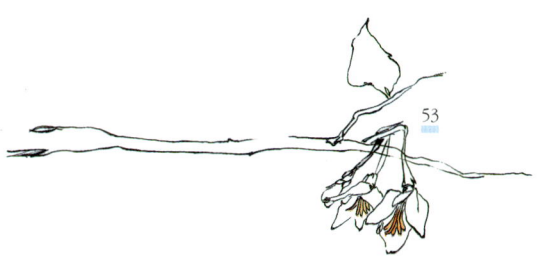

만약 나뭇잎이 공장에서 찍어낸 공산품처럼 똑같이 생겼다면 자연은 얼마나 단조롭고 심심할까. 다행히 하느님은 세상을 그렇게 재미없게 만들지는 않았다. 나무마다 천차만별의 모양이 있기에 나무를 공부하는 사람들은 이런 차이를 찾아 종류를 알아내게 된다. 때죽나무는 너무나 흔히 볼 수 있는 잎 모양을 가지고 있다. 뚜렷한 잎의 특징이 없는 것이 특징이다. 갸름한 잎에 잎맥이 있고, 잎자루가 적당한 길이로 달려 있는 흔하디흔한 보통의 잎 모양을 가지고 있다. 그래서 처음 나무를 공부할 때 가장 애먹는 나무가 바로 때죽나무다.

　대체로 어린이날을 지나면서 아이들의 해맑은 눈망울처럼 5월의 화창한 날, 때죽나무는 하얀 꽃을 피운다. 그것도 띄엄띄엄 감질나게 하나씩 피는 게 아니라 2~5송이씩 모여 소곤소곤 재잘대는 아이들을 보듯, 나무 전체를 뒤덮을 만큼 많이 핀다. 동전 크기만 한 다섯 개의 꽃잎을 살포시 펼치면서 가운데는 하나의 암술과 노란 수술 10여 개가 이를 둘러싼다. 수술은 꽃이 활짝 피면 연한 갈색으로 변하는데, 흰 꽃의 심심함을 보완해주는 포인트다. 꽃들은 모두 한결같이 다소곳하게 아래를 내려다보고 피는 모습이 부끄럼을 타는 사춘기 소녀처럼 정겹다.

열흘 남짓한 비교적 짧은 꽃 세상이 끝나면 이어서 열매가 열리기 시작한다. 수많은 열매는 머리를 아래로 향하여 조롱조롱 귀엽게 매달려 있다. 열매는 새끼손가락 첫 마디보다 약간 작은 크기의 타원형이나 때로는 머리가 뾰족하기도 하며, 익으면 은회색이 된다. 안에는 딱딱한 씨앗이 하나씩 들어 있다. 겨울을 넘기면서 열매껍질이 벌어지면 씨앗이 그대로 드러난다.

열매껍질은 사포닌(saponin)이란 물질을 함유하고 있다. 사포닌은 식물에 흔히 들어 있는 성분으로서 피를 맑게 하고 이뇨효과가 인정되는 약용성분이기도 하다. 그러나 '에고노끼'라는 일본 이름에서 딴 때죽나무의 에고사포닌(egosaponin)은 물고기의 아가미 호흡을 일시적으로 마비시키는 어독(魚毒)을 가지고 있다. 그래서 일본의 경우 일부 지방에서는 고기잡이에 이용했다고 알려져 있다. 또 사포닌이란 말 자체에 비누란 뜻이 포함되어 있는 것처럼 설익은 과일껍질을 찧어 비누처럼 빨래를 할 때 이용하기도 했다는 것이다. 씨앗은 기름 성분이 많이 포함되어 있어서 쪽동백나무 씨앗과 함께 유지(油脂)식물로 이용되었다.

때죽나무는 키 7~8미터에 아주 굵어야 한 뼘 남짓하다. 자연 상태에서는 수분이 좀 있는 계곡을 따라 잘 자란다. 조금 여유가 있는 공간에 정원수로도 제격이다. 하얀 꽃과 앙증맞은 열매가 무더기로 열리는 나무 자체의 매력을 뒤늦게 인정받아 정원수로 심기 시작한 지는 그리 오래되지 않았다. 공해에 강하고 도심지의 척박한 토양에서도 잘 자라기 때문에 도시의 가로수로도 바람직하다. 줄기는 흑갈색으로 어릴 때는 거의 갈라지지 않으나 나이를 먹으면

회갈색의 때죽나무 열매가 잔뜩 달려 있다(2002.09.27. 경남 고성)

얕게 세로로 골이 진다.

크게 자라는 나무가 아니라서 목재로서의 쓰임은 많지 않으나, 재질이 고르고 거의 흰색에 가까운 목재 색깔을 가지며 질겨서 휘는 재료로 쓸 수 있다. 소형장난감, 장기알 등 간단한 생활 기구를 만드는 데 쓰이기도 한다.

《물명고》에서는 열매를 제돈과(齊墩果)라 하였으나, 쓰임은 따로 적혀 있지 않다. 또 다른 이름으로 매마등(買麻藤)이라고도 하는데, 실제 매마등(학명 *Gnetum montanum*)은 중국 남부에서 자라는 다른 약용식물이다.

긴 꼬리모양의 꽃차례를 만들어 아래로 처져 달리는 쪽동백나무 꽃(2010.05.20. 경주)

때죽나무과
학명 : *Styrax obassia*
영명 : Fragrant Snowbell, Fragrant Styrax
일본명 : ハクウンボク白雲木
중국명 : 玉鈴花
한자명 : 玉鈴花

쪽동백나무

쪽동백나무는 때죽나무와 형님 아우 하는 사이다. 형제 사이가 판박이인 경우도 있지만 얼굴이 닮지 않아 엄마가 애매한 의심을 받기도 한다. 두 나무는 얼굴이라고 할 수 있는 잎사귀가 서로 다르다. 쪽동백나무 잎은 둥그스름한 모습이 얼핏 오동나무 잎이 연상되는데, 손바닥을 펼친 만큼의 크기에서부터 때로는 잎 한 장으로 얼굴 전부를 가릴 수도 있을 정도로 크다. 그래도 같은 피라는 사실은 숨기기 어렵다. 잎 이외에는 꽃모양도 거의 같고 껍질도 서로 구분이 안 될 만큼 비슷하다.

　쪽동백이라는 나무 이름이 흥미롭다. 옛 여인들은 동백기름으로 머리단장을 하고 참빗으로 곱게 쪽을 지었다. 뒷머리에 은비녀 하나를 가로지르면 정갈스런 마님의 표준 치장이었다. 그러나 동백기름은 남서해안의 일부 지역에서만 생산되고, 나라에서 세금으로 거둬 갈 만큼 귀하게 여기는 물건이다 보니 일반 백성의 아낙들에게는 그림의 떡이었다. 그래서 누구나 손쉽게 구할 수 있는 동백기름의 짝퉁이 필요했다. 마침 품질은 조금 떨어져도 동백기름을 대용하기에 크게 모자람이 없는 쪽동백나무를 찾아냈다. 이것으로 씨앗기름을 짜서 두루 사용한 것이다. 쪽동백나무는 우리나라 어디에서나 자라며 머릿기름 말고도 호롱불 기름으로도 쓰였다.

접두어 '쪽'이란 말에는 여러 가지 의미가 있으나 쪽문, 쪽배처럼 '작다'라는 뜻이다. 동백나무보다 열매가 작은 나무란 의미로 쪽동백나무가 된 것으로 생각된다. 쪽동백나무는 때죽나무, 생강나무 씨와 함께 동백기름을 쓸 만한 지체 높은 마님이 아닌 대부분의 옛 여인들이 널리 이용한 자원식물 중 하나이다.

쪽동백나무는 북한의 양강도, 자강도, 함경북도 이외 어디에서나 자라는 잎이 지는 중간 키 정도의 나무이다. 대체로 키 7~8미터에 지름이 한 뼘 정도면 아주 굵은 나무에 속한다. 꽃은 때죽나무와 거의 같으나 꽃잎이 약간 더 길고 깔때기 모양에 가깝다. 또 꽃대는 때죽나무가 2~5개씩 모여 짧은 꽃차례를 만드는 것과 달리 20여 송이씩 긴 꼬리모양의 꽃차례를 만들어 아래로 처져 달린다. 때죽나무가 나무 전체를 꽃으로 덮은 느낌인데 비하여 쪽동백나무는 커다란 잎과 잎 사이에 뭉게구름처럼 뭉게뭉게 피어오르는 것 같

익어 가고 있는 쪽동백나무 열매(2009.06.22. 창경궁)

다. 그래서 일본 사람들은 '백운목(白雲木)'이라 했다. 중국 사람들은 열매의 아름다움을 두고 '옥령(玉玲)'이라 했다. 학명 *obassia*는 '큰잎 때죽나무'란 뜻이다. 같은 식물을 두고 이렇게 보는 관점이 다른 것도 흥미롭다. 우리는 한자 이름이 따로 없고 중국 이름을 그대로 차용한 것 같다. 열매모양은 때죽나무와 거의 같다.

한약재로 귀하게 쓰이는 안식향(安息香, benzoin)은 수마트라 안식향과 샴 안식향이 있으며, 주로 쪽동백나무나 때죽나무와 같은 종류인 벤조인(학명 *Styrax benzoin*)에서 얻어진다.

하나둘씩 피기 시작하는 홍매 꽃과 꽃봉오리(2008.04.03. 장성 백양사)

장미과
학명 : *Prunus mume*
영명 : Japanese Apricot
일본명 : ウメ梅
중국명 : 梅, 梅花, 春梅, 干枝梅
한자명 : 梅, 梅花

매화나무

매화 옛 등걸에 봄철이 돌아오니
옛 피던 가지에 피엄 즉도 하다마는
춘설이 하 분분하니 필동말동 하여라

조선시대의 가사집 《청구영언(靑丘永言)》[11]에 실려 있는 〈매화타령〉의 첫머리다. 매화는 이처럼 눈발이 흩날리는 이른 봄부터 꽃을 피운다. 대지에 생명이 깨어남을 알려주는 첫 신호를 매화로부터 듣는다. 매화는 화려하지도 그렇다고 너무 수수하지도 않은 품격 높은 동양의 꽃으로 우리나라는 물론 중국과 일본 모두가 좋아하는 꽃나무다.

중국의 쓰촨성이 고향인 매화나무는 오래전부터 중국 사람들이 곁에 두고 아끼는 나무였다. 처음 사람과의 인연은 꽃이 아니라 열매로 출발했다. 청동기시대에는 소금과 함께 식초를 만드는 원료로서 매실을 귀하게 썼다. 《시경》의 〈국풍〉 편에 보면 '매실따기(摽有梅)'란 이름으로 꽃이 아니라 열매부터 등장한다. 매실은 차츰 약으로 이용된 것으로 보이며, 《신농본초경》에는 약효에 대한 상세한 설명이 나온다.[12] 우리나라 《동의보감》에는 불에 쬐어 말린 오매(烏梅), 소금에 절인 백매(白梅) 등 매화나무 열매에 대한 약효를 나누어

꽃이 아름다운 나무

〈매화초옥도(梅花草屋圖)〉, 전기, 19C, 29.4x33.2cm, 중앙박물관

옛사람들은 고결하고 지조를 꺾지 않은 선비의 표상을 흔히 세한삼우와 사군자로 나타내었는데, 여기에 매화는 빠지지 않는다. 어몽룡의 묵매도를 비롯하여 수많은 화가들의 그림 속에서 다양한 형태의 매화를 만날 수 있다. 구부러진 고목 매화를 가까이서 보고 그린 것이 대부분이나, 이 그림은 매화가 초옥의 주위를 에워싸듯이 숲을 이루고 있는 풍경이 특징이다. 꽃으로서의 매화만이 아니라 매실을 수확하겠다는 목적도 큰 듯하다.

함박눈이 내리듯 흩뿌려진 백매화가 흑갈색 매화나무 가지와 대비를 이룬다. 녹색 옷을 입은 집주인 선비는 매화 향에 취한 듯 고개를 들고 있고, 그를 찾아가는 붉은 옷의 선비는 지금 막 다리를 건너는 중이다. 옅은 회갈색으로 처리된 화면 전체는 아직 깊은 겨울잠에서 깨어나지 않은 듯 보인다. 오직 매화만이 조용하고 은은하게 봄이 왔음을 알려준다.

설명하고 있다. 오늘날 매실은 피로 회복은 물론 해독작용, 위장장애, 피부미용, 항암작용까지 건강식품의 왕좌를 차지하고 있다.

매화나무는 매실 이용과 함께 차츰 꽃에 대한 관심을 가지게 되었다. 매화가 관상식물로 눈에 띄기 시작한 것은 한무제(기원전 141~87) 때 상림원(上林苑)에서 심기 시작하면서부터다. 이후 매화는 시인과 묵객들이 시를 쓰고 그림을 그리는 소재로서 선비들의 사랑을 받아오다 송나라에 들어오면서 문학작품 속에서도 활짝 꽃을 피우기 시작했다.

매화가 우리나라에 들어온 것은 비교적 이른 시기이다. 고구려 대무신왕 24년(41)의 《삼국사기》 기록에서 매화를 찾을 수 있다. 또 《삼국유사》에는 〈모랑의 집 매화나무가 꽃을 피웠네〉라는 시가 있다. 이를 미루어 볼 때 적어도 삼국시대 초기 이전부터 매화 문화를 받아들인 것으로 보인다.

매화는 중국을 떠나 한국으로 건너오면서 몸만 달랑 온 것이 아니다. 사람과 맺은 소중한 인연도 고스란히 함께 갖고 왔다. 하지만 매화가 널리 알려지는 데는 시간이 필요했다. 삼국시대를 거쳐 고려시대까지 매화의 흔적은 그리 많지 않다. 고려 후기에 들어오면서 매화는 서서히 선비들의 작품 속에 녹아들어 갔다. 그래도 매화가 정말 만개한 시기는 아무래도 조선왕조에 들어오면서부터다. 난초, 국화, 대나무와 더불어 사군자의 첫머리에 꼽히고 세한삼우 송죽매(松竹梅)로 자리를 차지하면서 매화는 조선사회를 대표하는 지식인들의 문화이자 멋이었다.

매화를 노래한 수많은 조선의 선비들 중에 퇴계 이황만큼 매화

천연기념물 486호로 지정된 장성 백양사 고불매(古佛梅)(2008.04.03.)

사랑이 각별했던 이도 없다. 매화 시 91수를 모아 《매화시첩》이란 시집으로 묶어두었고, 문집에 실린 것까지 포함하면 무려 107수의 매화시를 남겼다.[13] 그는 매화를 그냥 매화로 부르기조차 삼갔다. 퇴계 시 속의 매화는 흔히 매형(梅兄) 아니면 매군(梅君), 때로는 매선(梅仙)이 되기도 했다.

그가 단양군수로 재직할 때 만난 두향이란 기생과 매화로 맺어진 사랑 이야기는 유명하다. 방년 18세의 관기 두향은 48세 중년의 중후한 멋을 풍기는 퇴계에게 반한다. 그러나 워낙 자세가 꼿꼿하여 '가까이 하기엔 너무 먼 당신'이었다. 두향은 퇴계의 각별한 매화 사랑을 알고, 꽃 빛깔이 희면서도 푸른빛이 나는 진귀한 매화를 구해 그에게 선물한다. 매화에 감복한 퇴계는 드디어 마음을 열고 두향을 가까이하기 시작했다. 그 후 두향이 선물한 매화를 도산서원에 옮겨 심었다고 하는데, 지금은 사라지고 없다. 퇴계가 1570년

매실주 재료로 팔리는 설익은 매실(2009.06.18. 대구)

12월 8일 아침, 70세의 일기로 세상을 떠나면서 남긴 마지막 유언은 "저 매화나무에 물을 주라"였다. 최근 새로 나온 천 원 권 지폐에는 퇴계의 얼굴과 더불어 도산서원의 매화나무가 담겨 있다. 마침 푸르스름한 지폐 색깔은 두향이 선물했다는 푸른빛 매화를 떠올리게 한다.

한편 매화도는 고려시대의 것도 몇 점 있지만, 조선시대의 그림이 대부분이다. 그 외에 어몽룡의 〈월매도(月梅圖)〉, 오달제의 〈설매도(雪梅圖)〉, 신사임당의 〈묵매도(墨梅圖)〉, 장승업의 〈홍백매화도〉, 민화에 이르기까지 조선시대 수많은 화가들의 그림에 매화는 빠지지 않았다.

매화나무는 우리나라 어디에서나 만날 수 있으며, 키가 5~6미터 정도 자란다. 수많은 품종이 있고 쓰임에 따라 매실 수확을 목적으로 심는 실매(實梅)와 꽃을 보기 위해 심는 화매(花梅)로 크게 나

하얀 백매도 꽃 피우기를 시작했다(2010.03.19. 남해)

뉜다. 그래서 나무 이름도 매실나무와 매화나무 양쪽을 다 쓴다.

꽃은 하얀 꽃이 피는 백매와 붉은 꽃이 피는 홍매를 기본으로 색깔이 조금씩 다른 수많은 품종이 있다. 홑꽃이 기본이나 겹꽃도 있다. 꽃잎 다섯 장이 모여 둥그런 모양을 이루는 꽃은 꽃자루가 거의 없어 가지에 바로 붙어 있다. 열매는 과육으로 둘러싸여 있고 가운데에 단단한 씨가 들어 있으며, 모양이 둥글고 짧은 털로 덮여 있다. 처음 열릴 때는 초록빛이나 익으면서 노랗게 되고 신맛이 난다.

매화나무와 살구나무는 비슷한 점이 많아 구별이 어렵다. 꽃이 피었을 때 꽃받침과 꽃잎이 붙어 있고 열매의 과육이 씨와 잘 분리되지 않는 것이 매화나무다. 반면 꽃받침이 꽃잎과 떨어져 뒤로 젖혀져 있으며 과육이 씨와 쉽게 분리되는 것이 살구나무다.

명자나무 (명자꽃)

명자란 이름의 자그마한 꽃나무가 있다. 좀 연륜이 있는 독자라면 여자 이름이 온통 '자'로 끝맺음하던 시절을 기억할 것이다. 영자, 순자가 가장 많았지만 명자(明子)도 흔한 이름이었다. 나무 이름으로서 명자는 한자 이름인 명사(榠樝)에서 변한 것으로 짐작되며, 공식 이름은 명자꽃, 혹은 명자나무다.

키가 2미터 내외로 땅에서부터 많은 줄기가 올라와 포기를 이루면서 자라는 명자나무는 주로 정원에 심고 가꿨다. 명자나무는 대

꽃이 아름다운 나무

한창 꽃이 핀 명자나무 (2010.04.13. 경주)

◀ 가까이서 본 붉은 명자나무 꽃(2010.04.13. 경주)
▶ 드물게 만나는 명자나무 흰 꽃(2002.04.10. 경기 광릉)

장미과
학명 : *Chaenomeles speciosa*
영명 : Flowering Quince
일본명 : ボケ木瓜
중국명 : 貼梗海棠, 貼梗木瓜
한자명 : 楔樝, 楔楂, 山棠花

체로 벚꽃이 질 때쯤 꽃이 피기 시작한다. 타원형의 작은 잎들이 피어나기 시작하면서 시샘하듯 금세 꽃봉오리들도 하나둘 꽃잎을 펼치기 시작한다. 매화처럼 생겼으나 약간 큰 진홍빛 꽃이 잎과 함께 나뭇가지 사이사이에 얼굴을 내민다. 대부분 붉은 꽃이지만 때로는 흰색, 분홍색 꽃을 피우는 원예품종도 있어서 취미에 따라 골라 심을 수도 있다. 한 번 꽃을 피우기 시작하면 늦봄까지 비교적 오랫동안 연속적으로 피므로 꽃봉오리와 활짝 핀 꽃이 함께 섞여 있어서 더욱 운치가 있다.

명자나무는 싹을 틔우는 힘이 좋아 전정가위로 잘라내도 금방 새 가지를 뻗는다. 사철나무, 쥐똥나무 등 이런 특성을 가진 나무들은 울타리로 심기에 알맞다. 특히 명자나무는 가지를 잘 뻗고 가지가 변한 가시까지 달고 있으므로 흔히 화단의 경계나 출입구 좌우에 나란히 심는다.

여름이 끝날 무렵이면 명자나무에는 탁구공 크기부터 거의 달걀 크기에 이르는, 모과를 쏙 빼닮은 아기모과가 열린다. 모양새야 모과나무와 가까운 혈족이니 그렇다 쳐도 작은 나무에 너무 부담스럽게 보이는 굵은 열매가 열리다 보니 보는 이들을 놀라게 한다. 그러나 가녀린 몸체로 온갖 시련을 이겨내고 가을에 노랗게 익을 때까지 잘 키워낸다. 씨앗에 줄 영양분도 잔뜩 넣어두고 사람에게 필요한 비타민, 능금산 등 유용 성분도 빠뜨리지 않는다.

〈어초문답도(漁樵問答圖)〉, 필자미상, 48.8x43cm, 중앙박물관
청색과 녹색의 안료를 사용하여 그린 대표적인 청록산수화. 허리춤에 도끼를 찬 나무꾼과 어부가 개울을 사이에 두고 나무 등걸에 걸터앉아 이야기를 나누고 있다. 이런 구도는 세상과 등진 현인들의 삶을 형상화한 것으로 이상향을 모델로 하였다. 우리가 흔히 쓰는 사돈이란 말의 어원도 이런 그림으로 이해할 수 있을 것 같다. 상단에 숙종의 어제(御題)가 쓰여 있다.[14]

《동의보감》에 명자나무 열매는 이렇게 나와 있다. "담을 삭이고 갈증을 멈추며 술을 많이 먹을 수 있게 한다. 약의 효능은 모과와 거의 비슷하다. 또한 급체로 쥐가 나는 것을 치료하며 술독을 풀어 준다. 메스꺼우며 생목이 괴고 누런 물을 토하는 것 등을 낫게 한다. 냄새가 맵고 향기롭기 때문에 옷장에 넣어 두면 벌레와 좀이 죽는다." 이외에도 강장제나 기침을 멈추게 하고 이뇨작용에 도움을 주는 민간약으로 쓰인다.

명자나무는 중국 중부가 원산지로 아주 옛날부터 가꾸어 온 나무다. 《시경》〈위풍〉편의 '목과'에 "투아이목도(投我以木桃) 보지이경요(報之以瓊瑤)"란 구절이 있는데, 이때의 목도(木桃)를 명자로 보아 "나에게 명자를 주었으니 옥으로 보답하나니"로 해석하기도 한다. 우리나라에는 언제 들어왔는지 명확하지 않으나, 《여암유고》(1744)에 명사(榠樝)란 이름이 처음 나온다고 한다.[15]

명자나무는 한자표기에 혼란이 있다. 옥편을 찾아보면 査, 樝, 楂는 같은 글자이며 '나뭇등걸 사', 혹은 '풀명자나무 사'라고 나와 있다. 풀명자나무는 명자나무의 종류이기는 하나 최근 일본에서 들여온 자그마한 나무일 뿐이므로 옥편의 풀명자나무라는 풀이는 옳지 않다.

사돈(査頓)이란 말의 유래와 관련하여 이런 이야기가 있다. 고려 중기의 윤관 장군은 부원수로 있던 오연총과 서로의 자녀를 혼인시켰다. 두 사람은 개울 하나를 두고 살고 있었는데, 어느 날 밤 갑자기 술이 마시고 싶어진 윤관이 술병을 들고 오연총의 집을 찾아가려고 하였으나 밤사이 개울물이 불어나 건너갈 수가 없었다. 오

명자나무는 작은 덩치에 어울리지 않게 아기 주먹만 한 열매를 달고 있어서 어쩐지 힘겨워 보인다
(2002.08.24. 전주)

    연총 역시 술 생각이 나 마침 윤관을 찾아가려던 참이라 둘은 개울을 사이에 두고 마주하게 되었다. 둘은 주위에 있던 사(樝)에 걸터앉아 머리를 조아리면서(頓) 술잔을 주고받는 것으로 대신했다. 그래서 사돈이란 말이 생겼다는 것이다.[16) 이때의 '사'는 일제강점기 때 우리나라에 처음 들어온 풀명자와는 아무런 관련이 없고 나뭇등걸을 말할 뿐이다. 《동의보감》에도 명사에 대한 한글표기를 명자라고 하였으니, 옥편의 풀이는 '명자나무 사'가 맞다. 풀명자가 명자나무와 다른 점은 꽃이 주홍색 한 가지뿐이고 가시가 더 많으며, 과실의 크기가 지름 2~3센티미터 정도로 명자보다 작다.

    산당화란 이름도 명자나무의 다른 이름으로 널리 쓰인다. 《북한수목도감》[17)에는 산당화와 명자나무를 다른 나무로 기술하고 있으나 우리는 같은 나무로 취급하고 있다.

모감주나무

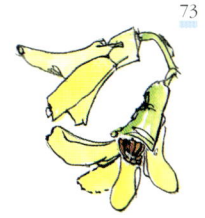

나무와 함께 살아온 나의 지난날을 이야기하면 사람들은 흔히 물어본다. 가장 좋아하는 나무가 무엇이냐고. 백인백색이란 말이 있지만, 우리나라에서 자라는 1천 여 종의 나무는 천목천색(千木千色)이다. 나무마다 다른 천 가지 매력에도 불구하고 나는 망설임 없이 모감주나무라고 대답한다. 하늘을 향하여 곧추선 긴 꽃대에 촘촘히 피어난 화려한 황금빛 꽃이, 7월의 짙푸른 녹음에도 전혀 주눅들지 않고 당당하게 피어오르는 모습이 마음에 들어서다.

꽃이 아름다운 나무

다른 꽃들이 한창 맵시 자랑에 여념이 없는 봄날에 모감주나무는

천연기념물 138호, 군락을 이루어 자라고 있는 안면도 방포리의 모감주나무(2003.07.08.)

모감주나무 꽃은 꽃잎 안쪽의 부속체 부분이 빨갛게 변하여 노란 꽃에 악센트를 주고 있다
(2003.07.08. 안면도)

무환자나무과
학명: *Koelreuteria paniculata*
영명: Golden Rain Tree
일본명: モクゲンジ木患子
중국명: 栾树, 灯笼树, 摇钱树
한자명: 樬, 欒樹, 菩提樹, 無患樹

꽃 피우는 일을 서두르지 않는다. 이파리만 조금씩 넓혀 가고 꽃대의 기본 틀만 잡으면서 여름의 태양이 이글거리는 그날만을 기다린다. 대체로 7월 초부터 중순에 걸쳐 갑자기 꽃대를 타고 온통 노란꽃으로 나무를 덮어버린다.

중국과 우리나라를 고향으로 하는 모감주나무를 서양인들은 어떻게 보았을까? 꽃이 한창일 때 보았다면 그들은 두말없이 '골든 플라워'라고 했을 터다. 그러나 공교롭게도 꽃이 지는 모감주나무를 처음 본 듯 '황금비 내리는 나무(golden rain tree)'라고 했다.

황금비 내림이 끝난 꽃들은 여기저기에 원뿔을 거꾸로 세운 것 같은, 청사초롱이 연상되는 특별한 모양의 열매가 열린다. 처음에는 초록색이지만 차츰 갈색으로 변하면서 얇은 종이 같은 껍질이 셋으로 길게 갈라진다. 안에는 콩알 굵기만 한 윤기가 자르르한 까만 씨앗이 보통 세 개씩 들어 있다. 만질수록 반질반질해지므로 염주의 재료로 안성맞춤이다. 모감주나무 씨앗의 다른 이름은 금강자(金剛子)다. 금강석의 단단하고 변치 않는 특성을 가진 열매라는 뜻이다. 불교에서는 도를 깨우치고 지덕이 굳으며, 단단하여 모든 번뇌를 깨뜨릴 수 있음을 표현한 것이다. 모감주나무 열매로 만든 염주는 큰스님들이나 지닐 수 있을 만큼 귀하다.

모감주나무는 북한의 일부를 포함하여 백령도와 덕적도, 안면도 등 주로 서해안에 자람 터가 있다. 그래서 한때 중국에서 파도를 타고 우리나라에 불시착한 수입나무로 알려졌다. 그러나 완도를 비롯하여 거제도, 포항으로 이어지는 남동해안에서도 자람 터가 발견되고, 내륙지방으로는 충북 영동과 월악산, 대구 내곡동 등지에

초롱모양의 모감주나무 열매는 겨울을 넘겨서도 달려 있다(2009.02.28. 대구)

서도 자라고 있음이 확인되고 있다. 아직 명확한 것은 아니나 이와 같은 분포로 볼 때 본래부터 우리나라에서도 자라고 있었다는 모감주나무 자생설에 무게가 더 실린다.

옛사람들은 모감주나무와 무환자나무를 명확히 구분하지 않고 사용한 것으로 보인다. 《훈몽자회(訓蒙字會)》[18]에는 槵을 '모관쥬환'이라고 훈을 달면서 속칭 무환목(無患木)이라고도 했다. 《동의보감》에서도 무환자피(無患子皮)를 '모관쥬나모겁질'이라고 한글 토를 달았다. 약효를 설명하면서 "씨 속에 있는 알맹이를 태워서 냄새를 피우면 악귀를 물리칠 수 있다. 그 씨는 옻칠한 구슬 같아서 중들이 꿰어 염주를 만든다. 자홍색이면서 작은 것이 좋다. 옛날 어떤 무당이 이 나무로 방망이를 만들어 귀신을 때려 죽였다 하여 무환(無患)이라고 부르게 되었다"라고 적혀 있다. 한편 《오주연문장전산고(五洲衍文長箋稿)》[19]에는 무환자나무의 속명을 목감주(木紺珠)라 했다. 둘 다 열매로 염주를 만들고 그 외의 쓰임도 비슷하여 꼭 따로 구분할 필요가 없었던 것 같다.

  모감주나무는 잎이 지고 6~7미터 정도의 중간 키로 지름 한 뼘 정도가 보통이며, 대부분 숲을 이루어 자란다. 경북기념물 50호로 지정된 안동 송천동의 모감주나무는 나이 350년, 키 11미터, 줄기 둘레 150센티미터로 가장 크고 오래된 나무다. 잎은 깃꼴 겹잎으로서 길이가 한 뼘이 훨씬 넘고 13~15개쯤 달린 작은 잎은 불규칙한 톱니가 있고, 아래쪽 가장자리는 흔히 크게 파이기도 한다.

꽃이
아름다운
나무

모여 피어 있을 때 더욱 아름다운 모란(2009.05.03. 대구수목원)

미나리아재비과
학명: *Paeonia suffruticosa*
영명: Tree Paeony, Mutan
일본명: ボタン牡丹
중국명: 牡丹
한자명: 牧丹, 花王

모란

중국 유일의 여황제였던 당나라의 측천무후(624~705)는 어느 겨울 날, 꽃나무들에게 당장 꽃을 피우라고 명령을 내린다. 다른 꽃들은 모두 이 명령을 따랐으나 모란만은 명령을 따르지 않는다는 보고를 받는다. 그래서 불을 때 강제로 꽃을 피우게 하려고 했지만 무위로 끝나자 화가 난 황제는 모란을 모두 뽑아서 낙양으로 추방시켜 버렸다. 이후 모란은 '낙양화'로도 불렸고, 불을 땔 때 연기에 그을린 탓에 지금도 모란 줄기가 검다는 전설이 전해진다.[20]

모란은 중국 중서부 지방을 원산지로 하는 자그마한 꽃나무다. 원래는 약용식물로 재배되어 왔지만, 양귀비를 모란에 비유하는 등 당나라 이후 모란은 시를 쓰고 그림을 그리는 대상물이 되었다. 아름답고 화려한 꽃의 대표 자리는 모란이 차지했다. 그래서 모란은 예로부터 화왕(花王)이라 하여 꽃 중의 꽃으로 꼽았다. 또한 중국인들이 가장 사랑하는 꽃으로 청나라 이후 중국의 국화로 대접받았다. 1929년에 국화를 매화로 바꾸었으나 당시의 장개석 정부가 타이완에 망명해버리면서 아직 중국은 국화가 정해지지 않고 있다.

중국에서 사랑받던 모란은 신라 진평왕 때 우리나라에 들어왔다. 대부분의 식물이 언제 수입되었는지 명확하지 않으나 모란은 《삼국사기》와 《삼국유사》에 확실한 기록으로 남아 있다. 선덕여왕 1년(632)에 모란에 대한 다음과 같은 내용이 전해져 온다.

진평왕 때 당나라에서 온 모란꽃 그림과 꽃씨를 얻어 덕만(선덕여왕의 공주 시절 아명)에게 보인 적이 있다. 덕만은 "이 꽃은 곱기는 하지만 틀림없이 향기가 없을 것이다"라고 말했다. 왕은 웃으면서 "네가 어떻게 그것을 아느냐?"라고 물었다. 그녀는 "꽃을 그렸으나 나비가 없기에 이를 알았습니다. 무릇 여자로서 국색(國色)을 갖추고 있으면 남자가 따르는 법이고, 꽃에 향기가 있으면 벌과 나비가 따르는 법입니다. 이 꽃이 무척 고운데도 그림에 벌과 나비가 없으니 이는 틀림없이 향기가 없는 꽃일 것입니다"라고 대답했다. 그 씨앗을 심었는데, 과연 그녀가 말한 것과 같았다. 그녀의 앞을 내다보는 식견은 이와 같았다.

별모양의 독특한 모란 열매(2010.05.30. 대구)

이렇게 모란은 우리나라에 들어온 이후 금방 신라 사람들이 좋아하는 꽃이 된 것 같다. 신문왕(681~691) 때에는 설총이 〈화왕계(花王戒)〉라는 설화를 지어 후세의 임금이 덕목으로 삼도록 했다. 화왕인 모란꽃이 다스리는 꽃 나라에 어느 날 어여쁜 장미와 구부정하고 볼품없는 할미꽃이 찾아와 서로 자기를 써 달라고 했다. 화왕인 모란꽃은 고심하다 충신인 할미꽃을 선택했다는 내용이다. 고려로 넘어오면서 미인을 상징하고

국보 98호인 청자상감모란문항

부귀영화를 염원하는 꽃으로 모란은 상류사회를 중심으로 더욱 사랑받게 되었다. 국보 98호인 12세기의 청자상감모란문항(青磁象嵌牡丹文缸)을 비롯하여 수많은 고려청자 상감과 여러 생활도구의 꽃무늬는 대부분 모란이 자리 잡았다. 조선조에 들어와서도 모란을 숭상하는 풍속은 그대로 남았다. 특히 조선 후기에 널리 유행한 민화에는 부귀영화를 상징하는 모란이 가장 흔하게 그려졌다. 전통 혼례복이나 신방의 병풍에도 모란은 빠지지 않았다.

모란은 줄기가 여러 갈래로 갈라지는 작은 나무로 보통 키가 1미터 남짓 자란다. 3~5개의 작은 잎이 같이 붙어 있는 겹잎이며 끝이 깊게 갈라진다. 꽃은 붉은 자줏빛의 꽃잎이 5~8조각으로 이루어져 있으며, 작은 접시만 한 큰 꽃이 가지 끝에 피는데 일주일쯤 간다. 꽃의 색깔은 붉은색 계통이 가장 많고 여러 원예품종이 있다.

〈한림별곡(翰林別曲)〉[21]의 내용 중에 "홍모란, 백모란, 정홍모란(丁紅牡丹)"이 나온다. 조선 태종 6년(1406)에 중국 사신이 황후가 쓸 것

강진 영랑 생가 앞에 세워진 〈모란이 피기까지〉 시비(2010.06.29.)

이라고 하며 황모란를 요구하였고, 이에 조정은 세 화분에 나누어 심어서 보냈다. 또 인조 23년(1646)에는 일본 사신이 와서 '청, 황, 흑, 백, 적모란'을 색깔별로 요구했다는 실록의 기록도 있다. 열매는 골돌이며 별모양을 이룬다.

모란은 꽃뿐만 아니라 여성의 여러 질병을 치료하는 약재로도 널리 알려져 있다. 《동의보감》에 보면 "모란 뿌리는 어혈을 없애고 여자의 월경이 없는 것과 피가 몰린 것, 요통을 낫게 하며 유산시키고 태반을 나오게 하며 해산 후의 여러 가지 병을 낫게 한다. 고름을 빨아내고 타박상의 어혈을 삭게 한다"라고 했다.

목련

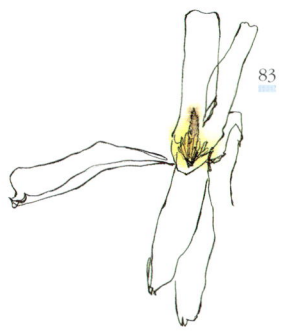

목련꽃 그늘 아래서 베르테르의 편질 읽노라
구름 꽃 피는 언덕에서 피리를 부노라
아 멀리 떠나와 이름 없는 항구에서 배를 타노라
돌아온 사월은 생명의 등불을 밝혀 든다
빛나는 꿈의 계절아

　시인 박목월이 가사를 쓰고 김순애 씨가 작곡한 〈4월의 노래〉다. 1960년대 이후 한때 학생들에게 널리 불리던 가곡이다. 활짝 핀 목

여러 가지 괴상한 모양으로 익는 붉은 목련 열매(2009.09.29. 남해)

꽃잎이 뒤로 완전히 젖혀질 만큼 활짝 피는 우리나라 재래종 목련(2008.04.04. 진도)

목련과
학명 : *Magnolia kobus*
영명 : Kobus Magnolia
일본명 : コブシ辛夷
중국명 : 日本辛夷
한자명 : 木蓮, 木蘭, 辛夷, 木筆, 迎春化

련꽃 아래서 연애소설의 백미인 괴테의 《젊은 베르테르의 슬픔》을 읽던 그 순수함이 정겹다.

목련(木蓮)은 '연꽃처럼 생긴 아름다운 꽃이 나무에 달린다'라는 뜻이다. 목련은 봄기운이 살짝 대지에 퍼져나갈 즈음인 3월 중하순경, 잎이 나오기 전의 메말라 보이는 가지에 눈부시게 새하얗고 커다란 꽃을 피운다. 좁고 기다란 여섯 장의 꽃잎이 뒤로 젖혀질 만큼 활짝 핀다. 꽃의 가운데에는 많은 수술과 각각 따로 떨어져 있는 여러 개의 암술이 있다. 이런 모습을 두고 식물학자들은 원시적인 꽃의 구조를 가지고 있는 원시식물이라고 말한다. 지금으로부터 1억 4천만 년 전, 넓은잎나무들이 지구상에 첫 모습을 보이기 시작할 때 나타났으니 원시란 접두어가 붙을 만하다. 가지 꼭대기에 한 개씩 커다란 꽃을 피우는 고고함으로나 순백의 색깔로나 높은 품격이 돋보이는 꽃이다.

꽃을 피우기 위한 목련의 겨울 준비는 남다르다. 마치 붓 모양 같은 꽃눈은 목련만의 특별한 모습이다. 꽃눈은 두 개의 턱잎과 잎자루가 서로 합쳐져 변형된 것이고, 겉에는 갈색의 긴 털이 촘촘히 덮여 있어서 겨울의 추위를 견뎌내도록 설계를 해두었다. 《사가시집(四家時集)》[22]에 실린 〈목필화(木筆花)〉라는 시에는 "이른 봄 목련꽃이 활짝 피는데/꽃봉오리 모습은 흡사 붓과 꼭 같구나/먹을 적시려 해도 끝내 할 수가 없고/글씨를 쓰기에도 적합하지 않네"라고 했다. 목련을 두고 목필화라는 다른 이름을 붙인 이유를 설명한 셈이다.

겨울날 붓 모양의 꽃눈을 자세히 관찰해보면 끝이 거의 북쪽을 향하고 있다는 느낌이 든다. 옛사람들도 마찬가지였다. 이수광의

우리 나무의 세계

〈청록화조도〉, 필자미상, 조선후기, 107x48.6cm, 중앙박물관
화면의 위쪽에 핀 꽃은 백목련이다. 처음 그릴 때는 흰색이었을 것이나 퇴색되어 바탕과 거의 같은 색이 되어버렸다. 꽃이 반쯤 벌어져 보이나 백목련은 이 상태가 만개한 꽃이다. 아래의 붉은 꽃은 명자나무 꽃이다.

자목련(2010.04.25. 진주)과 백목련(2009.04.06. 대구)

《지봉유설》을 비롯한 몇몇 문헌에 나오는 '북향화(北向花)'란 목련의 이런 특징을 잘 나타낸 말이다. 통계를 내보지는 않았지만, 북쪽을 향하는 꽃봉오리가 더 많은 것 같다. 꽃봉오리의 아랫부분에 남쪽의 따뜻한 햇볕이 먼저 닿으면서 세포분열이 반대편보다 더 빨리 이루어져 자연스럽게 끝이 북쪽을 향하게 되었다고도 한다.

《동의보감》에는 목련을 신이(辛夷), 우리말로 붇곳(붓꽃)이라 하여 꽃이 피기 전의 꽃봉오리를 따서 약재로 사용했다. 목련은 "풍으로 속골이 아픈 것을 낫게 하며, 얼굴의 주근깨를 없애고 코가 메는 것, 콧물이 흐르는 것 등을 낫게 한다. 얼굴이 부은 것을 내리게 하며 치통을 멎게 하고 눈을 밝게 하며, 수염과 머리털을 나게 한다. 얼굴에 바르는 기름을 만들면 광택이 난다"라고 했다.

《삼국유사》〈가락국기〉에는 목련에 관한 기록이 처음 나온다. 김수로왕 7년(서기48)에 신하들이 장가들 것을 권했지만, 하늘의 뜻이 곧 있을 것이라면서 점잖게 거절한다. 그러던 어느 날, 갑자기 바다 서쪽에서 붉은 돛을 단 배가 북쪽을 향해 오고 있었다. 왕은 기뻐하며 사람을 보내 목련으로 만든 키를 바로잡고〔整蘭橈〕, 계수나무로 만든 노를 저어 그들을 맞아들였다. 배 안에 타고 있던 아리

두꺼운 털 코트로 추위를 이겨내는 목련의
겨울눈(2009.02.28. 경북대)

따운 공주는 인도의 아유타국 공주인 허황옥으로 훗날 김수로왕의 왕비가 된다. 이처럼 목련은 꽃뿐만 아니라 나무로서의 쓰임새도 있었음을 알 수 있다.

목련은 한라산이 고향이며 오늘날 자생지는 거의 파괴되었으나, 이창복 교수가 쓴 1970년대 논문에는 성판악에서 백록담 쪽으로 30분쯤 올라가면 자연산 목련이 군데군데 보인다고 했다. 전남 진도에 있는 석교초등학교에는 키 12미터, 줄기 밑 둘레 280센티미터의 약 100년생 목련이 자라고 있다. 하지만 우리가 흔히 주변에서 만나는 목련은 실제 백목련인 경우가 많다. 토종 제주도 목련은 잘 심지 않고, 중국 원산인 백목련이 오히려 더 널리 보급된 탓이다. 재래종 목련은 꽃잎이 좁고, 완전히 젖혀져서 활짝 피는 반면 백목련은 꽃잎이 넓고 완전히 피어도 반쯤 벌어진 상태로 있다.

이외에도 보라색 꽃의 자목련이 있다. 또 백목련과 자목련을 교배하여 만든 자주목련은 꽃잎의 안쪽이 하얗고 바깥쪽은 보라색이다. 또 꽃잎이 10개가 넘는 중국 원산의 별목련도 있으며, 5월 말쯤 숲속에서 잎이 난 다음에 꽃이 피는 함박꽃나무(산목련) 역시 목련과 가까운 형제나무다. 북한에서는 함박꽃나무를 목란(木蘭)이라 하며 북한 국화로 알려져 있다.

무궁화

우리나라의 국화인 무궁화는 여름 내내 이어 피기를 계속하는 꽃의 특성처럼 끊임없는 외침을 받아 온갖 수난을 겪으면서도 5천 년 역사를 이어온 배달민족을 상징하는 꽃이다. 그러나 '무궁화를 국화로 한다'라는 법률이나 조례가 있는 것은 아니다.

나라꽃으로 자리를 잡은 것은 1900년경 애국가 가사가 만들어질 때 후렴으로 "무궁화 삼천리 화려 강산"이 들어가면서부터다. 질곡의 근세를 살아온 세대들은 무궁화가 바로 애국의 상징이었다. 삼

무궁화는 마른 열매(삭과)로 익으면 벌어져 종자가 떨어신나(2009.09.29. 대구)

강릉 사천면 방동리의 나이 110년생 천연기념물 520호 무궁화, 우리나라에서 가장 굵고 오래되었다 (2010.07.30.)

아욱과

학명:*Hibiscus syriacus*
영명:Rose of Sharon
일본명:ムクゲ木槿
중국명: 木槿, 木锦
한자명:無窮花, 槿, 木槿, 蕣

천리강산이 무궁화 꽃으로 덮이는 이상향을 그리기도 했다.

대한민국 정부가 수립되면서 나라를 상징하는 꽃으로 무궁화가 선택되었다. 국기봉이 무궁화의 꽃봉오리 형상으로 만들어졌고, 정부와 국회 포장이 무궁화 꽃 도안으로 채택되어 오늘에 이른다. 1963년부터는 무궁화를 감싸고 있는 한 쌍의 봉황새 무늬를 대통령 휘장으로 쓰고 있다. 그러나 한국동란이 끝나고 얼마 지나지 않은 1956년에 화훼연구가 조동화 씨와 식물학자 이민재 씨가 나라꽃으로서 무궁화의 부적격성을 당시 일간지에 지적하기도 했다.

기원전 4세기경에 쓰인 것으로 알려진 《산해경(山海經)》[23]에는 무궁화로 짐작되는 '훈화초(薰華草)'가 군자의 나라인 우리나라에 자란다고 했다. 우리 문헌에도 최치원이 당나라에 보낸 국서에 '근화지향(槿花之鄕)'이란 말이 들어 있다. 《산해경》의 기록대로라면 당시는 삼한시대일 것이고, 또 최치원이 국서를 보낸 시기를 따져보면 적어도 1천 년 이전부터 이 땅에 무궁화가 자랐던 것으로 추정된다.

오래전부터 우리 땅에 자라던 무궁화이지만 원산지는 아직도 명확하게 알려져 있지 않다. 학명의 종명에 중동의 시리아를 뜻하는 'syriacus'가 들어 있으며, 최근 그리스에서 무궁화 꽃을 새긴 은전이 발굴되어 시리아를 포함한 중동이 원산지라는 설에 무게가 실린다.[24] 또 중국 당나라의 유명한 시인 왕유(王維, 699?~759)의 〈장맛비 속의 망천장〉이란 시에는 "녹음 짙은 여름 숲엔 꾀꼬리 소리가 들려온다/산속에서 조용히 수양하며 무궁화를 감상하고"란 구절이 나온다.[25] 무궁화가 중국 땅의 숲속에 자연 상태로 자라고 있었음을 알 수 있는 대목이니 중국 남부 원산지설에 귀를 기울일 만하

꽃술이 길게 자라는 것이 무궁화의 특징이다(2007.09.05.).

다. 그 외에 우리나라 안에 자연 상태로 분포하는 자람 터가 발견되지 않아 확실치는 않지만 한반도가 원산지라는 주장도 있다.

근화(槿花)나 목근(木槿)으로 불리다가 이규보의 《동국이상국집》에 "이 꽃은 꽃 피기 시작하면서/하루도 빠짐없이 피고 지는데/사람들은 뜬세상을 싫어하고/뒤떨어진 걸 참지 못한다네/도리어 무궁이란 이름으로/무궁(無窮)하길 바란 것일세"라고 하여 처음으로 무궁화의 어원이 나온다.

무궁화는 보통 사람 키 조금 넘게 자라며 지름이 4∼5센티미터 정도의 작은 나무로 각인되어 있다. 그러나 사람들이 가지를 자르는 등 간섭을 하지 않고 그대로 두면 중간 키 정도로 자란다.

무궁화의 수명은 30∼40년 정도로 짧다. 하지만 동물이나 식물 모두 목숨의 길이는 일정하지 않다. 무궁화도 마찬가지로 100년 전후의 고목이 전국적으로 몇 그루 있다. 우리나라에서 가장 굵고 오래된 무궁화는 강릉 사천면 방동리 강릉 박씨 제실 안에서 자라는 천연기념물 520호 무궁화다. 키 4미터, 밑동 둘레가 150센티미터(거의 한 아름)이며 나이는 110년으로 짐작된다. 그 외에 백령도 중화동 교회의 천연기념물 521호 무궁화가 있고, 남원 산동면 대상리 및 홍천 고양산 중턱에도 크고 오래된 무궁화가 보호수로 지정되어 있다.

무궁화 잎은 깊게 세 갈래로 갈라지며 어긋나기로 달린다. 다섯 장의 꽃잎이 서로 반쯤 겹쳐져 작은 주먹만 한 꽃이 핀다. 암술과 수술이 같이 있는 양성화이며, 꽃잎의 안쪽 가운데는 품종에 따라 붉은색 무늬가 생기는데, 흔히 '단심(丹心)'이라고 부른다. 무궁화는 새벽에 피기 시작하여 정오를 지나면서 활짝 피고, 해거름에는 오므라들어 다음날이면 땅에 떨어진다. 여름에서부터 늦가을까지 거의 3~4개월이나 피는데, 매일 새로운 꽃이 연속적으로 이어진다.

무궁화는 세계적인 정원수로서 수많은 품종이 있고, 장려하는 종류만도 20여 종이 넘는다. 색깔로 본다면 붉은색, 분홍색, 보라색, 흰색이 있으며 홑꽃과 겹꽃도 있다. 그중 나라꽃의 표준으로 정한 것은 분홍 꽃잎 가운데 붉은 무늬가 생긴 홍단심과 흰 꽃잎 가운데 역시 붉은 무늬가 들어간 백단심이다.

무궁화는 약재로도 쓰였다. 《동의보감》에 보면 무궁화 껍질은 "장풍으로 피를 쏟는 것과 이질을 앓은 뒤에 갈증이 있는 것을 멈추게 한다. 곳곳에 있으며 달여 먹으면 잠을 자게 한다"라고 하였으며, 꽃은 "적백이질과 장풍으로 피를 쏟는 것을 낫게 하는데, 볶아 쓰는 것이 좋다. 달여서 차 대신 마시면 풍증을 낫게 한다"라고 나온다.

가느다란 긴 꽃은 연노랑 꽃잎이 말려서 뒤로 젖혀진다(2006.06.06. 청도)

박쥐나무과
학명：*Alangium platanifolium* var. *macrophyllum*
영명：Lobed Leaf Alangium
일본명：ウリノキ瓜の木
중국명：瓜木, 八角枫, 百龙须
한자명：瓜木, 鴨脚板樹

박쥐나무

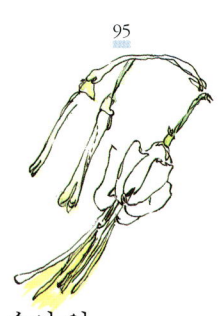

박쥐는 생김새가 쥐와 비슷하고 낮에는 음침한 동굴 속에 숨어 있다가 밤에만 활동하며 얼굴이 흉측하게 생겨서 사람들이 싫어한다. 왜 하필이면 아름다운 나무에 하고 많은 좋은 이름을 다 놔두고 그것도 '박쥐나무'라는 이름을 붙였느냐고 비난을 할지도 모른다. 그러나 박쥐나무의 잎을 햇빛에 한번 비춰 보고, 박쥐의 날개와 비교해보면 금세 너무 닮은꼴임을 알아차릴 수 있다.

박쥐나무는 박쥐의 생태나 얼굴모양과 비교한 것이 아니다. 날아다니는 박쥐의 날개 모습에서 이름을 따온 것이다. 끝이 3~5개의 뿔처럼 살짝 뾰족하게 나온 커다란 잎을 나무와 나무 사이로 들어오는 햇빛에 잠시 비춰 보면 이리저리 뻗은 잎맥이 마치 펼쳐진 박쥐 날개의 실핏줄을 보는 듯하다. 잎의 두께가 얇고 잎맥이 약간씩 돌출되어 있어서 더더욱 닮아 있다.

박쥐나무는 숲속의 커다란 나무 밑에서 조용히 살아간다. 그가 살아가는 방식은 타산지석으로 삼을 만하다. 박쥐나무는 주위의 키다리 나무들과 햇빛을 받기 위한 무한경쟁에 무모하게 뛰어들지 않는다. 대신 숲속에서 살아가는 새로운 방법을 모색한다. 서로 자기 혼자만 살겠다고 높다랗게 하늘로 치솟아서 잔뜩 잎을 펼쳐놓은 비정한 이웃 나무 아저씨들에게는 기대할 것이 없다. 그래서 그

박쥐나무 잎을 햇빛에 비춰보면 영락없는 박쥐 날개의 실핏줄 같다(2006.05.13. 제천)

는 살아남는 데 필요한 '구조조정'을 아득한 옛날부터 과감히 수행했다. 우선 키를 3~4미터로 줄이고, 우리나라 유명 정치가들의 단골 어록(語錄)인 '뼈를 깎는 심정'으로 작고 촘촘한 잎은 아예 없애버렸다. 넓고 커다란 잎을 듬성듬성 만들어 산바람에 흔들리는 나무 사이로 어쩌다 들어오는 햇빛을 짧은 시간에 가장 많이 받을 수 있도록 설계한 것이다.

꽃 모양도 독특하여 손가락 두 마디 길이나 됨직한 가늘고 기다란 연노랑의 꽃잎이 도르르 말려 뒤로 젖혀지면서 속의 노랑 꽃술을 다소곳이 내밀고 있다. 잎사귀 위로 꽃이 솟아오르는 법이 없이 모두 아래를 향하여 핀다. 박쥐나무 꽃의 이런 모습은 타임머신을 타고 멀리 조선시대로 돌아가게 한다. 마치 층층시하에 조심조심 살아가던 가련한 여인이 얼굴을 가리고 잠깐 외출을 하려는 그 순간의 애잔한 모습을 보는 것 같다.

대부분의 나무는 나뭇가지를 몇 개 잘라내도 살아가는데 아무런 지장이 없다. 하지만 박쥐나무와 같이 키가 작고 잎이 많이 달리지 않은 나무는 사정이 다르다. 학생들과 식물 채집을 나가면 박쥐나무는 이름 알려주기를 망설이게 된다. 표본을 만들겠다고 수십 명이 달라붙어 작은 가지 하나씩만 잘라도 박쥐나무로서는 생사의 갈림길에 서게 된다. 생명을 빼앗겨 버린 불쌍한 박쥐나무에게 나는 말한다. "잘 가거라! 박쥐나무야! 서방정토 극락세계에서 커다란 나무로 다시 태어나 큰소리 땅땅 치며 잘 먹고 잘 살아라."

　박쥐나무는 우리나라 어디에서나 만날 수 있는 갈잎 작은 나무로 흔히 줄기가 여럿 올라오기도 한다. 잎은 어긋나기로 달리고 앞뒤로 털이 나 있다. 꽃은 암꽃과 수꽃이 따로 있고, 초여름에 핀다. 콩알 크기만 한 열매는 바깥쪽의 육질이 안쪽의 씨를 둘러싸고 있는 핵과(核果)[25]이며, 가을에 짙은 푸른색으로 익는다. 봄에 나오는 어린잎은 나물로 먹을 수 있다. 뿌리는 팔각풍근(八角楓根)이라 하며, 한방에서는 진통제나 마취제로 쓰이기도 한다. 잎이 단풍잎처럼 다섯 개로 깊게 갈라진 단풍박쥐나무는 남부지방에서 자라며, 새로 난 가지와 잎의 뒷면과 잎자루에 갈색 털이 빽빽이 난 것을 누른대나무라고 하여 따로 구분하기도 한다.

진한 보랏빛 꽃방망이를 만들며 모여 피는 박태기나무 꽃(2009.04.17. 경북대)

콩과
학명: *Cercis chinensis*
영명: Chinese Redbud, Chinese Judas Tree
일본명: ハナズホウ 花蘇芳
중국명: 紫荆, 满条红
한자명: 紫荊木
북한명: 구슬꽃나무

박태기나무

봄이 한창 무르익어 갈 즈음인 4월 초중순에 공원이나 유적지 등에는 잎도 나오지 않은 가지 여기저기에 자잘한 진보라색 꽃을 피우고 있는 자그마한 나무가 눈에 띈다. 바로 박태기나무다.

박태기나무의 꽃은 잎눈 부근에 7~8개, 많을 때는 20~30개씩 모여 피며, 꽃이 많고 꽃자루가 짧아 가지 하나하나가 꽃방망이를 만들고 있는 것 같다. 꽃봉오리가 달려 있는 모양이 마치 밥알, 즉 '밥티기'와 닮았다고 하여 박태기나무란 이름이 붙여진 것으로 짐작된다. 색깔은 꽃자주색인데, 양반들이 먹던 하얀 쌀밥이 아니라 조나 수수의 밥알을 생각하면 이해가 빠를 것이다. 북한 이름인 구슬꽃나무도 같은 유래인 것으로 생각된다.

대부분의 꽃은 가지 끝이나 잎겨드랑이에서 꽃대를 뻗고 원뿔모양이나 우산모양 등 고유의 꽃차례에 따라 달린다. 그러나 박태기나무 꽃 일부는 꽃대 따위는 만들지 않고, 나무 몸체의 아무 곳에서나 붙어서 피기도 한다. 줄기 여기저기, 심지어 땅 위로 나와 버린 굵은 뿌리까지 다른 꽃나무들은 생각지도 않은 곳에서 꽃대 없는 꽃을 피운다. 이런 불규칙함이 박태기나무 꽃의 또 다른 매력이다. 꽃에는 독이 있으므로 아름다움에 취하여 꽃잎을 따서 입속에 넣으면 안 된다.

나뭇가지에 꽃대도 없이 바로 붙어 꽃을 피우기도 한다(2009.04.25. 경북대)

박태기나무는 키가 3~5미터 정도 되는 작은 나무다. 추위에 잘 버티며 콩과 식물이라 땅이 척박해도 별로 가리지 않고 잘 자란다. 우리나라에 언제 들어왔는지는 자료가 없으나 대체로 고려 이전에 들어온 것으로 짐작된다. 잎은 손바닥 반 정도의 크기로 표면이 매끄러우며 완벽한 하트모양이다. 열매는 콩과라는 집안의 특징대로 손가락 길이보다 좀 긴 콩꼬투리가 열린다.

박태기나무 종류는 유럽 남부, 중국, 북미에 일곱 종류가 있다. 약 6천 5백만 년 전인 제3기층에서 지금도 흔히 발견되고 있다. 우리나라에서 주로 심는 것은 중국 중북부를 원산지로 하는 중국 자생 박태기나무다. 유럽 남부에서 자라는 서양박태기나무(학명 *Cercis siliquastrum*)는 키가 7~8미터에서 12미터까지 자라는 중간 키 나무로, 박태기나무와 모양은 거의 비슷하지만 훨씬 크다. 16세기 말 화가인 카스토르 듀란트(Castor Durante)는 예수의 12제자 중 한 사람으로 예수를 로마 병사에게 팔아넘긴 이스가리옷 유다(Judas Iscariot)가 목매 죽는 장면을 판화로 만들었는데 판화 속에서 유다가 목을 맨 나무가 바로 서양박태기나무이다. 이후 사람들은 이 나무를 '유다트리(Judas tree)'라고 부르게 되었다. 우리나라의 작은 박태기나무만 보고 유다가 목을 매달 수 없는 나무라고 주장하는 사람들도 있다. 그러나 서양박태기나무는 목을 매달고도 남을 만큼 키가 크다.

박태기나무는 잎이 피기 전에 화려하게 피는 꽃모양과 기후와 토질의 제약을 별로 받지 않아 세계적인 정원수로 널리 보급되어 있다. 우리나라에서는 선비들이 공부하는 서원에서부터 스님들의 수행 공간인 사찰까지 문화유적지에서 쉽게 만날 수 있다. 박태기나무의 껍질과 뿌리는 민간약으로 쓰이는데, 삶은 물을 마시면 오줌이 잘 나오며 중풍, 고혈압을 비롯하여 통경, 대하증 등 부인병에 이용한다.

박태기나무는 한자로 흔히 자형(紫荊)이라고 쓴다. 그런데 엉뚱하게 소방목(蘇方木)도 박태기나무라고 알고 있는 경우가 많다. 하지만 두 나무는 전혀 별개다. 일부 문헌에는 박태기나무의 한자명을 소방목으로 썼다. 아마 박태기나무의 일본 이름인 화소방(花蘇方)을 소방목으로 잘못 번역한 탓일 터다. 소목(蘇木)으로도 불리는 소방목(Sappanwood, 학명 *Caesalpinia Sappan*)은 열대지방에서 자라는 나무로 우리나라, 중국, 일본은 옛날부터 수입하여 약재와 염료로 널리 이용한 나무다.《동의보감》에 나와 있는 소방목은 "부인이 혈기병(血氣病)으로 명치 아래가 아픈 것, 몸을 푼 뒤에 혈창(血脹)이

하트모양의 잎과 콩꼬투리 열매(2010.06.16. 안동)

생겨 답답하여 죽을 지경인 것, 월경이 중단된 것과 목이 쉰 것을 낫게 하고 옹종을 삭이며 다쳐서 어혈이 진 것을 낫게 한다"라고 했다. 또 붉은 물을 들이는 염색제로서도 귀중히 여기던 나무다.

소방목은 키 6~9미터, 줄기둘레 50~80센티미터의 중간 키 나무로서 박태기나무보다 훨씬 크고 꽃이나 잎, 가시는 우리나라 실거리나무와 매우 비슷하다. 《조선왕조실록》에는 소목과 관련된 90여 차례의 기록이 나와 있는데 일본 사신이 직접 상납하거나, 일본 상인을 통해 구입하여 왕실과 신하들에게 나누어 주었다고 한다.

배롱나무

배롱나무는 햇볕이 사정없이 내리쬐는 뜨거운 여름날에 꽃을 피운다. 산천초목이 모두 초록 세상이라 배롱나무 꽃은 한층 더 돋보인다.

배롱나무는 중국 남부가 고향이며, 고려 말 선비들의 문집인《보한집》이나《파한집》에 꽃 이름이 나오는 것으로 보아 우리나라에는 적어도 고려 말 이전에 들어온 것으로 짐작하고 있다. 시집 오기 전의 중국 이름은 당나라 장안의 자미성에서 많이 심었기 때문에 '자미화(紫微花)'라고 했다. 글자로는 보라색 꽃이지만 붉은 꽃도 흔

강렬한 여름 태양도 펴지 못하는 오글쪼글한 주름 꽃잎(2006.07.23. 경주)

전남기념물 44호 담양 명옥헌의 아름다운 배롱나무 숲(2008.09.04.)

부처꽃과
학명 : *Lagerstroemia indica*
영명 : Crape Myrtle
일본명 : サルスベリ猿滑
중국명 : 紫薇, 痒痒树, 百日红
한자명 : 紫微, 紫微花, 紅微, 百日紅

하고 흰 꽃도 가끔 만날 수 있다.

　우리나라에 들어올 때 자미화는 보라 꽃이 아닌 붉은 꽃이 먼저 들어오지 않았나 싶다. 이유는 자미화가 들어오고 나서 그렇게 오래 지나지 않아 쓴 것으로 짐작되는 《양화소록(養花小錄)》[27]에 "사람들이 이름을 제대로 익히지 않아 자미화를 백일홍이라고 한다"라는 내용으로 미루어 보아 저자인 강희안도 붉은 꽃을 보았음을 알 수 있어서다. 꽃이 오래 핀다고 하여 백일홍나무라 하였고, 세월이 지나면서 배기롱나무로 변했다가 지금의 배롱나무가 된 것이다.

　도종환 시인의 시 〈백일홍〉을 읽어 본다.

한 꽃이 백일을 아름답게 피어 있는 게 아니다
수없는 꽃이 지면서 다시 피고
떨어지면 또 새 꽃봉오릴 피워 올려
목백일홍나무는 환한 것이다

　시인의 관찰력은 정확하다. 꽃 하나하나가 이어 달리기로 피기 때문에 100일 동안 피는 꽃으로 착각했을 뿐이다. 가지 끝마다 원뿔모양의 꽃대를 뻗고 굵은 콩알만 한 꽃봉오리가 매달려 꽃을 피울 차례를 얌전히 기다리고 있다. 아래서부터 꽃봉오리가 벌어지면서 꽃이 피어 올라간다. 대부분의 꽃들은 꽃대마다 거의 동시에 피는 경향이 있으나 배롱나무 꽃은 아래서부터 위까지 꽃이 피는데 몇 달이 걸린다. 꽃잎은 6~7장이고 모두 오글쪼글 주름이 잡혀 있다. 이글거리는 여름 태양도 주름을 펴주지는 못한다. 주름 꽃잎

〈소년전홍(少年剪紅)〉, 신윤복, 18C 후반~19C 초반, 28.2×35.6cm, 간송미술관

남녀 간의 사랑을 화폭에 담은 신윤복의 대표적인 풍속화다. 엉덩이를 살짝 뒤로 뺀 앳된 모습의 여인을 젊은 선비가 팔을 약간 비틀어 잡아채고 있으나 표정으로 봐서는 서로가 그렇게 싫지 않다는 느낌이다. 화면 왼쪽과 아래의 꽃나무는 가지 뻗음이나 꽃대 달림 및 화제에 '소년이 붉은 꽃을 꺾다'라고 하였듯이 꽃의 색깔 등이 한눈에 배롱나무임을 알아낼 수 있다. 화려한 여름 꽃인 배롱나무가 제철을 만난 듯 이제 막 피어나고 있으니 때는 장마가 끝난 대체로 7월 중하순쯤일 것이다. 배롱나무는 추위에 약하여 서울 지방에서는 잘 자라지 못하므로 그림의 배경은 남부지방일 가능성이 높다. 화목으로 배롱나무가 자라고, 왼쪽으로 커다란 괴석이 보이며 오른쪽으로 돌담이 있어서 양반가의 후원쯤으로 짐작된다.[28]

은 배롱나무만의 특허품이다.

배롱나무는 꽃이 오래 피는 특징 말고도 껍질의 유별남이 사람들의 눈길을 끈다. 오래된 줄기의 표면은 연한 붉은 기가 들어간 갈색이고, 얇은 조각으로 떨어지면서 흰 얼룩무늬가 생겨 반질반질해 보인다. 이런 나무껍질의 모습을 보고 '파양수(怕癢樹)', '간지럼나무'라고도 한다. 간지럼을 태우면 실제로 잎이 흔들려서 간지럼을 탄다는 것이다. 그러나 이는 착각일 따름이다. 식물에는 작은 자극을 일일이 전달해 줄 만한 발달된 신경세포가 아예 없다. 일본 사람들은 나무타기의 명수인 원숭이도 떨어질 만큼 미끄럽다고 하여 '원숭이 미끄럼 나무'라고 이름을 붙였다.

배롱나무에 얽힌 전설이 있다. 옛날 남해안의 어느 바닷가 마을에서는 해룡(海龍)이 파도를 일으켜 배를 뒤집어 버리는 심술을 막기 위해 매년 처녀를 바치는 풍습이 있었다. 해마다 마을에서 가장 예쁘고 얌전한 처녀를 선발하여 곱게 화장을 시켜 바닷가 바위로 보내 해룡이 데려가기만을 기다리고 있었다. 그러던 어느 해, 마침 왕자님이 마을에 나타나 안타까운 사정을 듣고 처녀 대신 바위에 앉아 있다가 용을 퇴치한다. 마을 사람들의 환호를 받으면서 얼마 동안 머물던 왕자는 처녀와 사랑에 빠진다. 그러나 사랑에는 마가 끼는 법, 왕자는 마침 출몰한 왜구를 퇴치하기 위하여 100일 뒤에 다시 만나기로 하고 마을을 떠나버린다.

매일 먼 바다를 바라보며 왕자를 기다리던 처녀는 그만 깊은 병이 들어 100일을 다 기다리지 못하고 죽고 만다. 약속한 날짜에 돌아온 왕자는 그녀를 양지바른 곳에 묻어주고 서울로 되돌아갔다.

꽃 핀 자리마다 동그란 마른 열매가 열린다(2004.10.17. 진주)

이듬해 무덤 위에는 나무 한 그루가 자라더니 꽃을 피우기 시작했다. 마치 왕자를 기다리듯 매일 조금씩 피는 꽃이 100일을 넘겨 이어지므로, 사람들은 이 나무를 백일홍나무라 부르게 되었다.[29]

오늘날도 배롱나무 옛터의 명성을 잃지 않는 곳이 여럿 있다. 소쇄원, 식영정 등 조선 문인들의 정자가 밀집해 있는 광주천의 옛 이름은 배롱나무 개울이라는 뜻의 자미탄(紫薇灘)이며, 지금도 그 흔적이 남아 있다. 담양 후산리 명옥헌에는 키 4~10여 미터, 줄기 둘레 30~150센티미터의 고목 100여 그루가 모여 우리나라에서 가장 아름다운 배롱나무 숲을 만들고 있다. 그 외에도 강진 백련사, 고창 선운사, 경주 서출지 등도 배롱나무 명소로 널리 알려져 있다.

백당나무

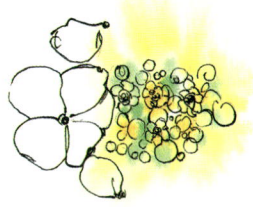

　백당나무는 낮은 곳은 물론 높은 산까지 추위에 잘 적응하여 우리나라 산 어디에서나 흔히 만날 수 있는 사그마한 나무다. 적응력이 높지만 그래도 계곡의 입구나 숲의 가장자리 등 약간 축축하고 햇빛이 잘 드는 곳을 좋아한다.

　늦봄이나 초여름에 피는 꽃은 화려하진 않아도 꽃이 피어 있는 모양새가 특별하여 우리의 관심을 끌기에 충분하다. 가지 끝마다 황록색의 자잘한 진짜 꽃 수십 개를 가운데에다 동그랗게 모아 두

꽃이
아름다운
나무

가장자리의 흰 꽃은 생식능력이 없는 꾸밈꽃으로 안쪽의 진짜 꽃으로 곤충을 불러오는 역할을 한다
(2009.05.31. 영양, ⓒ황명복)

붉게 익기 시작하는 백당나무 열매와 잎(2002.08.24. 청도)

인동과
학명: *Viburnum sargentii*
영명: Sargent Viburnum
일본명: カンボク肝木
중국명: 鸡树条荚迷
북한명: 접시꽃나무

고, 가장자리에 큰 동전만 한 새하얀 가짜 꽃이 흰 나비가 날개로 감싸듯 에워싸고 있다. 달리 보면 흰 접시에 음식을 가득 담아둔 모습이다. 그래서 북한에서는 '접시꽃나무'라고 부른다.

 가장자리를 둘러싸고 있는 꽃 하나하나는 아래가 붙어 있는 통꽃인데, 가운데에 당연히 있어야 할 씨방이나 암술, 수술 모두 없다. 그래서 이런 꽃들은 무성화, 중성화, 꾸밈꽃(장식화) 등 여러 가지로 불린다. 한마디로 생식능력을 잃어버린 '석녀(石女) 꽃'이란 뜻이다. 무엇하러 쓸데없는 석녀 꽃을 피우는 것일까? 이는 안쪽의 진짜 꽃에 곤충이나 나비가 쉽게 찾아올 수 있도록 새하얀 큰 꽃잎을 수평으로 활짝 피워 더 크게 더 넓게 보이기 위함이다. 그것은 마치 "손님아, 내가 석녀임에 실망 말고 안으로 들어오렴. 암술, 수술 다 갖추고 달콤한 꿀도 있는 꽃이 잔뜩 있으니 제발 떠나지 말아다오" 하는 애원이 서려 있는 듯하다. 이처럼 치열한 숲속의 경쟁에서 살아남기 위해서는 나름대로 생존전략이 있어야만 멸종의 길을 피해 갈 수 있다.

 백당나무 꽃이 가지 끝마다 피어 있는 모습을 옆에서 보면 하얀 꽃 두름이 마치 작은 단(壇)을 이루는 것 같다. 그래서 백단(白壇)나무로 불리다가 백당나무가 된 것으로 짐작된다.

 백당나무는 키가 3~5미터 정도 자라는 작은 나무이며, 밑에서부터 줄기가 갈라져 포기처럼 자란다. 아이 손바닥만 한 잎은 달걀 모양이며 흔히 셋으로 갈라지고 불규칙한 톱니가 있는 것이 특징이다. 긴 잎자루 끝의 잎이 달리는 부위에는 가끔 꿀샘이 있어서 개미가 꼬이기도 한다. 초가을에 들어서면서 잎은 빨간 단풍으로 물들고 콩알 굵기만 한 열매는 빨갛게 꽃자리마다 수없이 열린다. 즙이 많아 먹을 수 있지만 맛이 시큼하여 사람은 거의 먹지 않는다. 겨울 내내 열매가 그대로 달려 있는 것으로 보아 산새들도 그리 좋아하지는 않는 것 같다. 그러나 유럽과 시베리아에서 자라는 서양백당나무는 열매로 젤리를 만들고 껍질은 이뇨제로 사용한다.

초파일을 전후하여 대웅전 앞뜰에는 새하얀 꽃이 뭉게구름처럼 피어나는 불두화(佛頭花)를 만날 수 있다. 작은 꽃 수십 개가 모여 야구공만 한 꽃송이를 만드는데, 자리가 비좁아 터질 것같이 피어난다. 처음 꽃이 필 때는 연초록 빛깔이며, 완전히 피었을 때는 눈부시게 하얗고, 꽃이 질 무렵이면 연보랏빛으로 변한다. 꽃 속에 꿀샘은 아예 잉태하지도 않았고, 향기를 내뿜어야 할 이유도 없으니 벌과 나비는 두 번 다시 찾아오지 않는다. 《사가집(四佳集)》[30]을 비롯한 조선 후기 문신들의 시에 가끔 불두화가 등장한다. 백당나무의 돌연변이로 불두화가 생긴 것으로 짐작된다.

병꽃나무

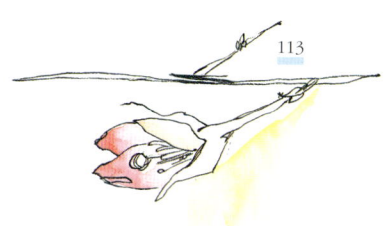

봄날의 햇살이 차츰 따가워지고 온 산이 초록 옷으로 갈아입을 즈음, 대체로 5월 초가 되면 병꽃나무와의 만남이 이루어진다. 산 아래에서부터 거의 꼭대기까지 햇빛이 잘 드는 곳이면 어디에서든 흔히 만날 수 있다. 그렇다고 자랄 터가 까다로운 것은 아니다. 큰 나무 밑에서 햇빛이 조금 부족하여도, 땅이 메마르고 척박하여도 크게 개의치 않는다.

꽃 모양은 길쭉한 깔때기 모양으로 손가락 길이 정도이고 아래로

목이 긴 백자 병이나 청사 병 모양을 닮은 병꽃나무 꽃(2010.05.20. 봉화)

꽃이 피기 시작하는 병꽃나무(2009.05.20. 포항 내연산)

인동과
학명 : *Weigela subsessilis*
영명 : Weigela
일본명 : コライヤブウツギ 高麗藪空木
중국명 : 高麗錦帶花
한자명 : 高麗楊櫨

매달려 있다. 그 모습이 마치 우리 선조들이 사용하던 백자 병이나 청자 병처럼 생겼다고 하여 병꽃나무란 이름이 붙여졌다. 특히 꽃이 피기 직전의 꽃봉오리는 영락없는 병모양이다.

꽃은 전체적으로 보드라운 털로 덮여 있다. 그래서 《물명고》에 실린 옛 이름은 비단을 두른 것처럼 아름다운 꽃이란 뜻의 금대화(錦帶花)이며 중국 이름도 같다. 일제 초기 학명을 붙이고 식물 이름을 정비하면서 병꽃나무란 새로운 이름을 얻은 것으로 보인다.

꽃은 잎이 난 다음에 피는데, 꽃송이가 많고 독특한 모양새에 처음에는 황록색을 띤다. 꽃잎의 앞면과 뒷면이 색깔이 다른 경우가 많고 오래되면 붉은색으로 변한다. 꽃마다 피는 시기가 약간씩 다르므로 한 나무에 두 가지 색깔의 꽃을 같이 볼 수 있다. 또 꽃이 적어도 2주 이상 오래 피어 있기 때문에 사람들의 눈길을 끌기에 충분하다. 다만 아직은 산속의 수줍은 미인일 뿐 정원수 미인대회에서는 한 번도 뽑힌 적이 없다. 외국 수입 정원수에 익숙해진 사람들은 병꽃나무와 같은 우리 나무들을 몰라 주지만 언젠가는 각광을 받는 날이 올 것이다. 거기다 병꽃나무는 우리나라 특산 꽃나무다. 지금이야 산을 오르는 사람들만이 겨우 알아줄 뿐이지만 말이다.

병꽃나무는 전국 어디에서나 볼 수 있는 갈잎 작은 나무다. 여러 그루가 모여 포기를 이루고, 키가 2~3미터 정도 자란다. 잎은 마주나기하고 타원형이며 잔 톱니를 가진다. 열매는 잔털이 촘촘하고 9월에 익으며, 갈라지지 않을 때는 역시 병모양이다.

병꽃나무 종류는 우리나라에 다섯 종이 있는 것으로 알려져 있다. 흔한 것은 병꽃나무와 붉은병꽃나무다. 이 둘은 꽃 색깔에 차이가 있으며 병꽃나무는 꽃받침이 아래까지 세로로 완전히 갈라지고, 붉은병꽃나무는 꽃받침의 중간까지만 갈라진다.

흔하지는 않지만 삼색병꽃나무도 있다. 이름 그대로 한 나무에 세 가지 꽃 색깔이 나타나는데, 같은 꽃이 피어 있는 기간 동안 삼단계로 색의 변화가 나타난다. 꽃이 처음 필 때는 새하얗다가 며칠 지나면 분홍빛으로 변한다. 꽃이 질 무렵이 되면 붉은색으로 마감한다. 같은 나무에 다른 색깔의 꽃이 피는 것을 신기하게 생각하여 관상수로 흔히 심는다.

산딸나무

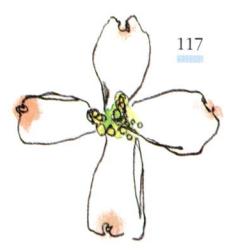

6월에 들어서면 초여름의 숲은 하루가 다르게 짙어진다. 세상이 온통 초록으로 뒤덮일 때 깊은 산 계곡의 나무들 대부분은 서로 비슷비슷하여 누가 누군지 찾아내기가 어렵다. 그러나 수많은 나무들이 펼치는 녹색의 정원에서 산딸나무는 새하얀 꽃으로 우리 눈에 금방 환하게 들어온다.

산딸나무 꽃은 네 장의 꽃잎이 마주보기로 붙어 있는 커다란 꽃이 수백 개씩 층층으로 피어 있다. 여러 가지 복잡한 색이 섞이지 않아 청순하고 깔끔하다는 느낌을 주는 꽃이다. 사실은 꽃잎이 아

열매는 영락없이 딸기를 닮았으며 먹을 수도 있다(2007.09.30. 청송, ⓒ황영목)

푸른 잎사귀를 바탕으로 층을 이루어 핀 산딸나무 꽃(2009.05.19. 무주 덕유산)

층층나무과
학명 : *Cornus kousa*
영명 : Kousa Dogwood, Japanese Dogwood
일본명 : ヤマボウシ山法師, 山帽子
중국명 : 四照花
한자명 : 四照花

니고 잎이 변형된 포엽(苞葉)이란 것인데, 보통 사람들의 눈에는 꽃잎으로 착각할 정도로 변장술이 놀랍다.

밤에는 하얀 꽃이 더욱 환하게 비춘다. 중국의 기서(奇書) 《산해경》〈남산경〉 편에는 "남쪽의 소요산이라는 곳에 닥나무같이 생기고 나뭇결이 검으며 그 빛이 사방을 비추는 미곡(迷穀)이라는 나무가 있는데, 이것을 몸에 걸치면 길을 잃지 않았다"라고 나와 있다. 미곡이란 나무가 내용상으로 무슨 나무인지는 알기 어려우나, 옛 사람들은 산딸나무의 한자인 사조화(四照花)로 번역했다. 산딸나무의 꽃 핀 모습을 보고 '사방을 비추는 나무'로 인식한 것 같다.

변형된 산딸나무 꽃잎을 위에서 내려다보면 두 장씩 서로 마주 보고 있는 모습이 십자가를 연상케 한다. 유럽의 여러 기독교 국가와 미국에서는 십자가 모양의 꽃과 아름다움 때문에 산딸나무를 정원수로 널리 심는다. 미국산딸나무, 꽃산딸나무, 서양산딸나무 등 여러 종류가 우리나라에도 들어와 있다.

기독교인들의 전설에 의하면 예수가 십자가에 못 박힐 때 쓰인 나무가 통칭 '독우드(Dogwood)'라 불리는 산딸나무라고 한다.[31] 이스라엘의 산딸나무는 지금보다 재질이 단단하고 컸으며, 당시에는 예루살렘 지역에서 가장 큰 나무였다. 그러나 예수가 십자가에 못 박힌 이후 다시는 십자가를 만들 수 없도록 하느님이 키를 작게 하고 가지도 비꼬이게 만들었다는 것이다. 또한 십자가에 못 박힐 때의 모습을 상징하는 十자 꽃잎을 만들었다고 한다. 꽃잎의 끝은 예수의 손바닥에 박힌 못처럼 색이 약간 바래고 휜 모양을 나타낸다. 붉은 수술은 예수의 머리에 씌워진 가시관을 나타내며, 붉은 열매가 몇 개씩 붙어 있는 모습은 예수의 피를 나타낸다.

　이상의 내용으로 보아 우리나라 산딸나무와는 다른 유럽이나 미국의 산딸나무를 말하는 것 같다. 십자가를 만들지 못하게 다른 나무로 만들어버렸다는 나무는 'European Cornel(학명 *Cornus mas*)'이란 산딸나무이며 오늘날 중동지방에서도 자란다.

　독우드(Dogwood)를 우리식으로 이해하면 예수가 못 박힌 십자가 나무로서 몹쓸 '개나무'가 된다. 서양 사람들이야 개가 우리처럼 천대받은 동물이 아니라고는 하나 아무러면 십자가 나무의 이름이 될 수 있겠는가? 어원에 대한 여러 가지 설이 있지만 첫째는 옛날 산딸나무의 껍질을 쪄서 나온 즙으로 개의 피부병을 치료했다는 것이다. 또 다른 설로는 산딸나무는 목질이 매우 단단하여 나무꼬챙이를 만드는 데 사용되었는데, 이러한 것에서 비롯된 영어 고어가 dag, 혹은 dog이었다는 것이다.

　산딸나무는 중부 이남에서 자라며 키가 7~10미터 정도 자란다.

꽃산딸나무 꽃(2002.04.20. 전주)과 미국산딸나무 꽃(2009.04.10. 부산)

잎은 마주보기로 달리고 굵은 주름이 생기기도 한다. 가을에 손가락 마디만 한 동그란 열매가 긴 자루 끝에 열리며 빨갛게 익는다. 표면에는 거북이 등 같은 무늬가 있는데, 여러 개의 암술이 붙어서 만들어진 집합과(集合果)다. 속에는 쌀알 굵기만 한 작은 씨앗이 열매 크기에 따라 1~4개씩 들어 있고 나머지는 육질이다. 과육이 부드럽고 달아 먹을 만하며 과일주를 담그기도 한다. 열매는 흔히 먹는 딸기와 비슷하게 생겨서 산딸나무라는 이름이 붙여졌다. 산딸기나무라는 별개의 작은 나무가 있으므로 헷갈리지 않게 주의해야 한다.

고종황제의 계비인 순헌황귀비가 묻힌, 서울 청량리 영휘원의 천연기념물 506호 산사나무 (2009.05.07.)

장미과

학명: *Crataegus pinnatifida*
영명: May Flower, Hawthorn
일본명: オオサンザシ 大山査子
중국명: 山楂
한자명: 山査木, 山裏紅, 野棠
북한명: 찔광나무

산사나무

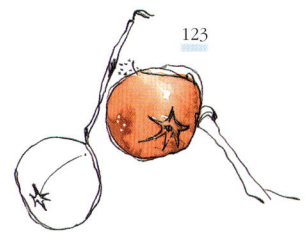

5월의 태양이 눈부시게 내리쬐는 날, 청초한 초록 잎 사이로 하얀 꽃구름을 피워 청춘을 유혹하는 나무가 있다. 햇빛을 워낙 좋아하여 야산의 능선이나 숲 가장자리의 양지바른 곳에서 고운 자태를 비로소 볼 수 있다. 우리 이름은 산사나무, 영어 이름은 '오월의 꽃'이다.

산사나무 무리는 우리나라에서는 아광나무와 이노리나무를 포함하여 세 종이 서식하고 있으며, 세계적으로는 1천여 종이 있는 대식구다. 대체로 더운 지방보다는 북반구의 온대지방에서 널리 자란다.

동양의 산사나무는 주로 약재로 쓰는 나무일 뿐이지만, 유럽 사람들에게는 수많은 전설을 가진 민속나무로 알려져 있다. 고대 희랍에서의 산사나무는 희망의 상징으로서 봄의 여신에게, 로마 사람들은 꽃의 여신에게 바쳤다. 지금도 5월 1일이면 산사나무 꽃다발을 만들어 문에 매달아 두는 풍습이 있다. 영국에도 산사나무에 얽힌 전설이 많이 남아 있으며, 5월이 되면 태양숭배를 상징하는 축제를 열고 하루 종일 야외에서 춤을 추면서 보낸다고 한다. 이때쯤 활짝 피는 산사나무 꽃은 5월의 상징이었다.

1890년 근대 노동운동의 시작을 알리는 노동절 행사가 5월 1일

〈화조화(花鳥畵)〉, 심사정, 1758년, 38.5×29.0cm, 개인소장
잎의 가장자리가 깊게 패고 열매꼭지에 꽃받침 자국이 남아 있는 특징으로 산사나무임을 알 수 있다. 화제에 초여름에 그렸다고 하였으나 열매에 벌써 반점이 생긴 것으로 보아서는 늦여름이나 초가을에 가깝다. 산사나무 열매는 익기 시작하면 빨갛게 되므로 그림 속의 색깔과는 조금 다르다. 산사나무는 심사정의 또 다른 그림 〈금욕파주〉에도 등장하며, 그 외 김홍도, 백은배, 김석신 등의 그림에서 흔히 만날 수 있다. 강세황의 화평에 '가지가 생겨나고 잎이 피어난 것은 야들야들하고 아스라한 풍치를 살렸고, 좋은 열매가 주렁주렁 달리고 이상한 새가 깃들고 있는 것은 바로 조화의 묘를 찾아낸 것이니 우리나라에서 과거에 못 본 것이다'라고 했다.[32]

붉게 익은 산사나무 열매(2003.08.23. 창경궁)

로 정해지자 산사나무 꽃은 자연스레 신성한 노동을 상징하는 꽃이 되었다. 그래서 영어 이름은 '메이플라워', 즉 오월의 꽃이다. 산사나무 꽃은 행복의 상징이었으며, 아테네의 여인들은 결혼식 날 머리를 장식하는 데 이용했다. 로마에서는 산사나무 가지가 마귀를 쫓아낸다고 생각하여 아기 요람에 얹어두기도 했다.

이렇게 서양 사람들은 꽃의 아름다움에 취했다면 동양 사람들은 열매의 약리작용에 일찍부터 관심을 가졌다. 중국과 일본 및 우리나라에서는 산사나무 열매를 '산사자(山査子)'라 하여 감기 기침은 물론 소화불량을 치료하는 약으로 널리 쓰였다는 기록을 찾을 수 있다. 《산림경제(山林經濟)》[33] 〈치약(治藥)〉 편에 보면 "산속 곳곳에서 나는데 반쯤 익어 맛이 시고 떫은 것을 채취하여 약에 쓴다. 오래 묵은 것이 좋으며 물에 씻어 연하게 쪄서 씨를 제거하고 볕에 말린다"라

5월에 하얗게 핀 산사나무 꽃(2005.05.14. 창경궁)

고 나와 있다.

꽃이 지고 곧바로 열리기 시작하는 열매는 뜨거운 여름 태양에 달궈져 8월이면 벌써 푸른 잎을 배경으로 빨갛게 익기 시작한다. 지나온 꽃 세월이 아쉬운 듯, 껍질에는 작디작은 하얀 반점이 박혀 있다. 구슬만 한 크기에 전체 모습은 귀여운 아기사과와 영락없이 닮았다. 핏줄을 속일 수는 없는 듯, 산사나무는 장미과 중 배나무아과(亞科)라 하여 사과나무와 한 족보를 이루기 때문이다. 열매를 씹어 보면 역시 사과처럼 새콤하고 달콤한 맛이 난다.

열매는 약재 말고도 쓰임이 많다. 《계산기정(薊山紀程)》[34]에는 "산사는 크기가 밤알만 하고, 살이 많고 맛이 좋으며, 보드라운 가루로 만들어 꿀에 타 떡을 만든다"라고 나와 있다. 또한 산사 떡이나 산사정과(正果)를 만들어 먹기도 했다. 어원을 알 수는 없으나 옛 이름은 아가위나무다.

　산사나무는 전국에 걸쳐 자라는 갈잎나무로 키 4~5미터에 지름은 한 뼘 정도로 흔히 만날 수 있는 크기다. 그러나 최근 천연기념물 506호로 지정된 서울 영휘원의 산사나무는 줄기둘레가 한 아름이 훨씬 넘는 203센티미터에 키가 9미터에 이른다.

　산사나무 특징 중에 독특한 잎사귀 모양을 빠뜨릴 수 없다. 우리가 흔히 볼 수 있는 보통의 나뭇잎은 긴 타원형에 가장자리는 얕은 톱니가 있거나 밋밋하다. 그러나 산사나무 잎은 평범함을 거부한다. 잎이 불규칙하고 깊게, 때로는 거의 가운데 잎맥까지 패어 있다. 우리나라 나무 중에는 이런 특별한 잎이 없기 때문에 한번 보면 금방 알아낼 수 있다.

꽃이
아름다운
나무

마른 가지에 작은 노란 꽃 뭉치를 만들어내는 생강나무 꽃(2009.03.21. 대구)

녹나무과
학명: *Lindera obtusiloba*
영명: Japanese Spice Bush
일본명: ダンコウバイ 壇香梅
중국명: 三桠乌药, 红叶甘姜
한자명: 生薑木, 黃梅木

생강나무

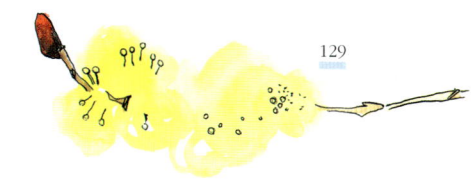

온통 잿빛의 삭막한 겨울 숲도 들판에 완연한 봄이 찾아오면 긴 겨우살이를 털고 새봄을 맞을 준비를 한다. 인간 세계에 선각자가 있듯이 나무나라에도 봄이 오고 있음을 가장 먼저 감지하는 생강나무라는 초능력 나무가 있다. 예민한 '온도감지 센서'를 꽃눈에 갖추고 있어서다. 생강나무는 숲속의 다른 나무들이 겨울잠에서 깨어날 꿈도 안 꾸는 이른 봄, 가장 먼저 샛노란 꽃을 피워 새봄이 왔음을 알려준다.

숲속에서 자연 상태로 자라는 나무 중에 제일 먼저 꽃망울을 터뜨리는 나무가 바로 생강나무다. 가느다란 잿빛 나뭇가지에 조그마한 꽃들이 금가루를 뿌려놓은 듯 점점이 박혀 있는 화사한 꽃 모양은 '봄의 전령'이라는 그의 품위 유지에 부족함이 없다.

생강나무는 지름이 한 뼘에 이를 정도로 제법 큰 나무로 자라기도 하지만, 우리가 산에서 흔히 만나는 나무는 팔목 굵기에 사람 키를 약간 넘기는 정도의 자그마한 것이 대부분이다. 인가 근처의 야산에서는 2월 말쯤에, 좀 깊은 산에서는 3~4월에 걸쳐 꽃을 피운다. 한번 피기 시작한 꽃은 거의 한 달에 걸쳐 피어 있으므로 나중에는 진달래와 섞여 숲의 봄날을 달구는 데 한몫을 한다.

꽃이 지고 돋아나는 연한 새싹은 또 다른 귀한 쓰임새가 있다. 차

꽃이
아름다운
나무

나무가 자라지 않는 추운 지방에서는 차 대용으로 사랑을 받았다. 차(茶)문화가 사치스런 일반 백성들은 향긋한 생강냄새가 일품인 산나물로서 즐겨왔다. 이후 생강나무는 주위 동료나무들과 어울려 '초록은 동색'이 된다.

까맣게 잊어버린 생강나무는 가을 단풍철이 오면서 다시 한 번 우리의 눈길을 끈다. 봄의 노란 꽃 영광이 아쉬운 듯, 셋으로 갈라진 커다란 잎은 노란 단풍으로 물든다. 생강나무의 한해살이는 노란 꽃으로 생명을 시작하여 노란 단풍으로 마감한다.

가을이 깊어 갈수록 콩알 굵기만 한 새까만 열매가 눈에 띈다. 처음에는 초록빛이었다가 점차 노랑, 분홍을 거쳐 나중에는 검은빛으로 익는다. 이 열매에서 기름을 짠다. 이 기름으로 옛날 멋쟁이 여인들은 머릿결을 다듬었으며, 아울러 밤을 밝히는 등잔불의 기

삭막한 숲속에 화사한 노란 꽃을 가장 먼저 피워 봄소식을 알려주는 생강나무(2010.04.08. 대구 갓바위)

름으로도 사용하였다. 남쪽에서 만나는 진짜 동백기름은 양반네 귀부인들의 전유물이었고, 서민의 아낙들은 주위에서 흔히 자라는 생강나무 기름을 애용했다. 그래서 머릿기름의 대명사인 '동백기름'을 짤 수 있는 나무라 하여, 강원도 지방에서는 아예 동백나무(동박나무)라고도 한다. 춘천 태생의 개화기 소설가 김유정의 단편 〈동백꽃〉은 사실 생강나무 꽃이 맞다.

생강나무란 이름에서 알 수 있듯이 조미료로 쓰는 생강과 관련이 깊다. 나뭇잎을 비비거나 가지를 꺾으면 은은한 생강냄새가 난다. 식물이 향기를 만들어내는 것은 정유(精油)라고 하여 여러 가지 화합물을 가지고 있는 성분 때문이다. 생강나무는 잎에 정유가 가장 많고 다음이 어린 줄기이며, 꽃에는 정유가 거의 없다. 생강과 생강나무의 정유 성분을 보다 세밀히 분석한 자료에 따르면, 둘 다 β-유데스몰(β-eudesmol)과 펠란드렌(phellandrene)이라는 성분을 가지고 있는 것으로 밝혀졌다.

어쨌든 이들 때문에 우리는 생강나무에서 생강냄새를 맡을 수 있다. 옛사람들은 음식물을 잠시 저장할 때 개미나 파리가 모여드는 것을 막기 위하여 생강나무의 어린 가지 껍질을 벗겨서 걸어 놓았다고 한다. 실제로 어느 정도의 효과가 있었는지 흥미롭다.

그 외에 생강나무는 민간약으로 쓰이기도 한다. 산후조리, 배 아플 때, 가래를 없애는 데에도 가지를 달여 마시면 효과가 있는 것으로 알려져 있다.

《성호사설(星胡僿說)》[35] 〈만물문〉 편에 보면 "속칭 아해화(鵝孩花)라는 것이 있어, 누른 꽃은 거위 새끼의 털처럼 보들보들하고, 향기

끝이 갈라지기도 하는 생강나무 잎(2008.05.10. 청주)

는 생강냄새와 흡사한데, 봄철이 오면 다른 꽃보다 제일 먼저 핀다. 양나라 원제가 말한 아아화(鵝兒花)와 같은 꽃이다"라고 나와 있다. 이는 생강나무와 관련된 유일한 옛 기록이다.

    산속의 생강나무보다 조금 앞서서, 마을 부근의 빈터나 밭둑에는 얼핏 보아 생강나무 꽃과 너무 닮은 노란 꽃을 피우는 또 다른 봄 나무가 있다. 바로 산수유다. 잎이 피고 나면 두 나무의 차이는 너무도 뚜렷하지만, 꽃만 보아서는 조금 혼란스럽다. 꽃이 피어 있을 때 구별하는 방법은 이렇다. 두 나무 모두 여러 개의 작은 꽃이 모여 핀다. 산수유는 꽃대가 길고 꽃잎과 꽃받침이 합쳐진 화피(花被)가 여섯 장이며, 생강나무는 꽃대가 거의 없다고 해도 될 만큼 짧고 꽃잎도 네 장이다.

서향

서향(瑞香)은 이름 그대로 상서로운 향기가 나는 나무다. 중국이 고향이고 늘푸른잎을 달고 있으며, 다 자라도 2미터를 넘기 어려운 작은 나무다. 추위에 약하여 남부지방 외엔 심을 수 없다.

서향은 3~4월에 피는 꽃의 향기를 맡고 나서야 그 가치를 알게 된다. 바람이 부는 방향에 있다면 줄잡아 1~2킬로미터 밖에서도 향기를 맡을 수 있을 정도로 진하다. 향기가 천리를 간다는 의미로 천리향(千里香)이라고도 하며, 좀 더 과장하여 만리향이라고도 한다.

서향이란 이름이 붙여진 연유는 송나라 도곡이 쓴 《청이록(淸異

안팎이 모두 하얀 우리나라 특산의 백서향(2005.03.01. 거제도)

서향은 안쪽이 흰빛이고 바깥쪽은 진한 보랏빛인 꽃들이 모여 핀다(2002.03.25. 거제도)

팥꽃나무과
학명:*Daphne odora*
영명:Winter Daphne
일본명:ジンチョウゲ沈丁花
중국명:瑞香, 睡香, 蓬萊紫
한자명:瑞香

錄》에 나온다. 중국의 영산인 의무려산(醫巫閭山)에서 수도하고 있던 한 여승은 널찍한 바위 위에서 낮잠을 즐기다가 꿈속에서 강렬한 꽃향기를 맡고 깨어난다. 꿈속의 그 꽃을 찾아 헤맨 끝에 마침내 잠을 깨운 꽃을 발견하고는 수화(睡花)라고 이름을 붙였다. 이 이야기를 들은 사람들은 수화를 상서로운 꽃으로 여겨 집에다 널리 심으면서 서향화(瑞香華)라고 불렀다는 것이다.

서향은 고려 충숙왕이 원나라에 인실로 잡혀 있다가 귀국할 때인 1316년에 가져온 것으로 알려져 있다. 그러나 이보다 앞선 1254년에 간행된 《보한집(補閑集)》[36]에 처음으로 서향화(瑞香花)가 등장한다. 이를 미루어 보아 우리나라에 서향이 들어온 것은 고려 중·후기로 짐작된다. 서향은 우리나라에 들어오면서부터 강한 향기가 바로 선비들의 관심을 끌었다. 《양화소록》에는 서향화를 두고 "한 송이 꽃봉오리가 벌어지면 향기가 온 뜰에 가득하고, 활짝 피면 그 은한 향취가 수십 리에 퍼져나간다"라고 했다. 또 각종 꽃을 9품으로 나눈 《화암수록(花菴隨錄)》에는 서향화를 4품에 넣고, 가까이 할 수 있는 벗에 비교한다면 특별한 벗이란 뜻으로 '수우(殊友)'라고 했다. 그 외에 《동국이상국집》에서도 서향을 찾을 수 있고, 《목은집(牧隱集)》[37]에서도 〈서향화〉란 시 한 수가 남아 있는데, "서향화가 움 속에서 고루 피었고 / 청명 날 꽃대를 내밀어 향기가 집 안 가득 / 우선 냄새부터 맡고나서 두 눈을 닦고 다시 보니 / 연분홍 가지 위에 여기저기 꽃이 흩어져 있네"라고 했다. 이렇게 서향이 처음 중국에서 들어왔을 때 인기가 폭발적이었음을 알 수 있다. 그러나 서울 지방에서는 월동이 안 되므로 화분에 심어두고 감상했다.

서향은 자라면서 가지가 여러 갈래로 갈라져 낮고 펑퍼짐해진다. 어린가지는 표면이 매끄럽고 광택이 있으며 진한 적갈색이 특징이다. 손가락 길이 정도의 길쭉한 잎은 진한 초록빛으로 두껍고 광택이 나며 가장자리는 밋밋하다. 봄에 피는 꽃은 가지 끝에 뭉쳐 피며 작은 꽃이 모여 동그랗게 공처럼 되고, 마치 신부의 부케모양이 연상되는 아름다운 모습이다.

  꽃은 통꽃으로 윗부분이 넷으로 갈라져 꽃잎처럼 보이는데, 실제는 꽃받침으로 꽃잎은 퇴화되어버렸다고 한다. 하나하나의 꽃은 안쪽이 흰빛이고, 바깥쪽은 붉은빛이 들어간 보랏빛으로 안팎이 다른 특별한 꽃이다.

  서향은 암수가 다른 나무로 늦봄에 붉은 열매가 열리지만 우리나라에 들어온 것은 대부분 수나무라 열매를 만나기는 어렵다. 학명의 속명(屬名)은 여신 다프네(Daphne)에서 따왔으며, 종명도 향기를 뜻하는 오도라(Odora)다.

  중국에서 들어온 서향과 아주 비슷한 우리 나무로는 백서향(白瑞香)이 있다. 모양새가 서향과 매우 닮았으나 보라색인 서향과는 달리, 꽃의 안팎이 모두 하얀 것이 가장 큰 특징이다. 백서향은 우리나라 자생종이며, 자라는 곳은 거제도와 제주도를 비롯한 난대림의 바닷가 숲속이다. 이른 봄 땅이 풀리자마자 바로 피는 하얀 꽃은 깔끔하고 보기가 좋아 최근에는 정원수로 널리 보급되고 있다. 백서향은 서향과 마찬가지로 강한 향기를 지니고 있다.

수국

수국의 한자 이름은 수구화(繡毬花)인데, 비단으로 수를 놓은 것 같은 둥근 꽃이란 의미다. 옛사람들이 나무 이름을 붙일 때는 특징을 정확하게 간파하고 금세 알 수 있게 하여 감탄을 자아낸다. 수구화는 모란처럼 화려한 꽃이 아니라 잔잔하고 편안함을 주는 꽃이다. 꽃 이름은 수구화에서 수국화, 수국으로 변한 것으로 보인다.

학명(學名)에 어쩐지 일본 냄새가 나는 'otaksa'란 단어가 포함되어 있다. 18세기 초 서양의 문물이 동양으로 들어오면서 약용식물에 관심이 많은 의사 겸 식물학자들은 앞다투어 동양으로 진출했

연한 보랏빛으로 핀 수국 꽃은 시간이 지나면서 푸른빛이 되었다가 다시 보랏빛으로 색깔이 변한다 (2005.06.17. 통영 추도)

꽃이 붉은빛인 수국 품종도 역시 시간이 지나면 색깔이 변한다(2010.07.19. 진안 마이산)

범의귀과

학명: *Hydrangea macrophylla* for. *otaksa*
영명: Japanese Hydrangea
일본명: アジサイ紫陽花
중국명: 紫阳花
한자명: 繡毬花, 醉人仙, 粉團

다. 오늘날 학명에 식물이름을 붙인 명명자(命名者)로 흔히 만나게 되는 네덜란드인 주카르느(Zucarnii)는 당시 약관 28세의 나이에 식물조사단의 일원으로 일본에 와 있다가 오타키라는 기생과 사랑에 빠진다.

그러나 지우개로 지워버릴 수 있도록 '사랑은 연필로 쓰라'는 노래가 한때 유행한 것처럼 사랑은 변하기 마련이다. 오래지 않아 변심한 그녀는 다른 남자에게 가 버렸다. 가슴앓이를 하던 주카르느는 수국의 학명에 오타키의 높임말을 서양식으로 표기한 *otaksa*를 넣어 변심한 애인의 이름을 만세에 전해지게 했다. 아마도 변심한 애인처럼 수국의 꽃은 처음 필 때는 연한 보라색이던 것이 푸른색으로 변했다가 다시 연분홍빛으로, 피는 시기에 따라 색깔을 달리하기 때문이리라. 사랑의 배신자에 대한 복수로는 멋있고 낭만적인지, 아니면 조금은 악의적인 보복인지 가늠하기가 어렵다.

수국의 원산지는 중국이다. 그러나 무엇이든지 주물러 예쁘고 달콤하게 만드는 데 소질이 있는 일본인들은 중국 수국을 가져다 이리저리 교배시켜 오늘날 우리가 키우는 원예품종 수국으로 만들었다. 불행히도 이 과정에 암술과 수술이 모두 없어지는 거세를 당하여 씨를 맺을 수 없는 석녀가 되어 버렸다.

《물명고》에 보면 수국은 처음엔 파랗다가 시간이 지나면서 하얗게 되며, 모란과 거의 같은 때 핀다고 한다. 옛 어른들은 지금 우리가 감상하고 있는 일본인들의 원예품종 수국이 아니라 그 이전의 중국 수국을 그대로 가져다 심고 즐긴 것으로 생각된다.

수국은 중부 이남의 절이나 정원에서 널리 심는 작은 나무다. 키가 1미터 정도까지 자라며 갈잎나무이나, 녹색에 가까운 여러 개의 줄기가 올라와 포기를 이루고 있어서 나무가 아닌 풀처럼 보인다. 잎은 달걀모양으로 두꺼우며 가장자리에 톱니가 있다. 표면은 짙은 초록빛으로 광택이 난다.

초여름에 줄기 끝마다 작은 꽃들이 서로 옹기종기 모여 초록 잎을 배경으로 연한 보랏빛을 띤 동그란 꽃 공이 만들어진다. 꽃마다 4~5개씩 붙어 있는 꽃잎은 꽃받침이 변한 것이다. 꽃 색깔은 자라는 곳의 흙 성질에 따라 조금씩 달라지기도 한다.

수국과 비슷한 무리로는 산에서 흔히 만나는 산수국과 울릉도에서 자라는 등수국이 있다. 이들은 모두 생식기능을 가진 정상적인 나무로서 자식을 못 낳는 수국의 처지를 동정하는 듯하다.

수수꽃다리

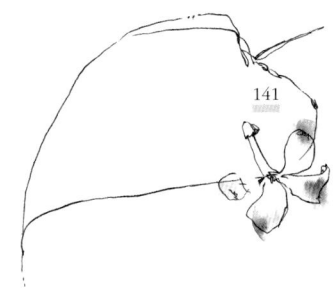

수수꽃다리는 아름다운 나무 이름 뽑기 대회라도 한다면 금상은 떼어 놓은 당상이다. 수수꽃다리는 '꽃이 마치 수수 꽃처럼 피어 있다'라는 뜻의 순우리말이다.

수수꽃다리는 북한의 황해도 동북부와 평남 및 함남의 석회암지대에 걸쳐 자란다. 키 2~3미터의 자그마한 나무로 하트형의 잎이 마주보기로 달린다. 평소에는 눈에 잘 띄지 않다가 원뿔모양의 커다란 꽃대에 수많은 꽃이 피어 향기를 내뿜을 때, 비로소 사람들은 이 나무의 가치를 알게 된다.

수수꽃다리는 더위를 싫어하므로 주로 중북부지방에서 정원수로 흔히 심는다. 현재 한국에는 자생지가 없으며, 지금 우리 주변에서 볼 수 있는 수수꽃다리는 남북분단 이전에 북한에서 옮겨 심은 것이다. 수수꽃다리는 개회나무, 털개회나무 등 6~8종의 형제나무를 거느리고 있는데, 서로 너무 닮아서 이들이 누구인지를 찾아낸다는 것은 전문가가 아니면 거의 불가능에 가깝다. 이 꽃을 좋아한 옛사람들은 머리 아프게 따로 구분하지 않고 합쳐서 중국 이름을 그대로 받아들여 정향(丁香)이라 불렀다.

《속동문선(續東文選)》[38]에 실린 남효온의 〈금강산 유람기〉에는 "정향 꽃 꺾어 말안장에 꽂고 그 향내를 맡으며 면암을 지나 30리를

커다란 원뿔모양의 꽃차례에 많은 꽃이 달린다(2009.04.26. 대구)

물푸레나무과
학명 : *Syringa oblata* var. *dilatata*
영명 : Common Lilac
일본명 : ヒロハハシドイ
중국명 : 朝鮮丁香
한자명 : 丁香, 野丁香
북한명 : 넓은잎정향나무

갔다"라는 구절이 나온다.《산림경제》〈양화(養花)〉편에는 "2월이나 10월에 여러 줄기가 한데 어울려 난 포기에서 포기가름을 하여 옮겨 심으면 곧 산다. 4월에 꽃이 피면 향기가 온 집 안에 진동한다"라는 내용이 나온다. 또《화암수록》〈화목구등품〉의 7품에는 "정향(庭香)은 유우(幽友), 혹은 정향이라 한다. 홍백 두 가지가 있는데, 꽃이 피면 향취가 온 뜰에 가득하다"라고 했다.

수수꽃다리는 이렇게 진가를 알아본 선비늘이 성원에 조금씩 심고 가꾸어 왔다. 하지만 개화 초기에 들어서면서 라일락이라는 서양수수꽃다리(학명 Syringa vulgaris)의 강력한 도전을 받게 된다. 라일락이 일본에 1880년경에 들어왔다고 하니 우리나라에는 19세기 말이나 20세기 초에 수입 수수꽃다리가 들어온 것으로 짐작된다.

라일락은 향기가 조금 더 강하고 키가 약간 크게 자라는 것 외에 수수꽃다리보다 더 특별한 장점은 없다. 이 둘은 꽃이나 향기가 비슷하여 거의 구분이 안 된다. 그래도 쏟아지는 서양문물과 함께 들어왔다는 프리미엄을 등에 업고 라일락은 수수꽃다리를 제치고 공원이나 학교의 정원수로 자리를 잡게 된다.

라일락은 유럽 사람들도 좋아하는 꽃이다. 수많은 원예품종이 있고, 보통 연보라색과 흰색을 기본으로 진한 보라색까지 다양하다. 5월 중순의 봄날, 라일락은 연보라색이나 하얀 빛깔의 작은 꽃들이 뭉게구름처럼 모여 핀다. 조금 멀리 떨어져 있어도 라일락 향기는 금방 코끝을 자극한다. 어둠이 내리면 향기는 더욱 강해진다. 공원 벤치에 앉아 사랑의 밀어를 나누는 젊은 연인들에게 친숙한 꽃이고, 바로 그들의 향기다. 영어권에서는 라일락(lilac)이라 부르며 프

랑스에서는 리라(lilas)라고 한다.

라일락의 원예품종 중에 우리를 우울하게 만드는 이야기가 있다. 1947년 미 군정청에 근무하던 엘윈 M. 미더는 북한산에서 우리 토종식물인 털개회나무 씨앗을 받아 본국으로 가져갔다. 이후 싹을 틔워 '미스킴라일락'이라 이름 짓고 개량하여 미국은 물론 전 세계 시장에 퍼져나갔다. 유럽 라일락에 비해 키가 작고 가지 뻗음이 일정하여 모양 만들기가 쉽고, 향기가 짙어 더 멀리 퍼져 나가는 우량품종이 된 것이다. 우리나라는 이것을 역수입해다 심는 실정이다. 종자확보 전쟁에서 한발 늦은 우리가 타산지석으로 삼을 만하다.

오래전부터 향료와 약재로 널리 알려진 정향(丁香)이 또 있다. 이는 우리나라의 정향이 아닌 늘푸른나무로 열대의 몰루카 제도가 원산인 다른 나무다. 이 나무는 꽃봉오리가 피기 전에 채취한 후 말려서 쓰며, 증류(蒸溜)하여 얻어지는 정향유는 화장품이나 약품의 향료 등으로 쓰임새가 넓다.

실거리나무

실거리나무는 한반도의 남부 해안과 섬 지방에서 자라는 자그마한 갈잎나무다. 나무에 특별히 관심이 있는 사람이 아니면 이름조차 생소할 것이다.

실거리나무와 나의 첫 만남은 전남대 재직 시절이었던 1980년대 초 보길도에서였다. 마을 앞 여러 잡목들이 멋대로 자란 작은 숲에 들어가는데, 이 녀석이 앞을 가로막아 섰다. 긴 세월 동안 숲속을 자주 헤매고 다닌 터라 큰 나무가 아닌 웬만한 나무는 한쪽으로 밀치고 밟고 나니는 일에 익숙한 나였지만, 그 나무는 그렇게 만만하

가시투성이 나무에 어울리지 않게 작은 나비 모양의 샛노란 꽃이 너무 예쁘다(2003.05.06. 남해)

콩과
학명 : *Caesalpinia decapetala*
영명 : Mysore Thorn, Cat's Claw
일본명 : ジャケツイバラ蛇結茨
중국명 : 日本云实
한자명 : 夜皁角

지 않았다. 길게 뻗은 가지에 마치 낚싯바늘이 연상되는 짧고 날카로운 갈고리 모양의 예리한 가시가 달려 있어서다. 크진 않아도 낫 모양의 가시가 너무 촘촘히 박혀 있었다.

원래 덩굴나무는 아니지만 길게 늘어진 가지들이 덩굴처럼 이리저리 얽혀 있었다. 말로만 듣던 이 녀석의 심술을 시험해보고 싶었다. 막대기 하나를 잡아 이리저리 누르고 발로 밟으면서 빠져나오려고 했지만 유연성이 좋은 가지들이 자꾸만 앞을 가로막았다. 실랑이는 금방 내가 들어간 길로 되돌아 나오는 것으로 끝이 났다.

실거리나무라는 이름은 얼기설기 가시 때문에 '실이 걸린다'는 특징에서 따온 것이다. 실뿐만 아니라 무엇이든 잘 걸린다. 그래서 보길도에서는 총각이 이 나무 사이로 들어가면 좀처럼 빠져나올 수 없다 하여 총각귀신나무라 하고, 흑산도에서는 단추걸이나무란 별명도 있다. 지방에 따라 띠거리나무, 살거리나무라고도 한다.

어쨌든 실거리나무의 특징은 험악한 갈고리 가시로 대표된다. 제주도에는 이런 전설이 있다.[39] "옛날 바닷가 어느 마을에 젊은 과부가 살고 있었다. 모양내기를 좋아했던 과부는 대처로 나가 예쁜 옷을 한 아름 사들고 배를 타고 마을로 되돌아오고 있었다. 그런데 마을을 눈앞에 두고 갑자기 일어난 풍랑에 배가 기우뚱거리자, 옷 보따리를 그만 물속에 빠뜨리고 말았다. 과부는 보따리를 건지려고 바닷속으로 뛰어들었으나 사람도 옷 보따리도 다시는 떠오르지 않았다. 이후 사람들은 실거리나무가 바로 한을 간직한 과

◀짧고 날카로운 가시를 수없이 내밀고 있다(2001.04.10. 전주)

부의 넋이라고 생각했다. 그래서 실거리나무는 낚싯바늘 같은 가시를 달고 사람만 얼씬거리면 옷을 걸어 꼼짝 못하게 하고, 한번 걸리면 가시가 부러지기 전에는 절대 놓아주지 않는다"라고 생각했다는 것이다.

실거리나무의 가시 특징을 한참 이야기했지만, 이 나무의 진짜 백미는 꽃이다. 5월 중하순 경에 피는 꽃은 원뿔모양의 꽃차례에 다섯 장의 5백 원짜리 동전만 한 크기의 샛노란 꽃잎을 펼친다. 그냥 노랗기만 한 것이 아니라 가운데에 가느다란 10개의 붉은보랏빛 긴 수술이 노랑 꽃잎의 화사함에 악센트를 주고 있다. 금방 날아가 버릴 노랑나비가 앉아 있는 듯, 가시투성이의 나무에 어울릴 것 같지 않은 꽃의 아름다움에 절로 감탄사를 연발하게 된다.

실거리나무의 잎도 꽃을 돋보이게 하는 배경화면 역할을 톡톡히 한다. 아까시나무 잎처럼 잔잎이 여럿 달린 겹잎이다. 더 작고 초록

잔잔한 잎이 모여 이중의 겹잎을 만든다. 콩꼬투리 모양의 짙은 갈색 열매가 보인다(2006.10.24. 보길도)

빛도 더 짙으며 잎의 개수도 많고, 또 이중 겹잎이다.

짧은 콩꼬투리 안에 들어 있는 까만 열매는 해열제나, 설사를 멈추게 하는 데 쓰이며, 때로는 구충제 등 민간약으로 이용한다. 콩과에 속하는 나무라 뿌리혹박테리아를 가지고 있어서 아무 곳에서나 잘 자란다.

나는 따뜻한 남쪽나라에 자그마한 농장 하나를 갖는 것이 평생 소원이었다. 이제 그 꿈을 접어야 할 연륜이 되었지만, 항상 머릿속에서는 실거리나무 산울타리에 노랗게 핀 꽃 천지를 그리고 있다. 아름다운 꽃은 꽃대로 감상을 하되 허락 없이는 함부로 접근하기 어려운 울타리로서의 기능을 다할 수 있는 나무가 바로 실거리나무다.

꽃이
아름다운
나무

늘푸른 잎사귀 사이로 수없이 매달리는 콩알 굵기의 붉은 열매는 꽃보다 더 아름답다(2004.09.28. 제주)

인동과
학명:*Viburnum odoratissimum* var. *awabuki*
영명:Japanese Coral Tree
일본명:サンゴジュ珊瑚樹
중국명:珊瑚, 日本珊瑚树, 法国冬青
한자명:珊瑚樹

아왜나무

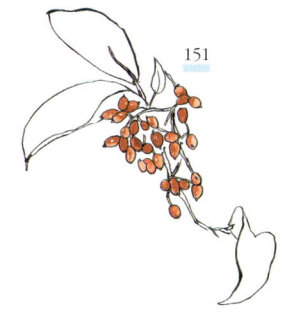

봄날, 아름다운 푸른 숲이 하루아침에 사라져버리는 안타까운 일이 흔하다. 산불 때문이다. 살아 있는 대부분의 나무는 수분이 많아 잘 탈 것 같지 않지만, 한번 불이 붙으면 걷잡을 수 없다. 소나무를 비롯한 바늘잎나무는 가느다란 바늘잎이 묶음으로 모여 있어서 더 잘 탄다. 반면에 넓은 잎을 가진 활엽수, 그중에서도 늘푸른 넓은잎나무라면 산불 번짐을 훨씬 더 잘 막을 수 있다. 그래서 우리는 늘푸른 넓은잎나무가 많은 제주도에서 산불이 났다는 이야기는 듣기 어렵다.

산불 예방조치는 불에 잘 타지 않는 나무를 심는 방법도 포함된다. 아왜나무는 다른 어떤 나무보다 불에 버티는 힘이 강한 나무로 유명하다. 즉, 방화수(防火樹)로서 널리 알려진 나무다. 한 나무씩보다 다른 나무들 사이사이에 여러 줄로 이어 심으면 더 효과적인 천연 방화벽을 만들 수 있다. 산자락에 위치한 인가 근처라면 아왜나무로 나무 울타리를 만들어 산불에 대비할 만하다. 다만 아왜나무가 자랄 수 있는 곳은 따뜻한 남쪽지방이라 추운 지방은 그림의 떡이다.

아왜나무 잎은 거의 어른 손바닥만큼이나 크고 두꺼우며 많은 수분을 가지고 있다. 나무 몸체도 원래부터 함수율이 높다. 더욱 재미

있는 현상은 일단 불이 붙으면 수분이 빠져나오면서 보글보글 거품을 만들어 놓는다. 마치 거품형 소화기처럼 표면을 덮어서 차단막을 만드는 셈이니 불에 잘 타지 않을 수밖에 없다. 이런 특징을 일본 사람들은 '아와부끼(거품을 내뿜는 나무)'라고 했다. 그래서 우리 이름인 아왜나무는 일본의 영향을 받아 거품나무란 뜻으로 처음에는 '아와나무'로 부르다가 아왜나무가 된 것으로 보인다. 그러나 아왜나무의 종명(種名)으로 'awabuki'란 글자로만 남아 있고, 오늘날에는 일본말로 '아와부끼'라고 하면 나도밤나무를 말한다.

아왜나무의 자람 터는 우리나라 제주도에서 일본의 남서부, 중국 남부 등 난대에서부터 아열대에 걸쳐 있어서 이름도 일본의 영향을 받은 것으로 보인다. 아왜나무는 비교적 바닷바람에 강하고 건조지역에서도 잘 버티며 나무 모양이 아름다워 해안가에 심는

늦봄에서부터 초여름에 걸쳐 하얀 꽃이 핀다(2009.06.30. 완도)

여름날의 아왜나무 전체 모습(1998.07.19. 제주여미지식물원)

나무로 빠지지 않는다.

아왜나무는 키 5~9미터 정도에 지름이 한 뼘 정도로 그리 크지 않은 아담한 사이즈의 늘푸른나무다. 잎은 길이가 20센티미터에 이를 경우가 있을 정도로 길다. 잎 모양은 긴 타원형으로 두껍고 윤기가 있으며, 잎자루는 약간 붉게 보인다. 늦봄에서부터 초여름에 걸쳐 하얀 꽃이 기다란 원뿔모양의 꽃대에 수없이 핀다.

가을에 들어서면서 꽃이 핀 자리엔 콩알 굵기만 한 빨간 열매가 익는다. 짙푸른 녹색 잎을 바탕으로 수천수만 개의 붉은 열매가 나무 전체에 달려 있는 모습은 장관을 이룬다. 그 모습이 마치 붉은 산호를 닮았다고 하여 한자 이름은 산호수다.

눈부신 하얀 꽃이 흐드러지게 피어 칠흑 같은 밤도 밝혀줄 것 같은 야광나무 꽃(2001.05.01. 청송)

장미과
학명: *Malus baccata*
영명: Siberian Crab
일본명: ヒメリンゴ, エゾノコリンゴ
중국명: 山荊子
한자명: 亞棠梨

야광나무

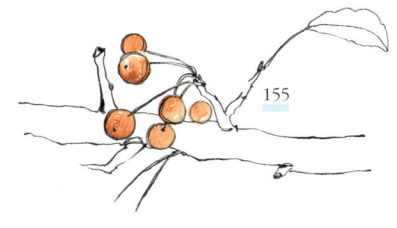

우리나라에 전깃불이 처음 들어온 곳은 1887년 3월 경복궁 안 고종의 처소인 건청궁이다. 이후 도시를 중심으로 급속히 전기보급이 늘어났지만, 농어촌까지 모두 전깃불이 들어온 것은 1980년대 초라고 한다.

전기가 들어오기 전 삼천리 방방곡곡의 밤은 '칠흑 같다'는 말 그대로였다. 가물거리는 호롱불로 어둠을 밀쳐내던 시절, 밤을 환하게 밝혀줄 불빛은 귀중한 희망의 상징이었다. 《금오신화》[40] 〈용궁부연록(龍宮赴宴錄)〉에는 용왕의 초청을 받아 용궁에 들어간 한생이란 선비가 돌아올 때 야광주(夜光珠) 두 개를 선물로 받았다는 이야기가 나온다. 야광주가 오늘날의 무엇인지는 명확하지 않지만, 어둠을 밝히는 물건은 귀하디귀한 보물이었음을 알 수 있다.

야광나무는 밤에 야광주와 같은 빛을 낸다는 뜻이다. 봄이 무르익는 5월경 야광나무는 온통 흰 꽃으로 뒤집어쓴다. 잎과 함께 피므로 초록색이 조금씩 섞여 있기도 하지만, 온통 새하얀 꽃밖에 보이지 않는다. 키 10여 미터, 지름은 한 뼘이 넘는 경우도 있어서 제법 큰 나무에 속한다. 별빛도 없는 깜깜한 밤의 야광나무 꽃은 주위를 밝혀주는 야광주를 연상하기에 충분하다. 야광나무는 중부지방의 산에서 흔히 만날 수 있으며, 화려하고 예쁜 꽃으로 벌을 불러들

붉게 익은 야광나무 열매(2005.12.03. 합천 가야산)

여 수정을 하는 대표적인 충매화다. 꽃은 암꽃과 수꽃이 따로 있고, 다섯 장의 꽃잎이 펼쳐지면 지름이 3센티미터 정도 된다.

잎은 어긋나기로 달리고 타원형으로 가장자리에 뾰족한 톱니가 있다. 열매는 굵은 콩알만 한 크기이며 붉은빛으로 익으나 때로는 노랗게 익는 경우도 있다. 긴 열매 자루에 3~5개씩 밑으로 처져 초겨울까지 매달려 있어서 산새들의 좋은 먹이가 된다.

비슷한 모양의 아그배나무가 있다. 야광나무는 잎 가장자리가 갈라지는 일이 거의 없으나, 모양새가 비슷한 아그배나무는 가지 끝의 새로 난 잎이 깊게 갈라져 손쉽게 이 둘을 구별할 수 있다.

야광나무는 홀로 자라기를 좋아해 무리를 이루는 경우가 드물다. 그러나 예외적으로 몇 년 전 지리산 천왕봉 아래서 300여 그루의 야광나무 군락지를 찾아내기도 했다. 야광나무는 열매의 크기나 색깔이 사과와는 다르지만 사과나무와 같은 집안이다. 사과나무를 접붙일 때 흔히 밑나무로 쓰이기도 한다.

영산홍

일본에서 자라는 철쭉의 한 종류인 사쓰끼철쭉(サツキツツジ)을 기본종으로 하여 개량한 철쭉의 원예품종 전체를 일컬어 우리나라와 중국에서는 '영산홍(映山紅)'이라고 한다. 일본에서는 영산홍이란 이름을 거의 쓰지 않는다.

영산홍의 대표적인 품종으로는 기리시마철쭉, 구루메철쭉 등이 있으나 서로 교배하고 육종한 것이 수백 종이 넘어 일일이 특징을 말하기도 어렵고, 너무 복잡하여 다 알 수도 없다. 따라서 영산홍이란 사쓰끼철쭉을 대표 종으로 '품종 개량한 일본 산철쭉 무리'라고 정의하고자 한다.

일본인들은 《만엽집》에 산철쭉이 등장할 만큼 오래전부터 심고 가꾸어 온 전통 꽃나무다. 오랫동안 산철쭉으로만 알아오다가 에도시대(1603~1867)에 오면서 비로소 산철쭉과 사쓰끼철쭉을 따로 구분하여, '5월의 철쭉'이란 이름으로 사쓰끼철쭉을 표기하기 시작했다. 이는 에도시대 훨씬 이전부터 따로 품종개량하여 자기들이 좋아하는 꽃으로 만들고 있었음을 알 수 있는 증거다.

어디까지나 일본인들의 꽃이었던 이 꽃나무는 강희안의 《양화소록》에서 보다 상세한 전래 기록을 찾을 수 있다. "세종 23년(1441) 봄, 일본에서 일본철쭉 두어 분을 조공으로 보내왔다. 대궐 안에 심

영산홍은 작은 나무이면서 화려한 꽃을 피우므로 도로 옆의 조경수로 널리 심는다(2010.05.08. 의성)

진달래과
학명 : *Rhododendron indicum*
영명 : Satsuki Azalea
일본명 : サツキ皐月
중국명 : 映山紅
한자명 : 映山紅

어두고 보았는데, 꽃이 무척 아름다웠다. 일본철쭉은 중국의 최고 미인 서시(西施)와 같고, 다른 철쭉은 못생긴 여자의 대표인 모모(嫫母)와 같다"라고 하여 일본에서 보내온 꽃의 아름다움을 강조했다. 여기서 일본철쭉은 사쓰끼철쭉으로 짐작된다.

조선 초에 들어온 사쓰끼철쭉은 일본철쭉, 혹은 영산홍이란 이름으로 왕조실록과 선비들의 문집에 등장한다. 영산홍을 가장 좋아한 임금은 연산군이다. 연산 11년(1505)에 영산홍 1만 그루를 후원에 심으라 하고, 움막을 만들어 추위에 말라 죽는 일이 없도록 하였으며, 다음해에는 키운 숫자를 보고하도록 했다. 《지봉유설》에도 영산홍이 나오며, 《산림경제》에도 왜철쭉으로 기록되어 있다.

조선 중후기로 오면서 영산홍은 선비들도 즐기는 꽃으로 널리 퍼져 나갔다. 우리나라에 본격적으로 들어온 것은 일제강점기와 광복 이후다. 지금은 각종 정원수 중에 가장 많이 심고 있으며, 조선의 궁궐과 이순신 장군의 사당이 있는 제승당까지 아니 계신 곳이 없다.

아주 예부터 사쓰끼철쭉는 일본 각지의 산지 개울 옆 바위에 붙어 자랐다. 줄기는 여럿으로 갈라져 기어가듯이 뻗는 성질이 강하다. 잎은 두껍고 단단하며, 상록이나 좀 추운 곳에서는 잎이 완전히 떨어지지 않는 반(半)상록이 된다. 홍수가 질 때 물이 넘어가기 쉽게 낮은 키와 튼튼한 뿌리를 뻗는다. 계단식 논두렁의 돌담 틈에서 우리나라 좀깨잎나무처럼 붙어 자라기도 하며, 대체로 무리를 이룬다. 꽃은 깔때기 모양으로 위쪽이 다섯 개로 갈라져 있고, 붉은색이 기본이나 개량하면서 분홍색, 흰색 등 여러 색이 있다.

가까이서 본 영산홍 꽃, 산철쭉과 매우 닮았다(2005.05.07. 대구)

사쓰끼철쭉의 접두어는 음력 5월을 뜻하는 '고월(皐月)'에서 유래되었고, 꽃 피는 시기가 철쭉보다 더 늦은데, 거의 초여름에 피기 때문에 붙여진 이름이라고 한다. 그러나 도시에 심은 영산홍은 이보다 훨씬 빠른 양력 4월 말이나 5월 초부터 꽃이 피기 시작한다. 또 영산홍의 일부는 오래전에 들어온 원종 사쓰끼와 우리나라 산철쭉이 교배되어 생긴 것이라는 이야기도 있다. 꽃이 붉은 것은 영산홍, 보라색인 것은 자산홍(紫山紅)이라 부르기도 한다.

영산홍은 꽃, 잎, 생김새까지 우리나라 산철쭉과 거의 비슷하다. 산철쭉보다 키가 작고 잎도 작으나 가장 큰 차이점은 영산홍은 상록이거나 반상록인 반면 산철쭉은 완전한 갈잎나무다.

그러나 사쓰끼철쭉, 기리시마철쭉, 우리나라 및 일본 산철쭉 등 수많은 철쭉 무리들이 교배되어 서로의 형질이 뒤섞여 있다. 그래서 영산홍을 명확히 구분하기는 어렵다.

철쭉

철쭉은 양(羊)과 관련이 깊다. 《본초강목(本草綱目)》[38]에 보면 "지금의 척촉화(躑躅花)는 양이 잘못 먹으면 죽어버리기 때문에 양척촉(羊躑躅)이라 했다"라는 내용이 나온다. 언제부터 접두어인 '양'이 떨어졌는지는 알 수 없으나 척촉으로 기록된 문헌이 여럿 있는 것으로 보아 양척촉과 척촉을 같이 쓰지 않았나 싶다.

지리산 바래봉의 유명한 철쭉 군락지는 양들이 만든 예술작품이다. 1971년, 이 일대에는 호주의 도움을 받아 면양목장을 설치하고 양떼를 놓아 길렀다. 먹성 좋은 양들이 다른 나무들은 모두 먹어치

한라산 사라악 대피소 부근에서 본 산철쭉 꽃(2005.06.18.)

꽃이 아름다운 나무

울산 가지산 능선에서 세상을 내려다보며 피어 있는 철쭉꽃(2006.05.25.)

진달래과
학명 : *Rhododendron schlippenbachii*
영명 : Smile Rosebay, Royal Azalea
일본명 : クロフネツツジ黑船躑躅
중국명 : 大字杜鵑
한자명 : 躑躅, 山客

웠지만 철쭉은 고스란히 남겨두었다. 철쭉 종류에 글라야노톡신(grayanotoxin)이란 독성물질이 들어 있다는 것을 양들은 미리 알고 있었기 때문이다.

봄의 끝자락인 5월 중하순에 들어서면 소백산, 지리산, 태백산 등 전국의 높은 산꼭대기에서 군락으로 자라는 철쭉은 연분홍빛 꽃 모자를 뒤집어쓴다. 삭막한 높은 산꼭대기의 풍경을 화사함으로 바꾸어주는 봄꽃의 대표 자리에 언제나 철쭉이 있다. 원래 철쭉은 이렇게 산꼭대기에 군락지를 이루고 있지만, 적응력이 높아 마을 근처의 야산에서도 흔히 자란다.

아름다운 철쭉꽃을 두고 옛사람들이 그냥 지나칠 리 없다. 기록에 처음 철쭉이 등장하는 것은 《삼국유사》의 수로부인 이야기다. 수로부인은 신라 최고의 미인으로 성덕왕(702~737) 때 강릉 태수로 부임한 남편 순정공을 따라가게 된다. 바닷가에서 점심을 먹으면서 낭떠러지 꼭대기에 활짝 핀 철쭉꽃을 보고 꺾어서 가지고 싶어 했지만 아무도 올라가려 하지 않았다. 마침 암소를 끌고 지나가던 늙은이 하나가 꽃을 꺾어 부인에게 바쳤다고 한다.

이 이야기는 수많은 꽃 중에서 철쭉꽃을 미인에 비유한 것이다. 이름 역시 꽃이 너무 아름다워 지나가던 나그네가 자꾸 걸음을 멈추었다 하여 철쭉을 나타내는 '척(躑)'에 머뭇거릴 '촉(躅)'을 썼다고 한다. 척촉이 변하여 철쭉이 되었고, 다른 이름인 산객(山客)도 같은 뜻이다.

《동국이상국집》, 《목은집》, 《사가집》, 《완당집》 등 우리의 옛 시가집에는 철쭉꽃의 아름다움을 읊은 노래가 수없이 등장한다. 선비들이 산꼭대기까지 올라가서 꽃을 감상하고 지은 시가 아니라 대부분 정원에서 키우는 철쭉을 보고 시상(詩想)을 얻은 것 같다.

철쭉은 전국 어디에서나 만날 수 있으며, 줄기가 여러 갈래로 갈려져 자란다. 철쭉은 키 2~3미터의 작은 나무이나 강원도 정선 반론산에 있는 천연기념물 348호 철쭉은 외줄기이며 키 4.5미터, 줄기둘레 84센티미터, 나이가 200년에 이른다.

잎은 꽃과 거의 같이 피는데, 작은 주걱모양의 갸름하고 매끈한 잎이 다섯 장씩 가지 끝에 빙둘러가면서 붙어 있다. 꽃도 다섯 장의 꽃잎이 살짝 주름이 잡혀 있으며, 아래가 서로 붙어 있어 전체적으로는 깔때기모양이다. 꽃잎의 안쪽에는 주근깨가 잔뜩 박혀 있고, 길게 내민 수술이 만들어내는 꽃모양은 수수하면서도 깔끔한 아름다움을 잃지 않는다. 양도 먹지 않은 식물이니 철쭉 꽃잎은 먹을 수 없다.

철쭉은 꽃구경뿐만 아니라 몸체도 다른 쓸모가 있다. '척촉장(躑

철쭉의 꽃(2002.05.05. 청송) 색깔이 연하고 산철쭉의 꽃(2006.05.02. 장흥)은 색깔이 더 진하다

躅杖)이라 하여 지팡이로 썼다'는 옛 기록을 찾을 수 있다.

  우리나라 철쭉은 1854년 4월 독일의 해군제독 바론 슈리펜바흐(Baron Schlippenbach)에 의하여 처음 소개되었다. 군함 페리스 호로 우리나라 동해안을 몰래 측량할 때 철쭉과 버드나무를 비롯한 식물을 채집해 갔는데, 오늘날 철쭉의 학명에 그의 이름이 남아 있다.

  비슷한 종류에 산철쭉이 있다. 철쭉 역시 산에서 자라는데, 산철쭉이란 이름 때문에 좀 혼란스럽다. 산철쭉은 잎 모양이 새끼손가락 정도의 길이로 철쭉보다 훨씬 날렵하고, 꽃 빛깔은 붉은빛이 많이 들어가 진달래에 가깝다. 철쭉과 생태가 비슷하나 꽃이 더 아름다워 예부터 정원수로 많이 심었다.

꽃이
아름다운
나무

꽃잎은 퇴화하고 분홍 색실 같은 긴 수술이 자귀나무 꽃의 특징이다(2004.06.24. 대구)

콩과
학명: *Albizia julibrissin*
영명: Silk Tree, Momosa
일본명: ネムノキ合歓木
중국명: 合欢, 绒花树, 夜合树
한자명: 夜合樹, 合歡樹, 合婚樹

자귀나무

꽃마다 멋 부리는 방법이 다르다. 색깔이나 외모, 또는 향기로 나름의 매력을 발산한다. 벌을 꼬여내어 수정을 하기 위함이다. 그러나 대부분의 꽃은 비슷한 모양을 가지고 있다. 형형색색의 갸름한 꽃잎이 펼쳐지고 가운데에 암술과 수술이 자리 잡은 모습이 꽃나라 미인의 표준이다.

하지만 자귀나무 꽃은 평범함을 거부했다. 초여름 숲속에서 짧은 분홍 실을 부챗살처럼 펼쳐놓고 마치 화장 솔을 벌려놓은 듯한 모습으로 우리와 만난다. 꽃잎은 퇴화되고 3센티미터나 되는 가느다란 수술이 긴 털처럼 모여 있다. 수술 끝은 붉은빛이 강하므로 전체가 붉게 보인다.

자귀나무 잎은 손톱 2분의 1 크기의 갸름한 쌀알모양의 잎 40~60개가 모여 잎 대궁이 두 번씩 갈라지는 깃꼴 겹잎을 만든다. 잎 대궁 전체 길이가 한 뼘 반이나 되는 큰 잎이다. 개개의 작은 잎은 두 줄로 서로 마주보기로 달리며, 잎마다 상대편 잎이 꼭 있어서 혼자 남는 홀아비 잎이 없다. 밤이 되면 이 잎들은 서로 겹쳐진다. 이를 수면운동이라 하며, 잎자루 아래의 약간 볼록한 엽침(葉枕)의 통제로 이루어진다. 빛의 강약이나 자극을 받으면 엽침 세포 속의 수분이 일시적으로 빠져나오면서 잎이 닫히고 잎자루는 밑으로 처지게 된다.

밤에 서로 마주보는 잎사귀가 닫히는 것은 남녀가 사이좋게 안고 잠자는 모습을 연상시키므로, 옛사람들은 '야합수(夜合樹)'란 이름을 붙였다. 합환수나 합혼수라는 별칭도 같은 뜻이다. 그 외에 좌귀목(佐歸木)이라고도 하는데, 우리가 지금 쓰고 있는 이름은 좌귀나무, 자괴나모를 거쳐 자귀나무로 변화되었다고 한다.[12]

중국 이름은 합환이고, 일본 이름에도 '잠을 잔다'라는 뜻이 포함되어 있어서 우리 이름인 자귀나무에도 이런 뜻이 들어 있을 것 같은데, 어원을 찾기가 쉽지 않다. '잠자기의 귀신 나무'로 알아두면 자귀나무의 특징을 파악하는 데 도움이 될 것이다.

열매는 콩과 식물의 특징대로 얇고 납작한 긴 콩꼬투리가 다닥다닥 붙어서 수없이 달린다. 갈색으로 익은 열매는 겨울을 거쳐 봄까지 달려 있다. 보다 센바람을 만나 씨앗을 더 멀리 보내기 위해 오랫동안 달려 있는 것으로 짐작된다. 겨울바람에 이 열매들이 부딪

초여름 날 도시의 공원에 활짝 핀 자귀나무 꽃(2009.06.18. 대구)

얇고 납작한 긴 콩꼬투리 열매가 다닥다닥 달려 있다(2009.09.29. 대구)

치는 소리는 꽤나 시끄럽다. 그래서 흔히 여자들의 수다스러움과 같다 하여, '여설수(女舌樹)'란 이름도 있다.

중국에서는 자귀나무 꽃이나 껍질에 강장, 진정, 진통의 효과가 있다고 알려져 있다. 우리나라 《동의보감》에도 자귀나무 껍질은 "오장을 편안하게 하고 정신과 의지를 안정시키며 근심을 없애고 마음을 즐겁게 한다"라고 했다. 《홍재전서(弘齋全書)》[43]에도 "합환은 분(忿)이 나는 것을 없애 준다"라고 했다. 요즈음으로 말하자면 신경안정제의 역할을 한 것으로 보인다.

《산림경제》에서는 몇 가지 다른 처방을 살펴볼 수 있다. "머리에 크게 상처를 입었을 때는 자귀나무 속껍질을 썰어 까맣게 될 때까지 볶고 겨자씨도 볶아 가루를 낸다. 4대 1로 섞고 술에 타서 가라앉힌다. 이것을 잠자리에 들 때 마시게 하고, 찌꺼기를 상처에 붙여 주면 신기한 효험이 있다. 또 기생충으로 항문이나 목구멍이 가려

밤이 되면 마주보는 잎사귀가 서로 닿히는 수면운동을 한다(2010.06.16. 대구)

울 때는 자귀나무를 아궁이에 때고는 굴뚝 위에 앉아 그 연기를 항문으로 들어가게 하고, 입으로 들이마시면 즉시 낫는다"라고 했다. 그 외에 자귀나무 잎이나 껍질은 빨래를 할 때 비누처럼 사용하기도 했다고 한다.

  자귀나무는 중부 이남의 산기슭 양지바른 곳에서 주로 만날 수 있으며, 보통 키가 3~5미터 정도이나 숲속에서는 훨씬 큰 나무도 드물게 눈에 띈다. 회갈색의 줄기는 껍질이 갈라지지 않으며, 비스듬하게 자라는 경우가 많다. 자귀나무 두 개를 서로 가까이에 심고 가지를 비끄러매면 연리지(連理枝)가 된다. 부부의 금슬을 좋게 한다는 나무이니 정원에다 인공 연리지를 만들어 사랑을 확인하는 것도 좋을 듯하다.

장미

장미(薔薇)라고 부르는 나무는 장미과 장미속(*Rosa*)에 속하는데, 북반구의 한대, 아한대, 온대, 아열대에 걸쳐 자라며 약 200여 종에 이른다. 야생종의 자연잡종과 개량종으로서 아름다운 꽃이 피고 향기가 있어 관상용 및 향료용으로 키우고 있다.

장미는 그리스·로마시대에 서아시아에서 유럽 지역의 야생종과 이들의 자연교잡에 의한 변종이 재배되고 있었으며, 이때부터 르네상스시대에 걸쳐 유럽 남부 사람들이 주로 심고 가꾸기 시작했다.

어느 조사에 따르면 우리 국민이 가장 좋아하는 꽃은 장미라고 한다. 아름다운 꽃이라면 우선 떠올리는 것이 장미다. 사랑을 고백할 때도 생일 선물에도 장미꽃이라면 항상 여심(女心)은 쉽게 녹아난다.

그런데 과연 장미는 예부터 서양인들만이 즐겨한 꽃일까? 우리의 옛 문헌에 장미가 수없이 등장하는 것으로 보아 꼭 그렇게 말할 수는 없을 것이다. 옛 장미는 우리가 지금 알고 있는 장미가 아니고 찔레나 인가목 등의 장미속(屬)의 한 종류라는 일부 주장이 있다. 그러나 《고려사》 및 《조선왕조실록》에 등장하는 장미의 앞뒤 설명을 보아서는 현재의 장미와 거의 같은 형태이었음을 짐

곱게 꽃을 피운 줄장미(2009.09.30. 대구)

장미과
학명 : *Rosa hybrida*
영명 : Rose
일본명 : バラ薔薇
중국명 : 月季
한자명 : 薔薇

작할 수 있다.

중국에도 야생 상태의 장미 종이 있으며, 《삼국사기》에도 장미라는 이름이 나온다. 모란처럼 벌써 삼국시대에 중국을 통하여 수입되어 즐겨 심은 것으로 보인다. 그래도 지금과 같이 다양한 장미품종이 수입되기 시작한 것은 광복 이후부터다.

《삼국사기》 열전 〈설총〉 조에 보면 이런 내용이 나온다. 홀연히 한 가인(佳人)이 붉은 얼굴과 옥 같은 이에 곱게 화장을 하고, 멋진 옷을 차려 입고 간들간들 걸어와 말했다. "첩은 눈같이 흰 모래밭을 밟고, 거울같이 맑은 바다를 마주보며 유유자적하옵는데, 이름은 장미라고 합니다. 왕의 훌륭하신 덕망을 듣고 향기로운 휘장 속에서 잠자리를 모시고자 하는데 저를 받아주시겠습니까?"라고 했다. 내용으로 봐서는 해당화라고 생각되나 이름은 장미라고 했다. 키우고 있던 장미꽃을 아름다운 여인의 대표로 나타낸 것이다.

《고려사》에는 〈한림별곡〉의 일부 가사를 소개한 내용 중에 '황색 장미, 자색 장미'라는 대목이 나온다. 《양화소록》에는 사계화(四季花)란 이름으로 장미 키우는 법을 소개하고 있다. 《조선왕조실록》에도 장미꽃 이야기가 여러 번 나온다.

장미는 줄기의 자라는 모양에 따라 덩굴장미(줄장미)와 나무장미로 크게 나뉜다. 또한 수많은 품종이 있고 각기 다른 모양을 갖는다. 줄기는 녹색을 띠며 가시가 있고 자라면서 늘어지는 경향이 있다. 잎은 어긋나기하고 하나의 긴 잎자루에 3개, 혹은 5~7개의 작은 잎이 달린다. 꽃은 품종에 따라 피는 시기와 기간이 다르고 홑꽃에서 겹꽃까지 모양과 빛깔을 달리한다.

〈묘도(猫圖)〉, 변상벽, 18C 중엽, 24.5x31.2cm, 중앙박물관

작은 절벽의 돌 틈에서 어렵사리 자라는 장미가 다소곳이 꽃을 피우고 있다. 겹잎에다 여러 겹으로 된 꽃잎과 열매의 모습이 모두 장미의 특징이다. 장미꽃에 앉은 나비 한 마리를 노려보는 듯 올려다보는 고양이의 눈이 심상치 않다. 고양이 묘(猫) 자는 70 노인을 뜻하는 상징성[44]이 있어서 옛 그림에 흔히 등장한다. 장미는 이외에도 심사정, 이인문, 유숙 등의 그림에서 만날 수 있다. 털까지 가는 붓으로 정성스럽게 묘사한 고양이에 비하여 장미꽃은 좀 거칠어 보인다.

조팝나무

우리는 예부터 흰옷을 즐겨 입고 흰색을 좋아했다. 태양숭배 사상이 강한 우리 민족은 광명을 나타내는 뜻으로 백색을 신성시했다. 일상의 의복은 물론 제사 때도 흰옷을 입고 흰떡, 흰술, 흰밥을 쓸 정도였다. 심지어 우리 고유의 나무 꽃에는 유난히 흰꽃이 많다.

조팝나무는 늦은 봄 잎이 피기 조금 전이나 잎과 거의 같이, 산자락이나 들판에 사람 키 남짓한 작은 떨기나무가 떼로 자라면서 새하얀 꽃들이 수백 수천 개가 무리 지어 핀다. 흰빛이 너무 눈부셔 때늦은 눈이 온 줄 알고 깜짝 놀라다, 버들잎 모양의 잎이 꽃과 같

꽃이 아름다운 나무

봄날, 새하얀 조팝나무 꽃이 무리지어 핀다 (2006.04.18. 진안)

조팝나무 꽃은 양지바른 야산 자락을 하얗게 수놓는 우리 산하의 대표적인 봄꽃이다
(2008.03.31. 진안)

장미과
학명 : *Spirea prunifolia* var. *simpliciflora*
영명 : Bridalwreath Spiraea
일본명 : ヒトエノシジミバナ 單瓣笑靨花
중국명 : 华北绣绒菊, 绣绒菊
한자명 : 常山, 繡線菊

이 피는 모습을 두고 일본 사람들은 눈버들(雪柳)이란 낭만적인 이름을 붙였다.

조선 후기의 고전소설 〈토끼전〉에는 별주부(자라)가 육지에 올라와 경치를 처음 둘러보는 장면이 실감나게 묘사되어 있다. "소상강 기러기는 가노라고 하직하고, 강남서 나오는 제비는 왔노라고 현신(現身)하고, 조팝나무에 비쭉새 울고, 함박꽃에 뒤웅벌이오……"라고 했다. 멍청이 별주부가 토끼의 꼬임에 빠져 처음 육지로 올라왔을 때가 마침 봄이었나 보다. 지금도 조팝나무 꽃은 어디에서나 흔하게 피어 있으니, 별주부가 토끼를 꼬여내던 그 시절에는 더더욱 흔한 꽃이었을 것이다. 잘 보일 것 같지 않은 별주부의 작은 눈에도 육지에 올라오자마자 금세 눈에 띄었으니 말이다.

조팝나무는 좁쌀로 지은 조밥에서 유래되었다고 본다. 우리의 먹을거리는 쌀, 보리, 조, 콩, 기장의 오곡(五穀)으로 대표된다. 조는 땅이 척박하고 가뭄을 타기 쉬운 메마른 땅에 주로 심었으며, 오곡의 세 번째 자리를 차지할 만큼 중요한 곡식이었다. 조밥은 하얀 것이 아니라 오히려 노랗지만, 그릇에 담아둔 조밥처럼 작은 꽃이 잔뜩 핀 모양을 비유한 것이다. 사실 하나하나를 떼어 놓고 보면 조팝나무보다 작은 꽃도 여럿 있으나 무리를 이루므로 좁쌀 밥알에 비유될 만큼 꽃이 작아 보인다.

《동국이상국집》에는 〈기장밥꽃(黍飯花)〉이란 시 한 수가 있다. "꽃은 잘고 둥그나 누른빛이 아니라네/기장밥과 견주어 봐도 서로 다르네/이 꽃 이름 굶주린 아이들에게 알려주지 마오/탐내어 숲속에서 밥 냄새 찾으리니"라는 시다. 시의 내용을 보아 기장밥꽃은 지금의 조팝나무 꽃으로 짐작된다.

　조팝나무의 원래 쓰임새는 꽃을 감상하는 것보다 약용식물로 더 유명하다. 《동의보감》에는 조팝나무 뿌리를 상산(常山), 혹은 촉칠(蜀漆)이라 하여 "여러 가지 학질을 낫게 하고 가래침을 잘 밭게 하며 열이 오르내리는 것을 낫게 한다"라고 했다. 오늘날 널리 쓰이는 아스피린(Aspirin)에는 해열·진통효과가 있는 아세틸살리실산을 함유하고 있다. 이 성분은 조팝나무(속명 Spiraea) 종류에도 널리 포함하고 있으므로 'spir'를 어간으로 따오고, 접두어로 아세틸살리실산의 'a'와 당시 바이엘 사의 제품명 끝에 공통적으로 쓰던 'in'을 접미어로 붙여서 만든 말이다.

　조팝나무 무리는 진한 분홍빛 꽃이 꼬리처럼 모여 달리는 꼬리조팝나무를 비롯하여 작은 쟁반에 흰쌀밥을 소복이 담아 놓은 것 같은 산조팝나무와 당조팝나무, 공조팝나무 등 수많은 종류가 있다. 조팝나무는 아름다운 꽃으로 뒤덮어 봄날의 우리 산천을 한층 풍성하게 만든다.

족제비싸리

우리 속담에 '족제비 잡는데 꼬리 달라는 격'이란 말이 있다. 남이 기껏 노력하여 얻은 성과물의 가장 중요한 부분을 공짜로 얻겠다는 얌체족을 일컫는 말이다. 이처럼 족제비 꼬리는 신체의 어느 부위보다 쓰임이 많아 사람들이 탐내는 물건이었다.

족제비싸리란 이름의 작은 나무가 있다. 접두어 족제비는 이 나무의 꽃대가 족제비 꼬리를 연상케 하기 때문에 붙여진 이름이다. 족제비는 암수가 약간 차이가 있지만 몸길이 25~40센티미터에 꼬리 길이 10~20센티미터의 날렵하게 생긴 동물이다. 족제비싸

족제비 꼬리를 닮은 족제비싸리 꽃이 한창 피어 있다(2010.05.28. 김해 봉하마을)

콩과
학명: *Amorpha fruticosa*
영명: Bastard Indigo, False Indigo
일본명: イタチハギ鼬萩, クロバナエンジュ 黒花槐
중국명: 紫穗槐
북한명: 왜싸리

리가 꽃을 피울 때를 보면 곧추선 꽃대가 족제비의 꼬리와 영락없이 닮았다. 물론 색깔이야 족제비가 황갈색인데 비하여 보라색 꽃이 달리므로 조금 다르지만 꽃대의 길이가 7~15센티미터이니 족제비 꼬리와 길이도 거의 비슷하다.

사람의 생김새가 좀 날카롭고 약빠르게 생겼으면 흔히 족제비처럼 생겼다고 약간 부정적인 비유를 한다. 옛날에 족제비는 닭장에 조그마한 틈만 있어도 용케 들어가서 닭을 물어 죽이는 못된 짓을 서슴지 않아 사람들의 미움을 샀다. 그래도 족제비싸리의 꽃대에 꽃 핀 모습이 너무 고와 족제비도 덩달아 예뻐 보인다.

족제비싸리는 북아메리카 남부가 고향이며, 1910년경 일본에 수입되었는데 자기 나라는 물론 만주까지 널리 심었다. 우리나라에는 1930년경 만주를 거쳐서 들어왔다고 한다.

족제비싸리는 키가 3미터 정도 자라는 갈잎나무로 11~25개의 작은 잎이 한 잎 대궁에 매달리는 겹잎이고, 얼핏 보아 잎 모양이나 달림 방식이 아기 아까시나무와 같다. 실제로도 아까시나무와는 같은 집안의 콩과 식물이다. 이름에 싸리가 들어 있지만 싸리와는 속(屬)이 다르다. 꽃은 새로 난 가지 끝에 빈틈없이 촘촘히 달리고 늦봄에 짙은 보라색 꽃이 강한 향기를 풍기며 핀다. 열매는 손톱 크기만 한 콩팥모양으로 약간 굽으며 가을에 꽃자리마다 수십 개씩 익는다.

족제비싸리가 일찌감치 멀리 동양 땅으로 시집을 온 데는 그만한 이유가 있다. 햇빛이 사정없이 내리쬐어 메마르고 건조하며 거름

◀꽃자리마다 수많은 열매를 매달아 다음 세대를 대비한다(2010.07.08. 청송)

기 하나 없는 황폐지에서도 삶을 이어갈 수 있는 강인한 나무이기 때문이다. 우리나라는 조선조 말 민생이 피폐해지면서 대부분의 산은 나무가 제대로 자라지 않는 민둥산이었다. 일제 강점기에서 광복 이후로 들어오면서 민둥산을 푸르게 가꾸는 일이 무엇보다 급선무였다. 산림과학자들은 세계에 눈을 돌려 황폐한 우리 땅에 맞는 나무를 찾았다. 그때 간택된 나무들이 아까시나무, 리기다소나무, 사방오리나무, 족제비싸리의 4인방이다. 다른 세 나무가 큰 덩치로 운신의 폭에 제약이 있는데 비하여 족제비싸리는 덩치가 작고 수많은 종자를 매달아 심고 가꾸기가 쉬운 것이 장점이다. 또 일단 황폐지에 정착을 했다가도 토종 우리 나무들이 들어와 그늘을 만들어버리면 족제비싸리는 조용히 사라져주는 양보정신도 돋보인다. 햇빛을 너무 좋아하는 나무라 지금은 황폐지라는 옛 자람터를 떠나 제방길이나 철로 옆 등으로 이사와 있다. 녹음이 짙어 갈 때 보라색 꽃으로 우리의 눈을 유혹한다.

진달래

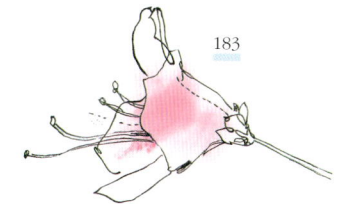

진달래꽃은 산 넘어 어디에선가 불어오는 따스한 봄바람을 완연히 느낄 내 즈음에 피기 시작한다. 농네 앞산은 물론 높은 산꼭대기까지 온 산을 물들이는 꽃이다. 진분홍 꽃이 잎보다 먼저 가지마다 무리 지어 피는 모습은 고향을 잊고 사는 우리에게 잠시 유년의 추억으로 되돌아가게 해준다.

　아동문학가 이원수 선생은 "나의 살던 고향은 꽃피는 산골/복숭아꽃 살구꽃 아기진달래/울긋불긋 꽃 대궐 차린 동네/그 속에서 놀던 때가 그립습니다"라고 노래했다. 꽃 대궐의 울타리는 산 능선

꽃이 아름다운 나무

가까이서 바라본 진달래꽃(2009.04.06. 함양)

한라산 정상 부근에서 활짝 핀 털진달래꽃(2009.05.09. 한라산, ⓒ황영목)

진달래과
학명: *Rhododendron mucronulatum*
영명: Korean Rosebay
일본명: ゲンカイツツジ玄海躑躅
중국명: 迎红杜鹃
한자명: 杜鵑花

을 이어 달리듯 펼쳐진 자그마한 키의 아기 진달래 꽃밭으로 만들어진다. 더 예쁘게 만들기 위하여 육종이란 이름의 성형수술을 받지 않아도 충분히 예쁜 자연 미인이다.

진달래는 비옥하고 아늑한 좋은 땅은 우악스런 경쟁자들에게 모두 빼앗기고 생존의 극한 상황인 산꼭대기로 쫓겨난 나무나라의 가난한 백성이다. 바위가 부스러져 갓 흙이 된 척박하고 건조한 땅, 소나무마저 이사 가고 내버린 땅을 찾아 산꼭대기로 올라왔다. 잎파랑이란 공장을 돌리는 데 꼭 필요한 수분이 부족하고 대부분의 식물들이 싫어하는 산성토양에 적응하는 강인한 생명력으로 가난하지만 이웃과 사이좋게 오순도순 모여 그들만의 왕국을 만들었다.

이런 땅에는 경쟁자가 많지 않다. 형제간인 철쭉이나 산철쭉이 경쟁자이나 서로 뒤엉켜 이전투구를 벌이지는 않는다. 적당히 영역을 나누어 살아간다. 다만 진달래 꽃밭이 엉뚱한 이유로 차츰 없어지고 있는 것이 안타까울 따름이다. 산림보호 정책의 성공으로 숲이 우거지면서 진달래가 터전을 마련할 양지바른 땅이 자꾸 줄어들기 때문이다.

남부지방에서는 진달래보다 참꽃나무란 이름에 더 친숙하다. 가난하던 시절에는 진달래가 필 즈음이면 대체로 먹을 양식이 떨어져 배고픔이 일상일 때이다. 굶주린 아이들은 진달래꽃을 따먹으며 허기를 달랬으므로 진짜 꽃이란 의미로 참꽃이란 이름을 자연스럽게 붙였다. 식물도감에 보면 제주도에 참꽃나무가 있다고 나와 있기는 하지만 우리가 흔히 말하는 '참꽃'은 진달래를 두고 하는 말이다.

〈상춘야흥(常春野興)〉, 신윤복, 18C 후반~19C 전반, 28.2x35.6cm, 간송미술관

봄이 무르익는 어느 날, 지체 높은 분들이 기생과 악공을 불러 한바탕 즐기고 있는 그림이다.[45] 뒤쪽으로는 여름이 되어도 풀 한 포기 제대로 돋아날 것 같지 않은, 척박하고 메말라 보이는 야산 자락에 봄꽃의 대표 진달래가 활짝 피어 있다. 옛사람들은 진달래 꽃 필 때에 맞추어 봄놀이를 가고 시 한 수를 읊조리기도 하였다. 화제에 야외라고 하였지만 앞쪽으로 인공 석축이 있어서 장소는 산자락을 낀 양반가의 후원으로 짐작되고, 좀 더 상상의 나래를 펼쳐본다면 골산(骨山) 인왕산 자락에 지은 권세가의 집일 수도 있다.

진달래란 말의 어원은 달래에 접두어 진(眞)이 붙은 형태로 짐작하고 있다. 달래는 우리가 알고 있는 봄나물뿐만 아니라, 달래란 이름이 흔하듯이 꽃을 나타내는 다른 뜻도 있었던 것 같다.

같은 진달래도 토양산도와 유전형질에 따라 빛깔이 조금씩 달라진다. 빛깔에 따라 꽃잎 색이 연한 연(軟)달래, 표준색깔의 진(眞)달래, 아주 진한 난(蘭)달래라고 부르기도 한다. 이는 어린 소녀 시절부터 나이가 들어가면서 변하는 젖꼭지 빛깔을 비유한 말이기도 하다.

우리의 옛 문헌에 나오는 진달래는 모두 두견화(杜鵑花)로 기록되어 있다. 이는 중국의 전설에서 유래한다. 중국의 촉나라 망제(望帝) 두우는 손수 위기에서 구해준 별령이란 신하에게 왕위를 빼앗기고 국외로 추방당한다. 억울하고 원통함을 참을 수 없었던 그는 죽어서 두견이가 되어 촉나라 땅을 돌아다니며 목구멍에서 피가 나도록 울어댔는데, 그 피가 떨어져 진달래꽃이 되었다는 것이다. 두견이의 울음소리가 중국 사람들에게는 그네들 발음으로 돌아감만 못하다는 뜻의 '부루구이(不如歸)'라고 들리는 듯하여 이런 전설이 생겼다는 것이다.

서울 수유리에 있는 4월 학생혁명 기념탑에는 "해마다 4월이 오면 접동새 울음 속에 그들의 피 묻은 혼의/하소연이 들릴 것이요 해마다 4월이 오면 봄을 선구하는/진달래처럼 민족의 꽃들은 사람들의 가슴마다 되살아/피어나리라"라는 신동엽 시인의 시가 새겨져 있다. 진달래는 이렇게 안타까운 비극의 현장에 있었던 꽃인가 보다.

화려한 진달래꽃이 지고 나면 흔한 모양의 갸름한 잎을 달고 다음해를 준비한다(2003.09.09. 마산)

진달래는 전국 어디에서나 자라며 키가 3미터 정도이고 밑에서부터 여러 개의 줄기가 올라와 자란다. 우리나라 산의 큰 나무로 소나무와 참나무가 대표라면 작은 나무의 대표는 진달래다. 이처럼 진달래는 주변에서 흔히 볼 수 있는 아름다운 꽃으로 모두가 좋아하는 대표 꽃이다. 선비들의 시가 속에 수없이 등장하며 꽃잎을 따다 두견주를 담아 마시고 꽃전을 부쳐서 나누어 먹으며 봄날의 하루를 즐기기도 했다.

찔레꽃

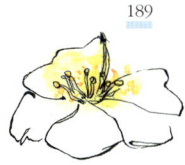

찔레꽃 이야기는 흘러간 옛 노래부터 먼저 따져본다.

찔레꽃 붉게 피는 남쪽나라 내 고향

언덕 우에 초가삼간 그립습니다

……

1941년 일제 강점기에 나온 이 노래는 광복과 한국동란을 거치

꽃이 아름다운 나무

넓을 들판의 둑길에 찔레꽃이 활짝 피어 있다(2010.06.11. 청송)

빨간 열매는 청초해 보이기만 하던 찔레꽃과는 달리 정열적인 느낌을 준다(2006.10.15. 경주, ⓒ황영목)

장미과
학명 : *Rosa multiflora*
영명 : Multiflora Rose, Japanese Rose
일본명 : ノイバラ野茨
중국명 : 白玉棠, 多花薔薇
한자명 : 棠薔薇, 野薔薇, 營實薔薇

면서 고향을 떠난 수많은 사람들의 향수를 달래는 노래로 유명해졌다. 시작 부분인 '찔레꽃 붉게 피는'이란 구절은 식물학자의 눈으로 보면 맞지 않는 표현이다. 원래 찔레꽃은 백옥같이 하얀 꽃이며, 토양조건이나 개체에 따라 연한 분홍색을 띠는 경우가 드물게 있을 뿐이다.

남쪽나라는 통상적으로 남해안을 말한다. 해안 백사장에는 어김없이 붉은 꽃이 피는 해당화가 자랐고 지빙명도 필테다. 작사자가 본 찔레는 해당화였다. 그러나 문학작품이나 노래가사에 등장하는 식물이름이 틀렸는지 맞는지를 따지는 것은 부질없는 노릇이다. 그대로의 분위기를 느끼고 즐기면 그만이다.

찔레꽃은 다른 어떤 나무보다 해맑은 햇살을 좋아한다. 그래서 숲속 그늘의 음침한 곳에서는 잘 만날 수 없다. 숲 가장자리의 양지바른 돌무더기는 찔레가 가장 즐겨하는 자람 터다. 개울가의 무넘기도 잘 찾아가는 곳이다. 긴 줄기를 이리저리 내밀어 울퉁불퉁한 돌무더기를 포근하게 감싼다. 그런 다음 5월의 따사로운 햇빛을 잘 구슬려 향긋한 꽃내음을 만들어낸다. 다섯 장의 꽃잎을 활짝 펼치고 가운데에 노란 꽃술을 소복이 담아둔다. 꽃의 질박함이 유난히도 흰옷을 즐겨 입던 우리 민족의 정서에도 맞는 토종 꽃이다.

다른 이름으로는 야장미(野薔薇), 우리말로 들장미다. 합창곡으로도 귀에 익은 〈들장미〉가 있고, 만화 영화 〈들장미 소녀 캔디〉도 많은 사람들이 어린 날의 추억으로 간직하고 있다. 그러나 서양의 들장미는 우리의 찔레꽃처럼 하얀 꽃이 아니라 붉은 꽃이 많아 우리가 느끼는 정서와는 다르다. 동양의 찔레꽃 이야기는 중국의《시

〈협접도(蛺蝶圖)〉, 김홍도, 1782년, 29.0x74.0cm, 중앙박물관
오른쪽으로 활짝 핀 찔레꽃에 세 마리의 호랑나비가 날아드는 소박한 그림이다. 대체로 찔레꽃 필 무렵부터 부채를 꺼내 들어야 했다.

경》〈용풍〉편에 〈담장의 찔레꽃(牆有茨)〉이란 시 한 수가 있고, 일본의 《만엽집》에도 찔레꽃 노래가 있다고 한다. 우리나라에서는 찔레꽃의 아름다움을 노래한 시가를 찾을 수 없다.

    찔레꽃은 옛사람들에게는 아픔과 슬픔을 알려주는 꽃이기도 했다. 찔레꽃이 필 무렵은 모내기가 한창인 계절이다. 안타깝게도 이 중요한 시기에 흔히 가뭄이 잘 든다. 그래서 특히 이때의 가뭄을 '찔레꽃가뭄'이라고도 한다. 또 배고픔의 고통을 예견하는 꽃이었다. 찔레 꽃잎은 따서 입에 넣으면 아쉬우나마 배고픔을 잠시 잊게 해주었다. 이어서 돋아나는 연한 찔레 순은 껍질을 벗겨서 먹으면 약간 달콤한 맛까지 있다.

    가을철에 열매는 굵은 콩알만 한 크기로 빨갛게 익는다. 열매는 영실(營實)이라 하여 약으로 쓴다. 《동의보감》에는 "각종 종기와 성병이 낫지 않는 것과 머리에 나는 부스럼과 백독창(白禿瘡) 등에 쓴다"라고 했다. 뿌리 역시 "열독풍으로 종기가 생긴 것을 치료하며,

가까이서 본 새하얀 찔레꽃, 결코 찔레꽃은 붉게 피지 않는다(2010.05.28. 안동)

적백이질과 혈변으로 피를 쏟는 것을 멎게 하고, 어린이가 감충(疳蟲)으로 배가 아파하는 것을 낫게 한다"라고 했다.

찔레란 이름은 '가시가 찌른다'라는 뜻에서 온 것으로 짐작된다. 《동의보감》에는 열매를 '딜위여름', 《물명고》에는 '늬나무'라고 했다.

찔레는 전국 어디에서나 자라며 키가 2미터 정도이고 가지가 밑으로 처져서 덩굴을 만든다. 또한 작은 잎 5~9개가 모여 겹잎을 이룬다. 빗살 같은 톱니를 가진 턱잎은 잎자루와 합쳐져 있다. 새하얀 꽃이 가지 끝에 5~10여 송이씩 모여 핀다. 빨간 열매는 겨울까지 남아 배고픈 산새나 들새의 먹이가 된다.

장미과
학명 : *Sorbus alnifolia*
영명 : Korean Mauntain Ash
일본명 : アズキナシ 小豆梨
중국명 : 水榆花楸, 凉子木
한자명 : 甘棠, 棠梨, 豆梨

팥배나무

팥배나무란 이름부터 생각해본다. 열매는 팥을 닮았고, 꽃은 하얗게 피는 모습이 배나무 꽃을 닮았나 하여 팥배나무라 부른다. 이름으로는 배나무와 깊은 관련이 있는 나무처럼 보이지만, 팥배나무와 배나무는 속(屬)이 다를 만큼 먼 사이다.

팥배나무는 늦봄에 가지 끝에 깔때기 모양의 꽃차례가 2중, 3중으로 이어져 손톱 크기만 한 하얀 꽃이 무리지어 핀다. 갓 자란 진한 초록 잎을 배경으로 많은 꽃이 피어 금방 눈에 띈다. 많은 꿀샘을 가지고 있어서 밀원식물로도 손색이 없다. 타원형의 잎은 가장자리가 불규칙한 이중톱니를 가지고 있고, 10~13쌍의 약간 돌출된 잎맥이 있다. 재미있는 것은 이 잎맥의 간격이 거의 일정하여 일본 사람들은 '저울눈나무'라는 별명을 붙였다.

팥배나무는 우리나라 어디에서나 만날 수 있으며 키 15미터, 지름은 한두 아름에 이르는 것도 있다. 햇빛이 많이 들어오는 곳을 좋아하나, 자람 터 선택이 까다롭지 않아 계곡에서부터 산등성이까지 어디에서나 만날 수 있다.

숲속의 수많은 나무에 파묻힌 여름날의 팥배나무는 별다른 특징

꽃이
아름다운
나무

◀봉화 청량산 마루턱의 팥배나무 열매, 수천 개의 열매를 매달아 배고픈 산새에게 보시한다
  (2000.11.28.)

하얀 작은 꽃이 무리지어 핀다(2003.05.21. 창경궁)

이 없는 평범한 나무일 뿐이다. 그러나 가을날 서리를 맞아 잎이 진 나뭇가지에 팥알보다 약간 큰 붉은 열매가 매달리면 등산객들은 그 아름다움에 감탄을 하게 된다. 코발트색 가을 하늘을 배경으로 긴 열매자루에 팥배 열매가 수백 수천 개씩 열려 있는 모습은 흔한 표현으로 가히 환상적이다. 열매는 작아도 배나 사과처럼 과육을 가진 이과(梨果)다. 과일주를 담그기도 하나, 별다른 맛이 없어서 사람들에게 인기 있는 열매는 아니다. 팥배나무는 흔히 고갯마루에서 잘 자라므로 수없이 고개를 넘어 다니는 산새들의 독차지다.

'감당지애(甘棠之愛)'란 옛말이 있다. 중국의 《사기》 연세가(燕世家)에 보면 주나라 초기의 재상 소공(召公)이 임금의 명으로 산시(陝西)를 다스릴 때, 선정을 베풀어 백성들의 사랑과 존경을 한 몸에 받았다고 한다. 귀족에서부터 일반 백성들에 이르기까지 적절하게 일을 맡김으로써 먹고 살기에 부족함이 없도록 했다. 그는 지방을 순시할 때마다 감당나무 아래에서 송사를 판결하거나 정사를 처리하며 앉아서 쉬기도 했다. 그래서 소공이 죽자 백성들은 그의 치적을 사모하여 감당나무를 귀중하게 돌보았으며 '감당(甘棠)'이란 시를 지어 그의 공덕을 노래했는데, 《시경》〈소남〉〈감당〉편에 그 내용이 실려 있다.

우거진 감당나무 자르지도 베지도 마소
소백님이 멈추셨던 곳이니
우거진 감당나무 자르지도 꺾지도 마소
소백님이 쉬셨던 곳이니
우거진 감당나무 자르지도 휘지도 마소
소백님이 머무셨던 곳이니

이후 감당은 목민관의 소명의식을 비유할 때 수없이 인용되었다. 그렇다면 감당(甘棠)은 실제 무슨 나무였던 것일까? 2천 년 전, 그것도 남의 나라 시가집에 나오는 감당이 오늘날 무슨 나무인지를 알아내는 일은 간단치 않다. 그런데 팥배나무의 한자 이름이 감당이며, 당이(棠梨), 두이(豆梨)라는 별칭이 있다. 《물명고》에도 한글 훈을 붙여 '파배'라고 했다. 이를 근거로 감당나무는 필자를 비롯하여 대부분이 팥배나무라고 번역해왔다. 그러나 최근 중국 문헌과 일본 문헌 등을 참고하여 분석해보니, 감당나무는 간단히 팥배나무라고 하기에는 무리가 있는 것 같다. 또 우리나라 이외에 중국이나 일본에서는 감당나무를 팥배나무로 번역하지 않는다.

익어 가고 있는 팥배나무 열매(2001.10.17. 창경궁)

팥배나무의 중국 이름은 화추(花楸)로 감당과 관련된 이름을 갖고 있지 않다. 평범한 숲속의 보통 나무일 뿐, 팥배나무를 민가 근처에 일부러 심고 아껴야 할 귀중한 나무로 보기는 어렵다. 《중국수목지(中國樹木誌)》[47]를 살펴보아도 감당이란 특정 나무는 없으며, 감당의 다른 이름인 당이나 두이 등도 돌배나무나 콩배나무 등 배나무 종류를 지칭하는 경우가 많다. 이런 나무들은 열매를 식용하는 나무로서 이름으로 보나 쓰임으로 보나 팥배나무보다는 소공의 감당나무일 가능성이 훨씬 더 높다. 일부에서는 능금나무라는 의견도 제시하는 등 감당나무를 과일나무로 보는 견해에 무게를 두고 있다. 나무의 이런저런 특징 등을 고려해본다면 감당나무는 돌배나무 등 배나무 종류로 번역하는 것이 더 타당할 것 같다는 생각을 해본다.

풍년화

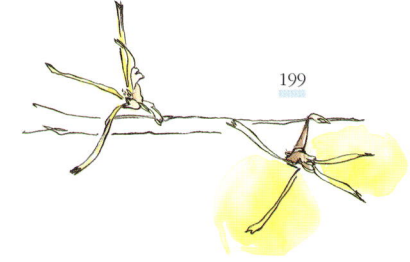

우리나라 산에서는 복수초가 눈 속을 뚫고 올라와 대지의 생명을 깨우던 잠시 숨을 돌리고, 생강나무가 봄이 왔음을 알린다. 이웃 일본도 우리와 마찬가지로 복수초가 있으나 나무에 봄이 왔음을 알리는 것은 생강나무가 아니라 노란 풍년화다.

풍년화는 일본의 태평양 연안 쪽을 고향으로 하며 풍년화의 변종은 거의 일본 전역에 걸쳐 자란다. 우리나라는 1930년경 지금의 서울 홍릉 산림과학원에 처음 가져다 심은 이후 전국에 퍼져 나갔다.

풍년화의 잎과 여름에 익는 열매(2004.08.03. 진주)

서울지방에서도 2월 중하순이면 벌써 풍년화는 꽃을 피운다. 노란색의 가늘고 긴 꽃잎이 약간씩 비틀어져 있는 모습이 독특하다(2010.03.08. 대구)

조록나무과
학명 : *Hamamelis japonica*
영명 : Japanese Witch Hazel
일본명 : マンサク満作
중국명 : 日本金缕梅
한자명 : 豊年花

그러나 우리나라의 풍년화는 원산지에서처럼 숲속으로 들어간 것이 아니라 정원의 꽃나무로 터전을 잡았다.

풍년화는 일본식 한자 표기로 만작(滿作)이라 하여 풍작을 뜻한다. 봄에 일찍 꽃이 소담스럽게 피면 풍년이 든다고 하여 이런 이름이 붙여졌다고 하며, 수입하여 처음 우리 이름을 정할 때 원명인 풍작의 뜻을 살짝 바꾸어 풍년화라고 붙였다. 풍성한 가을을 예약하는 것 같아 마음도 넉넉하게 해주는 좋은 이름이다.

풍년화는 우리나라에 건너와서는 원산지에서보다 오히려 더 일찍, 모든 나무 중에 가장 먼저 꽃을 피우는 나무로 유명하다. 주로 양지바른 정원에서 자라다보니 꽃 피는 시기가 더욱 빨라진 것이다. 서울에서도 벌써 2월 중하순이면 꽃망울을 터뜨리므로 매년 언론에서 봄을 알리는 꽃나무로 앞다투어 소개된다.

원산지에서의 풍년화는 키가 6~10미터 정도까지 자랄 수 있는 중간 키 갈잎나무다. 그러나 정원의 꽃나무로 안착하면서 줄기가 여러 갈래로 갈라져 포기로 자라는 경우가 많다. 회갈색의 겉껍질을 벗겨내면 인피섬유(靭皮纖維)[48]가 많이 포함된 질긴 속껍질이 나온다. 껍질은 바구니를 만들고 물건을 묶는 끈으로 이용했다고 한다.

풍년화는 넓은 타원형의 잎이 나오기 전, 향기로운 꽃이 먼저 노랗게 핀다. 꽃잎은 손톱 길이 남짓하고 실처럼 가느다라며 네 장이 거의 뒤로 넘어가면서 약간씩 비틀어져 있다. 꽃잎 사이에는 작은 꽃받침이 있고, 안쪽은 붉은색을 띤다. 다른 꽃에서는 볼 수 없는 풍년화만의 모습이다. 가을에 타원형의 손가락 마디만 한 마른 열매가 열리고, 겉에는 짧은 털이 있으며, 안에는 반질반질한 까만 씨가 들어 있다. 풍년화와 전혀 다른 나무이지만 중국에서 들어온 영춘화(迎春花)도 거의 비슷한 시기에 꽃이 핀다. 영춘화는 개나리처럼 줄기가 아래로 늘어지고 잎보다 먼저 다섯 장의 노란 꽃잎을 펼친다.

풍년화 종류는 북미 동부와 일본 및 중국에 네 종이 있다. 일본 풍년화는 노란 꽃이 피지만 중국 풍년화는 적갈색의 꽃이 핀다. 그 외에 많은 원예품종이 개발되어 있어서 꽃 색깔도 여러 가지가 있다. 미국 풍년화는 아메리칸 인디언들의 귀중한 약재로 이용되었다. 줄기를 삶거나 쪄서 진액을 뽑아내어 근육통, 상처, 벌레 물린 데를 비롯하여 폐렴과 종양치료까지 널리 이용했다고 한다.

해당화

해당화는 멀리 고려시대 이전부터 아름다운 자태를 노래하던 꽃나무다. 《고려사》에 실린 〈당악(唐樂)〉에 보면 "봄을 찾아 동산에 가니/고운 꽃 수놓은 듯이 피었네/해당화 가지에 꾀꼴새 노래하고……"라고 하였으며, 《동국이상국집》의 〈해당화〉에는 "하도 곤해 선가 머리 숙인 해당화/양귀비가 술에 취해 몸 가누지 못하는 듯/꾀꼬리가 울어대어 단꿈에서 깨어나/방긋이 웃는 모습 더욱 맵시 고와라"라고 읊조리고 있다.

  북한의 원산 남동쪽에 있는 명사십리는 바닷가 약 8킬로미터가

늦여름에 초록 잎 사이로 빨간 열매가 익어 간다(2005.08.28. 논산개태사)

장미과
학명 : *Rosa rugosa*
영명 : Rugosa Rose, Saltspray Rose
일본명 : ハマナス浜梨
중국명 : 玫瑰
한자명 : 海棠花, 玫瑰, 梅桂

넓게 펼쳐진 흰 모래밭으로 전국에 알려진 해수욕장이다. 여기에는 해당화가 해수욕장을 가로질러 붉게 피어 있고, 뒤이어 긴 띠를 이루어 곰솔 숲이 이어지며, 흰모래와 어우러진 옥빛 바다는 명사십리의 아름다움을 더해주는 명물이라고 알려져 있다. 이곳의 해당화는 너무나 유명하여 고전소설 《장끼전》에도 "명사십리 해당화야, 꽃 진다고 한탄 마라. 너야 내년 봄이면 다시 피려니와 우리 님이민 가면 다시 오기 어려워라"는 내용이 나온다.

〈몽금포타령〉에 나오는 황해도 용연의 몽금포, 권력자의 별장지로 알려진 화진포 등이 모두 해당화로 유명한 곳이다. 《세종실록지리지》의 황해도 장산곶에 대한 설명을 보면 "3면이 바다에 임하였으며 가는 모래가 바람을 따라 무더기를 이루고, 혹은 흩어지며, 어린 소나무와 해당화가 붉고 푸른 것이 서로 비친다"라고 했다. 해당화는 이름 그대로 바닷가 모래사장이 바로 그가 좋아하는 고향 땅이다. 넓디넓은 바다를 바라보면서 소금물투성이의 모래땅에 뿌리를 묻고 산다.

피어나는 주홍빛 해당화의 무리를 마주하고 있으면 애달픈 사연을 묻어둔 여인의 넋이라도 담겨 있는 듯하다. 70년대를 풍미했던 이미자의 〈섬 마을 선생님〉을 비롯하여 사랑을 노래한 우리의 대중가요에 해당화는 흔히 등장한다. 옛 문헌에도 해당화는 여인으로 나타냈다. 다만 여염집 여인이 아니라 요염한 기생 등을 말할 때 흔히 해당화에 비유했다.

해당화는 꽃뿐만 아니라 실제의 쓰임새도 많다. 향수의 원료가

◀늦은 봄날 해당화는 초록 잎을 배경 삼아 붉은 꽃을 피운다(2010.05.20. 경주)

되고, 꽃잎은 말려 술을 담그거나 우려서 차로 마시기도 한다. 향수를 대신하는 향낭, 즉 향기 나는 주머니를 만들어 차고 다닐 수도 있다.

한방에서는 주로 뿌리를 쓰는데, 치통과 관절염에 좋은 것으로 알려져 있으며, 꽃은 수렴, 진통, 지혈 및 설사를 멈추는 데 쓰인다고 한다. 요즈음에는 신경통에 좋다는 소문이 돌아 그나마 명맥을 유지하던 해당화들이 뿌리 채 뽑혀나가고 있는 실정이다. 한자 이름은 해당화(海棠花) 외에 매괴(玫瑰)라고도 하는데, 특별히 겹해당화를 매괴라고 부르는 경우도 있다.

해당화는 키 작은 갈잎 꽃나무로서 전국 어디에서나 잘 자란다. 키가 1미터 정도이며 줄기와 가지에 예리한 가시가 있고, 털이 촘촘하다. 잎은 어긋나기로 달리고 깃털 모양으로 7~9개의 작은 잎으로 구성되어 전체적으로 새 날개 모양의 겹잎이다. 잎은 두껍고 타원형으로 주름이 많고 윤기가 있으며, 뒷면은 잎맥이 튀어나와 있다. 잔털이 촘촘하며 선점이 있고, 가장자리에 잔 톱니가 있다. 꽃은 새로 돋은 가지 끝에서 꽃대가 나오며 늦봄에 붉은 꽃이 핀다. 늦여름에 타원형의 열매가 붉게 익는다.

협죽도

초여름, 제주도를 비롯한 남부지방에는 주름 잡힌 붉은 꽃을 피우는 자그마한 늘푸른나무가 우리의 눈길을 끈다. 바로 '협죽도(夾竹桃)'란 나무다. 중국 이름을 그대로 따온 것인데, 잎은 대나무를 닮았고, 꽃은 복숭아꽃처럼 생겼다고 해서 붙여진 이름이라고 전해진다.

꽃이 복사꽃을 닮았다는 데는 이의가 없지만, 잎은 질감이 댓잎과 너무 달라 대나무와 닮았다는 것은 억지라는 생각이 든다. 아마 한약재의 이름으로 쓰이던 협죽도를 그대로 가져다 붙인 것으로 짐작된다. 그보다는 우리가 만든 '유도화(柳桃花)'란 이름이 나무의 특성을 훨씬 잘 나타내고 있다. 자라는 모습과 나뭇잎은 버들에 훨씬 가깝다. 그러나 우리가 사용하는 공식 이름은 유도화가 아니라 협죽도다.

협죽도는 인도가 원산지인 키 작은 나무로 고려 중후기쯤 중국이나 일본을 통하여 우리나라의 남부지방에 들어온 것으로 짐작되고 있다. 《동국이상국집》에 〈협죽도화(夾竹桃花)〉란 시 한 수가 실려 있는데, 푸른 대나무의 형상은 군자를 닮았고, 홍도(紅桃)처럼 아름답다고 했다. 중부지방에서는 바깥에서 겨울을 날 수 없으므로 화분에 심어 실내에 두고 감상하면서 시를 쓴 것일 터이다.

목포 유달산 중턱의 어느 민가 뜰에서 자라는 협죽도가 시내를 내려다보며 꽃을 활짝 피우고 있다
(2000.06.28. 목포 유달산)

협죽도과
학명 : *Nerium indicum*
영명 : Sweet-scented Oleander,
Indian Oleander, Rose Bay
일본명 : キョウチクトウ夾竹桃
중국명 : 夾竹桃, 柳叶桃
한자명 : 夾竹桃, 柳桃花

협죽도는 아열대지방 식물로서 키가 2~3미터 정도이며, 크게 자라도 5미터를 잘 넘기지 않는다. 자라고 있는 모양은 땅에서부터 많은 줄기가 올라와 포기를 이룬다. 잎은 셋씩 나와 돌려나기 하고 가늘고 긴 타원형이며, 잎 길이는 손가락 한두 개 정도에 폭은 1~2센티미터쯤이다. 잎에는 약간의 광택이 있고, 가느다란 잎맥이 촘촘하게 좌우로 뻗어 있다.

꽃은 새로 자란 가지 끝에서 6월부터 피기 시작하여 늦가을까지 이어진다. 꽃 하나하나는 작은 달걀 크기만 하며 꽃잎에는 약간씩 얕은 주름이 잡혀 있다. 붉은색이 대부분이지만 백색, 핑크, 연한 황색 및 꽃잎이 서로 겹쳐진 만첩(萬疊) 협죽도까지 여러 품종이 개발되어 있다. 여름날의 짙푸른 잎과 너무나 대비가 명확한 붉은 꽃이 이국적인 정취를 가져다주며, 강한 향기는 꽃의 아름다움에 더욱 취하게 만든다.

최근에는 지중해 연안이 원산지인 서양협죽도(학명 Nerium oleander)도 들어오고 있으나 향기가 거의 없다. 향기 이외에는 인도협죽도와 거의 구분이 안 될 만큼 모양이 비슷하다. 꽃이 귀한 여름에서부터 가을까지 오랫동안 꽃이 피며, 척박하고 건조한 땅에서도 비교적 잘 자라 도로나 공원 등에 널리 심고 있다. 양지바른 곳에서 잘 자라고 포기나누기, 꺾꽂이 등으로 쉽게 번식을 시킬 수 있다.

협죽도는 잎, 줄기, 뿌리, 그리고 꽃까지 모두 알칼로이드 계열의 '강심배당체(cardiac glycosides)'라는 성분을 가진 유독식물이다. 그래서 협죽도 가지를 꺾어 즉석 나무젓가락으로 사용한다거나, 또는 잎을 따서 씹는다거나 꽃잎을 먹는 일은 절대로 해서는 안 된다.

가까이서 본 **협죽도** 꽃(2005.06.17. 제주)

협죽도가 불에 탈 때도 연기에 중독될 수도 있으니 야외 바비큐나 캠핑을 할 때는 더욱 주의가 필요하다. 그러나 협죽도의 독성에 대해서 잘 모르는 경우가 대부분이다. 제법 이름이 알려진 식품회사의 광고판에 협죽도 잎이 배경 나무로 깔려 있을 정도다.

협죽도는 이렇게 유독식물이면서 동시에 병을 치료하는 약재로 쓰인다. 잎이나 줄기를 말려서 심장의 기능을 향상시키는 강심제나 오줌을 잘 나오게 하는 이뇨제로도 쓰인다.

황매화

봄이 한창 무르익어 갈 즈음인 4월 말이나 5월 초에 걸쳐 양지바른 정원의 한 구석에서 유난히 초록빛이 짙은 잎사귀 사이에 샛노란 꽃을 잔뜩 피우는 자그마한 나무가 있다. 이 나무는 잎과 함께 피는 꽃이 매화를 쏙 빼닮았고 색깔이 노랗다고 하여 '황매화(黃梅花)'라고 부른다.

황매화란 홑꽃으로서 다섯 장의 꽃잎을 활짝 펼치면 5백 원짜리 동전 크기보다 훨씬 크다. 이름에 매화가 들어갔지만 같은 장미과라는 것 이외에 둘은 촌수가 좀 먼 사이다. 게다가 매화처럼 고이고이 대접하지 않아도 별 불평 없이 잘 자라주는 나무다.

중국에서 들어온 황매화는 정원 구석에 팽개쳐 두어도 어김없이 꽃을 피우고 담장 밑에 저 혼자 줄지어 자라기도 한다. 선비들이 읊조린 시 속에 가끔 등장하는 영광도 누렸지만 매화에 밀려 뒤뜰을 지키는 꽃으로 만족하며 조용히 살아간다. 황매화는 꽃뿐만 아니라 진달래와 같이 화전(花煎)의 재료로 쓰이기도 한다.

황매화란 이름은 20세기 초 우리나라 식물에 표준 이름을 붙일 때 새로 만든 것으로 짐작된다. 왜냐하면 옛 문헌에 이 나무로 짐작되는 꽃나무가 등장하지만, 다른 이름이기 때문이다. 《동국이상국집》에 보면 지당화(地棠花)를 노래한 시가 있는데, "꽃의 특징은 짙

활짝 핀 황매화 꽃(2009.04.15. 덕수궁)

장미과
학명 : *Kerria japonica*
영명 : Japanese Kerria, Kerria Rose
일본명 : ヤマブキ 山吹
중국명 : 棣棠
한자명 : 地棠花, 山棠花, 黜墻花, 黜壇花, 黃梅花

은 황색이고 여름철에 핀다"라고 하여 꽃 피는 시기에 약간 차이가 있으나, 황매화임을 알 수 있다.

　옛날에 임금님이 꽃을 보고 선택하여 심게 하면 어류화(御留花)라 하는데, 황매화는 선택받지 못하고 내보냈기 때문에 출단화(黜壇花), 출장화(黜墻花)란 이름도 갖고 있다. 또 《물명고》에 체당(棣棠)이란 꽃의 설명을 보면 "음력 3월에 꽃이 피며 국화를 닮았고 진한 황색 꽃이 핀다"라고 하였는데, 이 역시 황매화다. 체당은 황매화의 중국 이름이기도 하다.

　황매화는 이런 이야기가 전해진다. 옛날 황씨 성을 가진 한 부자가 외동딸을 데리고 행복하게 살고 있었다. 고운 처녀로 자란 딸은 이웃의 청년과 사랑에 빠진다. 어느 날, 마을을 잠시 떠나게 된 청년은 이별의 징표로 손거울을 쪼개어 서로 나눠 갖기로 한다. 한편 처녀를 평소 짝사랑해오던 뒷산의 도깨비는 청년이 떠나자 처녀를 붙잡아다 도깨비굴에 가둬놓고 입구를 가시나무로 막아버렸다.

　세월이 흘러 마을로 돌아온 청년은 처녀를 찾아 도깨비굴로 달려갔지만 가시나무 때문에 구해낼 수가 없었다. 그때 마침 도깨비가 거울에 반사되는 햇빛을 싫어한다는 사실을 알고 있었던 처녀는 청년에게 징표로 갖고 있던 반쪽 거울을 던져주었다. 청년은 거울조각을 맞추어 돌아오는 도깨비의 얼굴에 정면으로 햇빛을 비추자 놀란 도깨비는 멀리 도망쳐 버렸다. 도깨비를 쫓아버리자 굴 앞의 가시나무는 차츰 가시가 없어지고 길게 늘어지면서 아름다운 꽃을 피우는 황매화가 되었다고 한다.

　우리의 옛 문헌에 흔히 나오는 황매는 황매화와 혼동을 일으킨

겹꽃 황매화는 죽단화라는 다른 이름으로 불린다(1999.04.20. 광릉)

다. 그러나 황매는 황매화 꽃이 아니라 매실이 완전히 익어서 노랗게 된 매화열매를 말한다. 특히 매화가 익을 때 오는 비를 황매우(黃梅雨)라 하는데, 이는 장맛비를 일컫는다.

황매화는 사람 키 남짓한 작은 나무이며 많은 곁줄기를 뻗어 무리를 이루어 자란다. 가지나 줄기는 1년 내내 초록빛이며 가늘고 긴 가지들은 아래로 늘어지는 경우가 많다. 잎은 긴 타원형으로 때로는 깊게 패고 이중톱니가 있다. 열매는 초가을에 꽃받침이 남아 있는 채로 안에 흑갈색의 씨앗이 익는다.

황매화는 홑꽃 이외에 꽃잎이 여러 겹으로 된 겹꽃 황매화가 있다. 죽도화, 혹은 죽단화란 다른 이름을 가지고 있으며, 황매화보다 더 널리 심고 있다. 황매화, 죽도화(죽단화)는 엄밀히 구분하여 부르지 않는 경우도 많아 혼란스럽다. 겹꽃 황매화는 알기 쉽게 '겹황매화'로 통일하여 부르는 것이 옳을 것 같다.

1 《화암수록》: 유박(1730~1787)이 지었다고 알려진 조선 후기의 화훼 전문서. 45가지 종류의 꽃과 나무를 9등급으로 나누고 품평을 했는데, 조선에서 나는 꽃과 나무만을 골라 등급을 매겼다.

2 《꽃의 제국》, 2002, 강혜순, 다른세상.

3 《만엽집》: 서기 630~760년대에 쓰인 일본에서 가장 오래된 노래집.

4 골돌 : 마른 열매이며 세로로 갈라지고 하나의 씨방 안에 한 개에서 여러 개의 종자가 들어 있는 열매.

5 《상방정례》: 영조 26년(1750), 왕실의 의상을 담당하던 상의원(尙衣院)에서 의복에 관한 규정을 기록한 책.

6 《규합총서》: 순조 9년(1809), 서유구의 형수인 빙허각 이씨가 엮은 한글 고어체로 쓴 일종의 여성생활백과서.

7 http://kasanui.net/kafun/kafun.html

8 《물명고》: 조선 순조 때의 언클릭자인 유희(柳僖)가 여러 가시 사불을 한글로 설명한 백과사전 식의 책.

9 《화하만필》 : 1934년 언론인이며 사학자인 문일평이 쓴 수필.

10 《고려도경》: 고려 인종 원년(1123)에 송나라의 서긍이 사신으로 왔다가 보고 들은 풍물을 기록한 책.

11 《청구영언》: 조선 영조 4년(1728) 김천택이 고려 말엽부터 편찬 당시까지 여러 사람의 시조를 모아 엮은 시조집.

12 《매화》, 2002, 이상희, 넥서스BOOKS.

13 《퇴계 매화시첩》, 2007, 기태완, 보고사.

14 《왕이 있는 그림》, 2008, 중앙도서관 도록.

15 《한국의 정원》, 1986, 정동오, 민음사.

16 《한자 속에 담긴 우리문화 이야기》, 1999, 이진오, 청아출판사.

17 《식물원색도감》, 1988, 과학백과사전종합출판사(북한).

18 《훈몽자회》: 중종 22년(1527)에 최세진이 지은 한자 학습서로 한글 음과 뜻이 달려 있다.

19 《오주연문장전산고》: 조선 후기의 실학자 이규경(1788~?)이 쓴 백과사전 류의 책.

20 《한시와 일화로 보는 꽃의 중국문화사》, 2004, 나카무라 고이치, 뿌리와이파리.

21 《한림별곡》: 고려 고종(1213~1259) 때 한림학사들이 편찬한 경기체가의 시초가 된 노래.

22 사가시집: 조선 후기의 사상가 이덕무 · 박제가 · 유득공 · 이서구가 《건연집(巾衍集)》으로 발간한 시집.

23 《산해경》: BC 4세기 전국시대 이후에 쓰인 것으로 짐작되는 중국에서 가장 오래된 지리서(地理書).

24 《무궁화》, 2004, 송원섭, 세명서관.

25 《왕유시선(王維詩選)》, 2002, 류성준. 문이재.

26 핵과(核果): 가운데에 보통 한 개, 혹은 여러 개의 단단한 씨앗을 가지고 있으며, 주위는 물이 많은 과육으로 둘러싸인 열매.

27 《양화소록》: 조선 세조 때의 문신 강희안(1417~1464)이 꽃 키우는 방법을 기술한 원예서.

28 《조선풍속사》 3, 강명관, 2010, 도서출판 푸른역사.

29 《수목대도설(Ⅲ)》, 1964, 上原敬二, 有明書房.

30 《사가집》: 조선 전기의 문신이며 학자인 서거정(1420~1488)의 시문집.

31 Wikipedia(free encyclopedia) : http://en.wikipedia.org/wiki

32 《현재 심사정 연구》, 이예성, 2000, 일지사.

33 《산림경제》: 조선 숙종 때 실학자 홍만선(1643~1715)이 농업과 일상생활에 관련된 여러 사항을 기술한 일종의 백과사전.

34 《계산기정》: 조선 순조 때 문신 이해응이 동지사(冬至使)로 북경에 갔을 때의 일을 기록한 견문록.

35 《성호사설》: 조선 후기의 대학자 성호 이익이 평소에 기록해둔 글과 제자들의 질문에 답한 내용을 1740년경에 집안 조카들이 정리한 책.

36 《보한집》: 고려 고종 때 최자(1188~1260)가 지은 시화집으로 이인로의 《파한집》을 보충한 책.

37 《목은집》: 고려 말의 유학자 이색의 유고집으로 조선 중기(1626)에 간행됨.

38 《속동문선》: 성종 9년(1478)에 서거정 등이 편찬한 《동문선》의 취지를 살려 중종 13년(1518)에 다시 편찬한 시문집.

39 송홍선, 2004, 산림 9월호, 산림조합중앙회.

40 《매월당 김시습 금오신화》, 2002, 김시습/심경호, 홍익출판사.

41 《본초강목》: 중국 명나라 때 이시진(1518~1593)이 엮은 약초와 관련된 내용을 수록한 도감과 같은 책.

42 《한국 식물명의 유래》, 2005, 이우철, 일조각.

43 《홍재전서》: 1814년에 간행된 정조의 문집.

44 《한국의 美 특강》, 오주석, 2003, 솔.

45 《조선풍속사》 3, 강명관, 2010, 도서출판 푸른역사.

46 이과(梨果): 꽃받침이 발달하여 두꺼운 과육을 만들고 속에 많은 종자가 들어 있는 열매로서 배, 사과 등이 대표임.

47 《중국수목지》, 1985, 鄭万鈞외, 中國林北出版社.

48 인피섬유: 식물의 껍질에 들어 있는 길이가 길고 가늘며 단단한 세포. 닥나무, 꾸지나무, 아마, 대마 등의 껍질에는 인피섬유가 특히 많이 들어 있어서 종이를 만들고 베를 짜거나 줄로 만들어 이용한다.

가래나무 / 호두나무 / 감나무 / 고욤나무 / 개암나무 / 귤나무 / 까마귀밥나무 / 능금나무 / 다래나무 / 키위 / 대추나무 / 돌배나무 / 머루 / 포도나무 / 멀꿀 / 으름덩굴 / 모과나무 / 무화과나무 / 천선과나무 / 밤나무 / 보리장나무 / 복사나무 / 비파나무 / 살구나무 / 석류나무 / 앵두나무 / 자두나무

가래나무과

학명 : *Juglans mandshurica*
영명 : Mandshurica Walnut
일본명 : オニグルミ 鬼胡桃
중국명 : 胡桃楸
한자명 : 梓, 楸木, 楸子,
核桃木, 山核桃

가래나무

가래나무 열매는 럭비공처럼 생겼으나 더 갸름하고 양 끝이 뾰족하다. 망치로 두들겨야 깨질 만큼 단단하고 표면은 깊게 팬 수름투성이다. 날카로운 양쪽 끝을 조금 갈아서 두 개를 손안에 넣고 비비면 딱 알맞을 크기다. 그래서 가래나무 열매는 옛사람들의 먹을거리에서 지금은 무료함을 달래고 혈액순환을 좋게 한다고 하여 엉뚱하게도 우리 손아귀에서 고생하는 과일이 되었다.

가래나무는 우리나라의 약간 추운 중북부 지방에서 원래부터 자라고 있었던 토종 나무다. 맛이 더 좋은 호두가 들어와 자리를 빼앗기기 전까지 가래는 고소하고 영양가 높은 간식거리로 사람들의 사랑을 받았다. 청동기시대나 삼국시대 초기의 옛 생활터전에서 가래가 다른 유물과 함께 널리 출토되고 있음이 이를 증명한다.

가래나무의 원래 한자 이름은 추자(楸子)다. 이름의 유래를 찾아보면 옛 농기구인 가래를 나타내는 초(鍬)에서 '쇠금 변'을 '나무 목'으로 바꾸면 '가래 추(楸)'가 된다. 이는 가래나무 열매가 농기구인 가래와 모양새가 닮았다 하여 추자라는 이름이 붙여진 것으로 생각된다.

가래는 호두와 모양이 비슷하고 쓰임도 같아 옛 문헌에는 서로

◀ 겨울날의 가래나무 줄기(2002.01.15. 경기 광릉)

봄이 무르익을 즈음 암꽃(위쪽)과 수꽃(아래)이 같이 핀다(2010.05.20. 포항 내연산)

뒤섞여 있다. 호두나무는 호도(胡桃)나 당추자(唐楸子)로, 가래나무는 추자로 나타내는 것이 일반적이다. 그러나 고려 숙종 6년(1101)에 평안도 평로진 관내의 추자 밭을 떼어 백성들이 경작하도록 나누어주었다는 《고려사》의 기록이 나오는데, 여기서의 추자는 가래나무가 맞다. 반면에 《세종실록지리지》에 보면 천안군의 토산물로 추자가 들어 있는데, 이때의 추자는 호두나무로 보아야 한다. 또 경상도에서는 추자란 바로 호두를 지칭하는 말이다. 이처럼 옛사람들은 호두와 가래를 엄밀하게 구분하여 사용하지 않아서 옛 문헌을 읽을 때 약간의 혼란이 있다.

오늘날 가래나무 목재는 고급 가구재로 널리 알려져 있지만, 옛

갸름한 모양의 가래나무 열매(2002.07.21. 종묘)

날에는 특별한 쓰임새가 따로 있었다. 옛 중국에서는 임금의 시신을 넣는 관을 재궁(梓宮)이라 했는데, 재는 가래나무를 말하므로 여기서 재궁이란 가래나무로 만든 관을 뜻한다. 《한서(漢書)》〈곽광전〉에 보면 가래나무(梓木)는 "천자의 관을 만드는 데 사용한다"라고 나와 있다. 또 《후한서》〈명제기〉에도 "천자의 관은 가래나무로 만들므로 이를 재궁이라 한다"라는 내용이 나온다. 실제 발굴에서도 장사 마왕퇴 한묘에서 가래나무 관이 출토된 바 있다.

그러나 임금의 관을 꼭 가래나무로만 만든 것은 아니다. 《잠부론》 등 다른 문헌 기록에 의하면 측백나무, 녹나무, 넓은잎삼나무, 소나무 등도 쓰인 예가 있다. 세월이 지나면서 재궁이란 말은 나무의 재질에 상관없이 임금의 관을 일컫는 말이 된 것으로 보인다. 우리나라에서도 임금의 관을 재궁이라고 하나, 실제로는 좋은 소나무를 뜻하는 황장목으로 만들었다.

가래나무와 호두나무는 씨앗을 먹는 것도 비슷하지만 재질이나 다른 특징도 매우 닮은 형제나무다. 두 나무 모두 잎이 한 개의 잎자루에 작은 잎이 여러 개 달리는 겹잎인데, 잎 모양과 달리는 개수로 서로를 구분한다. 작은 잎의 수가 7~9개 이하이고, 잎 모양이 약간 둥근 타원형이면서 가장자리에 톱니가 거의 없으며, 열매가 둥글면 호두나무다. 작은 잎의 수가 7~17개 정도이고, 가장자리에 톱니가 있으며, 열매 양끝이 뾰족한 달걀모양이면 가래나무다. 가래와 호두는 모두 부럼으로 쓰는 견과이며, 부스럼을 치료하는 민간약으로 알려져 있다.

호두나무

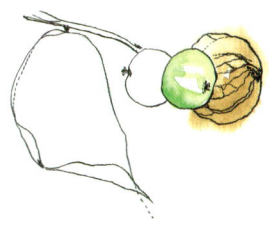

경부선 완행열차에 몸을 실어 본 추억이 있는 세대에게 호두는 아련한 낭만으로 기억된다. 서울을 출발하여 소금 졸졸해질 때쯤이면 '천안명물 호두과자'란 행상들의 외침에 군침이 돈다. 천안에는 능수버들이 축 늘어진 천안삼거리만 있는 것이 아니다. 바로 호두과자로 더 유명한 고장이다. 지금이야 고속도로 휴게소에서 흔히 만날 수 있는 과자가 되어버려 아쉬움이 남을 뿐이다.

호두는 아득한 옛날 멀리 중동지역에서 처음으로 중국에 들어왔다. 기원전 139년 한나라의 무제는 장건이란 외교관을 오늘날 이

과일이 열리는 나무

호두나무 잎과 열매(2010.07.19. 함양)

가래나무과
학명 : *Juglans regia*
영명 : Persian Walnut, Chinese Walnut
일본명 : カシグルミ 樫胡桃
중국명 : 胡桃, 核桃
한자명 : 胡桃, 核桃, 羌桃, 唐楸子, 楸子

란, 아프가니스탄쯤으로 짐작되는 대월지(大月氏)국에 파견한다. 장건은 흉노를 협공하자는 한무제의 말을 전할 임무를 띠고 파견된 특사였다. 그러나 외교는 실패로 돌아갔고, 오히려 흉노에게 붙잡혀 13년간이나 포로 생활을 하다가 구사일생으로 살아서 돌아온다. 그의 손은 빈손이었지만 괴나리봇짐 속에는 호두 몇 알이 들어 있었다. 이렇게 들어온 호두는 이후 중국 땅에 널리 퍼졌다.

오랑캐 나라에서 들여온, 보양이 마치 목숭아씨처럼 생긴 이 과실을 보고 중국 사람들은 호도(胡桃)란 이름을 붙였다. 우리나라도 이를 그대로 받아들여 호도라 불렀다. 다만 오늘날 한글 맞춤법에 따라 호두로 바뀌었다. 중국을 거쳐 우리나라에 들어온 시기는 신라 때라고도 하고 고려 때라고도 한다. 《신라민정문서》[1]는 경덕왕 14년(755)에 만들어진 충청도 어느 지방 농토의 현황 조사서인데, 여기에 호두나무를 심은 기록이 나와 있다. 또 《고려사》에 실린 〈한림별곡〉의 가사에 나오는 당추자(唐楸子)란 구절은 호두가 벌써 당나라 때 들어왔다는 사실을 증명하고 있다.

고려 말 천안 광덕면 출신의 유청신이란 문신이 있었다. 그가 충렬왕 16년(1290)에 원나라에 갔다가 임금을 모시고 돌아오면서, 호두나무 묘목과 열매를 가져왔다고 전해진다. 가져온 묘목은 천안 광덕사에, 열매는 자신의 고향집인 광덕면 뜰 앞에 심어서 오늘에 이른다는 것이다. 그때 절 앞에 심은 나무가 천연기념물 398호로 지정되어 보호받고 있으며, 절 안에도 노거수(老巨樹) 몇 그루가 더 자라고 있다. 언제, 어떻게 들어왔는지는 논란이 있지만, 유청신과

◀ 고려 말 문신 유청신이 심었다는 천연기념물 398호 천안 광덕사 호두나무(2009.06.11.)

의 인연으로 오늘날 천안 일대는 호두나무가 많다고 한다.

호두는 탁구공보다 조금 작은 크기에 딱딱한 껍질을 뒤집어쓰고 있다. 우리가 먹는 부분은 씨앗의 속살, 즉 배유(胚乳)이다. 잣, 밤, 은행, 땅콩 등과 함께 정월 대보름날이면 호두를 깨물어 먹는데 이를 통틀어 부럼이라고 한다. 깨물어 먹으면 이가 튼튼해지고 부스럼을 앓지 않는다고 한다.

호두에는 지방과 단백질 및 당분이 많아 고소하고 약간 달콤하다. 그 외에 무기질, 망간, 마그네슘, 인산칼슘, 철, 비타민 등 무기물도 풍부하다. 고단백 웰빙 식품으로서의 조건을 모두 갖춘 셈이다. 특히 성장기 아이들의 두뇌 발달에도 도움을 준다. 씨앗 표면의 몽실몽실한 작은 주름은 뇌를 그대로 닮아 머리가 좋아질 것이라는 상상을 하기에 충분하다. 강장제나 변비를 없애는 데도 효과가 있으며, 호두기름은 민간약으로 피부병에 널리 쓰이기도 한다.

호두는 실크로드를 타고 유럽에도 널리 퍼졌다. 영어 이름은 '월넛(walnut)'이며, 서양인들에게도 맛있는 과실나무였다. 유명한 발레 〈호두까기 인형(The Nutcracker)〉은 호두를 가까이한 그들의 문화를 읽을 수 있는 좋은 예다.

호두나무와 가래나무는 과실뿐만 아니라 세계적으로 재질이 좋다고 널리 알려진 나무다. 북아메리카가 고향인 흑호두나무를 비롯하여 호두나무로 만들어진 가구나 조각품은 앞에 '고급'이란 접두어가 꼭 붙을 정도다.

감나무

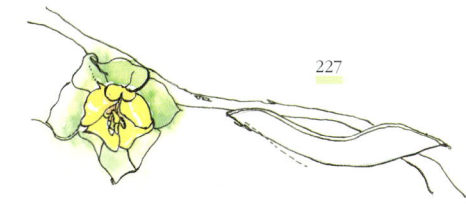

옛날 시골의 가을은 초가집 마당가에서 익어 가는 감과 멍석 위에 널려 있는 붉은 고추로 섬섬 짙어 갔다. 도시화가 급격히 진행되면서 이런 서정적인 농촌의 모습도 지금은 대부분 사라졌다. 초가집은 민속박물관에나 가야 만날 수 있고, 고추는 인공건조기 안으로 들어가 버렸다. 그래도 아직까지 집 둘레에 서 있는 감나무만은 그대로 남아 시골 정취를 되살려준다.

잎사귀 사이에 다소곳이 아래로 향하여 피어 있는 감꽃(2010.05.22. 대구 앞산)

과일이 열리는 나무

감나무과
학명: *Diospyros kaki*
영명: Kaki, Japanese Persimmon
일본명: カキノキ柿の木
중국명: 柿树, 柿, 柿子树
한자명: 柿, 柿木

예로부터 우리 선조들은 밭둑에 대추나무, 야산 자락에 밤나무, 마당가에 감나무, 숲속에 돌배나무를 반드시 심었다. 제사상의 맨 앞 과일 줄에 올라가는 조율이시(棗栗梨柿)로서 꼭 챙겨야 할 과일나무이기 때문이다.

감나무를 비롯한 과일나무들은 과일을 매다느라 기력을 너무 소진해버린 탓에 오래 살기가 어렵다. 사람들은 더 굵고 맛있는 과일나무를 만나면 원래 나무를 베어버리고 다시 심기 일쑤다. 한때 우리나라 감나무는 골프채의 머리를 만드느라 거의 잘려 나갔다. 지금이야 티타늄이나 메탈이지만 30여 년 전의 골프채는 감나무 머리를 최고품으로 쳤다. 이런저런 이유로 우리 주변의 보통 감나무는 100년을 살아남기가 어려웠다. 그러나 경남 의령 백곡리에는 천연기념물 492호로 지정된 400년 된 감나무가 있다. 또 상주시 외남면 소은리의 보호수 감나무는 540년이나 되었는데, 접붙이기를 한 감나무임이 밝혀졌다고 한다.

감나무는 중국 중남부가 원산지로서 동북아시아에만 있는 온대 과일나무다. 우리나라에는 청동기시대에 들어온 것으로 보이나 문헌에 기록된 것은 고려 중엽 이후다.

감나무는 손바닥만 한 커다란 잎을 갖고 있고, 나뭇가지는 질긴 성질이 좀 모자라 잘 부러진다. 그래서 감을 따기 위해 나무 위로 올라가는 일은 금물이다. 오래된 줄기 껍질은 흑갈색으로 잘게 그물처럼 갈라진다. 감꽃은 늦봄에 노랗게 핀다. 봄에 꽃은 큰 잎에 묻혀 있고, 꽃잎은 말려 있어서 잘 보이지 않는다. 늦봄에 피는 감

◀ 거북등처럼 갈라짐이 독특한 감나무 줄기 (2010.05.12. 밀양 표충사)

우리
나무의
세계

〈모견도(母犬圖)〉, 이암, 15C 전중반, 73.2×42.4㎝, 중앙박물관
잎이 무성한 초여름날 감나무 밑에서 젖을 먹이는 어미 개와 강아지의 모습이 평화롭다.

꽃이 땅에 떨어지면 어려웠던 시절 아이들의 간식거리였다. 땅에 떨어진 감꽃을 주워 모아 약간 시들었을 때 먹으면 달콤한 맛이 더했다. 이어서 감이 열리면 익을 때를 기다리지 못하고 초복을 넘기자마자 낙과하는 푸른 감을 주워 먹었다.

잘 익은 감이 제사상에 올라가기 시작한 것은 조선조에 들어오면서부터다. 《세종실록》〈오례(五禮)〉에 보면 종묘에 천신할 때 10월의 과일로 감이 들어 있다. 민간에는 감이 설사를 멎게 하고 배탈을 낫게 한다고 알려져 있는데, 이는 강한 수렴(收斂) 작용을 하는 타닌이 장의 점막을 수축시켜 설사를 멈추게 하기 때문이다.

감은 홍시를 만들면 높은 당도를 얻을 수 있고, 곶감으로 만들어 두면 다른 어떤 과일보다 오랫동안 저장할 수 있어서 더욱 사랑을 받았다. 《동의보감》에는 "곶감은 몸의 허함을 보하고 위장을 든든하게 하며 체한 것을 없애준다"라고 했다. 또 "홍시는 심장과 폐를 눅여주고, 갈증을 멈추게 하며 식욕이 나게 하고 술독과 열독을 풀어준다"라고 했다.

감나무는 열매뿐만 아니라 나무도 귀중한 쓰임이 있었다. 검은 줄무늬가 들어간 감나무는 특히 먹감나무라고 하여 옷장, 문갑 등 조선시대의 가구재로 널리 쓰였다.

제주도에서는 '갈중이', 혹은 '갈옷'이라 부르는 옷이 있는데, 이것은 무명에 감물을 들여 만든 옷이다. 감물이 방부제 역할을 하여 땀이 묻은 옷을 그냥 두어도 썩지 않고 냄새가 나지 않으며, 통기성이 좋아 여름에는 시원할 뿐만 아니라 밭일을 해도 물방울이나 오물이 쉽게 묻지 않고 곧 떨어지므로 위생적이다. 갈옷의 정확한 역사와 유

맑은 하늘을 배경으로 매달리는 붉은 감은 우리나라 가을의 대표적 풍경이다(2008.11.14. 청도 박곡리)

래는 알 수 없으나 중국 남쪽에서도 갈옷을 입은 흔적이 있는 것으로 보아 몽고의 지배를 받던 고려 충렬왕 때 전래된 것으로 추측된다.

열대지방에도 감나무 무리가 자라고 있으나 과일을 맺지는 않는다. 이 중에서 흑단(黑檀, ebony)이란 나무는 마치 먹물을 먹인 것처럼 나무속이 새까맣다. 흑단은 독특한 색깔 때문에 멀리는 이집트 피라미드의 침상가구에서부터 오늘날 흑인의 얼굴을 새긴 조각품에 이르기까지 세계적으로 알려진 고급가구재와 조각재다.

감나무와 고욤나무는 열매가 열리지 않을 때는 구별하는 데 약간 어려움이 있다. 감나무는 잎이 두껍고 거의 타원형이며 표면에 광택이 있고, 고욤나무는 잎이 조금 얇고 작으며 긴 타원형에 광택이 거의 없다.

고욤나무

우리 속담에 "고욤 일흔이 감 하나보다 못하다"라는 말이 있다. 자질구레한 것이 아무리 많아도 큰 것 하나를 못 당한다는 뜻이다.

고욤은 감처럼 생겼으나 훨씬 작고, 가을이면 구슬 크기의 황갈색 열매가 나무 가득히 열린다. 하지만 너무 떫고 온통 씨투성이라 먹기가 거북하다. 서리를 맞히고 흑자색으로 완전히 익혀서 반죽처럼 으깨어 놓으면 떫은맛이 가시고 겨우 먹을 만하다. 그래도 배고픈 시절을 보낸 세대들은 오지그릇에다 고욤을 잔뜩 넣어 두었다가 숙성시킨 후 동지섣달 추운 밤에 숟가락으로 퍼 먹던 그 맛을 잊지 못한다. 《구황촬요(救荒撮要)》[2]에 보면 "고욤을 푹 쪄서 씨를 발라내고, 대추도 씨를 빼낸 다음 한데 넣고 찧어서 먹으면 식량을 대신할 수 있다"라고 했다.

고욤나무는 동아시아에서부터 중동을 거쳐 스페인까지 넓은 지역에 걸쳐 자란다. 우리나라는 고려 명종 때 흑조(黑棗)란 이름으로 처음 문헌 기록을 찾을 수 있다. 이를 근거로 고려 때 중국을 통해 감나무가 들어올 때 같이 들여온 것으로 알려져 있다. 그러나 일산 신도시가 들어서기 전 지표조사[3]를 해본 결과 약 3천 년 전 지층에서 나온 목재가 고욤나무로 추정되므로 자생종일 가능성도 크다.

자생종인지 수입종인지는 앞으로 더 알아봐야 하겠지만, 감나무

감나무과
학명 : *Diospyros lotus*
영명 : Date Plum
일본명 : マメガキ豆柿
중국명 : 君迁子, 黑枣
한자명 : 小柿, 牛奶柿, 君遷子, 樗

는 고욤나무를 대리모로 고용하지 않으면 대를 이어갈 수 없다. 물론 감 씨를 심으면 감나무가 되기는 하지만, 어미보다 훨씬 못한 땡감이 달릴 따름이다. 이런 현상은 사과와 배, 복숭아 등 대부분의 과일이 마찬가지다. 그래서 고욤나무를 밑나무로 하고 감나무 가지를 잘라다 접붙이기로 대를 잇는다. 자신은 어두운 땅속을 헤매면서 고생스럽게 양분을 모아 남의 자식을 열심히 키워주는 고욤나무는 마음씨 착한 감나무의 새엄마로 평생을 보낸다.

고욤나무는 중부 이남의 햇빛이 잘 드는 숲 가장자리나 마을의 뒷산에서 만날 수 있으며, 키 10여 미터, 지름이 한 아름에 이른다. 충북 보은군 회북면 용곡3리에는 나이 300년, 키 18미터, 지름이 두 아름이나 되는 고욤나무가 있는데, 이것이 우리나라에서 가장 큰 고욤나무다. 고욤나무 줄기는 나이를 먹으면 감나무나 말채나무와 마찬가지로 흑갈색에 거북이 등처럼 깊게 길라지는 독특한 모양이라 금방 찾아낼 수 있다.

손바닥만 한 잎은 감나무와 비슷하게 생겼으나 더 부드러운 질감을 준다. 초여름 한창 녹음이 짙어갈 즈음에 연노랑 꽃이 핀다. 낮은 항아리 모양의 작은 꽃은 끝이 네 개로 갈라져 뒤로 젖혀진다. 암수가 다른 나무이며, 감나무나 수 고욤나무가 근처에 없으면 열매를 잘 맺지 못한다고 한다. 한자로는 감보다 작다 하여 우리는 소시(小柿)라고 하고, 일본인들은 콩감(豆柿)이라고 한다. 다른 이름으로 우내시(牛奶柿)가 있는데, '소젖꼭지 감'이란 뜻으로 굵기나 모양

◀영덕 도천리 천연기념물 514호 숲속에서 자라면서 둘레가 두 아름이나 되는 우람한 고욤나무
(2007.08.21. 영덕 도천리)

지천으로 달린 가을날의 고욤(2005.10.31. 함평 기각리)

은 물론 분홍빛 젖꼭지까지 마치 새끼를 낳고 젖을 먹이면서 흑갈색으로 변해가는 소의 모습과 고욤열매의 일생은 그대로 닮아 있다. 《동의보감》에는 "감과 같이 약으로 쓰인다"라고 하였으며, "고욤의 꼭지는 특별히 딸꾹질을 멎게 한다"라고 했다.

옛날 일본에서는 고욤이 약간 덜 익었을 때 따다가 고욤 즙을 내어, 방수·방부제로서 종이우산에 바르거나 칠기의 애벌칠 등에 널리 이용했다고 한다. 고욤나무 목재는 감나무와 마찬가지로 고급 가구재로 쓰인다.

개암나무

우리에게 잘 알려진 전래동화에 나오는 도깨비방망이 이야기는 여러 갈래가 있다. 그중 1980년 경남 진양군 금곡면 검암리 운문마을에서 채록한 이야기[4]를 소개한다.

홀어머니 밑에서 동생과 함께 어렵게 사는 한 소년이 있었다. 어느 날, 소년은 산에서 나무를 하다가 잘 익은 개암을 발견하고 정신없이 따 모으느라 날이 저무는 줄도 몰랐다. 당황한 소년은 허겁지겁 산을 내려오다 전에 보지 못한 허름한 기와집 하나를 발견했다. 소년은 그곳에서 밤을 새우기로 하고 마루 밑에 들어가 웅크리고

붉은 개암나무 암꽃과 아래로 늘어진 수꽃(2008.03.22. 영천, ⓒ황영목)

자작나무과
학명: *Corylus heterophylla* var. *heterophylla*
영명: Siberian Hazel, Hazelnut
일본명: ハシバミ榛
중국명: 榛
한자명: 榛, 榛樹, 山反栗, 榛栗

는 잠을 청하려 했다. 그때 갑자기 도깨비들이 몰려와 방망이를 두드리면서 "밥 나와라" 하면 밥, "떡 나와라!" 하면 떡이 수북이 쌓였다. 그 모습에 배가 고팠던 소년이 개암을 깨물자 "딱!" 하고 제법 큰 소리가 났다. 혼비백산한 도깨비들은 음식과 방망이를 그대로 놔둔 채 모두 달아나 버렸다. 소년은 도깨비방망이를 들고 내려와 마을에서 제일 큰 부자가 되었다.

소문이 퍼지자 이웃의 한 욕심쟁이 영감이 소년과 꼭 같이 개암을 따서 주머니에 넣고 도깨비들이 몰려드는 기와집에 미리 숨어 들어 밤이 되기를 기다렸다. 들은 그대로 도깨비들이 몰려와 웅성거렸다. 이때라고 생각한 영감은 일부러 큰 소리가 나도록 개암을 있는 힘껏 깨물었다. 마침 "딱!" 하고 소리도 엄청 컸다. 그러나 방망이를 얻기는커녕 도깨비들은 영감을 붙잡아 방바닥에 내동댕이치고 방망이 도둑으로 몰아 흠씬 두들겨 팼다.

전래동화의 내용처럼 개암은 누구나 따먹을 수 있는 우리 산야의 야생 견과(堅果)였다. 딱딱한 씨껍질로 둘러싸인 열매 안에는 전분 덩어리 알갱이가 들어 있다. 비록 도토리나 밤은 참나무과이고 개암나무는 자작나무과로 거리가 있지만, 씨앗의 모양새나 쓰임은 비슷하다.

개암은 오늘날 우리가 잘 알지 못하는 과실이지만, 역사책은 물론 옛 선비들의 문집이나 시가에 널리 등장한다. 고려 때는 제사를 지낼 때 앞줄에 놓았다는 기록이 있으며, 《조선왕조실록》에도 제사 과일로 등장한다. 그러나 임진왜란 전후로 개암은 제사상에서 퇴

과일이 열리는 나무

◀ 개암나무 잎(2008.07.09. 김천 직지사)

개암나무(왼쪽)와 참개암나무(오른쪽) 열매(2006.07.24. 대구 팔공산)

출된다. 아마 개암보다 더 맛있는 과일이 많이 들어온 탓이 아닌가 짐작해본다.

　개암의 한자 이름은 산반율이나 진율처럼 흔히 밤(栗)이 들어간다. 달콤하고 고소하므로 간식거리로 그만이며 흉년에는 밤, 도토리와 함께 대용식으로 이용되었다. 개암이란 이름도 밤보다 조금 못하다는 뜻으로 '개밤'이라고 불리다가 '개암'이 되었다고 한다.

　개암나무는 전국 어디에서나 자라는 작은 나무로 높이 자라도 키가 3~4미터밖에 안 된다. 잎은 거의 둥글고 손바닥만 하며 불규칙한 톱니가 있다. 암수 한 나무이고 작은 잎처럼 생긴 받침잎(총포)[5]으로 과실의 밑부분을 둘러싼다.

　개암은 단백질과 당분이 풍부하여 맛이 고소하며, 지방이 많아 기름을 짜서 식용유로 이용하기도 한다. 우리나라 산에서 흔히 만날 수 있는 개암나무는 앞에서 설명한 진짜 개암나무보다 참개암나무가 더 많다. 참개암나무는 개암나무와 잎 크기는 비슷하나 잎 끝이 뾰족해지는 것이 차이점이다. 열매 모양도 전혀 다르다. 총포가 동그란 과실을 완전히 둘러싸면서 길쭉하게 되어 있으며, 총포 끝은 여러 갈래로 갈라진다. 마치 착 달라붙은 스키니진을 입은 미녀의 볼기짝에서 흘러내린 각선미를 연상케 한다.

개암은 서양에서도 예부터 널리 쓰였다. 우리와 마찬가지로 식용유 원료에서부터 마법의 지팡이 만드는 데까지 사용한 것으로 보아 친근한 나무였음을 알 수 있다. 최근에는 개암 향을 넣은 헤이즐넛 커피로 우리 곁에 있고, 제과점에서는 고소한 맛을 더 높이기 위하여 개암을 사용한다.

제주에 널리 심고 있는 온주밀감(2006.11.07. 제주)

운향과
학명 : *Citrus unshiu*
영명 : Satuma Mandarins
일본명 : ミカン蜜柑
중국명 : 温州蜜柑
한자명 : 柑子, 黃柑, 蜜柑

귤나무

귤이 언제부터 재배되기 시작하였는지는 명확하지 않다. 《고사기(古事記)》라는 일본 역사책에는 "서기 60년경 다지마 모리란 이가 제주의 감귤을 가지고 왔다"라고 기록되어 있으며, 《삼국사기》에는 "백제 문무왕 때인 476년 탐라에서 지역 특산물로 헌상했다"라는 내용이 나온다. 이러한 내용들로 보아 적어도 삼국시대 이전부터 제주도에서 재배된 것으로 짐작된다.

오늘날에는 흔해 빠진 겨울 과일이지만, 한 세대 전만 해도 귤은 아무나 먹을 수 없었다. 멀리 고려 때에는 팔관회에 귤을 쓴 것을 비롯하여 조선조에는 임금에게 올리는 진상품이기도 했다.

세조 원년(1455)에 제주도 안무사에게 보낸 공문에는 "금귤과 유감(乳柑)과 동정귤(洞庭橘)이 상품이고, 감자(柑子)와 청귤(靑橘)이 다음이며, 유자와 산귤(山橘)이 그 다음이다"라고 했다. 귤의 종류는 이외에도 당귤(唐橘), 왜귤(倭橘), 황감(黃柑) 등 여러 이름이 등장한다. 이처럼 제주도는 귤의 산지로 유명했다. 그러나 조선 후기에 들어서면서 세정이 문란해지고, 관리의 수탈이 심해지자 제주 귤은 차츰 자취를 감추었다. 심지어 여름에 관리가 나와 익지도 않은 귤의 숫자를 세어 두었다가 가을에 바치도록 하는 일까지 있었다. 그래서 귤 재배를 꺼렸고 아예 나무를 자르고 뽑아버리는 일까지 있

〈귤림풍악(橘林風樂)〉, 탐라순력도, 김남길, 1702년, 55.0x35.0㎝, 제주시청
제주의 관아 안에 있던 귤밭. 주위는 대나무로 방풍림을 만들었고, 가운데 좌대에서는 풍악을 울리고 있다. 이외에 이유신의 귤헌납량(橘軒納凉) 등의 귤 그림이 있다.

었다. 사정이 이렇다 보니 점차 좋은 품종은 거의 없어져버렸다. 개화기에 들어오면서 다시 시작된 귤 재배는 1911년에 일본에서 수입한 귤이 제주를 덮어 버렸다. 오늘날 우리가 먹는 제주 귤의 대부분은 일본인들이 제주도에서 가져간 귤을 다시 개량하여 들어온 온주밀감이다.

옛날에는 귤이 너무나 귀한 과일이라서 일반 백성들은 감히 구경도 할 수 없었으며, 임금도 끔찍이 아낄 정도였다. 중종 19년(1524)에는 임금이 신하들에게 황감을 한 쟁반씩 하사하면서 〈설중황감(雪中黃柑)〉이란 제목의 시를 지어 바치라고 했다. 귤 한 쟁반이라고 해봐야 10여 개 남짓할 터, 임금에게 바칠 시를 짓느라 골머리 꽤

천연기념물 523호 도련동의 재래종 병귤(2007.11.02.)

나 썩혔을 텐데, 귤 한 쪽이나 제대로 맛보았는지 의심스럽다. 명종 2년(1547)에는 홍문관 교리 이원록이 사표를 내고 어머니 병 수발을 위하여 떠나려고 하니, 임금이 밀감 40개를 하사하면서 노모에게 주라고 했다. 적어도 임금이 신하에게 하사하는 귤이라면 아무리 귀하더라도 한 궤짝은 되어야 체면이 설 것이다. 그런데 쩨쩨하게(?) 40개를 세어서 주라고 한 것을 보면 그만큼 귀한 과일이었음을 짐작케 한다.

명종 19년(1564)부터는 제주도에서 귤을 진상하면 매년 성균관의 명륜당에 모인 학생들에게 나눠준 뒤, 유생들을 시험하는 황감제(黃柑製)를 시행했다. 이는 조선시대 과거제도의 하나로서 황감과(黃柑科)라고 하여 조선 후기까지 시행했다.

《동의보감》에 보면 귤껍질은 "가슴에 기가 뭉친 것을 풀리게 하고 입맛이 당기게 하며 소화를 잘 시키고 이질을 멎게 한다. 구역질을 멈추게 하며 대소변을 잘 보게 한다. 또 가래를 삭혀주고 기침을 낫게 한다"라고 했다. 지금도 민간요법으로 감기가 들면 귤껍질 차를 달여 마신다.

귤나무는 늘푸른 작은 나무로 키가 5미터 정도까지 자란다. 줄기는 가지가 많으며, 나무껍질은 갈색으로 잘게 갈라진다. 잎은 잎자루에 가느다란 잎이 나란히 하나 더 붙어 있다. 즉, 잎 두 개가 하나의 잎 대궁에 이중으로 달려 있는 셈이다. 이런 모양을 '홑몸겹잎'이라 한다. 이는 귤나무나 유자나무에서만 볼 수 있는 모양이며, 다른 나무와 구별 짓는 중요한 특징이다. 잎은 어긋나기로 달리고 달걀모양이며, 가장자리에 둔한 톱니가 있다. 꽃은 한 나무에 암꽃과 수꽃이 따로 달리고, 여름의 초입에 들면 흰빛으로 피며 짙은 향기가 있다.

까마귀밥나무

까마귀와 까치는 우리 곁에 언제나 같이 존재하는 친근한 됫새다. 그렇지만 둘의 선호도는 극명하게 갈라진다. 까마귀는 불길하고 나쁜 흉조로 생각하고, 까치는 상서롭고 밝은 느낌의 길조로 받아들인다. 그러나 10여 종의 나무 이름에 들어간 까마귀와 까치는 의외로 까마귀의 판정승이다. 까치박달과 까치밥나무 이외에는 모두 까마귀가 들어갔기 때문이다. 뭔지 조금 못하다 싶으면 나무 이름에 개를 붙이듯이 열매가 먹기 거북살스럽고 맛이 없으면 싫어하는 까마귀란 접두어를 붙인 것 같다.

과일이 열리는 나무

손톱 크기 남짓한 정종 술잔모양의 작은 꽃(2010.04.06. 경북대)

콩알 굵기만 한 빨간 열매와 무성한 잎(2010.04.06. 경북대)

범의귀과
학명: *Ribes fasciculatum* var. *chinense*
영명: Japanese Currant
일본명: ヤブサンザシ 藪山査子
중국명: 华茶藨子, 华蔓茶藨子
한자명: 山定子, 藪山査

까마귀밥나무는 콩알 굵기에 꼭지가 조금 볼록한 빨간 열매가 특징인 작은 나무다. "까마귀의 밥이 열리는 나무"란 뜻인데, 다른 이름인 까마귀밥여름나무는 보다 구체적으로 까마귀밥이 되는 여름(열매의 옛말)이 열린다는 말이다. 열매는 쓴맛이 나며, 특별한 독성은 알려져 있지 않지만 먹을 수는 없다고 한다. 그래서 사람들이 싫어하는 까마귀나 먹으라고 붙여준 이름인 것 같다.

까마귀밥나무는 전국 어디에서나 자라며 키가 허리춤 남짓한 난쟁이 갈잎나무다. 잎은 3~5개로 얕게 갈라지고 긴 잎자루를 갖고 있으며, 어긋나기로 가지에 붙어 있다. 암수 딴 나무로 꽃은 봄에 핀다. 꽃이라고 해봐야 손톱 크기에 다섯 개의 작은 꽃잎이 정종 술잔모양의 꽃통을 둘러싸고 있는 특별한 꽃이다. 다행히 잎이 나오면서 초록을 배경으로 노란 꽃을 피워 자신의 존재를 일깨운다. 겉이 반지르르하고 즙이 많은 빨긴 열매는 가을에 익고, 겨울을 넘기면서 수분이 빠져 쪼글쪼글해지지만 이듬해 봄까지 달려 있어서 까마귀 말고도 배고픈 산새들의 양식이 되어준다. 까마귀밥나무는 수산사(藪山樝)란 이름도 쓴다고 하나, 숲의 산사열매란 뜻으로 쓰인 일본 이름 '야부산자시'를 우리식 한자표기로 빌려 쓴 것이라고 생각된다.

까마귀밥나무 무리는 까치밥나무, 까막까치밥나무, 명자순 등 12종이 있다. 모두 까치밥나무속(Ribes)에 포함되는데, 공통적인 특징은 과즙이 들어 있는 열매라는 것이다. 우리와는 달리 서양 사람들은 이 열매를 식용으로 이용해 왔으며 가공식품으로도 쓴다. 이런 종류를 베리(berry), 혹은 커런트(currant)라고 하는데, 우리에게 잘 알려진 것은 구스베리(gooseberry, 서양까치밥나무)다. 구스베리는 우리 까마귀밥나무 열매보다 더 굵고, 열매는 붉거나 노랗게 익으며 새콤달콤한 맛이 있어서 날로 먹거나 잼을 만들기도 한다. 최근 각광을 받고 있는 블루베리(blueberry)는 이름이나 열매모양이 까마귀밥나무 종류와 닮았지만, 진달래과의 산앵도나무 종류에 들어가는 별개의 나무다.

까마귀밥나무 종류는 송이풀과 함께 잣나무털녹병균이라는 병균을 옮기는 중간 기주(寄主)로 알려져 있다. 치명적인 병이므로 잣나무가 자라는 근처의 까마귀밥나무와 송이풀은 제거해주어야 한다.

능금나무

능금은 배, 감, 복숭아, 자두와 함께 우리의 주요한 옛 과일이었다. 세계적으로는 약 25종이 유럽, 아시아 및 북아메리카에 걸쳐 자라고 있다. 중국의 기록을 살펴보면 1세기경에 임금(林檎)이라 불리는 능금을 재배한 것으로 나와 있다. 또 능금보다 길고 큰 열매를 가진 과일나무를 남쪽에서 들여왔는데, 이것을 '내(柰)'라 했다고 한다. 임금은 중국의 과일이고, 내는 오늘날의 서양사과를 말하는 것으로도 추정된다.

과일이 열리는 나무

대체로 임금은 삼국시대쯤 우리나라에 들어온 것으로 추정된다.

하얗게 핀 능금나무 꽃(2010.05.03. 대구)

장미과
학명: *Malus asiatica*
영명: Apple Tree
일본명: チョウセンリンゴ 朝鮮林檎
중국명: 沙果, 林檎, 花紅
한자명: 林檎

그러나 기록으로는 송나라의 손목이 지은 《계림유사(鷄林類事)》[7]에 보면 "내빈과(柰蘋果)는 임금을 닮았으며, 크다" 하였고, 《고려도경》에 보면 "일본에서 들어온 과일에 임금이 포함되어 있는 것이 처음이다"라고 했다. 또 《동국이상국집》의 〈고율시〉에는 "……붉은 임금 주렁주렁 매달렸는데/아마도 그 맛은 시고 쓰리라"고 하여 구체적인 생김새와 맛까지 짐작할 수 있다.

조선조에 들어와서도 태종 12년(1412)과 13년에 종묘에 올리는 햇과일로 임금이 등장한다. 쪼개고 깎아서 쓸 것인지 아니면 그대로 올릴 것인지를 두고 대신들 간의 논란이 있었다 한다. 지금 생각하면 나랏일에 온갖 신경을 써야 할 분들이 정말 하찮은 일을 가지고 쓸데없는 논쟁을 한 것 같다. 그 외에도 《조선왕조실록》에는 엉뚱한 계절에 임금 꽃이 피었다는 기록이 여러 번 나온다.

이처럼 임금은 우리의 주요한 과일로서 명맥을 이어왔으며, 개화기 초기까지만 해도 개성과 서울 자하문 밖에서 흔히 재배되고 있었으나 다른 과일에 밀려 지금은 없어져 버렸다. 오늘날 우리가 능금으로 알고 있는 이 과일이 중국의 임금이 들어와서 능금이 된 것인지, 아니면 경북, 경기, 황해도 등지에 야생상태로 자라는 순수 토종 능금나무의 열매인지는 명확하지 않다.

그렇다면 능금과 같은 과일로 흔히 알고 있는 사과(沙果)는 무엇일까? 《훈몽자회》에 보면 "금(檎)은 능금 금으로 읽고 속칭 사과라고 한다"라는 기록이 남아 있는 것으로 보아 벌써 500년 전부터 뒤섞여 쓰인 것 같다. 지금도 능금과 사과의 명칭에 대한 논란이 끊이

◀ 빨갛게 익어 가고 있는 사과(2009.09.30. 영양)

〈화조도(花鳥圖)〉, 신한평, 1788년, 124.0x54.2cm, 호암미술관
갸름한 잎의 모양과 붉게 그려 놓은 꽃받침 등이 봄날에 꽃핀 능금나무임을 알 수 있다.
섬세한 필치와 화려한 채색이 돋보이는 그림이다.

지 않으나, 1906년 서울 뚝섬에 원예시험장을 개설하고 각종 개량 과수묘목을 보급할 때 선교사나 일본을 통해서 들어온 '능금이 달리는 나무'를 일단 사과나무로 보는 것이 옳을 듯하다.

사과는 유럽인들이 즐겨 먹는 과일로서 이에 얽힌 이야기가 수없이 많다. 성경에 보면 인류의 조상인 아담과 하와는 에덴동산에서 금단의 열매인 사과를 따먹었다가 그곳에서 쫓겨나고 만다. 또 그리스 신화에 나오는 트로이의 왕자 파리스는 불화(不和)의 여신인 에리스가 던진 황금사과 한 개를 사랑의 여신 아프로디테에게 줌으로서 급기야 트로이 전쟁이 일어나게 된다. 그래서 오늘날에도 분쟁을 가져오는 불씨를 '파리스의 사과'라고 한다. 그 외에도 활쏘기의 명수 '윌리엄 텔의 사과', 만류인력을 발견한 '뉴턴의 사과' 등 서양 문화에 비친 사과의 의미는 여러 가지다.

능금나무는 자르지 않고 그대로 두면 키가 10미터 정도에 이른다. 잎은 타원형으로 어긋나기로 달리며 가장자리에는 잔 톱니가 있다. 꽃은 봄에 분홍색으로 피고 다섯 장의 꽃잎을 가지고 있다. 가을에 노란빛이 도는 열매가 붉게 익으며, 겉에는 하얀 가루가 묻어 있다.

능금과 사과나무는 매우 비슷하여 구분이 어려우나, 능금은 꽃받침의 밑부분이 혹처럼 두드러지고 열매의 기부가 부풀어 있다. 반면 사과는 꽃받침의 밑부분이 커지지 않고 열매의 아랫부분은 밋밋하다. 또 능금은 사과에 비해 신맛이 강하고 물기가 많으며 크기도 작다.

다 익어도 초록색인 다래나무 열매(2004.07.28. 청송 보현산)

다래나무과
학명 : *Actinidia arguta*
영명 : Bower Actinidia, Tara Vine
일본명 : サルナシ猿梨
중국명 : 软枣猕猴桃, 猕猴桃
한자명 : 藤梨, 猕猴桃, 軟棗

다래나무

산에서 흔히 만날 수 있는 야생과일 중에 다래가 있다. 비타민과 각종 미네랄이 풍부한 과일은 지금이야 건강을 지키기 위한 간식일 따름이지만, 옛사람들에게는 우선 배고픔을 달래주는 중요한 먹을거리였다. 길 가던 나그네나 나무꾼이 다래를 만나게 되면 횡재수가 트인 날이다. 자연으로 자란 나무이니 먼저 본 사람이 임자다.

다래나무는 약간 추운 곳을 좋아하는 덩굴나무다. 따뜻한 지역에서는 표고 600미터 이상은 되어야 잘 자란다고 한다. 자람 방식은 높다란 나무를 타고 올라가 사방으로 잎을 펼친다. 덩굴나무치고는 생각보다 굵고 길게 자란다. 창덕궁 안의 천연기념물 251호 다래나무는 덩굴 길이가 무려 20미터가 넘는다. 줄기의 굵은 부분은 줄기둘레가 72센티미터, 지름이 거의 한 뼘이나 되니 다래나무치고는 어마어마한 굵기다. 다래나무 줄기는 튼튼하고 잘 썩지 않아 생활도구로 만들어 사용했으며, 심지어 계곡 사이의 구름다리를 만들기도 했다. 또 수액이동이 왕성할 때는 줄기에 구멍을 뚫어 많은 양의 수액을 채취하여 마실 수도 있다.

여름날 타원형의 손바닥만 한 잎 사이에 매화를 닮은 우윳빛 꽃을 피우고, 이어서 과일이 열린다. 암수가 다른 나무라 숲속에서는 실망스럽게도 열매 없는 다래나무를 흔히 만나게 된다. 초가을쯤

과일이 열리는 나무

에는 손가락 마디만 한 자그마한 과일이 익는다. 다 익어도 여전히 초록색이며 갈색빛이 약간 드는 정도다.

새에게 먹혀서 씨앗을 퍼뜨리는 나무들이 대부분 빨갛거나 검은 열매를 가지고 있는 것과 달리, 다래는 포유동물에게 부탁하려고 색깔이 아닌 맛에 승부를 걸었다. 그래서 다래는 수분이 많은 장과[8]이며 달콤하다. 약간의 새콤한 맛이 섞여 있으며 작은 씨앗들이 혀끝에 걸리는 감칠맛으로 동물들을 유혹한다. 중국 이름은 원숭이 복숭아란 뜻의 '미후도(獼猴桃)'이고, 일본 이름은 '원숭이 배'란 뜻이다. 숲속에 원숭이가 뛰어다니는 중국과 일본에서 다래는 우선 원숭이 몫이었던 모양이다.

《성호사설》〈인사문〉'조선방음(朝鮮方音)'에 따르면 양웅이 쓴《방언(方言)》[9]에 "중국의 미후도가 조선에서는 '달애(怛艾)'라고 표기했다"라는 내용이 기록되어 있다. 이는 '슬픈 쑥'이란 뜻인데, 다래의 특성을 보고 붙인 이름이 아니라 이두표기로 보이며, 달애는 변하여 지금의 '다래'가 되었다. 다래는 완전히 익어야 하고, 오히려 숙기가 조금 지난 과일이 더 맛있다. 날로 먹기도 하며 과일주로도 널리 이용된다. 물론 발효주가 아니라 추출주이다 보니 적당한 시간이 지나면 다래는 건져내야 한다. 또 꿀에 넣고 조린 다래정과(正果)는 우리의 전통과자로서 지체 높은 옛 어른들의 간식거리였다. 《동의보감》에는 "심한 갈증과 가슴이 답답하고 열이 나는 것을 멎게 하며, 요 결석을 치료한다. 또 장을 튼튼하게 하고 열기에 막힌 증상과 토하는 것을 치료한다"라고 했다.

《계곡선생문집(谿谷先生文集)》[10]에 보면 "나무시렁에 덩굴 올린 지

가까이서 본 다래나무 꽃(2009.06.10. 노고단. ⓒ황영목)

몇 년도 안 된 사이/벌써 푸른 다래 주렁주렁 달렸네요/혀끝에 감도는 차고도 달콤한 맛 병든 폐 소생할 듯/신선에게 구태여 반도(蟠桃) 구할 필요가 없네요"리는 내용의 시가 나온다. 다래는 이렇게 뜰 안에 한두 그루 심어 놓으면 꽃이 필 때는 꿀 향기가 그득하고, 여름에는 시원한 그늘을 즐길 수 있으며, 열매는 식용하고, 약으로도 이용할 수 있는 일석삼조의 전통 야생과일이다.

다래나무 종류에는 이외에도 개다래와 쥐다래가 있다. 둘 다 다래나무와는 달리 잎이 마치 백반병(白斑病)이 든 것처럼 흰 잎이 띄엄띄엄 섞여 있고 약용으로만 쓰인다. 이 중에서 개다래의 열매는 끝이 뾰족한 것이 쥐다래와의 차이점이다.

갈색 털북숭이 키위 열매가 익어 가고 있다(2004.09.03. 장수)

다래나무과

학명：*Actinidia chinensis*
영명：Kiwi Fruit, Chinese Gooseberry
일본명：キウイ
중국명：獼猴桃

키위

과일이 열리는 나무

19세기 중엽 '아편전쟁'과 '태평천국의 난' 등으로 거대한 봉건제국이었던 청나라는 밀려오는 서양문물을 감당하지 못하고 멸망의 길로 들어서고 있었다. 수많은 외국인들이 중국 땅에 들어오기 시작했고, 남경을 비롯한 양쯔강 유역에는 서양인들이 많이 살았다.

이들은 넓은 터에 정원 가꾸기를 즐겨 하여 여러 가지 중국 식물들로 정원을 채웠다. 이때 그들의 눈에 띈 덩굴나무가 바로 키위다. 덩굴을 올려 그늘을 만들고 때로는 담장을 덮는 재료로 키위는 제격이었다.

정원에 심으면서 그들이 처음 붙인 이름은 '차이니스 구스베리(chinese gooseberry)'로 아마도 이들은 갈색 털북숭이 열매를 거위나 먹는 과일쯤으로 생각한 것인지도 모르겠다. 톡 쏘는 맛이 너무 자극적이라 열매를 먹을 생각은 아예 하지도 않았다. 단순히 그늘을 만들어주는 덩굴나무 정도로 이용했을 따름이다.

이렇게 서양인들과 차츰 친해진 키위는 1910년경부터 고향으로 되돌아가는 이삿짐에 얹혀 뉴질랜드 북섬과 미국의 캘리포니아 등으로 옮겨가게 되었다. 그러나 여전히 그들이 중국에서 보아온 대로 그늘을 만드는 나무나 담장을 장식하는 쓰임일 뿐이었다.

1930년경에 뉴질랜드 원예가들은 이 열매를 식용으로 바꾸기 위한 개량을 하기 시작했다. 먹을 때 입속에 남는 깨알 같은 씨앗의 씹힘과 신맛이 들어간 단맛의 그 미묘함과 더불어 에메랄드빛을 띤 과육도 고급스러워 과일로서 차츰 사람들의 관심을 끌게 되었다. 1945년 제2차 세계대전이 끝나면서 뉴질랜드는 세계시장을 겨냥하여 북섬에 키위나무를 대량으로 심었다. 과일이 인기를 끌면서 점차 미국 캘리포니아까지 재배가 확대되었지만, 뉴질랜드가 여전히 생산 1위를 점하고 있었다.

새로운 과일로 알려지면서 차이니스 구스베리라는 처음 이름은 아무래도 소비자들에게 좋은 인상을 줄 수 없다고 판단했다. 그래서 열매의 모양이 뉴질랜드를 대표하는 키위 새와 닮았다는 것에 착안하여 '키위프루트(kiwi fruit)'라는 새로운 이름을 붙였다.

사실 키위 새와 과일 키위를 연관 지우는 것은 무리가 있으나, 뉴질랜드가 가장 아끼는 국조(國鳥) 키위의 이름에서 따온 것 자체가 이 과일을 얼마만큼 중요하게 생각했는지를 짐작케 하는 대목이다. 물론 이름 바꾸기는 세계인들에게 강한 인상을 심어 주어 대성공을 거두었다. 새 과일 키위(kiwi)는, 1970년대 말쯤 우리나라에 처음 소개되어 널리 심기 시작했다.

키위는 갈잎 덩굴나무로 키가 약 8미터까지 자란다. 오래된 줄기는 적갈색의 얇은 껍질로 덮인다. 어린 가지에 털이 촘촘히 나지만 차츰 없어진다. 잎은 어긋나기로 달리고 손바닥을 펼친 정도의 크기까지 자라며 잎 끝은 둥글거나 오목해진다.

초여름에 하얀 꽃이 피고 열매는 가을에 익는데, 갸름하고 크기는 거의 달걀만 하다. 암수가 다른 나무이므로 대체로 암나무

5~10그루에 수나무 한 그루 정도를 두는 것이 좋다. 과일은 표면에 갈색 털이 촘촘하며, 과육은 말랑말랑하고 색깔은 연초록으로 가운데에 깨알 같은 씨앗이 들어 있다.

과육에는 비타민 C의 보고로 알려진 자몽, 귤, 유자보다 거의 두 배나 많이 들어 있다. 열매 한 개만으로도 성인 한 명이 필요로 하는 비타민의 하루 양이 충분하다고 한다. 향기가 좋아 날것으로 먹기도 하며, 잼이나 아이스크림 등에도 사용한다. 또 단백질을 분해하는 효소가 있어서 고기의 연육제로도 널리 쓰인다.

우리나라에 키위가 들어오면서 붙여진 첫 이름은 '참다래'다. 그러나 이는 적합하지 않은 이름으로 생각된다. 우리나라 산에서 수만 년 동안 자라오던 진짜 다래가 자칫 참이 아닌 가짜로 오인될 소지가 있어서다. 그래서 키위나 양다래로 부르는 것이 옳다.

추석을 앞두고 익어 가는 대추 열매(2009.09.30. 안동)

갈매나무과

학명: *Zizyphus jujuba* var. *inermis*
영명: Jujube, Common jujuba
일본명: ナツメ棗
중국명: 枣树, 酸枣
한자명: 棗木, 大棗, 白棗, 紅棗樹, 白棘

대추나무

계획 없이 주위 사람들에게 돈을 빌려 여기저기 빚이 생기면 "대추나무 연 걸리듯 한다"라는 말을 쓴다. 연날리기는 설날에서 보름 사이의 추운 날에 하는 민속놀이다. 잎이 진 겨울 대추나무는 잔가지가 많고 가시까지 달려 있어서 빚쟁이에게 줄 돈 뭉치처럼 걸핏하면 연이 잘 걸렸던 탓이다.

옛날 우리 시골 마을에는 감나무와 함께 대추나무를 마을의 대표 나무로 널리 심었다. 대추는 식량으로 먹을 수 있고 약으로도 쓸 수 있어서다. 대추는 늦봄에서 초기을에 길지는 짧은 계절 사이에 풋풋한 초록 열매로 출발하여 빨갛게 익는 장년을 거쳐, 가을이 깊어 가면서 온통 주름투성이로 생을 마감한다. 그 모습이 마치 인생의 축소판을 보는 듯하여 보기만 해도 약이 될 것 같다.

대추는 재배 역사가 굉장히 오래된 과일 중 하나다. 중국의 《시경》〈국풍〉 편에 〈개풍(凱風)〉이란 시가 있는데, "따스한 남풍이 / 대추나무 새싹에 불어 / 파릇파릇하니 / 어머님의 노고가 생각나네……"라는 내용이다. 이를 미루어 보아 적어도 2~3천 년 전부터 재배한 과일이었음을 알 수 있다.

우리나라에는 삼국시대 이전에 이미 들어온 것 같으나 아직 문헌이나 실물이 발굴된 예는 없다. 기록으로 처음 만나는 대추는 고려

과일이
열리는
나무

문종 33년(1079)에 송나라에서 보내온 1백 가지의 의약품 중에 '산조인(酸棗仁)'이라 하여 오늘날의 묏대추가 들어 있다. 재배기록은 이보다 1백여 년 뒤인 고려 명종 18년(1188)에 "대추나무 등의 과일나무 심기를 독려했다"라는《고려사》기록에서 찾을 수 있다.

대추는 '대조(大棗)'란 한자 이름에서 왔다. 적자색으로 익으면 그냥 먹어도 당도가 높아 과일로서 제몫을 충분히 한다. 더불어 병을 치료하는 약으로 대추만큼 널리 쓰이는 것도 없다.《동의보감》에 보면 말린 대추, 생대추, 대추씨, 대추나무 잎까지 모두 약재로 쓰인다. "말린 대추는 속을 편안하게 하고 지라에 영양을 주며 오장을 보한다. 의지를 강하게 하고 여러 가지 약을 조화시킨다. 생대추는 쪄서 먹으면 장과 위를 보하고 살이 오르게 하며 기를 돕는다. 생것을 많이 먹으면 배가 불러 오르고 설사를 한다"라고 했다.

대추씨는 3년 묵힌 것을 구워서 복통과 나쁜 기운을 다스리는 것 등에 썼다. 대추나무 잎은 가루를 내어 먹으면 살이 내리고, 즙을 내어 땀띠에 문지르면 효과가 있는 것으로 알려져 있다. 한편 묏대추씨는 속이 답답하여 잠을 못잘 때, 배꼽 아래위가 아픈 것, 피 섞인 설사, 식은땀 등을 낫게 한다. 간의 기운을 보하며 힘줄과 뼈를 튼튼하게 한다.

《고려사》지(志)의 길례대사에서 제사의식을 기록한 것을 보면, "제사상 맨 앞 일렬에는 대추, 소금, 마른 고기, 흰떡을 놓는다"라고 했다. 조선조에 들어서도 종묘에 제사를 지낼 때는 대추가 빠지지 않았고, 과일을 놓는 순서도 조율이시(棗栗梨柹), 혹은 홍동백서(紅東白西)라 하여 항상 대추가 첫 번째였다.

대추나무 꽃(2009.06.18. 대구)

대추나무 목재는 치밀하고 단단하여 방망이나 떡메 등 높은 강도가 요구되는 기구 어디에나 쓸 수 있다. 목재의 색깔은 붉은빛이 강하므로 요사스런 귀신을 쫓는 벽사(辟邪)의 의미를 갖는다. 특히 벽조목(霹棗木)이라 하여 벼락 맞은 대추나무는 부적을 만들거나 도장을 새기면 불행을 막아주고 병마가 범접할 수 없는 상서로운 힘을 갖는다고 믿었다. 《임하필기(林下筆記)》[11]에 보면 점을 칠 때 쓰는 12개의 바둑돌 모양의 영기(靈棋)란 도구는 벼락 맞은 대추나무로 만든다고 했다.

대추나무는 전국에 걸쳐 자라는데, 특히 충북 보은 지방은 예부터 품질 좋은 대추 생산지로 널리 알려져 있으며, 키가 10여 미터까지 자란다. 싹트기가 너무 늦어 때로는 6월이나 되어야 겨우 싹이 보이기 시작한다. 그래도 여름날 열심히 노력하여 열매는 9월이면 벌써 익기 시작한다.

대추나무와 비슷한 종류로 야생에서 자라는 묏대추는 대추나무보다 키가 훨씬 작으며, 흔히 관목상태로 턱잎이 길이 3센티미터 정도의 날카로운 가시로 변해 있다. 열매도 대추보다 작고 짧은 타원형이나 원형에 가깝다.

진안 마이산 천연기념물 386호 청실배가 익어 가고 있다(2009.09.02.)

장미과
학명: *Pyrus pyrifolia*
영명: Sand Pear
일본명: ヤマナシ山梨
중국명: 沙梨
한자명: 山梨
북한명: 산배나무

돌배나무

봄이 무르익어 갈수록 산속의 나무들은 저마다 치열한 눈치작전을 편다. 계획을 잘못 세우면 '썩은 나무'란 이름을 달고 숲속에서 영원히 퇴출되어 버리기 때문이다. 새잎을 내고 꽃을 피우는 시기, 자람의 속도에 이르기까지 하나하나 신경을 써야 한다.

돌배나무는 다른 나무들보다 조금 늦게 새하얀 꽃으로 한 해를 출발한다. 그것도 한두 개의 꽃이 아니라 커다란 나무를 온통 뒤덮을 만큼 수많은 꽃을 피운다. 돌배나무는 잎이 난 뒤에 꽃을 피우는 일반적인 순서를 따르지 않는다. 우선 자손을 퍼뜨리는 일을 최우선 순위에 둔다. 적어도 한 해의 자식농사만큼은 망치지 않겠다는 종족보존의 강한 집념을 그대로 보인다.

과일이 열리는 나무

배꽃은 진분홍 복사꽃, 연분홍 벚꽃과 같은 경쟁나무에서 보이는 것처럼 도발적인 화려함이나 요염함이 느껴지지 않는다. 대신 흰빛이 갖는 고고함에 덧붙여 다소곳하면서도 마치 소복에 숨겨진 청상과부의 어깨선 마냥 배꽃은 애처로움이 배어 있고, 때로는 아쉬움이 묻어 있는 그런 느낌이다. 그래서 과일나무이면서도 꽃으로 뭇사람들의 사랑을 받아온지도 모른다. 조선 명종 때의 부안 기생 매창은 한 번 떠난 후 소식이 끊긴 애인 유희경을 두고 이런 시 한 수를 남긴다.

우리
나무의
세계

〈화조구자도(花鳥狗子圖)〉, 이암, 16C 전중반, 85.6x45.0cm, 호암미술관
달걀모양의 잎과 함께 하얀 꽃이 핀 꾸부정한 고목나무는 돌배나무의 전형적인 모습이다. 나비와 벌이 날며 강아지 세 마리가 한가롭게 놀고 있는 집 근처의 돌배나무를 그린 그림으로 조선 전기의 유명한 화조도이다.

이화우(梨花雨) 흩날릴 제

울며 잡고 이별한 님

추풍낙엽에 저도 날을 생각하는가

천 리에 외로운 꿈만 오락가락하노매

   돌배나무는 산속 어디에서나 만날 수 있다. 자랄 터를 별로 가리지 않아서다. 돌배나무의 조상은 산짐승들이 먹을 수 있는 과육을 만들어 먹이고, 대신에 씨앗은 멀리 옮겨 달라는 유전자 설계를 해두었다. 덕분에 산짐승이 쉬어 간 고갯마루나 물 먹으러 왔다가 잠시 실례한 개울가 등 그들이 지나간 곳이면 어디에서나 터를 잡고 자란다.

   환경 적응력이 높은 탓에 배나무에는 유난히 종류가 많다. 우리가 흔히 먹는 개량종 참배나무 외에 돌배나무, 산돌배나무를 비롯하여 청실배나무, 문배주로 이름이 알려진 문배나무까지 한참을 헤아려 보아야 한다. 여기에다 팥배나무, 콩배나무, 아그배나무 등 사이비 배나무까지 합치면 더욱 혼란스러워진다.

   그러나 산에서 흔히 볼 수 있는 작은 배가 열리는 나무는 대체로 돌배나무 아니면 산돌배나무다. 돌배나무는 주로 중부 이남에서 자라고 꽃받침 잎이 뾰족하며 열매는 다갈색이다. 반면 산돌배나무는 중부 이북에서 주로 자라고 꽃받침 잎이 둥글며 열매는 황색으로 익는다. 그러나 둘의 구별은 알쏭달쏭하기 마련이다. 그냥 쉽게 친숙한 이름인 '돌배나무'라고 불러도 산돌배나무가 크게 문제 삼지 않을 것이다. 남쪽이라고 배나무 종류가 자라는데 지장이 있

하얗게 핀 돌배나무 꽃(2007.04.27. 진안 마이산)

는 것은 아니지만, 본래 고향은 북쪽의 추운 지방이다. 그래서 옛날 배의 명산지는 봉산, 함흥, 안변, 금화, 평양 등 대부분 북한 지방이었다.

산에다 두고 따먹기만 하던 돌배는 멀리 삼한시대부터 집 주위에 한두 포기씩 심으면서 과수로 자리매김을 해나갔다. 자연히 사람들은 돌배나무 중 굵은 열매가 열리고 맛이 좋은 돌배를 골라다 심었고, 시간이 지나면서 청실배, 백운배, 문배, 황실배, 함흥배 등 이름을 날리는 품종이 생겨났다. 특히 청실배는 맛이 좋아 옛사람들도 흔히 키우던 배나무 종류다. 《화암수록》의 〈화목구등품〉에 보면 "배는 품종이 많으나 정선 청리(青梨)의 큰 것은 과일접시 한 그릇에 가득 찬다"라고 했다. 서울 중랑천 넘어 태릉 일대가 아파트단지로 변해버리기 전까지 '먹골배'란 이름으로 우리의 미각을 자극하던 추억의 배도 대부분 청실배였다.

오늘날 개량종이란 이름으로 일본 배, 중국 배, 서양 배가 우리 돌배를 제치고 나라의 배 밭을 모두 점령해버렸다. 옛 맛을 아는 이라면 넘쳐흐르는 과즙과 너무 진한 단맛이 오히려 돌배에 대한 아쉬움을 불러일으킨다.

산속에서 아름드리로 자란 돌배나무는 또 다른 쓰임새가 있다. 속살이 너무 곱고 치밀하여 글자를 새기는 목판(木板) 재료로 그만이다. 멀리 고려 때 팔만대장경을 만드는 장인들의 눈에도 돌배나무는 일찌감치 각인되었다. 돌배나무는 베어져 부처님의 말씀 하나하나를 새길 수 있도록 기꺼이 '육신공양'을 했다. 산벚나무와 함께 팔만대장경 판으로 만들어져 760년이 지난 지금도 민족의 위대한 문자 문화재로 정성스런 보살핌을 받으면서 해인사에 고이 누워 있다.

과일이 열리는 나무

머루 열매와 잎(1999.07.19. 대전 동학사)

포도과

학명 : *Vitis coignetiae*
영명 : Crimson Glory Vine
일본명 : ヤマブトウ 山葡萄
중국명 : 紫葛葡萄, 山葡萄
한자명 : 蘡薁, 山葡萄, 野葡萄

머루

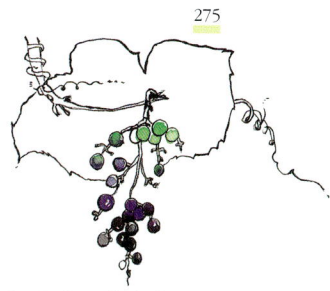

과일이 열리는 나무

아기의 새까만 눈망울을 보고 사람들은 '머루알처럼 까만 눈'이라고 말한다. 북한말에는 아예 '머루눈'이란 단어가 사전에 올라 있다. 머루는 이렇게 작고 동그란 까만 열매가 송골송골 송이를 이루며 열리는 우리 산의 대표적인 야생 과일나무다.

  머루는 포도와 거의 비슷하게 생긴 형제나무이며, 열매의 모습도 거의 같다. 열매의 크기는 머루가 더 작고 신맛이 강하다. 머루송이는 포도송이처럼 알이 고르게 박혀 있는 것이 아니라 중간 중간 이가 빠진 모습으로 흔히 만난다.

  머루알은 처음에는 초록으로 시작하여 보랏빛을 거쳐 완전히 익으면 거의 까맣게 된다. 흰 가루가 살짝 덮여 있기도 하지만, 손으로 문지르면 표면이 반짝거려서 정말 머루눈이란 표현처럼 아기 눈망울을 떠올리게 한다.

  머루는 '영욱(蘡薁)'이란 옛 이름을 갖고 있다. 까마귀의 머루란 뜻이며, 실제로 사람뿐만 아니라 산새들의 먹이가 된다. 입에 넣고 깨물어 보면 새콤달콤한 맛이 난다. 익을수록 단맛이 더하지만, 재배하는 포도 맛보다는 훨씬 떨어진다. 고려 말쯤 더 굵고 맛이 좋은 포도가 들어오면서 머루는 수입 포도에 점점 자리를 내주게 되었다. 양반들은 주변에 포도를 심고 키워서 따먹고, 머루의 이름도 산

〈묵포도도〉, 황집중(전), 16C 후반, 44.4x28.3cm, 서울대박물관
조선시대에는 묵으로 그린 포도 그림이 수없이 많았다. 이 그림은 묵포도(墨葡萄) 그림의 대가인 황집중이 그린 것으로 짐작되며 자세히 보면 포도 알이 꽉 차지 않고 성기며 알이 작은 것으로 보아 포도가 아니라 머루임을 알 수 있다.

포도(山葡萄)로 바뀌어 강원도 아리랑의 가사처럼 '산속의 귀물(貴物)'로 남았다. 머루는 공짜로 마음 놓고 따먹을 수 있는 산사람들의 귀중한 간식거리로서 태곳적부터 사랑을 받아온 백성들의 과일나무였다.

연산군 8년(1502)에 경기 감사에게 "서리가 내린 뒤, 산포도와 다래를 가지와 덩굴이 달린 채로 올려 보내라"고 명한 기록이 있는데, 이는 임금도 여전히 머루를 즐기고 있었다는 증거다. 《동의보감》에 나오는 머루는 "산포도인데, 열매가 잘고 맛이 시며, 이것으로 술을 만들 수 있다"라고 했다.

최근 들어 다시 머루가 뜨기 시작했다. 머루와 포도를 결혼시켜 '머루포도'란 새로운 품종을 만들었기 때문이다. 머루포도는 포도 수확이 끝난 다음에 출하되고, 머루보다 단맛이 강하고 신맛이 줄어들었다. 새콤달콤한 이 맛을 좋아하는 사람들이 많다.

머루는 전국 어디에서나 자라는 나무 덩굴이다. 돼지꼬리처럼 생긴 덩굴손을 뻗어 주위에 있는 다른 나무의 가는 가지를 움켜쥐고 이리저리 뒤엉켜 위로 올라간다. 붙잡힌 나무를 타고 올라가다보면 결국 남의 광합성 공간을 점령하여 피해를 준다. 그래도 다른 나무에 똬리를 틀어가면서까지 올라가 결국에는 어미나무를 죽게 만드는 등나무보다 나은 셈이다.

덩굴은 길이가 10여 미터에 이르고, 지름이 팔뚝 굵기만 한 것을 흔히 만날 수 있다. 잎은 한 장으로 얼굴을 가릴 만큼 크고 하트모양이며, 때로는 윗부분이 3~5개로 얕게 갈라진다. 초여름에 원뿔모양의 꽃차례에 황록색의 잔잔한 꽃들이 피고 나면 바로 열매 열리기 시작한다. 가을에 새끼손톱 크기 남짓한 열매가 장과(漿果)로 익는다. 암수가 다른 나무이므로 열매를 맺지 않은 머루도 흔히 만날 수 있다.

   머루가 포함된 우리나라 포도속(屬) 나무는 식용할 수 있는 머루, 왕머루, 포도가 있고, 사람은 거의 먹지 않는 새머루, 까마귀머루, 개머루가 있다. 우리가 흔히 머루라고 부르는 나무는 머루와 왕머루다. 잎의 뒷면에 적갈색 털이 있는 것이 머루이고, 털이 없으면 왕머루다. 우리가 만나는 대부분은 왕머루이며, 실제로 산에서 이 둘의 구분은 전문가의 몫일 따름이다.

포도나무

초가을의 산들바람이 더위의 기세를 꺾어놓을 즈음, 알알이 이어가는 검푸른 포도에 눈길이 가기 시작한다. 송이 하나에 50~80여 개의 풍성한 포도 알을 담고 새콤달콤한 독특한 맛을 우리에게 선사한다. 지구촌 사람들이 먹는 여러 가지 과일 중에 재배역사가 가장 오래된 과일이 포도다.

중동의 아프가니스탄에서부터 흑해, 카스피 해 연안에 걸쳐 있는 지역이 원산지이며, 포도의 고향은 대체로 기독교의 발상지와 일치한다. 성경에 155회나 등장할 정도로 기독교와 관련이 깊은 대표 식물이다. 평화와 축복, 풍요와 다산의 상징이며, 올리브나무와 함께 기독교가 이어온 역사를 함께한 나무다.《구약성서》〈창세기〉편에는 노아의 홍수가 끝나고 방주에서 나와 농사를 짓기 시작할 때 포도나무를 심었다고 한다. 고고학적인 자료와 이런 기록을 종합해볼 때 기원전 3~4천 년 전부터 포도는 사람들이 재배한 과일나무였다. 포도는 날것을 그대로 먹는 과일이기도 하지만 포도주의 원료로서도 큰 부분을 차지했다. 성경에도 포도주, 건포도, 포도즙 등 포도를 어떻게 애용했는지를 짐작할 수 있는 표현들이 여러 군데 나온다.

서양과일인 포도는 한무제 때 중동지방에 파견되었던 장건이란

과일이 열리는 나무

포도과
학명: *Vitis vinifera*
영명: European Grape
일본명: ブドウ葡萄
중국명: 葡萄, 蒲桃
한자명: 葡萄

특명대사가 귀국하면서 중국으로 가져왔다. 오늘날 이란 일대에서 고대 페르시아어로 'budow'라고 불리던 이 과일은 음역(音譯)하여 포도란 이름을 얻게 되었다. 중국 땅에 널리 퍼져 나간 포도는 삼국시대에 우리나라에 들어온 것으로 추정되지만, 우리의 문헌 기록에 처음 등장한 것은 고려 말이다. 《동국이상국집》과 《목은집》 및 《사가집》에 여러 번 포도를 읊조린 시가 나온다. 정황으로 보아 포도를 널리 심고 가꾸기 시작한 것은 고려 말과 조선 초로 짐작된다.

포도주는 고려 충렬왕 11년(1285)에 원나라의 원제(元帝)가 보내준 것이 처음이다. 이후 우리 손으로 직접 담근 포도주는 선비들이 마시는 고급술이었으며, 《산림경제》에 그 제조법이 나와 있다. "익은 포도를 손으로 비벼 그 즙을 짜서 찹쌀에 밥·흰 누룩과 섞어 빚으면 저절로 술이 되고 맛 또한 훌륭하다. 머루도 된다"라고 했다.

포도는 약으로 쓰기도 했다. 《동의보감》에는 포도를 '蒲萄'라는 다른 글자를 쓰고 '보도'라는 훈을 달았다. "습기로 뼈마디가 쑤시는 병과 임질을 치료하고 오줌이 잘 나오게 한다. 기를 돕고 의지를 강하게 하며, 살이 찌게 하고 건강하게 한다"라고 했으며, 또 포도나무 뿌리는 "달여 마시면 구역질과 딸꾹질이 멎는다. 그리고 임신한 후 태기가 명치를 치밀 때 마시면 곧 내려간다"고 한다.

사람의 손을 거쳐 개량된 포도의 품종은 1만 종이 넘으며, 지금

▲〈백자철화포도문호(白磁鐵畵葡萄文壺)〉, 국보 107호, 조선시대
◀알알이 익어 가는 포도(2003.09.14. 대구)

〈포도도〉, 이계호, 17C, 87x47cm, 이화여대박물관
포도를 소재로 한 옛 그림은 수없이 많다. 황집중, 신사임당 등이 먹으로 그린 〈묵포도도〉가 유명하며, 이 그림은 포도즙을 내어 일부 포도 알을 그렸다고 하는 채색화다.

도 재배하고 있는 품종이 약 1천여 종에 이른다. 유럽포도와 미국포도로 크게 나뉘며 이들을 교잡한 것도 있다. 늦봄에 황록색의 꽃이 피어 가을에 탐스런 송이로 익어 간다. 우리나라에는 유럽포도 종류가 재배되고 있고, 미국포도 피가 섞인 캠벨얼리(Campbell early)가 가장 많다. 익어도 녹색인 청포도 이외에는 대부분 검정보라색으로 익으며, 표면에 하얀 가루가 묻어 있다. 이것은 농약이 아니고 과분(果粉)으로 포도 껍질의 일부분이다. 포도주를 만들 때 발효를 도와주는 효모의 서식처 역할을 한다. 과분이 있기 때문에 포도는 혼자서도 술이 된다.

《해동농서》에 포도 종류는 자(紫)포도, 청포도 및 흑포도, 마유(馬乳)포도, 수정마유(水晶馬乳) 등이 있다고 했다. 이들 모두를 다른 품종으로 보기는 어렵지만 몇몇 종류가 있었던 것은 짐작할 수 있다. 산에 자연적으로 자라는 머루와 포도는 거의 구별이 안 될 만큼 비슷하고 이름도 머루를 산포도라 했다. 옛 기록에는 포도와 머루가 뒤섞인 경우가 흔히 있다.

연노랑 멀꿀 꽃이 조롱조롱 피어 있다(2008.05.14. 천리포)

으름덩굴과

학명 : *Stauntonia hexaphylla*
영명 : Japanese Staunton Vine, Stauntonia Vine
일본명 : ムベ郁子, 野木瓜
중국명 : 牛藤果, 野木瓜
한자명 : 燕覆子

멀꿀

겨울철 남해안이나 제주도를 여행하다 보면 대문 위나 담장에서 초록 잎을 달고 있는 상록넝쿨식물을 볼 수 있다. 바로 '멀꿀'이란 식물로 난대지방에서만 자라는 일종의 과일나무다.

멀꿀은 숲속에서는 계곡부나 경사면의 아래쪽 등 수분이 많은 곳에 둥지를 튼다. 따뜻한 봄날이면 잎겨드랑이에 연노랑 꽃을 조롱조롱 피웠다가 곧 열매를 매단다. 처음에는 새알 크기의 초록색 열매였다가 차츰 커져 가을이 되면 굵은 달걀 크기에 이른다. 가을 햇살에 고추가 붉게 익어 가듯 열매는 붉은 보라색으로 익는다. 얇은 껍질을 벗기면 안에는 약간 투명한 백색의 과육이 들어 있고, 까만 씨앗이 사이사이에 수없이 박혀 있다. 씨앗이 너무 많아 혀끝에 거슬리기는 해도 달콤한 맛이 있어서 옛사람들은 당도가 높은 과일로 귀하게 여겼다.

멀꿀은 온대지방에서 흔히 만날 수 있는 으름과 매우 닮았고, 맛이나 모양새도 비슷하다. 다만 으름은 익으면 가운데가 세로로 벌어지는 반면, 멀꿀은 벌어지지 않으므로 함부로 속살(과육)을 내보이지 않는다.

잎은 타원형으로 두껍고 약간 반질반질하며 작은 잎이 모여서 긴 잎자루 끝에 붙어 있는, 손바닥 모양의 겹잎을 하고 있다. 작은 잎

빨갛게 익은 멀꿀 열매, 익어도 벌어지지 않는다
(2010.11.10. 완도수목원)

의 숫자가 어릴 때는 셋, 좀 자라면 다섯, 다 자라면 일곱 개가 된다고 한다. 그러나 엄밀하게 시기별로 달라지는 것은 아닌 것 같고 대체로 5~7개로 이루어진다.

멀꿀의 옛 이름은 연복자(燕覆子)다. 으름을 연복자로 쓴 경우도 있으나, 옛 문헌을 자세히 찾아보면 멀꿀을 따로 연복자라고 일컬었음을 알 수 있다.

《남환박물(南宦博物)》[12]에 실린 《제주풍토록》[13]에서 연복자에 대해 설명한 부분을 보면, "열매의 크기는 모과와 같고 껍질은 붉은 흑색이다. 이것을 갈라보면 씨는 으름과 같으면서도 약간 다르다. 으름에 비해 씨가 약간 크고 맛은 조금 진하다. 대개 으름 종류이나 으름보다는 조금 크다. 전남 해남 등지에도 있다고 한다. 의약을 잘 아는 사람에게 물어보니 해남에서는 줄기를 채취하여 말린 것을 으름 줄기와 같이 쓰면 효력이 배가 뛰어나다는 것이다"라고 했다.

이익의 《성호사설》에서 인용한 《탐라지》[14]에 보면 "연복자는 목통(木通) 중 특이한 종류로서 열매는 크기가 모과와 같고 맛은 아주 향기롭다. 지금 목통 열매라는 것은 모과에 비하면 동떨어지게 작은데, 《본초도감》에는 작은 모과와 같다고 했다. 생각건대, 이것이 제일 진품이므로 세상에서 쓰는 것은 다만 열품(劣品)일 뿐이다. 남해안의 모든 고을에도 이것이 있다"라고 했다. 이런 옛사람들의 기록을 보면 오늘날 우리가 말하는 멀꿀을 연복자라고 하여 으름을

상록수라 늦가을에도 여전히 푸른 잎을 달고 있다(2009.11.20. 진주)

말하는 목통과 구분하여 썼음을 알 수 있다. 그러나 《동의보감》에는 으름의 열매를 연복자라고 기록하고 있는 것으로 보아 이 둘을 뒤섞어 쓰기도 했다.

　멀꿀은 오늘날 바나나와 대비되는 달콤한 과일로서 옛사람들의 사랑을 받았다. 아울러 으름과 같은 쓰임의 약재로도 널리 알려진 덩굴나무다. 멀꿀의 일본 이름에는 왕에게 올리는 과일이란 뜻이 들어 있다고 한다.

봄날, 하나둘 으름 꽃이 피고 있다(2009.05.12. 청도)

으름덩굴과
학명 : *Akebia quinata*
영명 : Five-leaf Akebia
일본명 : アケビ開け実
중국명 : 木通, 山通草, 五叶木通
한자명 : 木通, 通草, 林下婦人

으름덩굴

과일이 열리는 나무

조선 10대 임금인 연산군은 포악한 군주로 알려져 있는 것과 달리, 역대 임금 중 가장 많은 자작시를 남긴 낭만주의자였다. 연산군 6년(1500)에 금방 딴 으름을 승정원에 내리며 이르기를 "승지들은 함께 맛보고 이것으로 농담시(戲詩)를 지어 바치라"고 했다. 아마도 달콤한 으름 맛이 소태맛이었을 것 같다. 무오사화로 수많은 관리들이 목숨을 잃은 지 2년 남짓, 어찌 감히 임금에게 농담으로 시를 지어 올릴 수 있단 말인가. 답시(答詩)를 어떻게 올렸는지는 찾지 못했지만 승지들은 아마 밤새워 고민했을 것 같다.

어쨌든 임금이 관리들과 나누어 먹을 만큼 맛있는 과일이 으름이다. 갓 열렸을 때는 초록이지만, 가을로 들어서면서 차츰 갈색으로 변한다. 손가락 길이에 소시지처럼 생긴 열매는 익으면 세로로 활짝 갈라진다. 솜사탕처럼 부드러운 하얀 육질을 그대로 드러내는데, 입에 넣으면 살살 녹는다. 굳이 비교하면 바나나 맛에 가깝다.

으름을 두고 사람들은 성적인 상상을 한다. 벌어지지 않은 열매는 발기한 남근을 상징하고, 벌어진 다음에는 여성의 치부를 연상케 한다. '임하부인(林下婦人)'이란 으름의 또 다른 이름은 옛사람들의 보는 눈도 지금의 우리와 별반 다르지 않았음을 말해준다.

으름덩굴은 다른 나무를 감고 올라가면서 자란다. 무엇을 만나든

완전히 익어서 벌어진 열매, 가운데 까만 씨앗이 보인다(2002.09.20. 청송, ⓒ황영목)

지 감고 본다. 한자 이름은 목통(木通), 혹은 통초(通草)라고 하는데, 거기엔 이유가 있다. 《본초도감》에는 "줄기에 가는 구멍이 있어서 양쪽 끝이 다 통한다. 한쪽 끝을 입에 물고 불었을 때 공기가 저쪽으로 나가는 것이 좋다"라고 했다. 이처럼 덩굴나무의 오래된 줄기는 가운데 있는 골속이 없어져 구멍이 생기는 수가 있기 때문이다.

으름덩굴은 다섯 개의 달걀모양 잎이 모여 손바닥을 펼친 것 같은 겹잎을 만든다. 흔히 볼 수 없는 특별한 모양새다. 으름덩굴은 암수 한 그루지만 암꽃과 수꽃이 따로 핀다. 보랏빛 꽃잎은 세 장인데, 수꽃은 가운데에 여섯 개의 수술이 잘라 논 밀감 모양으로, 암꽃은 가운데가 바나나처럼 6~9개의 암술이 방사상으로 붙어 있다. 암꽃 꼭지에는 달콤한 점착성의 액체가 붙어 있어서 꽃가루가 여기에 놓이면 수정이 된다. 그러나 암꽃과 수꽃이 따로 피면서도 꿀을 가지고 있지 않아서 어떻게 수정이 되는지는 명확히 밝혀지

가까이서 본 **으름의 암꽃과 수꽃**(2005.05.15. 영주)

지 않았다. 등산로를 걷다보면 으름 중에 열매가 없는 석녀를 의외로 자주 만나게 된다. 아마 수정과정이 복잡한 탓으로 짐작된다.

　으름덩굴은 약재로도 널리 쓰였다. 《동의보감》에는 으름 줄기를 통초(通草, 으흐름너출)라 하여 "다섯 가지 임질을 낫게 하고 오줌을 잘 나오게 하며 급체로 인사불성된 것을 풀어준다. 몸이 붓는 것을 낫게 하며 몸살을 멎게 하고 구규(九竅)를 잘 통하게 한다. 말소리를 잘 나오게 하고 과로나 과음으로 늘 자려고만 하는 것을 낫게 한다"고 했다. 또한 열매는 "위열(胃熱)과 음식을 먹고 토하는 것을 낫게 한다. 대소변을 잘 나가게 하며, 속을 시원하게 하고 갈증을 멎게 한다"라고 했다. 또 뿌리는 "목 아래의 혹을 치료하는 데 쓴다"라고 했다.

　속(屬)이름 '*Akebia*'는 일본 이름인 '아케비'에서 따왔다. 으름 열매가 벌어진 모습을 보고 처음에는 아케미(開實)로 부르다가 점차 아케비로 변형됐다고 한다.

노랗게 잘 익은 모과(2009.10.06. 창원)

장미과
학명 : *Chaenomeles sinensis*
영명 : Chinese Quince
일본명 : カリン花梨
중국명 : 木瓜, 木梨
한자명 : 木瓜, 花梨木, 華榴木

모과나무

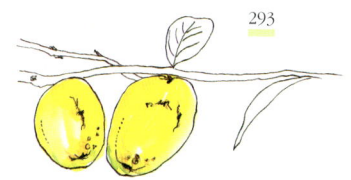

가을이 짙어 가면 모과는 모양새뿐만 아니라 향으로 우리에게 다가온다. 대체로 서리가 내리고 푸른 잎이 가지에서 떨어져 나갈 즈음의 모과가 향이 가장 좋다. 완전히 노랗게 익기 전에 연초록빛일 때 따다가 익혀가면서 두고두고 향을 음미할 수도 있다. 자동차 안이나 거실에 두세 개 정도만 두어도 문을 열 때마다 조금씩 퍼져 나오는 향이 매력 포인트다. 또 모과는 커다란 서재가 아니더라도 책과 함께하는 공간이라면 다른 어느 곳보다 잘 어울린다. 은은하고 그윽한 향은 마음을 가다듬고 조용히 책장을 넘겨볼 여유를 주고 심신을 편안하게 해주기 때문이다.

 모과 향은 적당히 강하고 달콤하며 때로는 상큼하기까지 하다. 사실 우리는 향수라는 인공 향에 너무 익숙하여 모과 향의 은은한 매력을 잘 알지 못한다. 가을이 가기 전에 모과를 코끝에 살짝 대고 향을 맡을 수 있는 작은 여유를 가졌으면 좋겠다.

 흔히 모과는 못난이의 대명사다. 찬찬히 뜯어보면 울퉁불퉁한 진짜 못난이는 그리 많지 않다. 요즈음의 모과는 오히려 매끈매끈한 연노랑 피부가 매력 만점인 '미인 모과'가 대부분이다. 혹시 너나 할 것 없이 유행병처럼 번지는 성형수술을 모과도 받은 것은 아닌지 의심이 들 정도다. 대체로 집 안이나 공공기관의 정원에 심어

비료도 주고 병충해도 막아주는 호강을 받다 보니 주름이 펴진 것 같다. 모과란 이름은 '나무에 달린 참외'라는 뜻의 목과(木瓜)가 변한 것이다. 잘 익은 열매는 크기와 모양에서부터 색깔까지 참외를 쏙 빼닮았기 때문이다.

모과는 향으로만 우리와 가까운 것은 아니다. 사포닌, 비타민 C, 사과산, 구연산 등이 풍부하여 약재로도 쓰이며, 모과차나 모과주로도 애용된다.《동의보감》에는 "갑자기 토하고 설사를 하면서 배가 아픈 위장병에 좋으며, 소화를 잘 시키고 설사 뒤에 오는 갈증을 멎게 한다. 또 힘줄과 뼈를 튼튼하게 하고 다리와 무릎에 힘이 빠지는 것을 낫게 한다"라고 했다. 민간에서는 모과를 차로 끓여서 감기 기운이 있고 기침이 날 때, 기관지염, 체하거나 설사가 날 때 보조 치료제로 쓴다. 모과차는 잘 익은 모과를 얇게 썰어 꿀에 재어두었다가 두세 쪽씩 꺼내어 끓는 물에 타서 마신다. 중국 사람들이 말하

진분홍 모과 꽃(2008.04.21. 삼척)

길, 살구는 한 가지 이익이 있고, 배는 두 가지 이익이 있지만, 모과는 100가지 이익이 있다고 했다.

　모과는 이렇게 우리에게 친숙한 과일이지만 그냥 날로 먹을 수는 없다. 시큼하고 떫은맛까지 있어서 먹음직하게 생긴 모양 값을 못한다. 맛이 없다고 탓하는 것은 사람들의 생각이고, 여기에는 다 그만한 이유가 있다. 사과, 배, 복숭아 등 대부분의 과일은 맛있는 과육으로 속에 씨를 숨겨놓고 동물들에게 '제발 날 좀 잡아먹으라'고 유혹한다. 동물들이 다 먹고 난 뒤에 소화되지 않은 씨앗을 배설해 배설물 속에 섞인 풍부한 영양분으로 가능한 한 더 멀리 자손을 퍼뜨리겠다는 전략이다.

　하지만 모과는 자신의 금쪽같은 자식을 더러운 동물들의 배설물 속에서 키울 생각이 없다. 꼭 멀리 시집을 보내지 않아도 좋다는 생각이다. 어미나무 근처에 떨어진 모과는 겨울을 지나고 봄이 오면서 두꺼운 육질은 완전히 썩어버린다. 속에 들어 있던 씨앗들은 엄마가 챙겨준 풍부한 영양분에다 비타민, 광물질까지 필수영양소를 바탕으로 새로운 삶을 힘차게 시작하는 것이다.

　중국이 고향인 모과는 오래된 과일나무다. 《시경》〈위풍(衛風)〉편에 실린 '모과'는 "나에게 모과를 보내주었으니 아름다운 패옥으로 보답코자 하나니……"로 시작한다. 친구나 애인 사이에 사랑의 증표로 모과를 주고받았다는 뜻이다. 2~3천 년 전에도 모과는 이렇게 귀한 물건이었다.

　우리나라에는 《동국이상국집》에 모과가 실린 것으로 보아 벌써 고려 말 이전에 들어온 것 같다. 천년 가까이 이 땅에 살아오면서

경남기념물 77호 마산 의림사 모과나무 고목(2007.10.12.)

이제는 고향땅을 잊어버리고 우리의 다정한 이웃이 되었다. 모과는 약재에서부터 모과차와 모과주까지, 사람들이 베풀어준 것 이상으로 보답을 해주고 있다.

모과나무의 일본 이름은 화리(花梨)인데, 열대지방에서 나는 콩과의 '버마화리(Burmese Rosewood, 학명 *Pterocarpus indicus*)'도 같은 이름을 사용한다. 둘은 전혀 다른 나무이며, 열대지방에서 나는 버마화리는 화류(樺榴)라고도 했다. 버마화리는 타이, 미얀마에서부터 필리핀에 걸쳐 자라며, 나무 속살이 홍갈색으로 아름답고 장미향이 있어서 예부터 자단과 함께 고급가구재로 쓰이던 나무다. 우리의 고전소설에 흔히 등장하는 고급가구의 대표격인 화초장은 모과나무가 아니라 버마화리로 만들었다. 너무 비싸 심지어 저울로 달아서 거래를 했다고 한다. 모과나무로 가구를 못 만들 것은 없지만 특별히 아름다운 속살을 가진 나무는 아니다.

무화과나무

보리수가 부처님과 관련된 나무이듯이 무화과나무는 예수님과 관련된 나무다. 성경에는 "여자가 그 나무를 쳐다보니 과연 먹음직하고 탐스러울뿐더러 사람을 영리하게 해줄 것 같아서 그 열매를 자기도 따먹고 아담에게도 주었다. 그러나 두 사람은 그들의 눈이 밝아져 자기들이 벌거벗고 있다는 것을 알고 무화과나무 잎을 엮어 치마를 하였더라"는 창세기의 구절이 언급되었다. 성경에 나온 나무를 조사한 결과 60여 회나 무화과나무를 찾을 수 있다고 한다. 코란 95장에도 "자비로우시고 자애로우신 알라의 이름으로 무화과나무, 감람나무, 시나이산, 메카에 걸어서 인간을 가장 아름다운 모습으로 창조했다"라고 했다.

무화과(無花果)는 '꽃이 없는 열매'라는 뜻이다. 그래서 흔히 사람들은 정말 꽃이 없이 열매가 열리는 것으로 안다. 그렇다면 정말 무화과는 꽃 없이도 열매를 맺을 수 있을까? 천만의 말씀이다. 하늘을 봐야 별을 딴다는 만고의 진리는 여기에도 적용된다.

무화과는 꽃이 필 때 꽃받침과 꽃자루가 길쭉한 주머니처럼 굵어지면서 수많은 작은 꽃들이 주머니 속으로 들어가 버리고 맨 윗부분만 조금 열려 있다. 꽃받침이 변형된 주머니 안에 꽃이 갇혀 있어서 꽃가루가 바람에 날릴 수도 없고, 벌이나 나비를 불러들일 수도

과일이 열리는 나무

푸른 잎 사이에 무화과 열매가 익어 가고 있다(2004.08.21. 경북대)

뽕나무과
학명:*Ficus carica*
영명:Fig, Common Fig
일본명:イチジク無花果
중국명:无花果
한자명:無花果, 仙桃, 靑桃, 密果

없다.

자연은 참 신비롭다. 무화과나무는 번식을 위해 주머니 안으로 무화과좀벌이란 전용 곤충을 불러들인다. 영양분을 먹으며 자란 좀벌의 암컷들은 열매가 익으면 세상 밖으로 나온다. 종족보존만이 지상최대의 과제인 수컷들은 오직 짝짓기를 위해 생식기만 특히 발달되어 있으며, 무화과 열매 안에서 밖으로 나가지 않는다. 반면 밖으로 나온 암컷들은 이리저리 무화과나무를 옮겨 다니며 여러 수컷들과 짝짓기를 하고 알을 낳는다. 이 과정에서 꽃가루를 옮겨 무화과나무의 수정을 돕는다. 그러나 주머니 속에서는 사랑의 행위가 자기네들끼리만 은밀하게 이루어지므로 사람들은 낌새도 못 챈다.

수정이 되고 나면 깨알 같은 씨가 과육 속에 생긴다. 주머니 꼭대기에 작은 구멍이 있기는 하나 너무 작아서 안을 들여다볼 수 없다. 그래서 꽃이 피는 것을 보지도 못했는데, 어느 날 열매가 익기 때문에 그만 꽃이 없는 과일로 알려지고 만 것이다.

무화과가 언제 우리나라에 들어왔는지는 명확하지 않다. 최초의 문헌 기록은 고려 말 문신인 이색이 지은 《목은집》에 "어딘가에서 무화과나무 꽃이 피기만을 기다리면서 공연히 가지를 꺾으려고 치달리지 말 일이다"라는 구절이다. 또 《동의보감》에 보면 무화과는 "꽃이 없이 열매가 열리는데, 그 빛이 푸른 자두 같으면서 좀 길쭉하다. 맛이 달고 음식을 잘 먹게 하며 설사를 멎게 한다"라고 했다. 중국에 들어온 시기가 13세기 정도라고 알려져 있으며, 우리나라에도 곧이어 들어온 것으로 짐작된다.

과일이 열리는 나무

꽃받침과 꽃자루가 변형되어 주머니처럼 생기고 꽃은 그 안에 들어 있다(2000.08.14.)

무화과나무는 지중해 연안이 고향이고, 이란과 이라크를 비롯한 중동지방에서 예부터 재배했다. 우리나라는 남해안의 따뜻한 지방에서부터 충청도까지 자랄 수 있다.

무화과나무는 키가 3~4미터밖에 안 되는 키 작은 갈잎의 과일나무다. 나무껍질은 연한 잿빛으로 오래되면 회갈색으로 변하고 많은 가지가 나온다. 잎은 두 손을 펴서 합친 만큼이나 크고 넓다. 어긋나기로 달리고 3~5개로 깊게 갈라진다. 잎을 비롯하여 열매와 줄기 등에 상처를 내면 유액(乳液)이란 하얀 물질이 나온다. 알칼로이드 등이 포함되어 살충효과가 있으므로 재래식 화장실에 구더기가 생기면 잎을 깔아 방제하기도 했다. 열매는 8~9월에 흑자색으로 익는다. 1년에 두 번 열리기도 하는데, 가을에 다시 열리는 열매는 크기도 작고 맛도 덜하다.

전남 남서 해안에서는 열매를 날로 먹거나 잼으로 만들기 위해 많이 재배하고 있다. 열매는 작은 달걀 크기이나 요즈음에는 개량종이 많아 거의 주먹만 한 것이 시장에 나온다. 달콤하며 아삭아삭 씹히는 씨앗이 무화과의 매력 포인트다. 그러나 보관성이 거의 없어서 유통에 한계가 있다.

천선과나무

천선과나무는 남해안 바닷가에서부터 제주도까지 여러 섬에서 흔히 만날 수 있다. 눈에 금방 띄는 특징은 열매다. 무화과보다 훨씬 작고, 동그란 모양이 약간 다르기는 해도 가까운 친척임을 금방 눈치 챌 수 있다. 우리 땅에서 오래전부터 자라던 토종 무화과가 바로 천선과나무다.

천선과(天仙果)란 중국 사람들이 처음 붙인 이름으로 '하늘의 신선이 먹는 과일'이란 뜻이다. 구슬만 한 크기의 말랑말랑한 열매는 진한 보랏빛이 돈다. 젖먹이 애기를 둔 엄마의 젖꼭지와 모양이나

과일이 열리는 나무

까맣게 익은 천선과나무 열매와 잎(2007.08.28. 완도 소안도)

봄날, 잎이 피면서 꽃이 들어 있는 천선과 주머니도 함께 자라기 시작한다(2009.04.11. 통영 우도)

뽕나무과
학명 : *Ficus erecta*
영명 : Japanese Fig
일본명 : イヌビワ犬枇杷
중국명 : 天仙果, 牛奶根
한자명 : 天仙果, 野枇杷, 牛乳甫

색깔이 아주 흡사하여 전남 일부 지방에서는 아예 '젖꼭지나무'라고 부른다.

'신선이 먹는 과일이니 얼마나 맛있겠는가' 하고 생각했다가 정작 맛을 보고는 크게 실망한다. 무화과와 같이 육질이 부드럽고 작은 씨앗이 씹히는 맛은 있으나 단맛이 훨씬 떨어진다. 설탕 맛에 찌들어버린 요즈음의 우리 혀끝에 천선과의 맛은 두 번 다시 먹고 싶지 않을 만큼 별로다. 아무리 먹을거리가 부족하던 옛날이라고 해도 무슨 맛으로 선조들은 이런 싱거운 과일을 먹었는지 의아할 따름이다.

어쨌든 천선과는 무화과나무가 우리나라에 들어오기 전까지 지체 높은 분들이 과일로 먹었던 것 같다. 창원시 동읍 다호리 일대(사적 제327호)의 초기 가야시대 고분에서 천선과로 추정되는 씨앗이 나왔다. 영겁의 세계로 떠나는 길에도 함께 가져가라고 넣어 둘 정도라면 평소에 천선과를 즐겼음이 틀림없다.

천선과나무 잎은 아이 손바닥만 한 긴 타원형으로 좀 두껍고 반질거리는 갈잎나무다. 키가 2~6미터 정도이고, 굵은 것은 지름이 30센티미터에 이르기도 하며, 껍질은 회백색이나 멀리서 보면 거의 하얗다. 암수가 다른 나무인데, 늦봄에 잎겨드랑이에서 하나씩 튼튼한 꽃대가 올라와 꽃봉오리가 위를 향해 달린다. 그러나 아무리 기다려도 꽃봉오리가 열리는 날은 결코 오지 않는다. 꽃받침과 꽃잎이 변형되어 주머니를 만들고, 실제 꽃은 이 속에 숨어서 피기 때문에 꽃봉오리가 열릴 필요가 없다. 꽃봉오리 윗부분에는 눈에 거의 보이지 않는 출입구가 있고, 이곳을 통해 안으로 들어간 길이

1.5밀리미터 전후의 작은 좀벌에 의해 수정이 되고 씨앗을 맺는다. 이는 무화과와 마찬가지다. 늦가을에 씨앗이 여물고 열매가 익으면 한 해가 끝난다.

나무에 상처를 내면 유액(乳液)이라는 하얀 액체를 분비한다. 이 때문에 우유보(牛乳甫)란 이름도 있는데, 하얀 우유가 조금씩 나온다는 뜻이다. 유액은 상처 치료 등 항균작용을 한다고 알려져 있다. 비슷한 나무로 덩굴뻗기를 하는 모람이 있다. 자라는 곳이 천선과나무와 같으며, 열매의 모양도 비슷하고 역시 먹을 수 있다.

밤나무

밤은 나무에 열리는 열매 중에 식량으로 대신할 수 있을 만큼 영양분이 풍부하다. 탄수화물이 30~50퍼센트에 이르며 지방, 당분, 식이섬유소, 회분 등 사람에게 필요한 영양분이 골고루 들어 있으니 어떤 식품에도 뒤지지 않는다. 한마디로 밤을 밥처럼 먹고 살 수 있다는 이야기다. 열대지방에서는 빵나무(학명 Artrocarpus incisa)라는 뽕나무과 식물의 나무 열매를 식용하는데, 감자와 맛이 비슷하며 얇게 썰어 불에 굽거나 익혀서 먹는다. 그러나 온대지방에서는 밤보다 더 좋은 대용식량은 없다.

밤나무는 10여 종류가 있으며, 북반구에서만 자라고 남부 유럽 및 미국에도 있다. 동양에서는 우리나라와 중국, 그리고 일본이 밤 생산의 대부분을 차지한다. 특히 우리나라 밤은 아주 옛날부터 굵기로 유명했다. 중국 밤과 일본 밤은 우리나라 밤보다 조금 더 달지만 크기는 훨씬 작다.

밤나무와 관련된 옛 기록을 살펴보면,《삼국지》위지 동이전 마한조에 "마한의 금수초목은 중국과 비슷하지만 굵은 밤이 나고 크기가 배만 하다"라는 내용이 나온다.《고려도경》에도 "과실 중에 크기가 복숭아만 한 밤이 있으며 맛이 달고 좋다"라는 기록이 나온다. 그 외에《후한서》와《수서》등 여러 문헌에도 비슷한 기록이 있

밤송이가 고슴도치 가시로 무장을 하고 가을과 함께 익어 간다(2008.09.12. 익산)

참나무과
학명: *Castanea crenata*
영명: Japanese Chestnut
일본명: クリ栗
중국명: 日本栗
한자명: 栗木

다. 우리 문헌에도 허균의 《도문대작》에 "밀양에서 나는 밤이 크고 맛이 가장 좋으며, 지리산에서도 주먹만 한 큰 밤이 난다"라는 내용이 나온다. 이렇게 우리나라 밤은 예부터 굵기로 널리 이름이 나 있었다.

멀리는 낙랑고분과 가야고분에서도 밤이 출토된 바 있다. 선조들은 예부터 생산량이 많은 우리의 굵은 밤 심기를 장려하여 흉년에 도토리와 함께 대용식으로 귀중하게 활용했다. 《삼국유사》에 나오는 원효의 탄생설화에는 '사라율(娑羅栗)'이라는 밤나무 품종 이야기가 있으며, 《고려사》에도 예종과 인종 때 밤나무 재배를 독려했다는 기록이 나온다. 조선왕조에 들어와서는 더욱 밤나무 키우기를 장려하였으며, 여기에는 식량자원으로서의 중요성은 물론 유교이념에 따른 조상숭배 사상이 크게 영향을 미쳤다.

밤은 제사 때 올리는 과일 중 대추 다음이었을 정도로 제물(祭物)로 중히 여겼다. 이유는 밤송이 안에 보통 밤알이 세 개씩 들어 있는데, 후손들이 영의정, 좌의정, 우의정으로 대표되는 3정승을 한 집안에서 나란히 배출시키라는 의미가 담겨 있다는 것이다. 또 다른 해석은 밤이 싹틀 때 껍질은 땅속에 남겨두고 싹만 올라오는데, 껍질은 땅속에서 오랫동안 썩지 않고 그대로 붙어 있다. 이런 밤의 특성 때문에 자기를 낳아 준 부모의 은덕을 잊지 않는 나무로 보았다.

밤나무 목재도 조상을 모시는 제사용품으로 널리 쓰였다. 단단하고 잘 썩지 않으며 주위에서 쉽게 구할 수 있다는 장점도 있으나, 역시 조상숭배의 상징성 때문이다. 나라의 제사 관련 업무를 관장

나이 600년 된 평창 운교리 천연기념물 498호 밤나무에도 연한 잿빛 꽃이 활짝 피었다(2009.06.28.)

하던 봉상시(奉常寺)에서는 신주를 반드시 밤나무로 만들었고, 민간에서도 위패(位牌)와 제상(祭床) 등 제사 기구의 재료는 대부분 밤나무였다. 밤나무의 수요가 많아지자 밤나무 벌채를 금지하는 율목봉산(栗木封山)까지 두기도 했다.

밤나무는 평안남도와 함경남도 이남에서 자라는 큰 나무다. 강원도 평창 방림면 운교리에서 자라는 천연기념물 498호인 밤나무는 뿌리목 둘레 640센티미터, 키 14미터에 이르는 거목이며 나이는 600여 년으로 추정된다.

밤나무 잎은 긴 타원형이고 가장자리의 톱니 끝이 짧은 바늘처럼 생겼다. 여름의 발걸음이 차츰 빨라지는 6월 중순쯤 잿빛 가발을 쓴 것 같은 밤꽃이 핀다. 꽃이 한창 피어 있을 때 코끝을 스치는 꽃냄새가 특별하다. 서거정의 《사가집》에는 밤나무 숲을 노래하면서

노랗게 물든 영월 법흥사의 굵은 밤나무는 단풍나무의 아름다움에 뒤지지 않는다(2008.10.17.)

"밤꽃이 눈처럼 피었고 향기가 진동하네"라고 했다. 그러나 밤꽃은 결코 향기롭지 않다. 다른 꽃들과는 달리 약간 쉰 냄새에 시큼하기까지 하다. 남자의 정액냄새와 같다고 한다.

　우리나라에는 밤나무 외에 약밤나무가 자란다. 약밤은 알이 훨씬 작고, 딱딱한 겉껍질을 벗기면 속껍질도 거의 한꺼번에 벗겨진다. 반면에 밤은 속껍질이 잘 벗겨지지 않는다는 것이 다른 점이다. 현재 우리가 먹는 밤은 대부분 일본에서 만든 개량 밤나무이며, 재래종 밤나무는 동고병, 밤나무 혹벌 등의 피해를 받아 거의 없어졌다. 길거리에서 파는 알이 작은 밤은 주로 중국 수입 밤이다.

보리장나무는 덩굴처럼 가지 뻗음을 하고 많은 잎이 나와 언제나 무성하다(2009.09.29. 진주)

보리수나무과
학명 : *Elaeagnus glabra*
영명 : Glabra Oleaster
일본명 : ツルグミ 蔓茱萸
중국명 : 蔓胡頹子
한자명 : 甫里樹, 羊奶子, 羊母奶子

보리장나무

보리장나무는 서남 해안에서부터 제주도에 걸쳐 자라는 늘푸른 덩굴성 나무다. 그러나 가지를 길게 뻗어 다른 나무에 걸쳐 자랄 뿐, 특별히 빨판을 붙이거나 감지는 않는다.

흔히 볼 수 있는 보리장나무는 그렇게 굵지 않으나 난대림 숲속에서 오래 자란 나무는 발목 굵기에 길이가 10미터를 훨씬 넘어 큰 덩굴 모양을 이루는 경우도 있다.

보리장나무 이외에 보리밥나무, 녹보리똥나무, 큰보리장나무, 왕볼레나무 등 이름도 생김새도 비슷한 종류들이 여럿 있다. 학자들 사이에 종(種)의 분류에 대한 논란이 있는 종류도 있어서 더더욱 헷갈린다.

이들의 공통적인 특징은 독특한 잎 모양이다. 타원형의 잎은 두껍고 표면에 광택이 있으며, 잎 뒷면에는 비늘모양의 극히 짧은 털이 촘촘히 있어서 은박지나 호일을 붙여 둔 것처럼 약간 번쩍인다. 이것은 다른 나무에서는 볼 수 없는 독특한 잎의 특징이며, 보리장나무 종류마다 이 색깔이 다른 경우가 많다.

꽃은 대체로 늦가을에서부터 초겨울에 걸쳐 잎겨드랑이에 2~7개씩 피고, 열매는 다음해 늦봄에 붉게 익는다. 새끼손가락 첫마디만 하고 앵두처럼 생겼으며, 표면에는 작은 점들이 무수히 찍혀 있다.

이 점들은 잎이나 어린 가지에서도 흔히 볼 수 있다. 마치 덕지덕지 붙은 파리똥을 연상케 하는데, 이는 '보리'란 나무 이름과 관련이 있다. 남부지방에서는 파리를 '포리'라 하므로 포리나무가 변하여 보리밥나무, 보리똥나무, 보리장나무 등 여러 가지 '보리나무'가 생긴 것으로 짐작된다.

보리장나무 종류의 열매는 단맛을 기본으로 떫고 조금 신맛이 난다. 《조선왕조실록》에는 연산군 6년(1500)에 전라 감사에게 "보리수(甫里樹) 열매는 익은 다음에 올려 보내라"고 했다는 기록이 나온다. 이때의 보리수가 바로 보리장나무 종류로 짐작되며, 임금이 먹을 만큼 중요한 과일 중 하나였음을 알 수 있다. 물론 오늘날 우리 입맛에는 별로 손길이 가지 않는 야생열매일 뿐이다. 그러나 열매가 익는 늦봄은 가장 먼저 먹을 수 있는 앵두도 아직 익지 않은 계절이다. 당연히 옛사람들에게는 귀한 과일일 수밖에 없다. 열매

쉼터의 그늘을 만들어주는 여름날의 보리장나무(2010.06.30. 완도수목원)

가을에 황백색의 작은 꽃이 피고(2001.10.07. 보길도), 열매는 이듬해 늦봄에 익는다(2001.04.30. 보길도)

나 잎, 뿌리 등은 장염이나 설사가 날 때 달여 먹는 약용으로 쓰이기도 했다. 비교적 만나기 쉬운 것은 보리장나무와 보리밥나무다. 이 둘의 차이점은 잎의 뒷면이 적갈색이 강하면 보리장나무, 흰빛이 더 강하면 보리밥나무다. 중부지방으로 올라오면 비슷한 종류로 보리수나무가 있다. 잎이 좁은 긴 타원형이며 갈잎나무인 것이 보리장나무 종류와의 차이점이다. 부처가 도를 깨우친 보리수(菩提樹)와는 아무런 관련이 없는 나무다.

복사꽃이 활짝 피면 춘색(春色)이 완연해진다(2006.05.14. 영덕)

장미과
학명 : *Prunus persica*
영명 : Peach
일본명 : モモ桃
중국명 : 桃, 桃花
한자명 : 桃, 桃花樹, 仙果樹

복사나무

복사나무는 중국 서북부의 황하 상류 고산지대가 원산지로 아주 옛날부터 중국 사람들이 재배한 과일나무로 자리를 잡았다. 복숭아라는 맛있는 과일은 세월이 지나면서 사람뿐만 아니라 차츰 신선이 먹는 선과(仙果)로 품격이 올라갔다. 복사나무에 대한 수많은 전설이 만들어지고 민속이 얽혀 들었으며, 병마를 쫓아내는 선약(仙藥)의 나무가 되기도 했다.

고대 중국의 전설에 나오는 서왕모(西王母)는 곤륜산에 사는 신선인데, 어느 날 한무제를 만나게 된다. 서왕모는 3천 년에 한 번씩 열리는 천도복숭아 일곱 개를 선물로 가져가 서로 나누어 먹는다. 복숭아를 신선이 먹는 불로장생의 과일로 받아들이게 된 시발점이다.

이런 복사나무와 여기에 얽힌 설화가 중국에서 언제 우리나라에 들어왔는지는 명확하지 않지만, 《삼국사기》에 벌써 그 기록이 나온다. 거의 2천 년 전인 백제 온조왕 3년(15)에 "겨울이 가까워 오는 10월에 벼락이 치고 복사나무와 자두나무 꽃이 피었다"라는 내용이다. 이렇게 이상 기후의 상징으로 예를 들 정도이니, 이미 이보다 훨씬 전에 들어와 당시에는 널리 퍼져 있었던 것으로 짐작된다.

삼국시대와 고려 및 조선왕조를 거치는 동안 복사나무는 우리의 재래 과일나무로 갈수록 더 많은 사랑을 받아왔다. 더 맛있고 굵은

여러 겹의 꽃잎이 특징인 만첩홍도(2009.04.17. 경북대)

품종을 골라 키우는 안목도 있었을 터이나 기록으로는 반도(蟠桃), 홍도(紅桃), 벽도(碧桃) 등의 이름만 찾을 수 있을 뿐이다. 1910년경 경기도에서 조사한 자료에는 10종의 품종 이름이 나온다. 그러나 오늘날 우리가 먹는 개량 복숭아는 1906년 뚝섬에 원예시험장이 설치되면서 미국, 중국, 일본 등지에서 새 품종을 들여온 것들이다.

복사나무는 복숭아라는 과일을 생산할 뿐만 아니라, 봄날을 화사하고 더욱 따뜻하게 만들어주는 복사꽃을 선사한다. 연분홍의 아름다운 꽃이 핀 복사 밭은 도연명이 지은 《도화원기(桃花源記)》[15]에서도 그렸듯이 인간이 추구하는 이상향을 대신했다.

복사나무가 갖는 또 다른 상징성은 못된 귀신을 쫓아내고 요사스러운 기운을 없애주는 주술적인 징표이다. 옛날 중국에는 동해 가운데 도삭산이 있고, 거기에 큰 복사나무가 3천 리에 걸쳐 뻗쳐 있

조금씩 더위가 시작될 때 천도복숭아가 한창 익어 가고 있다(2000.07.15. 청도 운문사)

었다고 한다. 가지가 뻗은 동북쪽의 작은 귀문(鬼門)을 통해 모든 귀신들이 출입했다. 문지기 귀신인 울루(鬱壘)와 신다(神茶)는 악독한 귀신이 들어오면 꽁꽁 묶어서 호랑이에게 바로 넘겨주었다. 이후 중국에서는 설날 아침, 마귀를 쫓기 위하여 문짝에 복사나무로 만든 도부(桃符), 혹은 도판(桃板)이라는 작은 나뭇조각에 울루와 신다의 이름을 적어서 걸어두기 시작했다. 이 풍속은 우리나라에 전해져 설날, 입춘, 단오에 도부를 걸거나 복사나무 그림을 그려 붙였다.[16] 도삭산의 복사나무처럼 아무 귀신이나 출입할 수 있으므로 울루와 신다가 지키지 않는 복사나무는 자칫 못된 귀신의 소굴이 된다. 그래서 옛 풍습으로 집 안에는 복사나무를 심지 않았다.

복사나무는 키가 6미터 정도까지 자라기도 하지만 복사 밭에서 만나는 재배품종은 3미터 남짓이다. 나무줄기나 가지에 수지(樹脂)

〈몽유도원도(夢遊桃源圖)〉 일부, 안견, 1447년, 일본 텐리대학
안평대군의 꿈 이야기를 듣고 안견이 그린 그림. 옛사람들은 복사꽃이 만발한 땅을 풍요와 평화가 깃든 이상향으로 생각했다.

가 들어 있어서 상처가 나면 맑은 생고무처럼 덮어준다. 잎은 손가락 한두 개 길이로 긴 타원형이다. 꽃은 4월 중순경 잎보다 먼저 피는데, 대부분 분홍색이지만 품종에 따라 색깔이 조금씩 다르다. 산에서 흔히 만나는 '개복숭아'는 재배 복숭아의 씨앗이 떨어져 자란 것이다.

  복사나무는 잎, 꽃, 열매 모두 약재로 쓰인다. 특히 동쪽으로 뻗은 가지와 뿌리, 열매의 약효가 뛰어나다고 믿는다. 《동의보감》에는 복숭아씨, 꽃, 나무에 달린 채 마른 건조 복숭아, 복숭아 털, 복사나무 벌레, 복사나무 속껍질, 잎, 나무진, 열매는 물론이고 도부에 써 붙인 부적 글까지 모두 질병 치료에 쓴다고 했다. 꽃잎이 여러 겹으로 중첩된 만첩백도와 만첩홍도는 꽃을 보기 위해 심는다.

과일이 열리는 나무

다른 나무들은 꽃 피우기에 여념이 없는 봄날 먹음직스런 비파 열매가 익는다(2008.04.03. 통영 욕지도)

장미과
학명 : *Eriobotrya japonica*
영명 : Loquat, Japanese Medlar
일본명 : ビワ枇杷
중국명 : 枇杷, 大藥王樹
한자명 : 枇杷

비파나무

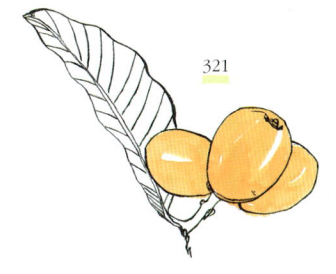

과일이 열리는 나무

비파(琵琶)라는 옛날 악기가 있다. 얼핏 보아 목이 긴 항아리처럼 생긴 이 현악기는 원래 중앙아시아 악기였으나, 아주 옛날 중국을 거쳐 우리나라에 들어왔다. 비파나무는 비파 악기와 잎 모양이 닮았다고 해서 붙여진 이름이다. 긴 타원형의 잎은 길이가 한 뼘이 넘고 뒷면의 잎맥은 약간 튀어나와 있다. 어릴 때는 양면이 털로 덮여 있다가 차츰 표면은 없어지고 뒷면만 털이 남는다. 아담하고 귀엽기까지 한 비파 악기 모양과 잘 겹쳐지지 않아 비파(琵琶) 유래설에 의심이 들기도 한다.

비파나무는 중국 서남부가 원산지로 키가 10미터에 이르는 늘푸른나무다. 추위에 약하여 남부 해안의 여러 섬지방에서만 자란다. 이 나무를 심고 가꾸는 이유는 비파라는 과일을 얻기 위함이 첫 번째다. 크기는 살구보다 약간 작고, 익으면 적황색을 띠는데 살구보다 노란빛이 더 강하다. 잘 익으면 달콤한 맛을 기본으로 신맛이 살짝 들어 있고 떫은맛도 느껴진다. 한마디로 오늘날 우리 입맛으로는 썩 맛있는 과일이라고 하기는 어렵다. 지름 1센티미터 전후의 굵은 적갈색 씨앗이 가운데에 두세 개씩 버티고 있어서 육질이 얼마 안 되는 것도 비파가 맛있는 과일에 들기 어려운 조건이다. 그래도 남쪽 섬 지방을 여행하다 보면 흔히 비파나무를 만날

허름한 농가의 한 구석에서 비파나무가 겨우 생명을 부지하고 있다(1999.10.05. 통영 욕지도)

수 있다.

어렵던 시절에 맛을 따지지 않고 따 먹던 추억의 과일로 나무를 베어내지 않고 남겨놓기는 했지만, 살아남은 가장 큰 이유는 열매가 약재로 알려져 있어서다. 《동의보감》에 비파는 "성질은 차고 맛이 달며 독이 없다. 폐병을 치료하며 오장을 눅여주고 기를 내린다"라고 했다. 중국에서는 '대약왕수(大藥王樹)'라 부르며 여러 가지 쓰임이 전해진다. 잎에는 아미그달린(amygdalin)과 구연산을 다량 함유하고 있으므로 말려서 차로 마시거나 직접 환부에 붙이는 생약으로도 쓴다. 특히 아미그달린은 진통작용이 있어서 신경통에도 효과가 있다. 그러나 위장에서 분해될 때 맹독성 청산을 발생하므로 잎을 함부로 먹어서는 안 된다.

꽃은 늦가을에서부터 초겨울에 걸쳐 새끼손톱 크기만 한 하얀 꽃들이 가지 끝에서 위로 뻗은 원뿔모양의 꽃차례에 핀다. 암술과 수

늦가을에 피는 흰 꽃과 비파 악기 모양의 잎(2002.11.21. 통영 추도)

술을 같이 가지고 있어서 자기들끼리 수정이 가능하므로 특별히 다른 곤충의 도움을 받지 않고도 열매를 맺는다. 심어 놓고 적어도 7~8년 이상은 되어야 열매가 열리기 시작하는 늦둥이 과일나무다. 열매는 겨울을 넘기고 늦봄에서부터 초여름에 걸쳐 익는다. 사과나 배와 같은 이과(梨果)로 표면에 털이 얇게 덮여 있다.

비파나무가 우리 문헌에 처음 등장한 것은 정몽주의 시문집인 《포은집》이다. 여기에 식비파(食枇杷)란 이름으로 비파의 특징을 읊은 시 한 수가 실려 있다. 《해행총재(海行摠載)》[17]에 실린 일본 수신사 김기수의 견문록(1876년)에는 이런 내용이 있다. "비파(枇杷)는 우리나라에서는 볼 수가 없는데, 대개 겨울에 꽃이 피고 여름에 열매가 열린다. 품질이 연하여 먼 곳에는 가져갈 수가 없다. 빛깔은 약간 누르고 맛은 달고 향기가 나서 입에 넣으면 아주 시원하다"라고 했다. 이를 미루어 보아 널리 심었던 나무는 아닌 것 같다.

노랗게 잘 익어 군침이 도는 살구(2006.07.05. 대구)

장미과
학명:*Prunus armeniaca* var. *ansu*
영명:Apricot
일본명:アンズ杏子, 杏
중국명:山杏
한자명:杏, 杏木

살구나무

과일이 열리는 나무

　술집은 과음으로 병을 만들고, 의원은 병을 고치는 곳이니 서로 상극일 것 같다. 우리 속담에 '병 주고 약 준다'라는 말이 있는데, 중국고사에 보면 술집과 의원 모두 살구나무와 관련이 있다. 당나라 시인 두목(杜牧 803~852)은 "청명 날 봄비가 부슬부슬 내리는데/길가는 행인 너무 힘들어/목동을 붙잡고 술집이 어디냐고 물어보았더니/손들어 멀리 살구꽃 핀 마을(행화촌)을 가리키네"라고 읊조렸다. 이후 행화촌(杏花村)은 술집을 보다 점잖게 부르는 말이 되었다. 또 오나라의 명의로 이름 난 동봉(董奉)은 환자를 치료해주고 돈 대신 앞뜰에다 살구나무를 심게 했다. 곧 숲을 이루었고, 그는 살구가 익으면 내다 팔아서 가난한 사람을 구제했다. 이후 사람들은 진정한 의술을 펴는 의원을 행림(杏林)이란 이름으로 대신했다.

　살구나무는 중국이 고향 땅이다. 우리나라에 처음 들어온 시기는 명확하지 않으나 삼국시대 이전일 것으로 짐작하고 있다. 살구는 복숭아, 자두와 함께 우리 선조들이 즐겨 먹던 옛 과일로서 제사에 올리는 제물로 빠지지 않았다.

　서민의 생활상을 그린 옛 그림을 보면, 오막살이 윗녘에는 흔히 살구나무 한 그루가 연분홍 꽃을 매달고 있다. 매화가 양반들의 멋을 내는 귀족나무였다. 살구나무는 질박하게 살아온 서민들과 함께한 나무였다.

살구나무는 배고픔이 한창인 초여름에 먹음직스런 열매가 잔뜩 열리는 고마운 나무이며 먹고 난 뒤 남은 씨앗은 바로 약으로 쓰였다. 행인(杏仁)이라 불리는 살구씨는 만병통치약이었다. 동쪽으로 뻗은 가지에서 살구 다섯 알을 따내 씨를 발라 동쪽에서 흐르는 물을 길어 담가두었다가 이른 새벽에 이를 잘 씹어 먹으면 오장의 잡물을 씻어내고, 육부의 풍을 모두 몰아내며, 눈을 밝게 할 수 있다고 한다. 살구나무가 많은 마을에는 염병이 못 들어온다는 이야기까지 있는가 하면, 열매가 많이 달리는 해에는 병충해가 없어 풍년이 든다고 한다.

최근 살구열매의 육질을 분석한 결과 비타민 A가 풍부하고, 신진대사를 도와주는 구연산과 사과산이 2~3퍼센트쯤 들어 있다고 한다. 이런 성분들은 특히 여름철 체력이 떨어질 때 크게 도움을 준

하나둘씩 피어나고 있는 살구꽃(2007.03.26. 대구)

다고 알려져 있다.

살구나무는 꽃과 과일만으로 끝나지 않는다. 몸체의 쓰임도 요긴하다. 골 깊은 산사에서 스님이 두들기는 목탁의 맑고 은은한 소리는 찌든 세상의 번뇌를 모두 잊게 한다. 바로 살구나무 목탁에서 얻어지는 소리다. 몇 가지 나무가 알려져 있지만, 목탁은 역시 살구나무 고목이라야 제대로 된 소리를 얻을 수 있다고 한다. 맑고 매끄러운 흰 속살에 너무 단단하지도 무르지도 않은 재질을 가진 탓이리라.

꽃은 봄이 무르익어 갈 무렵 잎보다 먼저 연분홍색으로 피면서 한 해를 시작한다. 이어서 동그스름한 잎을 펼치고, 초여름에 들면 다른 과일보다 훨씬 먼저 붉은 기가 살짝 들어간 노란 열매가 열린다. 일찌감치 자식농사를 끝내버렸으니 이듬해까지는 느긋하게 살아갈 수 있다. 살구나무와 매실나무는 친형제나 다름없는 가까운

과일이
열리는
나무

종묘 향대청 앞의 살구나무에 꽃이 한창 피어 있다(2004.04.06.)

〈사시장춘(四時長春)〉, 신윤복(전), 27.2x15.2cm, 중앙박물관
'사시상춘'이란 글씨가 있는 기둥 옆에 흰꽃이 핀 나무는 꽃 색깔과 가지 뻗음으로 보아 살구나무로 짐작된다. 댓돌에 놓인 흐트러진 남자 신발과 암수 화합을 기다리며 활짝 핀 살구꽃이 대비되어, 방안의 남녀가 춘정이 무르익고 있음을 은근히 나타내고 있다.

사이다.

　한자 이름인 행(杏)은 원래 살구를 뜻하나 은행도 같은 자를 써서 혼란스러울 때가 많다. 공자가 제자를 가르치던 곳을 행단(杏壇)이라고 하는데, 그가 죽고 난 후 한참 뒤에 이곳을 세우면서 주위에 '행'을 많이 심어 행단이 되었다고 한다. 그러나 행단나무가 살구인지 은행인지는 아직도 논란이 되고 있다.

　우리 땅에도 살구나무와 아주 닮은 나무가 있다. 중부 이북에서 주로 자라며, 줄기에 두꺼운 코르크가 발달한 개살구나무다. 열매는 살구보다 좀 작고 떫은맛이 강하여 먹기가 거북살스런 탓에 들여온 살구나무가 주인이 되고 우리 살구나무는 앞에 '개'가 붙어 버렸다. 맛 좋고 굵기도 더 굵은 수입 살구에 밀린 셈이다. 결국 우리의 개살구는 '빛 좋은 개살구'라는 속담처럼 볼품만 있고 실속이 별로일 때 쓰이는 말에나 등장하게 되었다. 깊은 산에서나 만날 수 있는 토종 개살구에게 작은 관심이라도 가져주었으면 싶다.

가을에 들어서면서 빨갛게 익어 가는 석류(2004.09.14. 경주)

석류과
학명: *Punica granatum*
영명: Pomegranate Tree
일본명: ザクロ石榴, 柘榴
중국명: 石榴, 安石榴
한자명: 石榴

석류나무

석류나무는 오늘날의 이란 지방이 원산지이며, 중국을 통하여 우리나라에 들어왔다. 이란의 옛 이름이 페르시아이고 중국식으로 표기하면 안석국(安石國)이라 하여 흔히 석류를 '안석류'라고 한다. 《격물총화》를 비롯한 옛 문헌에는 한나라 때 서역에 사신으로 갔던 장건(張騫)이 가지고 왔다고 한다.

이후 석류나무는 중국에 널리 퍼졌으며, 아름다운 꽃과 독특한 열매 때문에 수많은 시가(詩歌)의 소재가 되기도 했다. 우리나라에서는 고려자기의 문양으로도 쓰였으며, 문헌상으로는 《고려사》에서 의종 5년(1151) 6월 초에 처음 그 기록을 찾을 수 있다. 그러나 통일신라시대에는 당초문(唐草紋)이 유행하였으며, 여기에 석류 문양이 일부 포함되어 있는 것으로 보아 이미 7세기 이전에 수입이 된 것으로 추정된다.

석류나무 꽃은 꽃받침이 발달하여 꽃통이 긴 작은 종(鐘)모양을 이루며, 끝이 여러 개로 갈라지고 여섯 장의 꽃잎이 진한 붉은빛으로 핀다. 이런 꽃 모양을 보고 송나라의 왕안석(王安石)은 "짙푸른 잎사귀 사이에 피어난 한 송이 붉은 꽃(萬綠叢中紅一點)……"이라고 노래했다. 석류나무 꽃의 아름다움은 오늘날 우리가 흔히 뭇 남성 속의 한 여인을 말할 때 쓰는 '홍일점'의 어원이다.

과일이 열리는 나무

▲〈꾀꼬리〉, 심사정, 1754년, 69.5x39.7cm, 소장처 미상
석류 꽃에 열매가 그려져 있지 않은 것으로 보아 계절은 초여름이다. 여름 철새인 꾀꼬리가 우리나라에 날아오자마자 먼저 석류나무 고목부터 찾았다.
▶〈성모의 석류(Madonna della Melagrana)〉, 보티첼리Botticelli, 1487, 이태리 피렌체 우피치 미술관

석류나무 열매가 익어 가는 과정은 아이에서부터 어른까지 차츰 커져가는 음낭의 크기와 그 모양이 닮아 있다. 열매의 이런 특징은 다산(多産)의 의미와 함께 음양의 상징성이 있어 옛 여인들의 신변 잡품에 다양하게 쓰였다. 조선 시대 귀부인들의 예복인 당의(唐衣), 왕비의 대례복, 골무, 안방가구 등에 석류 문양이 단골 메뉴로 들어갔다. 또 비녀머리를 석류꽃 모양으로 새긴 석류잠(石榴簪)을 꽂았는가 하면 귀부인들이 차고 다니던 향낭(香囊)은 음낭을 상징하는 석류나무 열매 모양으로 만들었다.

과일이 열리는 나무

석류나무 꽃은 중국이나 우리의 역사 속에만 등장하는 꽃이 아니다. 《구약성서》 출애굽기(28장 33절)에는 대제사장이 입을 예복의 겉옷 가장자리에 석류를 수놓고 금방울을 달았다는 내용이 나온다. 포도와 함께 석류나무는 성서에도 여러 번 등장하며, 솔로몬 왕은 석류나무 과수원을 가지고 있었다고 한다. 기독교의 종교화(宗敎花)에서는 석류나무가 에덴동산의 '생명의 나무'로 묘사되기도 했으며, 15세기의 유명한 이탈리아 화가 보티첼리의 그림인 〈성모의 석류〉의 소재가 되기도 했다.

인도의 전설에는 이런 이야기가 나온다. 옛날 자기 새끼를 1천 명이나 가진 마귀가 살고 있었다. 마귀는 잔인하게도 사람들의 아이를 보기만 하면 거침없이 잡아먹었다. 슬픔을 이기지 못한 아이의 엄마들은 부처에게 달려가 대책을 세워달라고 호소했다. 부처는 마

짙푸른 초록 잎 사이에 빨갛게 핀 꽃을 보고 홍일점이란 말이 생겼다(2010.06.22. 경북대)

귀의 새끼 중에 한 마리를 골라 몰래 숨겨버렸다. 그러자 마귀는 자기 새끼가 없어진 것을 알아차리고 미친 듯이 찾아 헤매다가 비로소 자식을 잃어버린 슬픔이 무엇인지 알게 되었다. 부처는 다시는 아이들을 잡아먹지 않겠다는 약속을 받고 새끼를 돌려주면서, 아이 대신 석류를 먹게 했다.

    석류나무는 따뜻한 곳을 좋아하여 남부지방에서 잘 자라며, 키가 3~5미터 정도인 작은 나무다. 가지가 많이 나고 잎은 마주나기로 달리며 잎자루가 짧다. 꽃은 5~6월에 가지 끝의 짧은 꽃자루에 1~5개씩 피는데, 대부분 암꽃과 수꽃이 함께 핀다. 열매는 얇은 칸막이가 된 여섯 개의 작은 방으로 나뉘고 그 안에 수많은 씨앗을 품고 있다. 새콤달콤하면서 독특한 맛을 가지고 있어서 그냥 먹을 수도 있으며 청량음료의 재료로도 쓴다. 《동의보감》에 보면 석류는 "목 안이 마르는 것과 갈증을 치료하는 약재로 쓰인다"라고 했다.

앵두나무

과일을 좋아하는 것은 옛사람들도 마찬가지였다. 야생과일로는 머루와 다래가 있었고, 재배과일로는 복숭아, 자두, 배, 살구, 감에 이어 앵두가 있었다. 제철에나 먹을 수 있을 뿐 지금처럼 보관기술이 발달하지 않아 겨울이면 생과일을 먹지 못했다. 그렇다 보니 봄이 되면 만날 수 있는 첫 햇과일이 바로 앵두였다.

앵두는 지름이 1센티미터 정도 되는 동그란 열매다. 속에는 딱딱한 씨앗 하나를 품고 있으며, 겉은 익을수록 반질반질 윤이 나는 매끄러운 빨간 껍질로  둘러싸여 있다. 모양새부터 먹음직스럽다. 달

과일이 열리는 나무

경복궁 영제교 옆으로 앵두꽃이 활짝 피어 있다(2010.04.21.).

세종대왕이 가장 좋아한 과일이라 하여 경복궁 안에 앵두를 널리 심었다 (2009.06.07. ⓒ황영목)

장미과
학명 : *Prunus tomentosa*
영명 : Downy Cherry, Manchu Cherry
일본명 : ユスラウメ桜桃
중국명 : 毛櫻桃, 山豆子
한자명 : 櫻, 櫻桃, 梅桃

큼 새큼한 맛은 입안을 개운하게 해준다. 아쉬움이라면 씨앗이 너무 커서 실제로 먹을 수 있는 과육이 얼마 되지 않는다는 것이다. 그래도 옛사람들에게는 간식거리를 만들 수 있는 귀중한 과일이었다. 《음식디미방(飮食知味方)》[18]에 보면 앵두편(䭅)을 만드는 방법이 나오는데, "앵두를 끓는 물에 반쯤 익혀서 씨를 발라내고 잠깐 데친 후, 체로 거른 다음 꿀에 졸여 섞고 엉기면 베어 쓴다"라고 했다. 지금이야 맛있는 과일이 너무 많아 앵두는 쳐다보지도 않지만, 과일이 귀하던 시절의 앵두는 벌써 고려 때부터 임금의 혼백을 모신 종묘의 제사상에 먼저 올리는 과일이었다.

《동문선(東文選)》[19]에는 최치원이 앵두를 보내준 임금에게 올리는 감사의 글이 실려 있다. "온갖 과일 가운데서 홀로 먼저 성숙됨을 자랑하며, 신선의 이슬을 머금고 있어서 진실로 봉황이 먹을 만하거니와 임금의 은덕을 입었음에 어찌 꾀꼬리에게 먹게 하오리까……."

앵두는 이렇게 임금이 신하에게 선물하는 품격 높은 과일이었다. 앵두는 꾀꼬리가 먹으며 생김새가 복숭아와 비슷하다고 하여 '앵도(鶯桃)'라고 하다가 '앵도(櫻桃)'가 되었다. 하지만 옛 문헌에 앵(櫻)은 벚나무로 읽히는 경우가 더 많았다. 《국조보감(國朝寶鑑)》[20]에 보면 문종(1450~1452)은 항상 후원에다가 앵두나무를 심고 손수 가꾸어 잘 익으면 따다가 세종에게 올렸다는 기록이 나온다. 이에 세종은 맛을 보고나서 "밖에서 따 올리는 앵두 맛이 어찌 세자가 직접 심은 것만 하겠는가"라고 했다 한다. 달리 생각해보면 앵두까지 손수 따다 올려야 하는 세자 시절의 문종은 엄청난 스트레스를 받지

〈춘한맥맥(春恨脈脈)〉, 김홍도, 33.5x57.8cm, 간송미술관
나무들이 잎이 거의 피어 봄이 깊어가는 계절, 늘어진 수양버들 밑에 한 여인이 고개를 돌려 담 밑의 꽃나무를 감상하고 있다. 여인의 눈길이 가 있는 담 밑의 이 꽃나무는 잎과 꽃이 같이 피어 있으며, 연한 푸른빛이 도는 것으로 보아 앵두나무 꽃이다. 앵두나무는 꽃을 감상하고 열매를 따먹기 위하여 이렇게 집 안에 흔히 심었다. 화제는 '봄에 맺힌 한이 줄기져 흐른다'라고 했으며, 제시(題詩)에도 '봄은 무르익어 온갖 한이 서리서리 이어지는데 담장 머리에 흐른 꽃만이 그 소식을 아누나'라고 했다.[21]

않았을까 싶다. 《해동농서》에는 앵두를 '함도(含桃)'라고 하였으며, 가장 굵고 단단한 것을 '애밀(厓密)'이라고 부르기도 했다.

옛사람들은 단순호치(丹脣皓齒)라 하여 미인의 조건으로 붉은 입술과 하얀 이를 들었다. 잘 익은 앵두의 빨간 빛깔은 미인의 입술을 상징했으며, 앵두같이 예쁜 입술을 앵순(櫻脣)이라고 불렀다.

앵두나무는 중국 북서부가 고향이다. 우리나라에는 최치원의 글에 처음 등장하는 것으로 보아 늦어도 통일신라 이전에 들어온 것으로 짐작된다. 키가 2~3미터 정도 자라는 작은 갈잎나무이며, 줄기가 밑에서부터 갈라져 포기처럼 자라는 경우가 흔하다. 달걀모양의 잎에는 잔털이 촘촘히 나 있고, 4월 초중순경에 매화를 닮은 꽃이 하얗거나 연분홍으로 핀다. 이후 불과 두 달 남짓한 6월 초중순에 벌써 익어 초고속으로 과일 만들기를 한다.

《산림경제》 제2권인 《종수(種樹)》에 보면 "앵두는 지주 이사 다니기를 좋아하므로 이스랏(移徙樂)이라 한다"라는 내용이 나온다. 옮겨심기가 크게 까다롭지 않다는 뜻일 터다. 《동의보감》에서도 앵두의 우리말을 이스랏이라 하였으며, 현재 이스라지라고 부르는 작은 나무는 옛 이름이 욱리인(郁李仁)으로 '멧이스랏'이라고 적었다. 앵두와 이스라지는 열매가 거의 같게 생겼으므로 자라는 곳만 다를 뿐 같은 나무로 취급한 것 같다.

일본말로 앵두는 '유스라우메'라고 하는데, 우메는 꽃이 매화를 닮았다는 뜻이며, 접두어인 유스라는 앵두가 우리나라를 거쳐 일본에 전해질 때 이스랏이란 이름도 그대로 따라가서 변형된 것이라고 한다.

앵두는 약으로도 널리 쓰였으며 "중초를 고르게 하고 지라의 기운을 도와준다. 얼굴을 고와지게 하고 기분을 좋게 하며, 소화불량으로 생기는 설사를 멎게 한다. 잎은 뱀에게 물렸을 때 짓찧어 붙이고, 또 즙을 내어 먹으면 뱀독이 속으로 들어가는 것을 막을 수 있다"라고 했다.

오늘날 앵두는 먹는 과일의 반열에는 들지 못하고 일부 약재로 수요가 있을 따름이다. 또한 꽃과 열매를 감상하기 위해 정원수로 심은 앵두나무를 흔히 만날 수 있을 뿐이다. 일부에서는 개화기에 들어온 것으로 짐작되는 양앵두가 재배되고 있다. 양앵두나무는 키가 10미터 가까이까지 자라는 큰 나무인데, 말이 앵두이지 버찌에 더 가깝다. 체리라 부르는 빨간 열매는 앵두보다 두 배는 더 굵고 단맛이 더 강하다.

자두나무

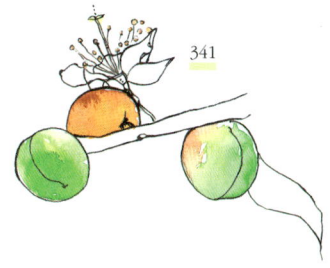

어린 시절, 아마 초등학교 2학년 때쯤으로 기억된다. 나는 학교 앞 문방구 맨 앞에 진열된 예쁜 뿔피리가 너무 갖고 싶었다. 당시는 어렵던 시절이라 집에 말해봤자 연필과 공책 이외의 이런 사치품을 사줄 리 만무했다. 그래서 혼자 해결하기로 결심했다. 마당 구석의 자두를 따 모아 장날에 내다 팔기로 한 것이다.

기다리고 기다리던 장날 아침, 작은 자루를 둘러메고 시장으로 간 나는 좌판을 펴고 자두의 경상도 사투리인 "왜추 사이소!"를 외

과일이 열리는 나무

창경궁 옥천교 양옆에 소선왕조 임금의 성씨인 이(李)씨를 나타내는 자두나무가 활짝 꽃을 피우고 있다 (2004.04.04.)

여름 과일인 자두가 한창 익어 가고 있다(2010.07.27. 대구)

장미과
학명 : *Prunus salicina*
영명 : Japanese Plum
일본명 : スモモ酢桃
중국명 : 李, 山李子
한자명 : 李, 紫桃
북한명 : 추리나무

치기 시작했다. 어린 아이의 외침이 불쌍했던지 자두 한 자루는 금세 팔려나갔고, 어느새 뿔피리를 사기에 충분한 돈이 주머니에 들어왔다. 그런데 문제는 그날 저녁에 터졌다. 나의 좌판장사 소문이 집에까지 퍼져 부모님도 알게 된 것이다. 양반집 종손인 내가 장사를 했다는 것은 가문의 수치였다. 결국 호된 꾸지람을 들어야만 했다. 수익금을 압수당하지 않은 것이 그나마 천만다행이었다. 이 사건으로 인해 나는 장사를 하면 안 된다는 인식이 머릿속 깊이 각인되었다. 그때 만약 부모님이 나의 좌판장사를 기특하다고 칭찬해 주셨다면 나의 인생길은 달라졌을지도 모른다는 생각을 해본다.

초여름, 과일가게에서 만나는 진한 보랏빛 자두는 우리의 미각을 돋운다. 자두는 《삼국사기》에 복숭아와 함께 백제 온조왕 3년(15)에 처음 등장한다. 이를 미루어 보아 우리나라에 시집온 것은 삼한시대로 추정된다. 적어도 2천 년 전부터 우리 곁에 있었던 과일나무인 것이다.

자두는 우리말로 '오얏'이다. 오얏의 한자말은 이(李)로 우리나라 성씨로는 두 번째 많은 이씨를 대표한다. 세월이 흐르면서 《도문대작》에서 볼 수 있는 것처럼 '자도(紫桃)'라고도 하였다. 보랏빛이 강하고 복숭아를 닮았다는 뜻이다. 이후 자도는 다시 자두로 변하여 오늘에 이른다. 널리 친근하게 사용되던 오얏이 자두보다는 훨씬 더 정이 가는 이름이다.

자두나무와 관련된 이야기는 '도리(桃李)'라 하여 대부분 복숭아와 짝을 이룬다. 중국이나 우리의 옛 시가에 보면 도리를 노래한 구절을 수없이 찾아볼 수 있다. 도리는 또 다른 사람을 천거하거나 쓸

〈장주묘암도(漳州茆菴圖)〉, 정선(전), 112x63cm, 개인소장
주자어류(朱子語類) 내용의 일부를 형상화시킨 그림이라고 한다. 앞쪽에 복사나무, 가운데 매화나무, 뒤쪽의 초가집 양 옆으로는 자두나무 꽃이 화창하게 피어 있는 봄날이다.

만한 자기 제자를 가리키는 말이기도 하다. '도리만천하'라고 하면 믿을 만한 자기 사람으로 세상이 가득 찼다는 뜻으로 실세임을 나타내는 말이다. 우리의 역사서에 등장하는 도리는 흔히 이상 기후를 나타내는 표준으로 삼았다. 늦가을에 꽃이 피었다거나, 우박의 굵기가 도리만 했다는 기록을 자주 만날 수 있다.

《천자문》에는 '과진이내(果珍李柰)'라 하여 과일 중 보배는 자두와 능금이라고 했다. 그만큼 맛이 좋다는 뜻이겠으나, 오늘날의 우리 미각으로 본다면 선뜻 동의하기 어렵다. 지금 우리가 먹고 있는 자두는 개량종으로 굉장히 맛이 좋아졌음에도 흔히 자두라고 하면 신맛을 상상하여 입안에 군침부터 돈다. 재래종 자두는 엄청난 신맛에 요즈음 사람들은 결코 먹으려들지 않을 것이다. 오죽했으면 자두의 일본 이름은 아예 신 복숭아란 뜻인 '수모모'라고 했겠는가.

옛사람들은 복숭아와 함께 봄에는 오얏 꽃을 감상하면서 시 한 수 읊조리고, 여름에는 익은 열매를 따먹는 과일나무로서 곁에 두고 좋아했다. 좀 더 많은 과일이 열리게 하려는 노력도 아끼지 않았다. 《동국세시기》에는 '나무시집보내기[嫁樹]'라 하여 정월 초하루나 보름에 과일나무 가지 사이에 돌을 끼워 넣었다. 이렇게 하면 과일이 많이 달린다고 한다. 대추나무나 석류나무 등의 다른 과일나무에도 가수를 하며, 장대로 과일나무를 두들기기도 한다. 이는 단순히 주술적인 행사뿐만 아니라 잎에서 만들어진 광합성 양분이 뿌리나 줄기의 다른 곳에 가는 것을 줄여 상대적으로 과일에 많이 가도록 유도하는 과학적인 조치다.

흔히 쓰는 '이하부정관(李下不整冠)'이란 말은 자두나무 밑에서는 갓을 고쳐 쓰지 말라는 뜻이다. 의심받을 만한 행동은 아예 처음부터 하지 말라는 것이다. 그만큼 자두나무는 사람들 가까이에서 쉽게 만날 수 있었던 나무임을 알 수 있다.

조선왕조가 이씨 왕조이기는 하지만 자두를 상징물로 쓰지 않은 탓에 자두나무를 특별히 우대한 흔적은 찾을 수 없다. 다만 대한제국에 들어서면서 왕실의 문장(紋章)을 자두 꽃으로 했다. 덕수궁 석조전 용마루, 구한말 우표 등에 사용되었고, 지금은 전주 이씨 종친회 문양이다.

자두나무는 전국에 걸쳐 인가 부근에 과일나무로 심고 있으며, 10여 미터 정도 자라는 중간 키의 갈잎나무다. 잎은 달걀 크기로 어긋나기로 달리고 끝이 차츰 좁아지며, 가장자리에 둔한 톱니가 있다. 봄에 동전 크기만 한 새하얀 꽃이 잎보다 먼저 피는데, 보통 세 개씩 달린다. 열매는 둥글고 밑 부분이 약간 들어간 모양으로 여름에 보랏빛으로 익는다.

오늘날 우리가 보는 자두는 대부분 1920년경부터 심기 시작한 개량종 서양자두(학명 *Prunus domestica*)로 달걀만 한 굵기에 진한 보라색이며 과육은 노랗다. 재래종 자두나무는 중국 양쯔강 유역이 원산지로 열매는 둥글거나 갸름하며, 방울토마토보다 약간 큰 크기에 과육도 적다. 서양자두에 밀려난 재래종 '오얏나무'는 지금은 거의 찾아보기 어렵다.

1 《신라민정문서》: 1933년 일본 동대사의 유물저장 창고인 정창원의 문서 정리 과정 중에 발견되었다.

2 《구황촬요》: 조선시대에 흉년이 들었을 때 대처하는 방법을 적은 책으로 명종 9년(1554)에 편찬함.

3 〈일산 신도시 지역 학술 조사 보고 I〉, 1992, 한국선사문화연구소. 경기도.

4 《한국구비문학대계》, 1981, 한국정신문화연구원.

5 총포(總苞): 잎이 변하여 열매의 밑동을 둘러싸고 있는 비늘 같은 조각.

6 《고사기》: 서기 712년에 완성한 고대 일본의 신화 · 전설 및 사적을 기술한 역사책.

7 《계림유사》: 송나라 손목이 지은 백과사전으로 11~12세기경의 고려인들의 생활용어가 들어 있는 것으로 유명하다.

8 장과(berry, 漿果): 살과 물이 많은 육질 속에 씨가 들어 있는 열매의 한 종류로서 감, 포도, 귤 따위를 말한다.

9 《방언》: 각 지방의 말이나 물건 이름을 정리한 책으로 모두 23권이다. 한나라의 양웅(揚雄)이 저술했다고 하나 명확하지는 않다.

10 《계곡선생문집》: 조선 중기의 문신인 장유(張維, 1587~1638)가 지은 문집.

11 《임하필기》: 고종 8년(1871)에 문신 이유원이 조선과 중국의 사물에 대하여 고증한 내용을 정리한 문집.

12 《남환박물》: 조선 후기의 문신 이형상(1653~1733)이 1년간 제주목사를 역임한 뒤 이듬해인 1704년에 저술한 제주도 인문지리지.

13 《제주풍토록》: 조선 중기의 문신이며 학자인 김정(金淨, 1486~1521)이 제주도에서 유배 생활을 하면서 겪은 제주의 풍토와 상황을 사실적으로 기록한 책.

14 《탐라지》: 조선 효종 때 이익한이 편찬한 제주 읍지.

15 《도화원기》: 중국 진나라의 도연명이 쓴 책으로 복숭아꽃이 만발한 선경(仙境)을 이상향으로 그리고 있음.

16 《동국세시기》, 2009, 홍성모/정승모 역 편, 풀빛.

17 《해행총재》: 고려 말에서 조선조 말까지 일본에 다녀온 사신, 표류인, 포로들이 일본에서 체류한 기록을 모은 책.

18 《음식디미방》: 조선 현종 11년(1670)경 정부인(貞夫人) 안동 장씨가 쓴 최초의 한글 조리서.

19 《동문선》: 조선 전기의 문신인 서거정 등이 성종 9년(1478)에 역대 시문(詩文)을 모아서 편찬한 시문집.

20 《국조보감》: 조선 역대 국왕의 치적 중에서 모범이 될 만한 사실을 뽑아서 수록한 역사책으로 1909년에 완간되었다.

21 《간송문화》, 한국민족미술연구소, 2005, 결출판사.

과일이 열리는 나무

약으로 쓰이는 나무

/

개오동나무 / 겨우살이 / 꿀담초 / 구기자나무 / 꾸지뽕나무 / 딱총나무 / 마가목 / 머귀나무 / 무환자나무 / 복분자딸기 / 붉나무 / 산수유 / 소태나무 / 순비기나무 / 오갈피나무 / 오미자 / 음나무 / 인동덩굴 / 주엽나무 / 헛개나무

능소화과
학명: *Catalpa ovata*
영명: Chinese Catalpa
일본명: キササゲ木大角豆
중국명: 梓树, 梓, 水王
한자명: 檟, 梓, 木角豆, 雷電桐
북한명: 향오동나무

개오동나무

개오동나무는 오동나무보다 격이 좀 떨어지는 나무란 뜻이다. 줄기가 곧으며 빨리 자라고, 커다란 잎사귀도 얼핏 봐서는 영락없는 오동나무다. 그러나 개오동나무는 능소화과이고, 오동나무는 현삼과다.

이렇게 과(科)가 다르다는 것은 두 식물이 모양만 닮았을 뿐 서로 거리가 먼 전혀 별개의 나무임을 말한다. 그러나 나무의 성질에서는 큰 차이가 나지 않는다. 개오동나무는 오동나무보다 조금 단단하며 판자로 켜면 아름다운 무늬가 있다. 또한 습기에 견디는 성질이 강하여 가구나 악기를 만드는 데 쓰인다.

개오동나무는 중국 중남부가 고향이며, 우리나라에서는 중부 이남의 인가 근처에서 심고 있다. 한 아름이 훨씬 넘게 자랄 수 있는 큰 나무이며, 넓은 잎은 여름날 시원한 그늘을 만들어주어 정원수로 사랑을 받는다. 경북 청송 홍원리에 있는 천연기념물 401호로 지정된 개오동나무가 우리나라에서 가장 크고 오래된 나무다. 나이 400년 정도이고 두 아름이나 되는 개오동나무 세 그루가 마을 앞에 나란히 자란다.

《조선왕조실록》에 보면 숙종 43년(1717)에 군사들이 땔나무를 조

◀ 겨울 개오동나무의 가늘고 날씬한 빼빼열매(2009.02.18. 경북대)

우리
나무의
세계

〈군묘작작도(群猫鵲雀圖)〉, 변상벽, 조선 후기, 124.5×60cm, 서울대박물관
개오동나무는 꽃이 지고 금방 열매가 길게 매달리는 것이 특징인데, 열매가 아직 녹색이니 계절은 늦여름
이다. 새끼를 거느린 고양이와 까치가 조잘대는 참새를 쳐다만 볼 뿐 크게 신경을 쓰지 않는 눈치다.

연노랑 꽃의 안쪽에는 보라색 반점이 있으며 주름 잡히는 꽃잎이 특징이다(2010.06.11. 경북대)

달하려고 "무덤가에 심은 소나무이든 개오동나무이든 마을에 심은 뽕나무이든 밤나무이든 간에 묻지 않고 모두 다 베어서 거의 남아 있는 것이 없다"라고 했다. 또 영조 10년(1734)에 죄인을 다루는 내용 중에 "개오동나무 잎에 글을 썼다"라는 내용이 나온다. 이런 내용으로 보아 대체로 조선 초·중기에 들어온 것으로 짐작된다.

  개오동나무 잎은 손바닥을 완전히 폈을 때의 크기 정도로 넓고, 대개 3~5갈래로 얕게 갈라진다. 꽃은 암꽃과 수꽃이 따로 있고, 초여름에 넓은 깔때기모양의 꽃이 여러 개 달린다. 연노랑 꽃의 안쪽에 짙은 보라색 반점이 있으며, 가장자리는 물결모양으로 주름이 잡힌다.

  개오동나무는 다소 엉뚱하게 벼락을 피할 수 있는 나무라고 알려져 있다. 일본이나 중국에서는 뇌신목(雷神木), 뇌전동(雷電桐)이라 하여 목왕(木王)이라 부르고 큰 건물 옆에 심었다고 한다. 자라는 곳은 주로 수분이 많은 곳이며, 나무의 함수율도 높다. 대체로 개오동나무는 키가 크므로 피뢰침의 기능을 할 것이라고 믿는 것 같다.

개오동나무의 한자 표기는 '재(梓)'다. 중국 이름은 아예 '재수(梓樹)'다. 《성호사설》〈만물문〉에 보면 "재동(梓桐)이란 것이 있는데, 그 열매가 팥과 같다. 나무의 성질이 썩지 않아서 관(棺)을 만들기에 알맞고 심은 지 40~50년이면 재목이 된다"라고 했다. 이는 분명히 개오동나무를 말하고 있다. 우리는 재(梓)를 가래나무로 알고 있지만, 실제로 개오동나무 이외에도 예덕나무, 물푸레나무, 자작나무 종류를 나타내는 글자이기도 하므로 앞뒤 관계로 주의 깊게 파악해야 한다.

개오동나무는 여러 특징 중에 열매가 가장 눈에 띈다. 꼬투리는 연필 굵기에 길이가 한 뼘에서 길 때는 두 뼘이 넘으니, 이보다 더 말라깽이는 만나기 어렵다. 열매는 해를 넘겨 다시 꽃이 필 때까지 달려 있다. 그래서 가늘고 긴 실을 뜻하는 '노'가 달리는 나무라 하여 다른 이름은 노나무다. 특별한 모양을 가진 열매는 대부분 옛사람들이 약재로 이용했다. 개오동 열매는 이뇨제로 한방에서 널리 쓰인다.

중국에서 들여온 개오동나무 외에 1905년 평북 선천에 있던 선교사가 미국에서 들여온 미국 개오동나무가 있는데, 우리는 '꽃개오동나무'라고 한다. 두 수종 모두 모양이 매우 비슷하나 꽃개오동나무는 잎이 대체로 갈라지지 않고 꽃이 흰색이며, 종모양의 꽃 안쪽에 두 개의 황색 선과 자갈색 반점이 있다.

겨우살이

남의 눈치 안 보고 자기 잇속만 차리는 사람을 두고 우리는 흔히 얌체라고 한다. 인간사회의 얌체족이 선량하고 순박한 사람을 속여 먹듯이 뻐꾸기는 남의 둥지에 알을 낳아 멍청한 박새가 한 계절 내내 헛수고하게 만드는 새 나라의 얌체다. 그렇다면 나무 나라의 제일 얌체는 누구일까? 나무의 생태를 조금이라도 아는 이라면 오래 생각할 것 없이 '겨우살이'라고 할 것이다.

겨우겨우 간신히 살아간다 하여 겨우살이, 또는 겨울에도 푸르다고 하여 겨울살이라고 불리다가 겨우살이로 되었다는 두 가지 설이 있다. 한자로 '동청(凍靑)'이라고 하니, 겨울살이에서 이름이 유래되었다는 이야기가 더 신빙성이 있다. 겨우살이는 주로 참나무 종류의 큰 나무 위 높다란 가지에 붙어서 자라는 '나무 위의 작은 나무'로서 멀리서 보면 영락없는 까치집이다. 모양은 풀 같지만 겨울에 어미나무의 잎이 다 떨어져도 혼자 진한 초록빛을 자랑하기 때문에 늘푸른나무로 분류된다. 가을이면 굵은 콩알만 한 노란 열매가 열린다. 맑은 날 햇살에 비치는 반투명 열매는 영롱한 수정처럼 아름답다.

열매는 속에 파란 씨앗이 들어 있고 끈적끈적하며, 말랑말랑한 육질이 주위를 둘러싸고 있다. 이 열매는 산새와 들새가 숨넘어가

겨우살이과

학명: *Viscum album* var. *coloratum*
영명: Korean Mistletoe
일본명: ヤドリキ宿木
중국명: 阔叶槲寄生
한자명: 冬青

게 좋아하는 먹이다. 배불리 열매를 따먹은 산새가 다른 나뭇가지로 날아가 '실례'를 하면 육질의 일부와 씨앗은 소화되지 않고 그대로 배설된다. 이것이 마르면서 마치 방수성 접착제로 붙여 놓은 것처럼 단단하게 가지에 달라붙는다. 비가 오나 눈이 오나 나뭇가지에서 떨어지지 않고 끄떡없이 씨앗을 보관할 수 있도록 설계를 해둔 것이다. 알맞은 환경이 되면 싹이 트고 뿌리가 돋아나면서 나무껍질을 뚫고 살 속을 파고들어가 어미나무의 수분과 필수 영양소를 빨아먹고 산다. 그래도 한 가닥 양심은 있었던지, 잎에서는 광합성을 조금씩 하여 모자라는 영양분을 보충하며 삶의 여유를 즐긴다.

사시사철 놀아도 물 걱정, 양식 걱정은 하지 않아도 된다. 새찬 겨울바람이 아무리 몰아쳐도 겨우살이는 흔들흔들 그네를 타는 어린아이처럼 마냥 즐겁다. 땅에 뿌리를 박고 다른 나무들과 필사적인 경쟁을 하는 어미나무의 입장에서 보면 징말 분통 터질 노릇이다. 뽑아내버릴 수도 없고 어디다 하소연할 아무런 수단도 방법도 없으니, 고스란히 당하면서 운명이겠거니 하고 살아간다.

이런 얌체 나무를 서양 사람들은 특별히 소원을 들어주는 좋은 나무로 생각한다. 미국이나 유럽에서는 크리스마스 축하파티가 열리는 방 문간에 겨우살이를 걸어 놓고 이 아래를 지나가면 행운이 온다고 알려져 있다. 또 마력과 병을 치료하는 약효를 지니고 있는 것으로 믿었으며, 겨우살이가 붙은 나무 밑에서 입맞춤을 하면 반드시 결혼을 하게 된다는 이야기도 전해진다.

◀늘푸른잎을 달고 기주(寄主)나무에 까치집 모양으로 여기저기 붙어서 겨울을 난다(2009.01.27. 대구 동화사, ⓒ황영목)

초겨울에 콩알 굵기의 말랑말랑한 연노란색의 열매가 익는다(2005.11.23. 합천 해인사)

우리
나무의
세계

　겨우살이는 전국 어디에서나 자라며 가지는 Y자처럼 두 갈래로 계속 갈라지고, 끝에서 두 개의 잎이 마주나기하며, 가지는 둥글고 황록색이다. 키가 1미터에 이르기도 하나 대체로 50~60센티미터 정도이며, 가지는 얼기설기 뻗어 동그란 까치집 모양을 하고 있다. 잎은 피뢰침처럼 생겼고 진한 초록빛으로 도톰하고 육질이 많으나, 다른 상록수처럼 윤기가 자르르 하지는 않다. 암수 딴 나무로 이른 봄 가지 끝에 연한 황색의 작은 꽃이 핀다.

　겨우살이 종류에는 이외에도 남쪽 섬의 동백나무에 주로 기생하는 동백나무겨우살이와 난대림에서 매우 드물게 만나게 되는 참나무겨우살이[1]를 비롯하여 전국 어디에서나 자라는 갈잎의 꼬리겨우살이 등이 있다. 특히 뽕나무에 기생하는 겨우살이는 상상기생(桑上寄生)이라고 하여 옛사람들은 귀중한 약재로 이용했다.

골담초

'골담초(骨擔草)'란 글자 그대로 뼈를 책임지는 풀이란 뜻이다. 옛사람들이 이름을 붙일 때부터 나무의 쓰임새를 알고 있었으며, 실제로 뿌리를 한약재로 쓰고 있다.

'풀 초(草) 자'가 들어 있어서 초본으로 생각하기 쉬우나 자그마하기는 하지만 틀림없는 나무다. 귀여운 나비모양의 노란색 꽃을 감상할 수 있고, 약으로도 쓸 수 있으므로 민가의 양지바른 돌담 옆에 흔히 심는다. 뿌리혹박테리아를 가진 콩과 식물이라 척박한 땅에서도 잘 자란다.

약으로 쓰이는 나무

밑으로 늘어져 자라는 골담초 줄기(2010.06.01. 서울 쌍문동)

봄날에 작은 나비모양의 노란색 꽃이 나무를 뒤덮을 듯이 핀다(2010.05.05. 대구수목원)

콩과
학명 : *Caragana sinica*
영명 : Chinese Peashrub
일본명 : ムレスズメ群雀
중국명 : 锦鸡儿, 黄雀花, 黄棘
한자명 : 骨擔草, 仙扉花, 金雀木, 金鷄花

영주 부석사의 무량수전을 오른쪽으로 돌아 잠시 올라가면 고려 우왕 3년(1377)에 창건한 국보 19호 조사당(祖師堂)이란 자그마한 목조건물이 있다. 건물의 처마 밑에는 너비 3미터, 폭 1.4미터, 높이 2미터의 촘촘한 스테인리스 철망 안에 손가락 굵기 남짓한 작은 나무가 자라고 있다. 이름하여 신선 집 꽃이란 의미의 선비화(仙扉花)인데, 옆에는 다음과 같은 안내판이 세워져 있다. "전설에 의하면 이 나무는 부석사를 창건한 의상대사가 중생을 위하여 짚고 다니던 지팡이를 이곳 조사당 처마 밑에 꽂았더니 가지가 돋아나고 잎이 피어 오늘에 이르렀다. 비와 이슬을 맞지 않고도 항상 푸르게 자라고 있다. 일찍이 퇴계 이황 선생이 부석사를 찾아와 이 선비화를 바라보며 시를 짓기도 했다. 이름을 골담초라 한다"라고 하여 이 나무의 의미가 심상치 않음을 알 수 있다.

또 이중환의 《택리지》에는 1730년경 조사당의 선비화를 보고 적어둔 기록이 나온다. "지팡이에 싹이 터서 자란 나무는 햇빛과 달빛은 받을 수 있으나 비와 이슬에는 젖지 않는다. 지붕 밑에서 자라고 있으나 지붕은 뚫지 아니한다. 키는 한 길 남짓하지만 천년 세월을 지나도 한결같다"라고 하였다. 광해군 때는 경상감사 정조(鄭造)가 절에 왔다가 이 나무를 보고 "옛사람이 짚던 것이니 나도 지팡이를 만들고 싶다"라고 하면서 톱으로 잘라 가지고 갔다. 나무는 곧 두 줄기가 다시 뻗어나와 전처럼 자랐다. 다음 임금인 인조 때 그는 역적으로 몰려 참형을 당했다. 지금도 이 나무는 사시사철 푸르며, 또 잎이 피거나 지는 일이 없어 스님들은 '비선화수(飛仙花樹)'라 부른다고 한다. 함부로 선비화를 잘라 지팡이를 만들었다가 화를 입었

영주 부석사 조사당의 선비화. 손가락 굵기 남짓한 여섯 그루의 골담초가 촘촘한 철망 속에 갇혀 있다 (2010.09.09.)

다 하여 나무의 신비스러움을 강조하고 있다.

골담초는 중국이 고향인 갈잎 작은 나무다. 줄기는 옆으로 늘어지면서 회갈색을 띠고 많은 포기를 만든다. 가지는 둥근 것이 아니라 다섯 개의 능선이 나 있는 것이 특징이다. 잎자루의 아랫부분에는 날카로운 가시가 발달하고, 대궁의 좌우에 두 개씩, 모두 네 개의 잎이 달린 깃꼴 겹잎이다. 작은 잎은 손가락 한 마디 정도의 길이로 타원형이며, 두껍고 표면에 윤기가 있다. 꽃은 4~5월에 노란 나비모양으로 한 개씩 원뿔모양의 꽃차례에 달린다. 노랗게 피는 꽃은 따서 쌀가루와 섞어 시루떡을 만들어 먹기도 한다. 열매는 콩꼬투리 모양으로 늦여름에서부터 초가을에 걸쳐 익는다.

골담근이라 하여 말린 뿌리는 약으로 쓰는데, 한방에서는 해수, 대하, 고혈압, 타박상, 신경통 등을 처방하는 데 쓰인다. 노란 꽃의 색깔 때문에 '금(金)' 자가 들어간 여러 가지 별명을 갖고 있다.

구기자나무

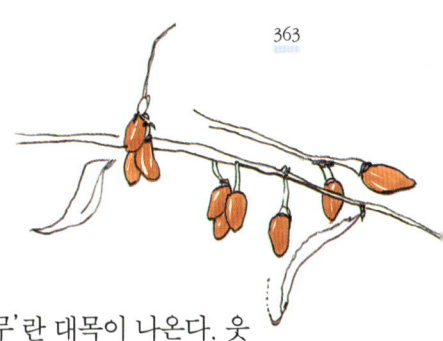

전래 나무타령에 보면 '깔고 앉아 구기자나무'란 대목이 나온다. 웃음부터 나오는 재미있는 가사다. 하지만 어디를 봐도 구기자나무는 마음 놓고 깔고 앉을 만큼 만만한 나무가 아니다. 반드시 있는 것은 아니지만, 흔히 가시가 붙어 있으니 함부로 대하기 어렵다.

구기자의 어원을 찾아보면 중국 이름을 그대로 받아들인 것이다. 원래 이름은 탱자(枸)와 같이 가시가 있고, 고리버들(杞)처럼 가지가 길게 늘어져 있다는 뜻으로 '구기'라고 한 것인데, 우리나라에서

약으로 쓰이는 나무

갓 피어난 구기자나무의 보라색 꽃(2010.05.25. 대구)

늘어진 줄기에 붉은 열매를 달고 있는 구기자나무(2006.10.14. 옥천)

가지과
학명 : *Lycium chinense*
영명 : Chinese Wolfberry
일본명 : クコ枸杞
중국명 : 枸杞, 地骨, 羊棘子
한자명 : 枸杞, 仙杖

는 열매를 뜻하는 '자(子)'를 덧붙여 구기자나무가 되었다. 구기자나무의 순우리말 이름은 '괴좃(괴좃)나무'다. 이 이상한 이름의 어원을 찾을 수는 없으나 어쨌든 부르기가 좀 거북살스럽다.

구기자나무는 먼 옛날 중국에서 들어온 키 작은 갈잎나무다. 보통 1~2미터 정도 높이로 자라는데, 기댈 곳이 있으면 4미터에 이르기도 한다. 땅에서부터 많은 줄기를 뻗어 자라면서 바로 서지 못하고 밑으로 늘어진다. 마치 덩굴나무처럼 보이며, 개나리의 가지 뻗음과 비슷하다. 늦여름에서부터 초가을에 걸쳐 보라색 꽃이 하나씩 피며 바로 열매가 열린다. 양지바른 돌담 자락, 땅이 비옥하고 물 빠짐이 잘되는 곳이 구기자나무가 좋아하는 터전이다. 초가지붕과 나지막한 돌담으로 둘러싸인 우리의 전통 시골에서 구기자나무가 만들어내는 산울타리는 어울림이 좋다. 열매는 앵두나 산수유처럼 아름다운 여인의 붉은 입술을 연상케 할 만큼 매혹적이다.

구기자나무가 우리 가까이에서 살아가게 된 것은 빨간 열매가 약용으로 쓰였기 때문이다. 중국의 가장 오래된 의학서인 《신농본초경(神農本草經)》[2]을 비롯하여 우리나라의 《동의보감》까지 구기자의 쓰임은 널리 알려져 있다. 간장에 지방이 쌓이는 것을 막아주고, 호르몬 분비를 촉진하여 노화를 늦추는 묘약이라고도 한다. 술을 담그면 강장 및 피로회복에 좋다. 이처럼 주로 열매의 약리 효과가 알려져 있으나, 잎과 뿌리도 약용으로 큰 자리를 차지한다. 새싹이 나올 때쯤의 어린잎을 따다가 차를 만들어 먹으면 동맥경화와 고혈압에 좋다고 알려져 있다. '지골피(地骨皮)'라는 이름의 뿌리는 혈압과 혈당을 낮추고 해열작용도 있다고 한다.

우리
나무의
세계

〈국화(菊花)〉, 안중식, 1913년,
143.5x45.5cm, 호암미술관
구기자와 국화는 사람을 더 오래 살게 해준다는
화제(畵題)가 있는 일제 초기의 그림이다. 실제
의 구기자나무는 줄기가 길게 늘어지는 것과 달
리 그림에서는 곧추선 모습이다.

구기자는 가히 만병통치의 효능을 갖춘 약재인 셈이다. 물론 과학적인 근거가 모두 밝혀진 것은 아니나 구기자는 사람들에게 약용식물이란 강한 인상을 심어주는데 부족함이 없다. 그래서 구기자를 이야기할 때 빠지지 않는 전설이 하나 있다. 옛날 중국 강서지방의 한 선비가 길을 가다가 이상한 광경을 목격한다. 열 일고여덟 살 남짓한 앳된 소녀가 호호백발 노인을 매질하고 있는 것이 아닌가. 의아하게 여긴 선비는 소녀에게 사연부터 물어보았다. "실은 이 노인이 내 아들인데, 약 먹기를 싫어하여 이렇게 머리가 하얗게 되

새잎이 나와 한창 왕성하게 자라는 구기자나무(2010.05.25. 대구)

약으로 쓰이는 나무

었습니다. 내 이 녀석에게 약을 먹이려고 매질 중입니다"라고 했다. 소녀의 나이를 물었더니 3백 95살이라는 것이다. 놀란 선비는 타고 가던 말에서 내려 소녀에게 절을 하고, 그 비법을 알려 달라고 애걸하였더니 구기자라고 일러주었다. 이후 그 선비도 구기자를 상비약으로 먹고 3백 년 넘게 살았다는 이야기다. 중국 사람들에게 이 정도의 허풍은 보통이다.

위의 이야기는 구기자에 대한 여러 비슷한 이야기 중에서 《한국민속식물》[3)]에 실린 내용을 정리한 것이다. 구기자의 효능을 강조하기 위해 누군가 만들어낸 이야기일 터이지만 적어도 건강식품으로서 예부터 널리 쓰였다는 것을 증명하는 데는 부족함이 없을 것 같다.

가을날 구기자나무의 빨간 열매는 약용식물뿐만 아니라 관상용으로도 가치가 있다. 그러나 구기자의 가장 큰 단점은 탄저병과 흰가루병에 너무 약해서 그대로 두었다가는 제대로 된 모습을 관찰하기가 어렵다. 전문 재배단지가 아닌 다른 곳에서 만난 구기자나무는 초여름부터 대부분 병든 상태로 우리와 마주한다.

꾸지뽕나무

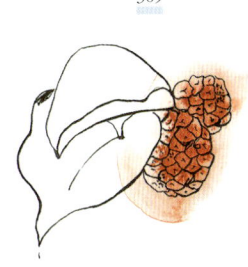

구지뽕나무가 원래 이름으로 생각되나 부르기 쉽게 꾸지뽕나무라고 한다. 누에를 키우기 위한 목적으로 사람들로부터 대접을 받는 뽕나무가 부러워 굳이 뽕나무를 하겠다고 우겨서 꾸지뽕나무가 되었다는 우스갯소리가 있다. 황해도에서는 아예 활뽕나무라고 부르는데 활의 재료로 오히려 꾸지뽕나무가 더 우수하다고 하니 그럴 듯하기도 하다.

그러나 꾸지뽕나무란 이름에는 다른 이유가 있다. 단단하기가 박달나무와 맞먹을 정도로 비중(比重)이[4] 0.9에 이르는 이 나무는 뽕나무와 거의 같은 쓰임새이나, 마음을 단단히 먹는 것을 '굳이'라고 하듯이 뽕나무보다 더 단단하다는 뜻으로 '굳이뽕나무'라고 하였고, 이것이 변하여 꾸지뽕나무가 된 것이다.

《이아(爾雅)》[5]에 보면 "꾸지뽕나무로 누에를 칠 수 있고 나무는 황적색으로 염색할 수 있어서 자황(柘黃)이라 부른다"라고 하였는데, 실제로도 나무의 속살이 샛노랗다. 한자로 자목(柘木)이라 하여 옛 문헌에는 상자(桑柘)로 뽕나무와 함께 기술하고 있다. 《천공개물(天工開物)》[6]에는 "꾸지뽕나무 잎을 먹고 자란 누에의 실로 활시위를 만들면 더욱 단단하고 질기다"라고 했다. 대체로 누에치기에 쓰이는 나무는 뽕나무(桑)이며, 활을 만드는 용도로 쓰인 것은 꾸지뽕나

무(柘)라는 해석도 있다. 《물명고》에는 "궁간(弓幹)으로 꾸지뽕나무를 쓰고 이것으로 만든 활을 오호(烏號)라고 했다" 한다.

《훈몽자회》에 보면 염(檿), 또는 자(柘)라 하고 산뽕나무라고 훈을 달았다. 이것으로 보아 꾸지뽕나무의 옛 이름은 산뽕나무, 혹은 메뽕나무 등으로 불렸음을 알 수 있다.

꾸지뽕나무는 중부 이남에서 주로 자라며, 양지쪽 인가 근처에서 흔히 볼 수 있다. 숲속에는 자연 상태로 거의 남아 있지 않으며 대부분이 심은 나무다. 겨울에 잎이 떨어지는 갈잎나무이고, 한 뼘 남짓한 굵기면 큰 나무에 속한다. 다만 음성군 생극면 임곡리에서 자라는 꾸지뽕나무는 나이 400년, 둘레가 두 아름이 넘는 거목이다. 천연기념물로 지정하기 위하여 문화재청에서 노력하고 있지만 보상 문제가 잘 해결되지 않아 안타까울 따름이다.

이런 가지에는 험상궂은 가시가 있으며, 동네와 가까울수록 가시가 더 많다. '제발 좀 자르지 말아 달라'고 빌어보다가 그래도 생존 자체에 위협을 받으니 가시로 무장하여 사람들에게 저항을 하는 것이다. 용케 낫질을 피하여 큰 나무가 되면 가시는 없어진다.

잎은 어릴 때나 새로 나온 가지에서는 주로 세 갈래로 얕게 갈라진 것이 달리고, 나이를 먹으면 가장자리가 밋밋하고 달걀모양인 잎이 대부분이다. 같은 나무에 전혀 다른 모양의 잎이 달려서 나무를 알아내는데 조금은 혼란스럽다. 꽃은 암수 딴 그루이고, 늦은 봄에 둥근 공모양의 꽃차례를 이루며 핀다. 열매는 육질의 작은 알갱이 수십 개가 모여 만들어지며, 가을에 붉게 익는다. 까막까치의 밥

◀봄이 무르익는데도 아직 잎이 돋지 않고 날카로운 가시만 보인다(2009.04.13. 경주 배반동)

푸른 잎사귀 사이로 열매가 먼저 붉게 익는다(1999.09.17. 전주수목원)

이 되기도 하며, 사람도 잼을 만들거나 생으로도 먹을 수 있고 술을 담그기도 한다. 나무껍질과 뿌리는 말려서 약으로 쓴다. 《동의보감》에는 "몸이 허하여 귀먹은 것과 학질을 낫게 한다"라고 했다. 그 외에 민간약으로는 부인병에 효과가 있다고 알려져 있고, 최근에는 항암제로도 쓰인다. 껍질에는 질기고 긴 인피섬유(靭皮纖維)가 풍부하여 닥나무 대신에 종이의 원료로 쓰이기도 한다.

꾸지뽕나무는 뽕나무에 접두어가 붙어 있어서 서로 무척 가깝게 느껴지지만 둘 다 뽕나무과에 들어간다는 것 이외에는 속(屬)이 다를 정도로 거리가 있다. 우리의 동네 이름 중에 흔히 '구지말'이나 '구지리'가 있다. 이것으로 보아 옛날에는 꾸지뽕나무를 여기저기에서 많이 심었던 것으로 짐작된다.

딱총나무

우리의 전통 민속놀이 중에 딱총놀이가 있다. 이대로 긴 통을 만들어 나무 열매나 씨앗 총알을 넣고 그 안에 물에 적신 종이를 채워 압력을 가하면 총알이 날아가는 장난감이다. 그래서 딱총의 옛 이름은 지총(紙銃), 혹은 지포(紙砲)다. 근세에 들어서면서 딱총은 화약을 쌀알만큼 종이로 싸서 장난감 권총에 장전하여 충격으로 소리가 나는 형태로 발전했다.

딱총나무는 딱총에서 유래한 이름으로 생각된다. 이 나무줄기의 가운데에 있는 골속은 다른 나무에서는 찾아볼 수 없을 만큼 크다.

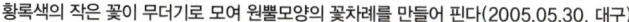

약으로 쓰이는 나무

황록색의 작은 꽃이 무더기로 모여 원뿔모양의 꽃차례를 만들어 핀다 (2005.05.30. 대구)

인동과
학명: *Sambucus williamsii* var. *coreana*
영명: Korean Elder
일본명: コウライニワトコ
高麗接骨木
중국명: 高麗接骨木, 蒴藋
한자명: 高麗接骨木

골속은 마치 스펀지처럼 생겼다. 수수깡과 같다고 생각하면 크게 차이가 없다. 새끼손가락 굵기만 한 골속은 꺼내서 수수깡처럼 장난감을 만들 수 있다. 이것을 분지르면 '딱!' 하고 딱총소리가 난다고 하여 딱총나무라고 이름을 붙였다. 또 골속은 현미경 실험에 빠지지 않은 재료였다. 가는 뿌리나 나뭇잎 등의 세포를 현미경으로 관찰하기 위하여 두께 0.02밀리미터 정도의 얇은 절단편(切斷片)을 만들어야 하는데, 그대로는 너무 부드러워 자르기가 어려우므로 골속에다 끼워 넣어 절단했다. 요즈음이야 얼마든지 좋은 보강 재료가 있어서 이 방법을 쓰지 않지만, 1980년대에는 식물학 책에도 소개될 정도였다.

딱총나무의 또 다른 이름은 접골목이다. 옛날 사람들은 뼈가 어긋나거나 부러지면 딱총나무의 가지를 까맣게 태워서 가루를 내고 식초를 섞어 환부에 두껍게 바르고 부목을 대어 묶어두는 방법으로 치료를 했다. 딱총나무는 부러진 뼈를 붙이는 나무로 널리 알려져 우리나라, 중국, 일본 모두 접골목이란 이름을 쓴다. 뼈붙이기 이외에도 신경통, 이뇨작용, 위장약 등 여러 가지 병 증상의 약재로 쓰인다. 유럽에서 자라는 서양딱총나무 역시 약으로 쓰이며, 열매로 만든 술은 엘더베리 와인(elderberry wine)이라 하여 상품화까지 되어 있다.

딱총나무는 전국에 걸쳐 약간 습한 곳이면 어디에서나 잘 자라는 갈잎 작은 나무다. 우리가 흔히 만나는 것은 사람 키보다 조금 큰 정도지만 크게 자라면 5~6미터에 이르기도 한다. 딱총나무는 비

◀초여름이면 벌써 열매가 빨갛게 익는다(2008.07.06. 거창)

숫한 형제가 많다. 덧나무, 지렁쿠나무, 말오줌나무 등이 있으며, 이들의 생김새가 서로 쌍둥이 뺨치게 너무 닮아서 웬만한 눈썰미로는 차이점을 찾아내기가 어렵다. 지렁쿠나무의 경우 지름이 거의 30센티미터나 되는 큰 나무를 보길도에서 만날 수 있었고, 울릉도에서 자라는 말오줌나무도 상당히 큰 나무가 있다고 한다. 딱총나무 가(家)의 식구들은 꽃과 열매가 모두 아름다워 정원수로 심어두고 감상할 만한 가치가 있는 우리 나무들이다.

딱총나무의 어린 가지는 녹색이나, 나이가 들면서 나무껍질은 회갈색으로 변하여 코르크질이 발달하고 세로로 깊게 갈라진다. 잎은 마주나기하며, 2~3쌍의 작은 잎이 모여 한 잎 대궁에 달리는 겹잎이다. 황록색의 작은 꽃은 원뿔모양의 꽃차례에 모여 피고, 팥알 굵기만 한 열매는 여름에 들어서면서 진한 붉은색으로 익는다. 초록빛 잎사귀를 그대로 두고 열매가 익기 때문에 눈에 확 띈다. 가을이 오기 전에 열매는 거의 다 떨어져 버린다. 다른 열매가 익기 전, 강렬한 색깔 대비로 먼저 새들을 유혹하겠다는 전략일 터다.

마가목

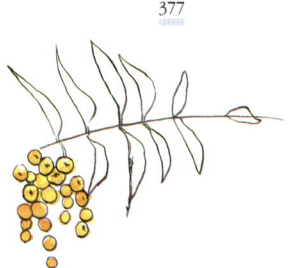

나무마다 자리 잡는 터전이 따로 있다. 낮은 개울가에서부터 높은 산꼭대기까지 곳곳마다 나무의 얼굴이 다르다. 대체로 낮은 곳에서 자라는 나무들은 조상이 좋은 땅을 물려주어 행복하게 자라지만, 높은 산에서 자라는 나무들은 어쩔 수 없이 쫓겨 와 어렵게 사는 경우가 많다.

마가목은 추위에 아랑곳하지 않는 한대수목이다. 세계적으로 80여 종이 있는 마가목은 시베리아에서도 자란다. 그러나 사람이 일부러 키우면 평지에서도 잘 적응한다. 이는 먼 옛날 마가목의 선

약으로 쓰이는 나무

가을에 들어서자마자 붉은 열매로 파란 가을 하늘을 수놓는다(2007.09.10. 대구)

마가목 겹잎과 흰 꽃(2005.05.14. 진주)

장미과
학명：*Sorbus commixta*
영명：Japanese Mountain Ash
일본명：ナナカマド七竈
중국명：欧亚花楸
한자명：馬價木, 馬牙木, 南藤, 丁公藤, 山花楸

조들은 보통 나무들처럼 낮은 곳에서도 자랐으나, 생존을 위한 치열한 경쟁을 하면서 그래도 비교적 경쟁이 덜한 추운 곳으로 차츰차츰 올라간 것임을 말해준다.

마가목은 높은 산 중턱에서부터 꼭대기에 걸쳐 자란다. 그래서 일부러 산에 올라가지 않으면 만나기 어려운 나무였다. 하지만 지금은 정원수로 널리 심고 있어서 공원이나 수목원에서도 흔히 볼 수 있다.

마가목은 계절마다 모양새가 독특하여 따로 나무 공부를 하지 않아도 찾아내기가 어렵지 않다. 우선 잎은, 긴 잎 대궁의 좌우에 작은 잎이 10여 개씩 붙어 있는 전형적인 겹잎이다. 작은 잎은 손가락 두세 마디 길이이며, 가장자리에 제법 날카로운 톱니가 촘촘하게 있어 멀리서도 마가목 잎임을 알 수 있다. 다음은 꽃이다. 늦봄에서부터 초여름에 걸쳐 가지 끝에서 여러 개의 꽃대가 올라와 우산모양으로 수많은 하얀 꽃이 핀다. 손톱 크기 남짓한 꽃이지만 무리를 이루어 피는 모습은 초록 톱니 잎과 잘 어울린다. 열매가 익어가는 여름에는 다른 나무에 섞여버려 잠시 잊어버린다. 그러다가 늦여름에서 초가을에 들어서면 갑자기 사람들의 눈을 현란하게 만든다. 수많은 꽃 핀 자리마다 굵은 콩알 굵기만 한 동그란 열매가 빨갛게 익기 때문이다. 아직 초록색 잎이 그대로인 채로 빨간 열매가 무더기를 이루므로 감히 아름다움을 겨루어보자고 할 나무가 없다.

마가목은 키 7~8미터가 고작인 중간 키 정도의 갈잎나무로서 껍질은 갈라지지 않고 매끄럽다. 마가목과 당마가목을 가장 흔히 볼 수 있다. 마가목은 잔잎의 수가 9~13개이고 겨울눈에 털이 없는 반면, 당마가목은 잔잎의 숫자가 13~15개이며 겨울눈에 흰털이 촘촘하다.

마가목 열매는 널리 알려진 약재다. 《동의보감》에는 마가목을 정공등(丁公藤)이라 하여 "풍증과 어혈을 낫게 하고 늙은이와 쇠약한 것을 보하고 성기능을 높이며 허리힘, 다리맥을 세게 하고 뼈마디가 아리고 아픈 증상을 낫게 한다. 흰머리를 검게 하고 풍사(風邪)를 물리치기도 한다"라고 했다. 그러나 중국 한약재인 정공등은 '*Erycibe obtusfolia*', 혹은 '*Erycibe schmidtii*'라는 학명을 가진 별개의 식물이다. 마가목의 덜 익은 열매에 들어 있는 소르빈산(Sorbin acid)은 살균효과가 높고 세균이나 곰팡이 증식을 억제하는 효과가 있어서 지금은 식품첨가물로 쓰기도 한다. 마가목은 열매 외에도 민간요법에서는 껍질과 잎이 신장병이나 신경통 등 여러 가지 쓰임이 있는 것으로 알려져 있다.

조선 전기의 문신 김종직은 함양군수로 재직할 때인 1472년 초가을에 지리산을 등반하고 《두류기행록(頭流記行錄)》[7]를 쓴다. 여기에는 "숲에는 마가목(馬價木)이 많아서 지팡이를 만들 만하기에 종자(從者)로 하여금 미끈하고 곧은 것만 가려서 베어 오게 하니, 잠깐 사이에 한 묶음이 가득했다"라고 했다. 이외에 《조선왕조실록》이나 《물명고》에도 같은 이름이 나오며, 《열하일기》에는 마가목(馬家木)이라 했다. 유래는 찾지 못하였으나 마가목이란 이름은 말과 연관이 있었던 것으로 짐작된다.

머귀나무

머귀나무는 제주도 및 남해안 등지의 난대림에서 자란다. 언뜻 보면 산초나무처럼 생겼는데 이 둘은 같은 속(屬)에 들어가는 형제나무다. 다만 머귀나무는 산초나무와는 비교가 안 될 만큼 잎이 크고 나무도 훨씬 굵게 자란다. 키는 6~8미터로 보통이지만 15미터 정도에 이르기도 한다.

머귀나무는 야산 자락에서 흔히 만날 수 있고, 특히 벌채한 노출지 등 햇빛이 잘 드는 곳에 먼저 자리를 잡은 선구식물이기도 하다.

약으로 쓰이는 나무

기다란 겹잎을 밑에 깔고 곧 꽃 피울 준비를 하고 있다(2004.07.10. 제주)

운향과
학명: *Zanthoxylum ailanthoides*
영명: Japanese Prickly Ash, Ailanthoides Fagara
일본명: カラスザンショウ烏山椒
중국명: 食茱萸, 椿叶花椒, 毛刺花椒
한자명: 食茱萸

잎은 가죽나무처럼 작은 잎이 여럿 모인 겹잎이며, 전체 길이가 때로는 80센티미터가 넘을 정도로 크다. 잎이 떨어진 자국(엽흔)은 유관속이 그대로 남아 있어 마치 코 없는 사람 얼굴처럼 재미있게 생겼다. 잎이나 엽흔의 모양이 모두 가죽나무와 닮았으므로 종명(種名)에도 가죽나무를 뜻하는 'ailanthoides'가 들어 있다.

머귀나무의 또 다른 특징은 잎자루와 줄기에 가시가 있다는 것이다. 가시는 어릴 때는 녹색이고 줄기와 붙은 부분에 코르크가 발달하여 동그랗게 된다. 나이를 먹으면 가시의 날카로움은 없어져도 이 코르크 부분만은 오랫동안 남아 있어서 머귀나무는 숲속에서도 쉽게 찾을 수 있다. 한여름에 가지 끝에 원뿔모양의 꽃차례를 만들어 많은 꽃이 달리고 가을이면 반질반질하고 까만 씨가 익는다. 열매 껍질은 산초나무와 마찬가지로 독특한 향기가 있다.

《월인석보》에 '오동(梧桐)은 머귀'란 구절이 있으며, 그 외에도 많은 문헌에 머귀나무는 오동나무의 옛 이름이라고 기록되어 있다. 오동나무와 모양새나 쓰임새에 있어서 아무런 관련이 없는 지금의 머귀나무가 왜 '머귀나무'라는 오동나무의 옛 이름을 빌려 쓰게 되었는지는 알려진 바가 없다. 중국 이름은 식수유(食茱萸)인데, 오수유, 산수유와 함께 수유(茱萸)란 이름이 들어간 이들은 대부분 약용식물이었다.

그러나 세종 12년(1430)에 중국 사신을 수행한 관원 노중례가 임금께 아뢰기를 "신 등이 우리나라에서 나온 약재를 가지고 가서 중국의사인 주영중(周永中)과 고문중(高文中) 등에게 보이고 검증받은

◀나무가 굵어지면서 짧고 날카롭던 가시는 없어지고 밑부분의 도톰한 흔적만 남는다(1999.08.19. 고흥)

결과 식수유(食茱萸) 등 10가지는 알 수 없다고 합니다"라고 했다. 또 식수유는 중국에서만 자라는 오수유와 명확하게 구분하여 기술하지 않은 문헌도 있어서 약재로 어떻게 쓰였는지는 알 수 없다. 한편 《해동농서》에 나오는 식수유 설명을 보면 "가죽나무처럼 키가 크고 줄기 사이에 가시가 있으며 열매는 고추처럼 맵다. 오래 저장했다가 간식용품을 만든다"라고 하여 지금의 머귀나무임을 알 수 있다.

머귀나무는 오동나무와 오수유와의 관련성 등 명확하지 않은 점이 있으나, 오늘날 남부지방의 난대림에서는 좀 특별한 모양새를 가진 나무로서 우리 눈에 잘 띈다. 작은 잎 20~30개가 모여 커다란 잎을 만들고 곧게 뻗은 줄기에 점점이 박힌 가시 자국, 초록이 더욱 깔끔해 보이는 어린 가지들도 머귀나무에서만 볼 수 있는 특징이다.

무환자나무

무환자(無患子)나무는 환자가 생기지 않는다는 뜻을 가진 환상의 나무다. 중국에서는 무환수(無患樹)라 하여 근심과 걱정이 없는 나무로 통한다. 늙어서 병들어 죽음에 이르는 인간의 원죄가 없어진다니 수많은 세상 나무 중에 이보다 더 좋은 나무가 어디 있겠는가?

무환자나무는 본래 중국에서 도교를 믿던 사람들이 즐겨 심은 나무로서 무환자란 이름이 붙게 된 사연이 있다. 옛날 앞날을 기막히게 잘 알아맞히는 이름난 무당이 있었는데, 그는 무환자나무 가지

약으로 쓰이는 나무

무환자나무 겹잎과 꽃(2009.06.22. 경북대)

작은 구슬 크기의 황갈색 열매가 겨울에도 그대로 달려 있다(2007.02.28. 진주)

무환자나무과
학명 : *Sapindus mukorossi*
영명 : Chinese Soapberry
일본명 : ムクロジ無患子
중국명 : 無患子, 木患子
한자명 : 無患樹, 黑丹子, 苦珠子

로 귀신을 때려죽였다. 그래서 나쁜 귀신들은 무환자나무를 보면 도망을 가고 싶어했다. 이를 안 사람들은 다투어 무환자나무를 베어다 그릇을 만들고 집 안에 심기도 했다. 중국에서는 기원전부터 무환자나무가 알려졌으며, 《산해경(山海經)》에는 옛 이름이 환(桓)으로 기록되어 있다. 도교 신자들을 중심으로 귀신을 물리칠 수 있는 것으로 각인된 이 나무는 자연스럽게 '무환'이란 이름을 갖게 되었다고 한다. 한 그루의 무환자나무를 뜰에다 심어두고 온갖 근심 걱정을 다 떨쳐버리면, 나무와 함께 자연히 무병장수의 행복을 누릴 수 있을지도 모른다.

무환자나무는 일본 남부, 타이완, 중국 남부, 인도 등 주로 난대나 아열대가 고향이다. 우리나라의 무환자나무는 인도가 원산지로 중국을 통하여 들어온 것으로 짐작하고 있다. 따뜻한 곳을 좋아하여 경남과 전남, 남부 섬 지방, 그리고 서해안을 따라 충청도까지 올라오기도 한다. 갈잎나무로서 키 20미터, 지름은 한 아름이 넘게 자랄 수 있다. 잎은 아카시나무 잎처럼 9~13개의 작은 잎이 한 대궁에 붙어 있다. 잎 끝으로 갈수록 뾰족하며, 뒷면에는 주름살이 많고 가장자리는 밋밋하다. 가을에 샛노랗게 물드는 단풍은 품격 있는 정원의 운치를 한층 더 높여준다.

늦봄에 원뿔모양의 꽃차례에 팥알 크기 정도의 작은 꽃이 황갈색으로 핀다. 열매는 둥글고 지름은 2센티미터 전후로 가을이 짙어갈 때 황갈색으로 익는데, 마치 고욤처럼 생겼다. 꼭지 부분에는 작은 딱지(心皮)가 살짝 입을 벌리고 있는 것 같아 귀엽고 깜직하다. 안에는 지름 1센티미터 가량의 새까만 씨가 한 개씩 들어 있다.

씨앗

이 열매는 돌덩이같이 단단하고 만질수록 더욱 반질반질해져 스님들의 염주 재료로 그만이다. 불교 경전인《목환자경》에 보면 "무환자나무 열매 108개를 꿰어서 지극한 마음으로 하나씩 헤아려 나가면 마음속 깊숙한 곳에 들어 있는 번뇌와 고통이 없어진다"라고 했다. 그래서 무환자나무의 다른 이름은 아예 '염주나무', 또는 '보리수'라고도 한다. 또 이수광의《지봉유설》〈훼목부〉에도 "열매는 구슬과 같아서 속담에 이것을 무환주(無患珠)라고 한다"라는 내용이 나온다.

무환자나무 무리를 나타내는 속(屬) 이름인 *Sapindus*는 '인도의 비누'라는 라틴어에서 유래된 말이고, 영어 이름인 소프베리(soapberry)는 아예 '비누 열매'란 뜻이다. 열매 껍질과 줄기, 그리고 가지의 속껍질에는 사포닌이라는 일종의 계면활성제가 들어 있어서 인도에서는 빨래를 할 때 우리나라의 잿물처럼 사용했다. 열매 껍질은 머리를 감는 데도 쓸 수 있다 하니 머리털을 건강하게 하고 환경 보존을 위해서라도 무환자나무의 열매를 이용해 봄직하다. 민간에서는 술을 담가 감기 치료제로 쓰였으며 열매 껍질은 거담제나 주근깨를 없애는 등 한약재로도 사용했다고 알려져 있다.

복분자딸기

복분자딸기는 나무에 열리는 여러 가지 딸기 중 한 종류다. 복분자(覆盆子)라는 말은 '동이를 뒤엎어 버리는 열매'라는 뜻이다. 동이를 지금은 쓰지 않는 요강으로 해석하여 뜻을 깊이 새겨보면, 열매를 먹은 다음은 오줌발이 강해져 요강이 뒤집어질 정도라는 것이다. 속설에 오줌 줄기의 세기는 바로 정력과 관계된다. 그래서 이름으로 본 복분자는 정력의 화신이다.

정력에 좋다면 굼벵이부터 잠자는 개구리까지 몽땅 다 먹어 치우는 세상이다. 그렇다면 복분자는 과연 기막힌 정력제일까? 우선

자줏빛 복분자딸기의 꽃과 잎(2007.05.30. 고창)

열매는 빨갛게 익기 시작하여 완전히 익으면 검정 보랏빛이 된다(2010.07.03. 남원 운봉)

장미과
학명 : *Rubus coreanus*
영명 : Korean Blackberry
일본명 : トックリイチゴ
중국명 : 毛葉插田泡, 插田泡
한자명 : 覆盆子

《동의보감》을 살펴보자. "남자의 정력이 약하고 정(精)이 고갈된 것과 여자가 임신되지 않는 것을 치료한다. 또한 간을 보하며 눈을 밝게 하고 기운을 도와 몸을 가뿐하게 하며 머리털이 희어지지 않게 한다"라고 했다. 《산림경제》 제4권 〈치약(治藥)〉 편에도 "5월경 반쯤 익은 것을 따서 뜨거운 햇볕에 말린다. 껍질과 꼭지를 없애버리고 술을 담가 먹으면 신장의 정기를 보호하고 소변이 잘 나오게 한다"라는 내용이 나온다. 이를 미루어 보아 오늘날의 비아그라 같은 당장의 효과가 나타나는 단방 약은 아니더라도, 정력에 좋은 영향을 주는 약재로 이용된 것만은 틀림없다. 다만 이름 그대로 '요강을 뒤집을 정도의 정력제'인지는 더 두고 보아야 할 일이다.

약으로서의 복분자에 대해 기록한 것 중에 주목할 만한 것이 있다. 세종 12년(1429)에 중국 황제의 생일 축하사절단으로 간 노중례는 중국 의사에게 우리나라에서 생산되는 몇몇 약재의 약효를 검증받았다. 이 중 약효를 알 수 없는 약재에 복분자가 들어 있었다. 이를 보아 우리의 복분자는 중국에서 쓰이는 약은 아니었던 것 같다. 일본에서도 약으로는 쓰지 않는다.

우리 선조들은 복분자를 약으로 쓰는 것 외에 맛있는 과일로서도 즐겨 했다. 궐 안에 심어서 임금께 올리는 과일이기도 했다. 중종 34년(1539)에 "이번에 놀라운 일이 있었다. 정원을 담당하는 내관이 철마다 나는 과일을 올리는 예에 따라 오늘 아침 복분자를 따러 후원에 들어갔더니, 바깥 성과 안의 담장 사이에 어떤 중이 숨어 있기에 이를 붙잡았다"라는 기록이 있다. 또 《임하필기》에는 "관동에서 나는 흑복분자(黑覆盆子)는 그 맛이 매우 달다. 뒤에 호남을 유람하

흰 가루 칠을 한 것처럼 줄기가 하얀 것이 복분자딸기의 특징이다(2009.03.08. 대구)

면서 흑복분자를 맛보았다"라는 내용이 나온다. 이처럼 복분자 열매는 완전히 익으면 까맣게 되고 식용으로는 이때가 가장 맛있다.

복분자딸기는 중부 이남의 산기슭이나 계곡의 양지바른 곳에 작은 무리를 이루어 자란다. 키가 3미터 정도 되나 곧추서는 것이 아니라 가지를 길게 늘어뜨린다. 갈고리 모양의 가시가 있으며, 가장 큰 특징은 줄기가 분칠을 한 것처럼 새하얗다는 것이다. 여름철에는 백분이 부분적으로 벗겨져 검붉은 줄기가 보이기도 하지만, 겨울이면 더욱 하얗게 된다. 잎은 작은 잎 5~7장으로 이루어진 겹잎이다. 꽃은 5~6월에 흰색으로 피고 열매는 7~8월에 익는데, 처음에는 붉은색을 띠다가 점차 검은색으로 변한다.

복분자는 최근 과학적인 성분 분석에서도 당분, 섬유질, 회분, 비타민, 유기산 등 여러 유용 성분들이 풍부하게 들어 있어서 건강식품으로 각광을 받고 있다. 가장 널리 알려진 복분자 제품은 술이며,

전북 고창의 복분자술이 전통주로 애용된다.

《방언유석(方言類釋)》[8]에는 복분자를 딸기라 하였고, 《동의보감》에는 복분자를 나무딸기라 하였으며, 멍덕딸기는 따로 구분했다. 둘의 차이점은 멍덕딸기는 덩굴이고 복분자는 나무라고 했다. 이를 미루어 보아 옛사람들은 복분자와 산딸기를 같은 나무로 보았고, 그 외의 목본성 딸기를 묶어서 멍덕딸기라고 한 것 같다.

산딸기 종류는 야트막한 야산의 오솔길 옆 어디에서나 볼 수 있는 흔한 나무다. 말이 나무이지 허리춤 남짓한 키로 자라며, 가지가 늘어지기도 하여 풀인지 나무인지 헷갈리기도 한다. 그래도 배고픔을 달래주는 딸기를 조랑조랑 매달아 사람이나 산짐승 모두가 고마워하는 나무다.

딸기나무 무리에는 복분자, 산딸기, 곰딸기, 멍석딸기, 줄딸기 등 20여 종이 있다. 이들은 종(種)이 다른 별개의 나무로서 모양새의 차이를 보면, 산딸기는 줄기가 붉은 갈색이며 거의 곧추서고, 잎은 보통 셋으로 갈라져서 한 잎자루에 한 개의 잎이 달린다. 줄딸기는 복분자딸기와 비슷하나, 줄기에 하얀색이 없고 잎도 훨씬 작다. 곰딸기는 줄기에 가느다란 가시가 곰의 다리처럼 털북숭이로 붙어 있다. 멍석딸기는 멍석을 깔아 놓는 것처럼 땅바닥을 기면서 자란다.

붉게 물든 붉나무 단풍의 고운 자태(2006.11.04. 안동)

옻나무과
학명: *Rhus javanica*
영명: Chinese Sumac, True Rhus
일본명: ヌルデ白膠木
중국명: 盐肤木, 麦夫杨树, 五倍子树
한자명: 千金木, 鹽膚木, 膚木, 木鹽

붉나무

가을 단풍이 아직 산자락까지 내려오지 않은 10월 초중순경부터 붉음을 자랑하는 붉나무가 가을 나들이 길에 유난히 눈에 잘 띈다. 붉나무는 햇빛을 좋아하여 다른 나무를 베어버린 벌채지에 흔히 자란다. 단풍이 드는 여러 나무 중에서 유독 붉나무만을 골라 붉음을 뜻하는 '붉'자를 붙여줄 만큼 단풍이 아름답다.

붉나무는 한때의 예쁜 단풍으로 잠시 사람의 눈을 홀리는 것에 만족하지 않는다. 그래서 옛 이름도 천금목(千金木)이다. 천금을 주어야 하는 나무라니 어디에 그런 귀한 물건을 숨기고 있는 것일까? 옛 문헌의 기록을 찾아보면, 《산림경제》에는 "천금목을 깎아 갓끈을 만들거나 구슬을 만들어 찬다"라고 하였으며, "귀신을 쫓아낸다"라고도 했다. 또 "소가 병이 들면 천금목을 베어다가 외양간에 두르거나 잎을 잘게 썰어 풀과 같이 섞어 먹이거나 끓여 먹이기도 한다"는 것이다. 그러나 이 정도로는 천금목이라고 부르기에 조금 모자람이 있다. 하지만 붉나무에서 소금이 나오고, 여러 가지 병을 고치는 귀중한 오배자라는 열매가 열린다는 사실을 알면 이해가 간다.

단풍이 들기 전부터 소녀가 긴 머리카락을 늘어뜨린 것처럼 아래로 처진 열매대궁이 우선 눈에 들어온다. 여기에 팥알 굵기만 한 동

겹잎과 밑으로 처져 열리는 붉나무 열매(2009.09.30. 안동)

그런 열매가 헤아릴 수 없이 열리는데, 가을이 되면 겉에 하얗게 밀가루를 발라둔 것처럼 변한다. 여기에는 칼륨염 결정이 포함되어 있어서 익으면 제법 짠맛이 난다. 옛날 산골에서는 이를 모아 두었다가 소금 대용으로 쓰기도 했다. 능금산칼슘이 주성분이므로 나트륨이 들어 있는 일반 소금과는 근본이 다르다. 그래서 붉나무의 또 다른 이름은 염부목(鹽膚木), 혹은 목염(木鹽)이다.

붉나무의 잎은 깃꼴 겹잎인데, 9~13개씩 작은 잎을 달고 있는 잎 대궁에는 좁은 날개가 붙어 있는 것이 특징이다. 여기에는 진딧물 종류인 '이부자진딧물'이 기생하여 잎의 즙액을 빨아먹으면 그 자극으로 주변이 풍선처럼 부풀어올라 거기에 벌레집을 만든다. 안에 들어간 진딧물은 단위생식을 반복하여 개체숫자를 늘리고, 계속 즙액을 먹으면서 벌레집을 점점 더 크게 만든다. 가을이 되면 아기 주먹만 한 벌레집이 생기는데, 안에는 약 1만 마리의 진딧물

소금기가 포함된 하얀 열매 껍질과 타닌 덩어리인 오배자 벌레집(2006.09.19. 안동 도산서원)

이 들어 있다고 한다. 이 진딧물이 다 자라서 구멍을 뚫고 탈출하기 전에 벌레집을 모아 삶아서 건조한 것이 오배자(五倍子)다. 오배자에는 타닌이 많게는 50~70퍼센트를 함유하고 있어서 가죽을 다루는 데 꼭 필요하고, 검은 염료를 얻을 수 있어서 머리 염색약의 원료가 되기도 한다.

오배자는 약재로도 널리 쓰였다. 《동의보감》에 보면 오배자를 '붉나무 열매'라 하여 속에 있는 벌레를 긁어 버리고, 끓는 물에 씻어서 사용했다고 한다. "폐에 풍독이 있어서 피부가 헐거나 버짐이 생겨 가렵고 고름, 또는 진물이 흐르는 것을 낫게 한다. 다섯 가지 치질로 하혈이 멎지 않는 것, 어린아이의 얼굴과 코에 생긴 감창(疳瘡), 어른의 입안이 헌 것 등을 낫게 한다"라고 했다.

붉나무는 산자락의 양지바른 곳이면 우리나라 어디에서나 잘 자란다. 키 6~7미터 정도, 지름이 발목 굵기 정도가 되면 거의 다 자란 나무다. 빨리 자라는 나무이고 수명이 짧아 기껏해야 수십 년이 지나면 죽음을 맞는다. 암수가 다른 나무이고, 여름철에 원뿔모양의 꽃차례에 연노란색의 꽃이 핀다. 꽃대는 곧추서 있으나 열매가 익으면서 무게 때문에 점점 밑으로 처진다.

붉나무는 옻나무나 개옻나무와 모양새가 비슷하다. 보통 붉나무는 옻이 오르지 않지만 피부가 예민한 사람들은 옻이 오르는 경우도 있다고 하니 주의가 필요하다. 붉나무는 겹잎 잎자루에 날개가 있으므로 조금만 관심 있게 보면 옻나무와는 금세 구분할 수 있다.

산수유

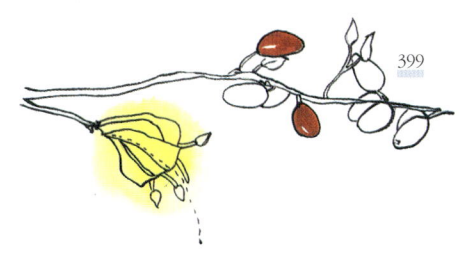

가지마다 줄줄이 매달려 있는 산수유 붉은 열매 사이로 올려다보는 가을 하늘은 유난히 맑다. 구름 한 조각이라도 떠 있다면 정말 환상적이다. 가까이 가서 열매를 엄지와 검지로 살살 만져본다. 탱탱한 육질에 매끄럽고 곱디고운 붉은 살결이 아름다운 청춘의 상징처럼 느껴진다. 산수유가 1년 중 가장 고혹적인 모습일 때다. 강렬한 붉은색으로 새들을 꼬여내어 자손을 널리 퍼뜨리겠다는 계산이 있어서다.

가을이면 붉은 열매가 열리는 나무가 여럿 있다. 새들을 꼬이는

약으로 쓰이는 나무

활짝 핀 산수유 꽃(2009.03.02. 경북대)

방법을 전문화하지 않으면 경쟁에서 밀리기 마련이다. 그래서 산수유는 가을에 들어서자마자 아직 파란 잎사귀를 그대로 달고서 남보다 먼저 붉은 열매를 매단다. 물량공세도 동시에 편다. 수천수만 개의 헤아릴 수 없이 많은 열매가 온통 나무를 뒤덮어 버린다. 이래도 날 쳐다보지 않겠냐는 적극적인 애정공세다.

김종길 시인의 〈성탄제(聖誕祭)〉를 읽어본다.

어두운 방 안엔/빠알간 숯불이 피고,//외로이 늙으신 할머니가/애처로이 잦아드는 어린 목숨을 지키고 계시었다//이윽고 눈 속을/아버지가 약을 가지고 돌아오시었다//아, 아버지가 눈을 헤치고 따오신/그 붉은 산수유 열매……//서러운 서른 살 나의 이마에/불현듯 아버지의 서느런 옷자락을 느끼는 것은,//눈 속에 따오신 산수유 붉은 알알이/아직도 내 혈액 속에 녹아 흐르는 까닭일까

가난한 아버지가 아픈 어린 아들에게 겨우 산수유밖에 따다 줄 수 없는 현실을 아련한 추억으로 처리하여 잔잔한 감동을 주는 시다. 이처럼 산수유 열매는 아주 옛날부터 약재로 널리 쓰였다. 서리가 내린 늦가을 날 열매를 수확하여 씨앗을 빼고 말린 것을 약으로 쓴다. 육질은 사람에게 약으로 주고 버려지는 씨앗으로는 새 말고도 종족번식의 목적을 달성하자는 것이다.

《동의보감》에 산수유는 "음(陰)을 왕성하게 하며 신정과 신기를 보하고 성기능을 높이며 음경을 단단하고 크게 한다. 또한 정수(精

◀빨간 산수유 열매와 코발트 빛 가을 하늘은 환상적인 어울림이다(2006.11.14. 전주)

활처럼 휜 독특한 잎맥과 익기 시작하는 열매(2010.07.25. 대구)

髓)를 보해 주고 허리와 무릎을 덥혀 주어 신을 돕는다. 오줌이 잦은 것, 늙은이가 때 없이 오줌 누는 것, 두풍과 코가 메는 것, 귀먹는 것을 낫게 한다"라고 했다. 이처럼 산수유는 사람들이 좋아하는 전형적인 정력 강장제다.

산수유는 잎이 나오기 전의 이른 봄날 다른 어떤 나무보다 먼저 샛노란 꽃을 잔뜩 피운다. 손톱 크기 남짓한 작은 꽃들이 20∼30개씩 모여 조그만 우산모양을 만들면서 나뭇가지가 잘 보이지 않을 정도로 뒤덮는다. 우리나라 어디에서나 심어서 키우고 있으며, 수십 그루 또는 수백 그루가 한데 어울려 꽃동산을 이루는 모습은 새 생명이 움트는 봄날의 가장 아름다운 풍광 중 하나다. 지리산 상위마을, 경북 의성 사곡마을, 경기 이천 백사마을 등은 산수유가 집단으로 자라는 대표적인 곳이다.

산수유는 중국의 중서부 지방이 고향이라고 알려져 있으나, 우리

우리나라에서 가장 오래되고 굵은 구례 계천리의 산수유 고목(2009.03.23.)

나라 중부지방에서도 자생했다는 주장이 있다. 문헌으로는 신라 경문왕(861~875) 때 대나무 숲을 베어버리고 산수유를 심었다는《삼국유사》의 기록이 처음이다. 실물로는 전남 구례 계천리에 자라는 키 16미터, 뿌리목 둘레 440센티미터, 나이 300~400년으로 짐작되는 고목이 우리나라 최고 나무다.

  산수유는 보통 키가 10미터 정도 자라고, 가지가 펴져 전체적으로 역삼각형 모양을 이룬다. 줄기 껍질은 암갈색으로 비늘처럼 조금씩 벗겨진다. 주로 약용식물로 심어 왔었으나 요즈음에는 정원수로 오히려 더 각광을 받고 있다. 잎은 마주나기하고 끝이 점점 뾰족해지는 타원형이다. 4~7쌍의 잎맥이 활처럼 휘어져 있고, 뒷면의 잎맥 사이에는 갈색 털이 촘촘하다. 여름날의 초록에 묻혀버린 산수유는 지나치기 쉽지만, 가을의 붉은 열매와 이른 봄날의 노란 꽃으로 1년에 두 번 우리를 즐겁게 해준다.

천연기념물 174호 안동 송사리 소태나무 고목. 봄이 되어 겨우 새싹을 내밀었으나 죽음 직전이다 (2009.05.03.)

소태나무과
학명 : *Picrasma quassioides*
영명 : Bitter Wood, Bitter Ash
일본명 : ニガキ苦木
중국명 : 苦木, 苦楝, 黃楝
한자명 : 苦木, 黃楝樹

소태나무

음식의 간이 맞지 않아 너무 짜거나 쓴맛이 나면 흔히 '소태맛'이라고 한다. 알려진 그대로 소태나무는 지독한 쓴맛을 가지고 있다.

학생들과 수목채집을 나가면 소태나무만은 그냥 이름을 알려주지 않는다. 내가 처음 나무 공부를 할 때 배운 방법을 그대로 쓴다. 나란히 붙어 있는 잎을 하나씩 떼어서 주고 어금니로 꼭꼭 씹어보라고 한다. 눈치 빠른 학생들은 뭔가 이상한 낌새를 채고 앞니로 조금씩 깨문다. 그러나 대부분은 그대로 따랐다가 '퉤퉤!' 하고 온통 난리가 날 때쯤에야 비로소 "이게 바로 소태나무다"라고 일러준다. 물로 헹궈도 한 시간 넘게 입안에 쓴맛이 그대로 남아 있다. 그래서 한 번 그 '쓴맛'을 보게 되면 결코 잊어버릴 수 없는 나무다. 아울러서 긴긴 인생을 살아가면서 아무리 천하 운수대통을 타고났다 하더라도 소태맛을 볼 때가 한두 번은 꼭 있다는 것을 늘 강조한다. 쓴맛을 알아야 진정한 단맛도 알 수 있는 법이다.

쓴맛의 근원은 콰신(quassin), 혹은 콰시아(quassia)라고 부르는 물질 때문이다. 이 물질은 잎, 나무껍질, 줄기, 뿌리 등 소태나무의 각 부분에 골고루 들어 있으며, 특히 줄기나 가지의 안 껍질에 가장 많다. 콰신은 위장을 튼튼히 하는 약재, 살충제, 또는 염료로도 사용하였으며, 맥주의 쓴맛을 내는 호프 대용으로 쓰이기도 했다.

갓 피어난 소태나무 꽃과 겹잎(2002.05.11. 문경)

옛날에는 아이 젖을 뗄 때 이용했다. 동생을 보고도 좀처럼 젖을 떼지 않는 아이가 있다. 엄마는 소태나무 즙을 젖꼭지에 발라둔다. 그러면 사생결단으로 엄마 젖에 매달리던 녀석도 소태맛에 놀라 젖꼭지 가까이에는 오지도 않는다. 소태나무 즙은 아이에게 해롭지 않고 쉽게 얻을 수 있으며, 위장까지 튼튼하게 하니 그야말로 일석이조다.

《본초강목》에는 "봄과 가을에 채취하여 껍질을 벗겨 햇볕에 말려두었다가 위장염에 쓰거나 화농, 습진, 화상을 비롯하여 회충구제에도 쓰인다"라고 했다. 또 민간약으로 건위제, 소화불량, 위염 및 식욕부진 등 주로 위장을 다스리는 약으로 이용되기도 한다.

소태나무는 우리 주변에도 비교적 흔한 나무로서 소태골, 소태리 등의 지명이 들어간 지역은 소태나무가 많이 자랐던 곳이다. 소태나무는 우리나라 어디에서나 잘 자라며, 한때 껍질을 벗겨 섬유로

늦여름, 붉은빛이 도는 열매가 보인다(2008.08.23. 청송 하속리)

도 사용했기 때문에 주위에 큰 나무를 찾아보기가 어렵다. 그래도 보호수로 지정된 고목이 10여 그루가 있고, 소태나무로서는 유일하게 안동시 길안면 길안초등학교 길송분교 뒷마당에서 자라는, 천연기념물 174호로 지정된 소태나무는 지름이 거의 한 아름이나 되는 거목이다.

　소태나무의 어린 가지는 붉은빛이 도는 갈색의 매끄러운 바탕에 황색의 작은 숨구멍이 흩어져 있고, 가지는 흔히 층층나무처럼 층을 이루는 경향이 있다. 잎은 작은 달걀모양으로 한 대궁에 12~13개씩 붙어 있고, 가지에는 어긋나기로 달린다. 암수 딴 나무로서 꽃은 초여름에 피며, 황록색의 작은 꽃이 둥그스름한 꽃차례에 여럿이 모여서 핀다. 열매는 콩알만 하고 초가을에 붉은빛으로 익는다. 가을의 노란 단풍이 아름답다.

순비기나무는 바닷물을 가끔 뒤집어쓰며 해수욕장 모래사장을 기어 다니며 자란다
(2007.08.28. 완도 신지도)

마편초과
학명: *Vitex rotundifolia*
영명: Beach Vitex
일본명: ハマゴウ浜栲
중국명: 单叶蔓荆
한자명: 蔓荊子, 白蒲姜, 埔荊

순비기나무

순비기나무는 바닷가에서 짠물을 뒤집어쓰고도 잘 자란다. 동으로는 구룡포에서 남해안을 거쳐 서해안을 누비고 백령도 콩돌 해안까지 우리나라 남서부와 제주도를 포함한 섬 지방의 바닷가 어디에서나 만날 수 있다.

순비기나무는 통기성이 좋은 자갈밭이나 모래사장에서 흔히 자란다. 모래 위를 기어 다니면서 터전을 넓혀 방석을 깔아놓듯이 펼쳐나가므로 덩굴나무처럼 보인다. 바닷바람에 모래가 날리는 것을 막아줄 지표고정 식물로 가장 적합하다.

오래된 줄기는 거의 팔목 굵기 정도에 이르지만, 대부분 손가락 굵기의 줄기가 이리저리 뻗는다. 넓은 타원형의 잎은 마주보기로 달리며, 가장자리가 밋밋하고 초록 바탕에 은빛을 띤다. 잎 뒷면에는 회백색 털이 빽빽이 나 있어서 하얗게 보인다. 늦여름에 피는 보라색 꽃도 일품이다. 동전 크기만 한 꽃이 원뿔모양으로 꽃대를 타고 올라오면서 핀다. 아래 꽃받침은 유난히 긴 토인들의 아랫입술 같기도 하고 어찌 보면 술잔을 닮았다. 이색적인 꽃 모양과 함께 푸른 바다를 앞으로 두르고 흰 모래사장을 융단처럼 뒤덮고 있는 연보라색 꽃은 해수욕 시즌이 끝나고 조금은 을씨년스러워진 해수욕장의 풍경을 오히려 낭만으로 채워준다.

약으로 쓰이는 나무

가까이서 본 순비기나무의 보라색 꽃과 타원형의 잎(2007.08.28. 완도 신지도)

꽃이 지고나면 콩알 굵기만 한 열매가 열리고 겉에는 코르크로 무장한다. 가볍고 물에 잘 뜨며 방수기능까지 갖춘 코르크로 치장을 하였으니 종족을 번식시킬 만반의 준비를 한 셈이다. 또 유연한 적응력은 까다로운 나무들이 타산지석으로 삼을 만하다. 자기가 처한 곳이 따뜻한 남쪽지방이면 겨울에도 잎을 달고 있는 상록수였다가, 백령도와 같은 좀 북쪽에서 자라게 되면 겨울에 잎을 떨어뜨리는 낙엽수가 된다. 그래서 순비기나무는 일본과 동남아시아는 물론 호주까지 자람 터를 넓힌 마당발나무다.

순비기나무는 예부터 약으로도 그 쓰임이 널리 알려져 있다. 《동의보감》에 보면 "풍으로 머리가 아프며 골속이 울리는 것, 눈물이 나는 것을 낫게 하며 눈을 밝게 하고 이빨을 튼튼히 하며, 수염과 머리털을 잘 자라게 한다. 습비(濕痺)로 살이 오그라드는 것을 낫게 하며, 촌충과 회충을 없앤다. 술에 축여서 찌고 햇빛에 말린 다음 짓찧어

원래 늘푸른나무이지만 조금 추운 지방에서는 겨울에 잎을 떨어뜨리는 낙엽수가 된다
(2009.04.25. 백령도 콩돌해안)

서 쓴다"라고 했다. 그 외에도 "열매를 가을에 채취하여 햇볕에 말린 다음 베개에 넣어두면 두통에 효과가 있다"고도 한다. 잎과 가지에는 향기가 있어서 목욕탕 물에 넣어 향료로 쓰기도 한다.

　이처럼 약으로 여러 쓰임이 있지만, 순비기나무는 그중에서도 특히 두통치료 효과가 가장 널리 알려져 있다. 두통이 생기는 이유가 적어도 수십 가지는 될 터이니 실제로 어떤 두통에 영향을 미치는지는 아직 듣지 못했다. 다만 깊은 바다에서의 물질로 평생 두통에 시달리는 제주 해녀들과 관련지어 생각해볼 수 있다. 해녀들이 물속에서 숨을 참고 있다가 물 위로 올라오면서 내는 숨소리를 '숨비소리', 혹은 '숨비기 소리'라고 한다. 순비기라는 나무 이름은 여기서 유래된 것으로 보인다. 순비기나무는 해녀들의 만성두통 치료제로 애용되었고, 또 그녀들의 숨비소리까지 들어주는 나무로 더 큰 사랑을 받지 않았나 싶다.

까맣게 익은 오갈피나무 열매(1998.11.11. 강화도)

두릅나무과
학명: *Acanthopanax sessiliflorus*
영명: Siberian Ginseng, Chinese Magnolia Vine, Eleuthero
일본명: マンシウウコギ五加皮
중국명: 五加皮
한자명: 五加皮

오갈피나무

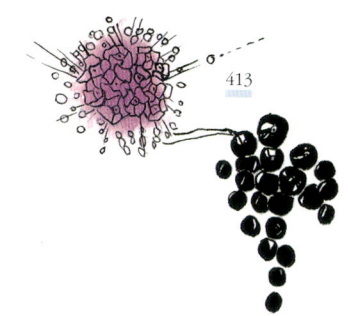

최근 자연식품에 대한 관심이 높아지면서 우리 산야에서 자라는 전통 약용식물을 찾는 이들이 부쩍 늘었다. 온라인상에 관련 사이트만도 수십 개에 이르고 약용식물을 다룬 서적이 베스트셀러가 되는 세상이다.

오갈피나무는 우리나라 약용식물의 대표라고 할 수 있을 만큼 널리 알려진 나무다. 사람 키 남짓하게 자라는 숲속의 평범한 작은 나무일 뿐이지만, 오갈피나무는 예부터 약나무로 유명했다. 잎은 손바닥을 펼친 듯 다섯 개로 갈라지는 겹잎이며, 흔히 껍질을 약에 쓰므로 중국 이름은 오가피(五加皮)다. 우리도 오가피라고 그대로 쓰는 경우가 흔하나, 정식 이름은 오갈피나무다.

《동의보감》에 보면 오가피는 "힘줄과 뼈를 든든히 하고 의지를 굳게 하며 허리와 등골뼈가 아픈 것, 두 다리가 아프고 저린 것, 뼈마디가 조여드는 것, 다리에 힘이 없어져 늘어진 것 등을 낫게 한다"라고 했다. 또 《산림경제》 제1권 〈복식·섭생〉 조에는 다음과 같은 내용이 나온다. "옛사람들은 오가피로 술을 만들면 황금도 이보다 귀중하다고 말할 수 없다"라고 하였으며, 또 "오가피는 대개 상품의 영약(靈藥)이다. 술을 만들면 크게 몸을 보(補)하고 차처럼 끓여 먹어도 좋은 효과가 있다. 여름에는 껍질을 채취하고 겨울에는 뿌리를 채취한다"라고 했다.

게다가 오가피주를 담그는 방법에 대하여 껍질을 벗기는 시기와 물의 양 및 쌀을 어느 정도, 또 어떻게 넣을 것인지 등을 상세하고도 구체적으로 기록하고 있다. 오가피주는 약술로서 임금의 병에도 처방할 정도였다. 선조 31년(1598)에 약방관원이 임금의 병에 대한 처방을 아뢰면서 "오가피주는 맛이 맵고 독하기는 하나 숙수(熟水)[9]를 조금 타서 바람 불고 추우며 비오는 날에 드시는 것이 좋습니다"라고 했다. 오늘날도 오가피주는 자양강장주로 여전히 애용되고 있다.

이렇게 우리의 옛 기록에 남아 있는 오가피를 찾아보면 약으로의 쓰임이 끊임없이 나온다. 물론 우리나라뿐만 아니라 중국과 일본에서도 약으로 널리 알려져 있다. 오갈피나무의 약리작용은 지금도 수많은 연구가 진행되고 있으며, 실제 응용사례도 있다. 오갈피나무의 잎은 인삼 잎과 생김새가 거의 같고 둘 다 두릅나무과이며, 유연관계도 가까운 사이다. 이에 착안한 구소련의 과학아카데미에서는 오갈피나무의 약리작용을 연구하여 강장제로 인정을 받아 1964년부터 엑기스를 생산했다. 이후 1980년 모스크바 올림픽 때 자국 선수들에게 공급하여 화제가 되기도 했다. 'Acanthopanax'라는 오갈피나무의 속(屬)명은 가시를 뜻하는 아칸토스(Acathos)와 인삼을 의미하는 파낙스(Panax)가 합쳐진 말이다. 영어 이름은 아예 '시베리아 인삼'이다.

오갈피나무는 전국 어디에서나 자라며 일본과 중국 북부, 시베리아까지 동북아시아에 널리 분포한다. 여러 줄기가 나와 포기를 이

작은 꽃이 여러 개 모여 공 모양을 만들고, 연보라색의 꽃이 예쁘게 핀다(2002.08.24. 경기 광릉)

루어 자라는 경우가 많고 가시가 있다. 잎은 주로 다섯 개가 긴 잎대궁에 달리지만 세 개인 경우도 있으며, 긴 타원형의 잎은 손가락 길이 정도다. 꽃은 늦여름에 여러 개의 작은 꽃이 모여 탁구공 모양으로 가지 끝에서 쑥 올라와 연한 보랏빛으로 핀다. 꽃 모양 그대로 10월경에 팥알 굵기만 한 작은 열매가 모여 장과(漿果)로 까맣게 익는다. 잎과 꽃, 그리고 열매로 이어지는 생장과정 모두가 예쁜 모습이어서 정원수나 울타리 나무로 심어도 좋다.

오갈피나무는 우리나라에 일곱 종이 자라며, 모두 약용으로 쓰인다. 그중에서도 털다리게가 연상될 정도로 줄기에 바늘가시가 촘촘히 난 가시오갈피나무가 가장 약효가 좋다고 알려져 있다.

굵은 콩알 크기만 한 붉은 열매가 작은 포도송이처럼 조롱조롱 매달린다(2010.09.09. 영주)

오미자과
학명:*Schizandra chinensis*
영명:Schizandra
일본명:チョウセンゴミシ 朝鮮五味子
중국명:五味子
한자명:五味子

오미자

나무 이름의 끝 글자가 자(子)이면 열매나 씨앗을 약용으로 쓰는 경우가 많다. 구기자, 복분자와 함께 오미자(五味子)는 자 자 돌림의 대표 약나무다.

  열매를 먹어보면 신맛, 단맛, 쓴맛, 짠맛, 매운맛의 다섯 가지 맛이 모두 섞여 있다 하여 오미자다. 실제로 미각이 얼마만큼 발달해야만 이 다섯 가지 맛을 다 구분할 수 있을까? 미각이 둔한 나는 기껏 찝찔한 맛을 느낄 따름이다. 오미자 화채나 차를 먹어보면 신맛이 강하여 그저 시금털털하다는 느낌이다. 《산림경제》에 보면 "육질은 달고도 시며 씨앗은 맵고도 써서, 합하면 짠맛(鹹味)이 나기 때문에 오미자라고 한다"라고 했다.

  오미자는 중국과 일본에서도 자라지만 우리나라에서 나는 것을 최고로 친 것 같다. 《세종실록지리지》에는 전국 대부분 지역의 특산물로 기재되어 있으며, 세종 때는 50근에서 많게는 200근까지 중국에 보냈다는 기록들이 여러 번 나온다. 또 세종, 세조 때에는 일본에도 오미자를 특별히 보내준 기록들이 있다. 오늘날 오미자의 일본 이름을 '조선오미자'라고 쓰는 것도 우리의 오미자를 더 선호했다는 증거다.

  오미자는 갈잎 덩굴나무로서 우리나라 어디에서나 만날 수 있다.

산기슭이나 계곡 등 수분이 많고 비옥한 땅을 좋아하고, 다른 나무를 타고 올라가면서 자란다. 약용으로의 수요가 많아 적어도 조선왕조 이전부터 밭에 심어서 키워왔으며, 지금도 경상북도 문경을 비롯하여 대량으로 재배하는 곳이 많다. 잎은 넓은 타원형으로 손바닥 반만 한 크기에 잎자루는 붉은 기가 있다. 꽃은 여름에 잎겨드랑이에서 작은 동전 크기로 피는데, 연분홍이거나 거의 흰색이다. 꽃이 지고 나면 꽃턱(花托)이 길게 자라 앵두처럼 빨갛고 굵은 콩알 크기의 열매가 포도송이처럼 조롱조롱 열린다. 암수가 다른 나무이므로 같이 심어야 열매를 맺는다.

오미자의 약효에 대해서는 여기에 다 옮겨 적을 수 없을 만큼 현란하다. 《조선왕조실록》에는 임금에게 오미자탕을 올린 기록이 여러 번 나온다. 오미자는 폐와 신장 보호에 특효가 있다고 하여 한방에서는 치료약과 보약 재료로 거의 빠지지 않는다. 그 외에 혈액순환을 원활하게 하여 혈압을 내리며, 당뇨에도 좋고 감기 예방에도 효과가 있다고 한다. 최근에는 오미자의 성분을 추출하여 여러 가지 임상실험을 거쳐 각종 질병의 치료 효과를 밝히고 있다.

《동의보감》에는 "몸이 약하고 몹시 여윈 것을 보하며, 눈을 밝게 하고 신장을 덥히며, 양기를 세게 한다. 남자의 정(精)을 돕고 음경을 커지게 한다. 소갈증(당뇨병)을 멈추게 하고, 열이 나고 가슴이 답답한 증상을 없애주며, 술독을 풀고 기침이 나면서 숨이 찬 것을 치료한다"라고 기록되어 있다. 오미자는 인삼과 거의 같은 수준의 귀한 약재로서 널리 애용되었다.

오미자 종류로는 흑오미자와 남오미자가 있다. 《성호사설》에는

꽃은 연분홍이거나 거의 흰빛이다(2009.05.31. 태백산, ⓒ황영목)

약으로 쓰이는 나무

"탐라과품으로서 오미자가 있는데, 빛은 새까맣고 크기는 새머루와 같으며 맛도 달다. 제주 사람들은 이를 주안상에 쓴다. 마를수록 맛이 더 진기가 있으니 이상하다"라고 했다. 또 조선 숙종 29년(1703)에 제주목사 이형상이 "제주도의 오미자는 세상에서 뛰어난 맛이 있으므로 먼저 임금께 올리는 것이 도리라고 생각하여 다섯 말을 올려 보내고자 합니다"라고 한 말이 실록에 실려 있다. 이 오미자가 바로 제주 특산인 흑오미자이며, 오미자와 비슷하나 열매가 짙은 청색에서 거의 검게 익는다.

　남오미자는 남쪽 섬 지방에서 자라며 상록 나무덩굴이고, 오미자나 흑오미자와는 속(屬)이 다르다. 익은 열매는 오미자와 같은 붉은 색이나, 공처럼 둥글게 열리므로 모양이 포도송이처럼 길게 늘어지는 오미자와 구분할 수 있다. 흑오미자와 남오미자도 쓰임은 오미자와 거의 같다.

두릅나무과
학명: *Kalopanax septemlobus*
영명: Castor Aralia
일본명: ハリギリ刺桐
중국명: 刺楸
한자명: 刺桐, 刺楸, 海桐木

음나무

음나무는 이른 봄날 유난히 굵고 큰 새싹을 내민다. 음나무의 꿈과 희망이 모두 들어 있는 귀중한 새싹이지만 불행히도 쌉쌀하고 달콤하면서 부드럽게 씹히는 맛 때문에 사람은 물론이고 초식동물들은 모두 숨넘어가게 좋아한다. 그대로 있다가는 살아남을 수가 없다. 사정이 이렇다 보니 뭔가 특별한 보호대책이 필요했다. 그래서 날카롭고 험상궂게 생긴 가시가 새 가지를 촘촘하게 완전히 둘러싸도록 유전자 설계를 해두었다. 감히 범접할 엄두를 내지 못하게 하는 것이다. 재미있는 현상은 이런 가시는 어릴 때만 갖는다는 것이다. 나무가 자라 굵기가 굵어지면 가시는 차츰 없어진다. 큰 나무 꼭대기까지 올라오는 초식동물은 음나무가 자라는 온대지방에는 없다는 것을 경험으로 알아낸 것이다.

아무리 방비가 튼튼해도 사람의 손은 피할 수 없다. 봄이면 사람들의 손에 의해 잘려져 계절의 별미로 식탁에 오른다. 두릅보다 쌉쌀하고 감칠맛이 좋아 식도락가들에게는 더 인기다. 못된 인간들이 손에 닿는 대로 음나무 새싹뿐만 아니라 굵은 나무까지 베어 눕히고 몽땅 다 따가 버리는 현장을 등산길에서 심심찮게 만날 수 있다. 초식동물은 따돌렸지만 사람들 등쌀에 우리 산의 음나무는 두

약으로 쓰이는 나무

◀어린 음나무 가지에는 이렇게 험상궂은 가시가 촘촘히 박혀 있다(2006.03.23. 나주)

천연기념물 164호 창원 신방리 음나무. 척박하고 메마른 땅에서도 생명을 이어간다(2009.02.27.)

릅나무와 함께 멸문지화(滅門之禍)를 당할 기로에 서 있다.

옛사람들은 음나무를 대문 옆에 심어두거나, 가시 많은 가지를 특별히 골라 문설주나 대문 위에 가로로 걸쳐 두어 잡귀를 쫓아내고자 했다. 험상궂은 가시가 돋아 있는 음나무 가지는 시각적으로 귀신이 싫어한다고 생각한 것이다. 또 저승사자가 검은 도포자락을 펄럭이고 다니듯이, 잡귀도 도포를 입고 다닌다고 상상한 것 같다. 음나무 가시는 도포를 입은 귀신에게는 신경 쓰이는 존재일 수밖에 없다. 적어도 도포자락을 걷어 올려야 하는 불편함을 감수해야 할 터다.

음나무가 이렇게 '벽사(辟邪) 나무'로 인식된 탓에 경남 창원시 신방리의 천연기념물 제164호로 지정된 음나무를 비롯하여 마을을 지켜주는 당산나무로 보호받는 곳이 50여 군데나 된다. 경기도 민속자료 제8호인 일산 호수공원 부근의 '밤가시 초가'의 대문 위에

오리발 모양의 커다란 잎을 달고 많은 꽃을 피운다(2002.07.05. 청원 공북리)

는 가시가 촘촘한 음나무 가지가 가로로 얹혀 있다.

 음나무는 엄나무라고 부르기도 한다.《동의보감》,《역어유해》, 《물명고》 등 옛 문헌에는 '엄나모'라고 기록되어 있고, 옥편과 국어사전에는 엄나무라고 표기한다. 가시가 엄(嚴)하게 생겨서 붙여진 이름이라는 엄나무가 모양새의 특징을 더 잘 나타내는 것 같다. 그러나 국가식물표준목록에는 음나무가 올바른 이름으로 등록되어 있다.

 음나무는 물갈퀴가 달린 오리발처럼 생긴 커다란 잎이 특징이다. 옛사람들은 오동나무 잎과 비슷한데 가시가 있다는 뜻으로 자동(刺桐)이라 했다. 다른 이름인 해동목(海桐木) 역시 오동나무 잎을 비유한 이름이다. 키 20미터, 줄기둘레가 두세 아름에 이를 수 있으며 자람 속도도 굉장히 빠르다. 음나무 껍질은 해동피(海桐皮)라고 알려진 약재다.《동의보감》에는 "허리나 다리를 쓰지 못하는 것과 마비되고 아픈 것을 낫게 한다. 적백이질, 중악과 곽란, 감닉, 옴, 버짐, 치통 및 눈에 피가 진 것 등을 낫게 하며 풍증을 없앤다"라고 했다.

더위가 한창인 여름날 가지 끝마다 한 뼘이나 되는 커다란 꽃차례에 손톱 크기의 연노랑 꽃이 무리를 이루어 핀다. 《홍재전서》를 비롯한 옛 문헌에서 '음나무꽃(刺桐花)'의 아름다움을 읊조린 시가를 가끔 읽을 수 있다. 열매는 콩알 굵기로 까맣게 익으며 말랑거리는 과육 안에 씨앗이 들어 있다. 새들이 먹고 위장을 통과하는 동안 두꺼운 씨앗 껍질이 얇아져서 배설되는 과정을 밟아 자손을 퍼뜨린다.

음나무 목재는 나이테에 굵은 물관이 한 줄만 있는 독특한 세포구조를 가지고 있다. 황갈색의 아름다운 무늬와 목질이 가볍고 연하여 가공하기 쉬워 가구나 악기 등 여러 생활용구로 널리 쓰인다. 특히 '금슬이 좋다'고 할 때의 슬(瑟)이란 악기는 앞판은 오동나무, 뒤판은 음나무나 밤나무로 만들어 25줄을 매어서 탄다.

인동덩굴

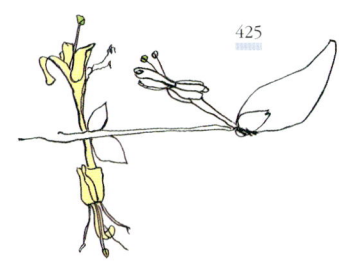

인동덩굴의 옛 이름은 겨우살이넌출이다. 겨울을 살아서 넘어가는 덩굴이란 뜻이니 생태적인 특성에 딱 맞는 이름이다. 인동덩굴은 제주도에서부터 중부지방에 걸쳐 만날 수 있고, 비교적 따뜻한 곳을 좋아하며 약간 수분이 있고, 햇빛이 잘 드는 길가나 숲 가장자리에서 잘 자란다.

남쪽지방에서는 겨울에도 거의 잎을 달고 있으나 북쪽 지방으로 올라갈수록 잎 일부가 남아서 반상록(半常綠) 상태로 겨울을 넘긴다. 그만큼 어려운 환경이 닥쳐도 잘 버틸 수 있는 강인한 식물이

약으로 쓰이는 나무

인동덩굴의 한 품종인 붉은인동덩굴 (2006.06.01. 정선)

갓 피어난 흰 꽃과 시간이 좀 지나 노랗게 된 꽃이 함께 피어 있어서, 다른 이름은 금은화다
(2010.05.28. 김해)

인동과
학명: *Lonicera japonica*
영명: Japanese Honeysuckle
일본명: スイカズラ吸い葛
중국명: 忍冬, 金银花
한자명: 忍冬, 忍冬草, 金銀花, 左纏藤, 老翁鬚草

다. 우리나라, 일본, 타이완, 중국을 고향으로 하는 인동덩굴은 유럽과 미국에도 진출했다.

고향땅에서의 인동덩굴 대접은 각별했다. 우선 약용식물로서는 보정강장제에서부터 이뇨제까지 두루 쓰였다. 《동의보감》에는 "오한이 나면서 몸이 붓는 것과 발진이나 혈변에 쓰며 오시(五尸)를 치료한다"라고 했다. 《조선왕조실록》에 보면 "정조 10년(1785)에 앓아누운 세자에게 인동차를 올려 세자의 피부에 열이 시원하게 식고 반점도 상쾌하게 사라졌다"라는 기록이 나온다. 순조 14년(1813)에는 의관이 임금을 진찰하고 "다리에 약간 부기가 있는 듯하므로 인동차를 드시게 했다"라는 기록이 있다. 인동차는 단순히 마시는 차가 아니라 왕실에서 애용한 약용 차였다. 그 외에 줄기와 잎, 혹은 꽃을 말려 술에 넣어 만든 인동주도 좋은 약술로서 즐겨 마셨다.

또 다른 이용 예는 덩굴이 비꼬여 뻗어나가는 모양을 문양으로 형상화한 당초문(唐草紋)의 모델 식물이 바로 인동덩굴이다. 주요 옛 건축물은 물론 벽화 장식품에 이르기까지 인동덩굴은 예부터 무늬 모델로 널리 쓰였다. 고구려 강서대묘의 천장 굄돌과 발해의 도자기 그림을 비롯하여 와당(瓦當), 백제 무령왕의 관식(冠飾), 천마총의 천마도 둘레에도 역시 인동무늬가 들어 있다.

《산림경제》에 보면 "이 풀은 등나무처럼 덩굴져 나고, 고목을 감고 올라간다. 왼쪽으로 감아 나무에 붙으므로 좌전등이라 한다. 또 추운 겨울에도 죽지 않기 때문에 인동이라 한다"라고 했다. 옛사람들은 흔히 풀로 알았고, 지금도 인동초(忍冬草)로 더 널리 알려져 있다. 굵은 나무줄기의 인동덩굴은 좀처럼 만나기 어려우니 풀이라

잘 익은 까만 인동열매, 수정이 잘 되지 않아 열매를 만나기가 어렵다(2003.11.09. 의성, ⓒ황영목)

고 한 것도 무리는 아니다. 또 실제로 인동덩굴은 Z나선(螺線), 즉 오른쪽으로 감는 것이 보통이며, 드물게 S나선, 즉 왼쪽으로 감는 것이 있다고 한다. 왼쪽감기 인동덩굴을 더 좋은 약재로 생각하여 따로 좌전등이란 이름을 붙이지 않았나 싶다.

인동덩굴은 초여름에 특별한 모양의 꽃이 핀다. 세워둔 작은 야구방망이 같은 꽃봉오리가 초여름이 되면 나팔모양의 긴 통꽃으로 핀다. 끝은 다섯 장의 꽃잎 중 네 개가 합쳐져 위로 곧추선다. 나머지 꽃잎 한 장만 아래로 늘어지며, 그 사이에 다섯 개의 수술과 한 개의 암술이 혀를 내밀듯이 길게 뻗어 있다. 밤에 달콤한 향기를 내뿜어 야행성 나방을 꼬여내어 수정을 한다.[10] 꽃 빛깔은 처음에 하얗다가 차츰 색이 변하여 나중에는 노랗게 된다.

꽃이 피는 시기가 서로 다르므로 한 나무에 갓 피기 시작하는 흰꽃과 져가는 노란 꽃이 같이 섞여 있는 2색 꽃이 된다. 그래서 금은

화(金銀花)란 이름도 널리 쓰인다. 긴 타원형의 잎이 마주나기로 달리고 앞뒷면에는 털이 많이 나 있다. 열매는 까맣게 익으며 물이 많은 장과다.

이렇게 동양에서는 최고의 대접을 받는 인동덩굴이지만 고향을 떠나면서 천덕꾸러기가 되었다. 특히 미국으로 몰래 이민 간 인동덩굴은 지형이 고향과 다른 넓은 초원을 만나자 온통 덩굴로 뒤덮어 초원을 지배해버렸다. 동양에서 온 노랑이 꽃이라 이래저래 별로 탐탁지 않았는데, 하는 짓도 무법자이니 유해식물로 지정하여 제거에 열을 올렸다. 유럽으로 건너간 인동덩굴은 그래도 꽃에 꿀을 많이 가지고 있다 하여 꿀젖이라는 뜻의 '허니 서클(Honeysuckle)'이란 이름을 하사받은 것만도 큰 다행이다.

가시에서 다시 가시가 뻗은 위협적인 주엽나무 줄기(2009.10.06. 경주)

콩과
학명 : *Gleditsia japonica*
영명 : Japanese Honey Locust
일본명 : サイカチ皂莢
중국명 : 朝鮮皂莢
한자명 : 皂莢, 皂角刺

주엽나무

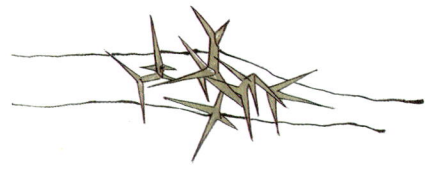

식물분류학이란 학문의 체계가 잡혀 있는 지금도 같은 나무를 두고 여러 이름으로 부르거나 다른 나무를 같은 이름으로 부르고 있는 경우가 많아 혼란스럽다. 주엽나무와 조각자나무의 관계가 그렇다. 주엽나무는 전국에서 자라는 토종나무이고, 조각자나무는 중국에서 약재로 쓸 목적으로 수입하여 일부 지방에서 심고 있는 나무다. 하지만 외모는 주엽나무와 구분이 안 될 만큼 줄기와 잎 모양이 거의 같다. 다만 주엽나무의 열매는 꼬투리가 비꼬여 있고, 가시의 횡단면이 약간 납작한데 반해 조가자나무는 열매 꼬투리가 곧바르며 가시의 횡단면이 둥글다.

이렇게 두 나무는 모양도 비슷하고 옛 문헌 기록에서도 구분하지 않고 한꺼번에 취급한 경우가 대부분이다.

주엽나무 열매를 조협(皂莢)이라 하는데, 조협나무가 변하여 주엽나무가 되었다. 《동의보감》에 보면 "조협은 장조협(長皂莢), 저아조협(猪牙皂莢) 등 두 가지가 있다. 지금 의사들은 풍기를 없애는 알약이나 가루약에는 장조협을 쓰고, 이빨의 병과 적(積)을 낫게 하는 약에는 저아조협을 많이 쓴다. 성질과 맛은 대체로 비슷하다"라고 했다. 《산림경제》에도 같은 내용이 기록되어 있다. 장조협은 조각자나무로 생각되고, 저아란 활처럼 휜 멧돼지 이빨을 말하니 열매

주엽나무 잎과 꽃(2006.07.03. 포항 내연산)

모양으로 보면 주엽나무에 해당한다. 이렇게 둘을 구분한 경우는 드물고 옛사람들은 같은 나무로 취급했다.

주엽나무는 키 15미터 정도, 줄기둘레가 두세 아름에 이르는 큰 나무다. 굵은 가지가 사방으로 퍼지며, 작은 가지는 녹색이다. 나무껍질은 짙은 회색으로 나이를 먹어도 갈라지지 않는다. 줄기와 가지에는 직각으로 솟아오른 험상궂은 가시가 있는 것이 주엽나무 종류의 특징이다. 잔가지가 변형된 가시이므로 껍질이 변형된 장미나 음나무 가시와 달리 튼튼하게 뿌리를 박고 있다. 가시는 매년 생장을 하여 몇 번씩 가지를 쳐 길이가 한 뼘에 이르기도 한다.

이상하게 생긴 가시는 조각자(皂角刺)라고 하여 귀중한 약재로 쓴다. 《본초강목》에는 "대나무 속껍질을 나무에 둘러놓으면 하룻밤 사이에 가시가 저절로 떨어진다"라는 희한한 처방도 있다. 가시 떼기가 만만치 않았던 탓이다. 《동의보감》에 보면 조각자는 "터지지

고창 중산리의 두 아름이 넘는 주엽나무 고목. 약나무로 쓴 탓에 고목은 거의 남아 있지 않다 (2008.10.05.)

않은 옹종을 터지게 한다. 이미 터진 때에는 약 기운을 끌고 가므로 모든 악창과 문둥병에 좋은 약이 된다"라고 했다. 《산림경제》에는 "갑작스런 뇌졸중 등 여러 가지 위급상황이 닥치면 조각지 가루를 먹인다"라고 하였으며, 책에 좀이 스는 것을 방지할 목적으로도 썼다. 그 외에 조각자를 땅속에 묻어두면 대나무가 뿌리를 뻗지 못하며, 조각자나 조협을 삶은 물로 빨래를 하면 때가 잘 빠진다고 한다. 나무껍질은 흑갈색 또는 암회색으로 매끈하다. 《천공개물》에 보면 "소금을 만들 때 물이 잘 엉기지 않으면 주엽나무 껍질을 찧어서 조와 벼의 겨를 섞어 끓을 때 넣고 저으면 소금이 곧 엉기게 된다"라고 했다. 잎은 달걀모양의 작은 잎이 5~8쌍씩 모여 짝수 깃꼴겹잎을 이룬다.

주엽나무는 이처럼 여러 가지 재료로 쓰인 나무이지만 남아 있는 고목은 드물다. 전북 고창군 대산면 중산리에 있는 나이 200년, 키

약으로 쓰이는 나무

꽈배기 모양의 주엽나무 열매(2008.11.11. 신안 장산도)와 곧바른 조각자나무 열매

8미터, 줄기둘레가 두 아름이 조금 넘는 보호수가 우리나라에서 가장 오래된 나무다. 조각자나무는 경북 안강 독락당의 천연기념물 115호로 지정된 키 15미터, 뿌리목 둘레가 세 아름이 넘는, 이언적 선생이 심었다는 5백 년 된 고목이 유일하게 남아 있다.

주엽나무는 쥐엽, 주염, 쥐엄나무 등 여러 가지 다른 이름으로도 불린다. 성서의 〈누가복음〉 15장에는 "그는 돼지가 먹는 쥐엄나무 열매로 배를 채워보려고 했지만 아무도 그에게 주지 않았습니다"라는 구절이 나온다. 이때의 쥐엄나무(학명 *Ceratonia siliqua*)는 늘푸른나무로 주엽나무나 조각자나무와는 속(屬)이 다른 별개의 나무다.[11] 기독교가 중국에 전파될 때 처음 번역한 사람들이 콩꼬투리의 생김새가 주엽나무와 비슷하다고 하여 붙인 이름이다. 우리나라는 주엽나무의 경기도 방언인 쥐엄나무로 번역했다.

헛개나무

헛개나무는 수많은 다른 이름을 갖고 있다. 호깨나무, 호로깨나무, 벌나무라고도 한다. 한자 이름인 지구자(枳椇子), 괴조(拐棗), 목밀(木蜜), 목산호(木珊瑚) 등은 모두 헛개나무를 말한다. 그만큼 사람들의 관심이 많았고, 널리 이용된 나무임을 알 수 있다.

헛개나무는 갈매나무과라는 그리 크지 않은 식솔을 거느린 집안 출신으로 잘 알려진 대추나무, 독특한 세포배열을 가진 갈매나무, 우리나라에 자라면서 세계적으로 희귀한 망개나무 등 좀 특별한 나무들과 사촌쯤 된다.

헛개나무는 중부 이남에서 주로 자라며, 지름이 한 아름이나 자랄 수 있는 큰 나무다. 목재는 연한 갈색을 띠고, 아름다운 무늬를 갖고 있으며 단단하기까지 하다. 재질이 좋아 건축재나 가구를 만드는 나무로도 손색이 없다. 잎은 어긋나기로 달리고, 커다란 타원형으로 손바닥 크기만 하며, 가장자리에 둔한 톱니가 있다. 꽃은 흰빛의 작은 꽃이며, 초여름에 꽃대의 아래에서부터 시작하여 위로 피어 올라간다.

헛개나무의 재질, 껍질, 잎 등의 이런 모양새는 다른 나무에서도 흔히 볼 수 있는 평범한 나무일 뿐이나 열매의 모양은 그만이 갖는 특별함이 있다. 열매는 갈색이 돌며 굵은 콩알만 한 크기로 열리는

헛개나무 잎(2006.07.03. 청송)

갈매나무과
학명：*Hovenia dulcis*
영명：Japanese Raisin Tree
일본명：ケンポナシ玄圃梨
중국명：枳椇子
한자명：枳椇, 木蜜, 木珊瑚

데, 이를 받치고 있는 열매자루가 멋대로 부풀어 서로 연결되어 참으로 괴상하게 생겼다. 열매가 익을 무렵이면 열매자루는 새끼손가락 굵기 정도로 굵어지면서 울퉁불퉁하고 꾸불꾸불한 갈색의 꽈배기 모양으로 서로 뒤엉켜 있다. 동그란 열매는 어디에 숨었는지 찾기 어렵고, 어찌 보면 징그럽기까지 하며, 심지어 닭발처럼 생겼다. '지구자'라는 생약명으로 알려진 이 열매는 비록 모양은 형편없이 못생겼지만 은은한 향기에 달콤하기까지 하며, 그 속에는 간에 좋은 성분을 함유하고 있다. 이것이 바로 헛개나무가 유명해진 이유다.

헛개나무가 술독을 풀고 간 기능을 향상시킨다는 내용은 우리나라 의서에서는 찾기가 어렵다. 물론 《동의보감》에도 헛개나무에 대한 기술은 없다. 그러나 중국 책에는 여러 기록이 나온다. 중국 명나라 때 이시진이 쓴 《본초강목》에는 "헛개나무는 가을이 되면 열매 대궁이 비대해지면서 산호모양으로 되는데, 이것을 약으로 쓰며 맛이 달아서 사람들이 먹는다. 열매는 숙취를 덜게 하고 간을 보호해주는 약효가 있다. 나무 조각을 술독에 넣으면 술이 물로 된다"라고 했다. 또 헛개나무를 기둥으로 쓰면 그 집에서는 술을 빚을 수 없다고 했다.

이런 내용 때문에 우리나라에서는 헛개나무의 효능에 대해 과장된 이야기가 많다. "옛날 어떤 사람이 헛개나무로 집을 수리하다가 실수로 나무토막 하나를 술독에 빠뜨렸더니 술이 곧 물이 되었다"는 이야기가 있는가 하면, "집 안에 심기만 해도 술이 익지 않는다"고도 한다. 이처럼 옛사람들이 말한 헛개나무의 약효는 어디까지

▲헛개나무 꽃
▼헛개나무 열매. 열매자루가 부풀어 괴상한 모양이다

믿어야 할지 의심스럽다.

헛개나무는 열매를 포함한 열매자루에 약효성분이 가장 많다. 여기에는 간 독성해소 및 숙취해소 활성을 갖는 물질이 포함되어 있어서다. 그러나 이런 효능들이 우리가 기대하는 것처럼 바로 획기적인 간 치료제로서 당장 인정받은 것은 아니다. 치료효과를 비롯하여 안전하고 독성이 없다는 증명이 이루어져야 하며, 이를 위해서는 동물실험과 인체실험까지 수많은 과정을 거쳐야 한다. 따라서 우리가 알고 있는 헛개나무의 약리효과는 현재 건강식품이라는 수준을 벗어나지 못한다.

  한 가지 안타까움이 있다. 헛개나무는 간에 좋은 나무로 알려지기 전부터 흔한 나무가 아니라서 산에서 만나는 것은 행운이었다. 그러나 유명세를 타기 시작하자 아예 우리 산에서 헛개나무는 사라져버렸다. 열매만 따가는 것이 아니라 나무를 통째로 잘라가는 몰염치한 사람들 때문이다. 울릉도의 일부 관광지에서 거우 자연산 헛개나무를 만날 수 있는 것은 나무의 멸종을 면할 수 있는 유일한 희망이다.

1 참나무겨우살이: 흔히 참나무에 잘 기생하는 일반 겨우살이와는 전혀 다른 종류다.

2 《신농본초경》: 2세기 말에서부터 3세기 말까지 중국에서 만들어진 저자 미상의 한방 책.

3 《한국민속식물》, 1992, 최영전, 아카데미출판.

4 비중: 무게를 부피로 나눈 값으로 나무의 단단함을 나타내는 기준이 된다. 값이 클수록 단단하다.

5 《이아》: 기원전 2세기경 중국 주(周)나라의 주공이 지었다고 하는 일종의 옥편.

6 《천공개물》, 1997, 송응성/최주, 전통문화사.

7 《두류기행록》: 조선 중종 13년(1518)에 신용개, 김전, 남곤 등이 편찬한 《속동문선(續東文選)》에 실린 김종직의 지리산 등반 기행문.

8 《방언유석》: 정조 2년(1778)에 간행된 사전 형식의 필사본. 한자를 적고 우리말 토를 달았으며 중국어, 만주어, 몽골어, 일본어 순으로 동시에 표기하여 놓았다.

9 숙수: 독이 없고 향기로운 식물의 꽃이나 열매 등을 넣고 끓인 물을 우려낸 음료.

10 《꽃의 제국》, 2002, 강혜순, 다른세상.

11 《성서의 식물》, 1996, 최영전, 아카데미서적.

생활에 쓰이는 나무

/

갈매나무 / 갯버들 / 노가나무 / 노간주나무 / 닥나무 / 대나무 무리 / 대나무(왕대) / 이대 / 조릿대 /
대팻집나무 / 두릅나무 / 뽕나무 / 사위질빵 / 삼지닥나무 / 소사나무 / 쉬나무 / 싸리나무 / 예덕나
무 / 오리나무 / 옻나무 / 차나무 / 참죽나무 / 청미래덩굴 / 초피나무 / 치자나무 / 칡 / 탱자나무 /
팽나무 / 푸조나무 / 향나무 / 황벽나무 / 황칠나무

갈매나무과
학명: *Rhamnus davurica*
영명: Dahurian Buckthorn
일본명: チョウセンクロツバラ
중국명: 鼠李, 黑老鴉刺
한자명: 牛李, 鼠李, 凍綠

갈매나무

나무 관련 이야기를 쓰면서 가능한 한 문학작품에 등장하는 나무들을 찾으려고 애쓴다. 친근감이 가고 작가나 시인들에게 나무가 어떻게 비춰지는지 알고 싶어서다. 나무는 김소월이나 박목월 등 특히 서정 시인들의 시에 자주 등장한다. 전문가가 아니면서도 예리한 눈으로 나무의 특징을 기막히게 잘 그려 놓은 그들의 안목에 감탄할 때가 많다.

갈매나무라는 흔치 않은 자그마한 나무가 있다. 이 나무는 백석(白石, 1912~1995)의 시에 등장한다. 그는 소월과 같은 평북 정주 출신이다. 해방 후 고향에 그대로 머무는 바람에 월북시인으로 분류되었다. 1988년 해금 조치 이후, 한때 애인이었던 길상사의 김영한 여사가 그의 시집을 새로 발간하면서 많은 이들의 사랑을 받고 있다. 그의 시 〈남신의주 유동에 있는 박시봉 집에〉는 만주에서 홀로 떠도는 동안의 처절한 외로움을 담아내고 있어 읽은 이의 가슴을 저리게 한다. 그 일부를 적어본다.

......
어느 사이에 나는 아내도 없고

◀ 서울대 농생대학 구내에서 자라던 비교적 굵은 갈매나무 줄기(2000.09.24. 수원)

표면에 윤기가 자르르한 새까만 갈매나무 열매(2009.10.20. 진주 답천리)

또 아내와 같이 살던 집도 없어지고

그리고 살뜰한 부모며 동생들과도 멀리 떨어져서

그 어느 바람세인 쓸쓸한 거리 끝에 헤매이었다……

나는 이런 저녁에는 화로를 더욱 다가 끼며 무릎을 꿇어보며

어느 먼 산 뒷옆에 바우 섶에 따로 외로이 서서

어두워오는데 하이야니 눈을 맞을

그 마른 잎새에는 쌀랑쌀랑 소리도 나며 눈을 맞을

그 드물다는 굳고 정한 갈매나무라는 나무를

생각하는 것이었다

……

절망적이고 힘든 생활을 이어가면서 그래도 마음을 다잡을 수 있었던 것은 '굳고 정한 갈매나무' 때문이었던 것 같다.

갈매나무 잎과 꽃(2000.04.28. 전주수목원)

갈매나무는 어떤 나무일까? 우리말에 갈매색이라고 하면 짙은 초록색을 일컫는다. 한여름의 갈매나무 잎은 약간 반질거리면서 신한 초록색이다. 《임원경제지》에 보면 "늙은 갈매나무 껍질로 염색을 하면 역시 진초록색을 얻을 수 있다"라고 했다. 살아서나 죽어서나 이렇게 초록빛과 관련된 나무라서 갈매나무가 된 것이다.

갈매나무는 우리나라 중북부에서 주로 자라며 습기가 많은 물가나 계곡을 좋아하고, 키가 2~5미터 정도 되는 작은 갈잎나무다. 암수가 다른 나무이며, 5월에 작은 황록색 꽃이 피었다가 가을이면 콩알만 한 새까만 열매가 열린다. 이를 두고 한자 이름은 서리(鼠李)라 했다. 자두(오얏)는 옛사람들이 즐겨 먹던 귀중한 과일인데, 갈매나무 열매를 '쥐 오얏'이라 했으니 쥐가 좋아한다는 뜻일 터다. 가는 가지들은 자라면서 끝이 뾰족한 가시로 변한다. 작은 나무이면서 맛있는 열매를 달고 있으니 함부로 접근하지 말라는 경고다.

《동의보감》에 보면 갈매나무는 약재로 쓰인다. 우리자(牛李子)라는 열매는 "추웠다 열이 났다 하는 결핵성 염증을 없애고, 어혈을 풀리게 하며, 임질과 냉기를 없애며, 몸이 붓고 헛배가 부른 것을 낫게 한다"라고 했다. 뿌리 즙과 껍질도 약재로 쓰였다.

　오늘날 갈매나무는 그렇게 흔히 만날 수 있는 나무는 아니다. 등산길에 혹시 마주치기라도 하면 행운이다. 그러나 삼국시대 이전의 문화유적 발굴 현장을 조사해보면 갈매나무는 거의 빠지지 않는다. 그만큼 당시에는 흔한 나무이었음을 알 수 있다. 지금은 염색재료 이외에 따로 쓰임이 알려져 있지 않은 나무이나 옛날에는 자연 분포가 더 많았던 것으로 짐작된다. 나무의 물관배열이 너무나 독특한 문양공재(紋樣孔材)[1]이므로 문화유적 발굴지에서 출토되는 썩은 나무에서도 쉽게 찾아낼 수 있다.

갯버들

따뜻한 바람이 귓불을 스칠 즈음 겨우내 꽁꽁 얼었던 대지는 살짝 봄내음을 풍긴다. 먼 산에 아지랑이가 가물거리고, 실개천의 얼음장 밑으로 졸졸졸 흐르는 시냇물 소리가 조금씩 커지기 시작하면, 냇가 양지 녘에는 보송보송하고 귀여운 털 뭉치를 매단 녀석들이 나타난다. 은색의 하얀 털이 저녁노을에 반짝이기라도 할라치면 봄의 개울가 요정들의 잔치터 같다. 이들이 바로 버들강아지, 혹은 버들개지라 불리는 갯버들이 꽃을 피운 모습이다. 예쁘기로 따지면 결코 강아지 못지않다.

잎이 나기 전 버들강아지란 이름의 꽃을 먼저 피운다(2008.03.07. 함안 용성리)

이른 봄 곱게 핀 갯버들 수꽃(2006.03.04. 경산, ⓒ황영목)

버드나무과
학명 : *Salix gracilistyla*
영명 : Japanese Pussy Willow
일본명 : ネゴヤナギ猫柳
중국명 : 银芽柳, 银柳
한자명 : 蒲柳, 水楊

갯버들은 삭막한 겨울이 가고 따사로움이 왔음을 먼저 알려주는 봄의 전령이다. 요즈음은 꽃꽂이 여인의 손끝에서 삭막한 아파트의 안방으로 봄 향기를 전달해주기도 한다.

갯버들이 강가의 물이 들락거리는 '개'를 만나면 2세를 만들어낼 준비가 완료된 셈이다. 갯버들은 이렇게 물이 흐르는 강가의 가장자리 갯가에서 흔히 잘 자란다고 하여 '개의 버들'이라고 불리다가 지금의 갯버들이 되었다.

갯버들은 이름 그대로 강이나 개울가를 비롯한 습지를 좋아한다. 몸체가 물속에 잠겨도 숨 막히지 않는다. 아예 물속에서도 뿌리가 썩지 않고 녹아 있는 산소까지 흡수하면서 생명을 이어간다. 평생을 자라도 사람 키 남짓한 난쟁이 나무다. 하지만 키다리 나무들을 부러워하지 않는다. 개울을 지켜주는 수호천사로서 그녀만이 할 수 있는 역할이 있어서다. 뻣뻣한 외대줄기는 처음부터 만들지 않는다. 대신에 수많은 여러 갈래의 줄기를 내밀어 커다란 포기를 만든다.

초봄에 막 자란 어린 가지는 연한 초록색을 띠고 있는데, 자세히 보면 황록색의 털이 나 있다. 차츰 짙은 녹색으로 변하고 털도 없어진다. 잎은 기다란 피뢰침 모양이고, 뾰족한 잎들이 어긋나기로 가지에 달린다. 뒷면에는 부드러운 털이 덮여 있어서 하얗게 보인다. 꽃이 피고 난 뒤 한참 지나면 버들강아지 속에 들어 있던 깨알 같은 씨는 성긴 솜털을 달고 다른 버드나무처럼 봄바람을 따라 이리저리 날아다니면서 새로운 자손을 퍼뜨린다.

여름철에 비가 흠씬 내려 불어난 물살에 뿌리의 흙이 씻겨 내려

우리나라 어디에서나 갯버들은 물 흐름이 늦은 강가의 터줏대감으로 자리 잡고 있다(2010.04.03. 대구 금호강)

가 버리면, 실지렁이 모양의 잔뿌리가 곧잘 드러난다. 이곳은 체 같아서 물에 떠내려 오는 숲속의 온갖 잡동사니가 모두 걸려든다. 천연수질 정화장치가 만들어지는 것이다. 이런 곳에는 오늘날 이름도 아련한 버들붕어, 버들치, 버들개 등 우리의 토종 물고기들의 안식처가 된다.

갯버들은 고구려의 어머니 나무이기도 하다. 주몽의 어머니는 유화부인이다. 《삼국유사》에 보면 "물의 신 하백(河伯)의 장녀였던 유화는 두 동생들과 함께 압록강 가에서 잘 놀았다. 평소에는 둔치에 있다가 장마 때면 물이 차는 곳, 이런 곳에서 갯버들이 잘 자란다. 딸을 귀여워한 하백은 예쁜 갯버들의 꽃을 보고 유화(柳花)란 이름을 붙여 주었을 터다. 어느 날, 그녀는 하느님의 아들이라 자칭하는 해모수를 만나 깊은 사랑에 빠진다. 그러나 아이까지 가진 유화를 놔두고 바람둥이 해모수는 얼마 뒤 홀로 하늘로 올라가 버리고는 그만이었다. 바람난 딸에 화가 난 하백은 유화를 추방해버린다. 마침 동부여의 금와왕이 유화를 발견하고 왕궁으로 데려갔더니 알 하나를 낳았다. 이 알에서 나온 아이가 뒷날 주몽이 되었다"라는 내용이 나온다.

갯버들과 비슷한 종류로 선조들이 생활용품을 만드는 데 널리 쓰인 키버들이 있다. 다른 이름으로는 고리버들이라 하며, 쉽게 휘어질 긴 가지를 엮어서 옷상자(고리), 키, 광주리, 동고리, 반짇고리 등을 만들었다. 고리버들로 제품을 만드는 사람들을 특히 고리장이, 혹은 유기장(柳器匠)이라 하여 백정과 함께 가장 멸시받는 계급으로 분류했다.

《고려사》〈최충헌(1149~1219)〉 조에 보면 "압록강 국경지대에 살고 있는 양수척(楊水尺)은 태조 왕건이 후백제를 공격하여 이주시킨 사람들의 후손이다. 수초를 따라 유랑생활을 하면서 사냥이나 하고 버들 그릇을 엮어서 팔아먹는 것으로 생업을 삼았으며, 대체로 기생은 근본이 고리장이 집에서 나왔다"라는 기록이 있다. 이처럼 고리장이가 천민이 된 것은 줄잡아도 천년은 넘은 것 같다.

갯버들과 키버들은 모양이 비슷하나 어린 가지에 털이 있고, 잎이 항상 어긋나기로 달리는 것이 갯버들, 털이 없고 가끔 마주보기로 달리는 잎이 섞여 있으면 키버들이다.

차나무과
학명: *Stewartia koreana*
영명: Korean Stewartia
일본명: コウライシャラノキ
　　　　高麗沙羅の木
중국명: 朝鮮 紫莖
한자명: 錦繡木

노각나무

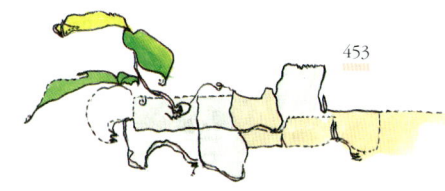

노각나무는 소박하면서 은은한 꽃이 피고 비단결같이 아름다운 껍질을 갖고 있으며 가장 품질 좋은 목기(木器)를 만들 수 있는 나무다. 번거로움을 싫어하고 낯가림이 심하여 사람이 많이 다니는 야산에서는 거의 만날 수 없다. 아름드리로 자랄 수 있는 큰 나무이나 깊은 산 맑은 물이 흐르는 계곡 옆에 자태를 숨기고 조용히 살아간다.

세계가 공통으로 쓰는 학명에 'koreana'라는 지역 이름이 들어간 순수 토종 나무이니 더욱 우리의 정서에 맞을 것 같다. 그러나 노각나무는 아직까지 그 가치만큼 사람들이 알아주지 않는다.

찬바람이 몰아치는 겨울 산의 나목(裸木)은 나무마다의 모습을 그대로 드러내 놓는다. 대부분의 나무들은 어서 봄이 돌아와 앙상한 뼈대에 볼품없는 겨울 줄기가 나뭇잎으로 가려지기를 손꼽아 기다린다. 그러나 노각나무는 주위의 다른 나무들과 달리 아름다운 몸매자랑에 짧은 겨울 해가 원망스러울 정도다. 곧바르게 쭉쭉 뻗은 줄기에 금빛이 살짝 들어간 황갈색의 알록달록한 조각 비단을 모자이크한 것 같은 그녀의 피부는 누가 보아도 황홀하지 않을 수 없다.

생활에 쓰이는 나무

◀너무 아름다워 사슴뿔 나무라는 뜻을 갖게 된 노각나무 줄기(2010.05.12. 울산 석남사)

찬찬히 뜯어보면 갓 돋아난 사슴뿔과도 대비된다. 그래서 나무 이름을 처음에는 녹각(鹿角)나무라고 불렀다가 노각나무가 된 것으로 짐작하고 있다. 또 다른 이름인 금수목(錦繡木)도 비단을 수놓은 것 같다는 뜻이다. 아예 비단나무라고 부르는 지방도 있다. 어쨌든 이 나무껍질의 아름다움은 나무나라 제일의 '피부 미목(美木)'임을 아무도 부정할 수 없을 것이다.

새봄이 돌아와 잎이 나기 시작하면 아기 손바닥 크기만 한 갸름한 잎이 어긋나기로 달린다. 어릴 때는 약간 노르스름하며, 잎맥을 따라 골이 진 것처럼 보이고 가장자리에 물결모양의 톱니가 있다. 잎 모양은 그저 평범한 나뭇잎 수준일 따름이다. 그러나 꽃이 피는 시기는 미인의 체면을 살릴 수 있도록 다분히 계산적이다. 온갖 봄꽃들이 향연을 벌일 때는 느긋하게 기다리고 있다가 다른 꽃들이 대부분 없어진 다음 무더위가 시작되는 초여름에 들어서야 작은

초여름에 커다란 흰 꽃이 핀다(2006.06.17. 청도 운문사)

주먹만 한 하얀 꽃이 잎 사이를 헤집고 하나씩 피기 시작한다. 주름진 다섯 장의 꽃잎이 겹쳐 피는데, 가운데에 노란 꽃술을 내미는 꽃 모양은 뒷배경으로 펼쳐지는 푸른 잎사귀와 잘 대비되어 자신의 아름다움을 최대한 잘 나타내는 멋쟁이다. 커다란 흰 꽃의 청초함은 정원수나 가로수로 제격이다.

한국에만 있는 특산 수종이고, 여름에는 녹음과 아름다운 꽃을 감상할 수 있다. 또한 비단결 같은 고운 껍질이 일품이고, 가을의 노란 단풍은 노각나무가 주는 또 하나의 보너스이기 때문이다.

노각나무의 목재는 특별한 쓰임새가 있다. 바로 전통 목기를 만드는 나무로 예부터 사랑을 받아왔다. 오늘날 남원 일대의 유명한 목기는 지리산의 노각나무를 재료로 제조기술이 발달하였던 실상사의 스님들로부터 전수된 것으로 알려져 있다. 나무세포의 벽이 두꺼워 재질이 단단하며, 물관은 수가 적고 나이테 안에 골고루 분포한다. 또 습기를 잘 빨아들이지 않기 때문에 목기 재료로 따라갈 나무가 없다.

노각나무가 분포하는 지역은 좀 독특하다. 북한의 평안남도 양덕 온천 지역, 소백산 희방사 부근, 아래로는 지리산, 가야산, 가지산으로 이어지고 다시 건너뛰어 남해에서 자란다. 어느 한 지역에 집중적으로 자라지 않고 이처럼 띄엄띄엄 자라는 것은 목기를 만들기 위한 남벌로 다른 지역은 없어지고 오늘날 섬처럼 남게 되었다고 한다. 세계적으로는 일곱 종의 노각나무 무리가 있고, 이 중에서 일본노각나무는 우리 것과 비슷하여 정원수로 심는다. 이래저래 노각나무는 관심을 가져볼 만한 나무다.

위스키 드라이 진(gin)의 향기를 내는 데 쓰이는 노간주나무 열매(2002.10.14. 대구 팔공산)

측백나무과

학명: *Juniperus rigida*
영명: Needle Juniper, Temple Juniper
일본명: ネズ杜松
중국명: 杜松
한자명: 老柯子木, 老松, 刺兒松, 杜松
북한명: 노가지나무

노간주나무

낙엽이 진 겨울 산, 간간이 몰아치는 눈바람 때문에 더욱 삭막하게 느껴지는 야산에서 홀로 껑충하게 서 있는 특별한 모습의 나무가 우리의 눈길을 끈다. 바로 노간주나무다. 멋없이 키만 큰 꺽다리 허깨비가 웃옷 하나만 달랑 걸치고 찬바람에 맞서는 것 같아 애처롭기까지 하다.

노간주나무는 메마르고 척박한 땅에서 자란다. 눈치 빠른 다른 나무들이 다 싫다고 버린 땅에 둥지를 튼다. 힘든 경쟁을 피하여 찾아든 최후의 선택이었을 것이다. 삶이 어렵다고 한탄만 해서는 냉혹한 이웃과의 경쟁에서 살아남을 수 없다. 그래서 싹트는 힘이 강한 것은 기본이고, 잎은 뾰족뾰족하여 초식동물들이 함부로 먹을 수 없게 진화했다. 아울러 열매는 새들이 좋아하도록 설계하여 여기저기 널리 전파한 덕분에 어려운 환경에서도 자손을 이어가고 있다.

노간주나무는 양지바른 척박한 땅이면 우리나라 어디에서나 쉽게 만날 수 있는 나무다. 특히 석회암 지대를 좋아하여 충북 단양 등에서 오랜 친구인 회양목과 같이 살아가는 늘푸른 바늘잎나무다. 키 5~6미터, 지름이 한 뼘 정도까지 자란다고 하나 우리가 흔히 볼 수 있는 나무는 팔목 굵기가 보통이다. 하지만 강원도 정선

임계 골지리에서 자라는 보호수 노간주나무는 키 8.4미터, 줄기둘레가 두 아름이 넘는 360센티미터에 나이는 350년에 이른다.

노간주나무는 대체로 자람 터가 척박한 곳이다 보니 생명을 부지할 만큼만 먹고, 크게 빨리 자라려고 욕심을 부리지 않는다. 곧게 자라면서 가지가 모두 위를 향하여 다닥다닥 붙어 서로 사이좋게 의지한다. 그렇다 보니 영양 과잉의 염려가 없다. 덕분에 자연히 나무나라에서 제일 날씬한 몸매를 자랑하게 되었다.

잎은 손가락 마디보다 조금 긴 정도이고, 끝이 날카로워 함부로 만지면 마구 찌른다. 가지와 거의 직각으로 3개씩 일정한 간격으로 돌려나기 한다. 암수가 다른 나무이며, 암나무에는 5월쯤 꽃이 피고 열매는 한 해 건너 다음해 10월에 검붉게 익는다. 굵기가 콩알만 한 열매는 네덜란드 사람들이 특히 좋아하는 진(gin)의 향내를 내는 저장고다. '쥬니퍼(juniper)'라고 하는 서양노간주나무의 열매

정선 골지리의 350년 된 우리나라에서 가장 큰 노간주나무 고목(2008.08.20.)

가지가 거의 수직으로 뻗어 빗자루 모양을 한 노간주나무(2005.03.05. 진주)

를 그들은 멀리 희랍시대부터 술 향기를 내는 데 사용했다.

우리나라의 노간주나무 열매도 진을 만드는 데 모자람이 없다. 완전히 익어버리기 전에 따다가 소주 한 되 기준으로 열매 20알 정도를 넣고 꽁꽁 싸서 묶어둔다. 이것을 한 달가량 두었다가 열어 보면 바로 노간주 술인 두송주(杜松酒)가 된다. 의심할 필요가 없는 순수 '코리안 진'이다. 그 외에 가을에 딴 열매를 달여 먹기도 하고, 기름을 짜서 약으로 쓰기도 했다. 통풍, 관절염, 근육통, 신경통에 특효약이라고 알려져 있다. 그러나 서양에서는 사비나노간주나무(학명 *Juniperus sabina*)의 열매를 옛날에는 낙태시킬 목적으로 널리 사용했다. 강한 독성 때문에 생명을 잃기도 했다고 한다.

노간주나무는 자그마해도 목재의 쓰임이 예사롭지 않다. 유태인이 할례를 거쳐 성인이 되듯이 이 땅의 우공(牛公)들은 송아지 때 노간주나무 가지로 코뚜레를 하지 않으면 어미 소가 될 수 없었다. 나무를 불에 살살 구우면 잘 구부러지고 질기기 때문에 간단히 동그랗게 휠 수 있다. 우공들에게는 평생을 괴롭히는 저주의 나무가 된 셈이다. 흑갈색으로 갈라지는 나무껍질은 추출하여 천을 염색하는 데 쓰기도 한다.

《행포지(杏浦志)》[2]에 보면 "노간주나무가 옆에 있으면 배나무는 전부 죽는다"라고 했다. 오늘날 우리가 말하는 붉은별무늬병의 중간 기주임을 밝힌 최초의 기록이다. 그래서 향나무와 함께 노간주나무는 배밭 주인이 근처에 얼씬도 못하게 한다. 노간주나무는 해변, 좀, 평강, 서울 등의 접두어가 붙은 여러 품종이 있다. 특히 해변노간주나무는 산림청이 지정한 '희귀 및 멸종위기식물'에 포함된다.

닥나무

'사람은 죽어서 이름을 남기고 호랑이는 죽어서 가죽을 남긴다'고 했던가. 비록 가죽은 없지만 껍질을 남기는 나무가 바로 닥나무다. 덕분에 닥나무는 인류에게 오늘날의 풍요로움을 가져다준 원동력인 종이를 탄생시켜 인쇄문화를 이끌어온 영광스런 나무가 되었다. 기껏 4~5미터 남짓한 자그마한 체구에 볼품없는 잎사귀 몇 개를 달고 있는, 나무나라에서는 그저그런 존재이지만 거대한 덩치를 자랑하는 다른 나무가 일궈내지 못한 큰 선물을 인류에게 안겨주었다.

원시문명에서 문명사회로 접어들 즈음 사람들은 무엇인가를 기록하여 남겨두고 싶은 강한 욕망을 가졌다. 처음에는 바위를 쪼아 그림으로 표현하다가 문자를 발명하면서부터 나무껍질이나 동물가죽, 비단 같은 곳에 쓰고 그렸다. 그러나 한계가 있기 마련이어서 보다 값싸고 한꺼번에 많은 문자를 쓸 수 있는 매체가 필요했다. 서양에서는 이집트의 나일강변에 야생하는 '파피루스(papyrus)'라는 갈대와 비슷한 식물을 저며서 서로 이어 사용했다. 종이라고 하기에는 영 엉성했지만, 오늘날 '페이퍼(paper)'의 어원이 되었다. 동양에서는 후한(後漢)의 채륜이 서기 105년에 마(麻)부스러기, 헝겊조각, 어망 등을 재료로 하여 종이를 만들게 된다. 최근에는 그 이전

인 전한(前漢) 시대에도 종이가 사용되었음이 밝혀져 종이 발명시기를 좀 더 올려 잡고 있다. 어쨌든 종이를 만드는 기술은 서양보다 동양이 한 수 위였다.

종이를 필요로 하는 곳이 점점 많아지면서 제조기술의 발전과 함께 원료 확보가 문제였다. 주위에서 흔히 볼 수 있는 등나무, 뽕나무, 소나무, 버들의 나무껍질에서부터 갈대, 율무, 짚, 솜에 이르기까지 섬유를 가진 식물이면 거의 종이 원료가 되었다. 이렇게 여러 가지 식물섬유를 찾아가면서 시행착오를 거듭하다가 드디어 종이와 찰떡궁합인 닥나무를 찾아냈다.

닥나무의 껍질에는 '인피섬유(靭皮纖維)'라고 하는 질기고 튼튼한 실 모양의 세포가 가득 들어 있다. 또한 환경 적응력이 높아 어디에서나 잘 자란다. 매년 새 움에서 나온 가지를 잘라 사용하므로 작은 관목으로 알고 있으나, 그대로 두면 지름이 10~20센티미터까지 자란다. 한 나무에 달걀모양의 보통 잎과 가장자리가 깊게 팬 잎이 같이 달린다. 암꽃은 마치 짧은 실을 수없이 달고 있는 작은 구슬 같은 모양으로 오뉴월에 핀다. 열매는 초여름에 주홍색으로 익는다.

닥나무로 종이를 만드는 방법은 오랜 시간과 손이 많이 간다. 늦가을에 닥나무를 적당한 길이로 잘라 통에 넣고 찐 후 껍질을 벗겨낸다. 물에 담가 부드럽게 만든 겉껍질을 제거하면 하얀 안껍질만 남는다. 다시 솥에 넣고 나뭇재를 섞어 삶는다. 그런 다음 흐르는 물에 깨끗이 씻어서 절구로 찧거나 떡판에 올려놓고 두들겨서 껍

◀ 지름이 한 뼘 가까이나 자란 굵은 닥나무(1999.08.01. 경주 율동)

짧은 실을 수없이 달고 있는 작은 구슬 모양의 암꽃과 잎(2002.05.11. 대구 팔공산)

질이 흐물흐물해지게 만든다. 이후 통에 넣고 물을 부어 잘 섞은 다음 닥풀을 첨가하여 발로 김을 뜨듯이 한 장 한 장 떠낸다.

이렇게 닥나무 종이는 제조과정이 복잡하고 기술집약적인 산업이었지만, 품질 좋은 종이를 만드는 데 없어서는 안 될 나무였다. 당연히 공급이 달려 닥나무 확보에 애를 써야 했다. 그래서 백성들에게 재배하기를 권했으며, 조정에서는 재래종 닥나무 재배 독려에 그치지 않고 재료 다변화를 꾀했다.

조선 초기에는 품질 좋은 '왜닥나무'를 수입해 널리 심었다. 가지가 세 개로 갈라지는 삼지닥나무와 싸리 비슷하게 생긴 산닥나무는 일본에서 수입한 왜닥나무다. 삼지닥나무는 꽃도 아름다워 오늘날 남부지방의 절 근처에서 쉽게 만날 수 있고, 산닥나무는 남해 화방사 앞에 천연기념물 152호로 지정된 자람 터가 있다.

우리나라에 종이가 쓰이기 시작한 것은 낙랑시대까지 올려 잡기도 하나 널리 보급된 것은 삼국시대인 6~7세기 정도로 본다. 실제 현물 종이가 발견된 것은 8세기 중엽에 간행된 '무구정광대다라니경'이다. 고려와 조선을 거치면서 종이를 만드는 기술은 더욱 발전했고, 종이발명의 원조인 중국에서도 그 품질을 알아주었다. 서양 종이에 자리를 내줄 때까지 닥나무 종이는 우리문화의 한가운데에 있었다.

대나무 무리

흔히 우리가 대나무라고 부르지만 식물도감을 아무리 뒤져봐도 대나무란 이름은 나오지 않는다. 대나무란 한 종류를 가리키는 것이 아니라 벼과의 1000여 종에 이르는 식물 중 왕대속, 해장죽속, 조릿대속에 포함되는 목본성 식물을 포괄적으로 일컫는 말이다.

우리나라의 대나무는 두 부류가 있다. 남부지방의 인가 근처에서 자라는 죽순대, 왕대, 솜대, 오죽 등의 왕대속에 포함되는 큰 대나무와 키 6~7미터의 중간 키 정도로 자라는 해장죽, 사람 키 남짓 자라는 이대와 전국 어디에서나 숲속의 나무 밑에서 흔히 자라는 조릿대 등 조릿대속에 속하는 자그마한 대나무가 있다. 큰 대나무 종류의 본 고향은 중국 남부의 아열대지방인데, 사람들이 차츰차츰 북쪽으로 옮겨 심어 제법 추위를 이겨가면서 살아간다.

대나무에는 부피생장을 담당하는 부름켜(形成層)가 없어서 결코 굵어지지 않는다. 그래서 죽순 지름은 어른 대나무가 되어서도 그대로다. 비록 줄기 속은 비었지만 단단하며, 높은 강도를 가지는 등 나무 본래의 성질은 그대로 가지고 있어서 쓰임으로 보면 나무로 분류할 수도 있다. 그러나 식물학적으로는 나무가 아니라 풀로 취급한다. 최근 산림과학원의 조사에 따르면 대나무는 지구온난화의 주범인 탄산가스를 다른 나무보다 훨씬 더 많이 흡수한다고 밝히고 있다. 소나무나 잣나무에 비해 거의 4배나 흡수량이 더 많다는 연구결과를 내놓고 있다.

대나무 (왕대)

나무도 아닌 것이 풀도 아닌 것이
곧기는 누가 그리 시켰으며 속은 어이하여 비어 있는가?
저리하고도 사계절 늘 푸르니 그를 좋아하노라

　윤선도의 〈오우가〉 중 '죽(竹)'에 실린 노래다. 대나무가 풀인지 아니면 나무인지는 글 읽기에 이골이 난 4백여 년 전의 대학자나 지금의 우리나 여전히 헷갈리게 만든다.

　대나무는 종류에 따라 짧게는 3년, 길게는 120년 만에 꽃이 핀다. 더욱이 일제히 피었다가 열매를 맺고 나면 벼나 보리처럼 말라 죽어버린다. 보통의 나무가 매년 꽃을 피우는 모습과는 전혀 다르다. 그래서 사람들은 대나무 꽃이 피면 '개화병(開花病)'이 들었다고 한다. 세상에 꽃을 피우고 병들었다는 소리를 듣는 나무는 대나무 말고는 없을 것이다. 또 부름켜가 없어서 지름이 굵어지지 않고 속이 비었으며, 죽순에서 한 번 키가 커지고 나면 다시는 자라지 않는다. 이런 특성으로 보아서는 틀림없는 풀이다.

　한편 매년 지상부가 죽어버리는 풀과는 달리 대나무는 수십 년을 살아 있으며, 높이 자라고 단단한 목질부를 가지고 있어서 여러 가지 생활용품을 만들 수 있다는 점은 나무의 특성과 일치한다. 따라

송광사에서 불일암으로 올라가는 길목의 대나무 숲 사이로 오솔길이 나 있다(2010.06.29.)

벼과
학명 : *Phyllostachys bambusoides*
영명 : Japanese Timber Bamboo
일본명 : マダケ真竹
중국명 : 桂竹
한자명 : 孟宗竹

서 식물학적인 기준으로 보면 대나무는 풀이고, 베어서 이용하는 측면으로 보면 나무다.

《삼국유사》권2〈기이(紀異)〉에는 '만파식적(萬波息笛)' 설화가 실려 있다. 신라 31대 신문왕은 아버지 문무왕을 위해 동해 바다 가까이에 감은사(感恩寺)란 절을 지었다. 신문왕 2년(682)에 해관(海官)이 달려와 동해 가운데 있던 작은 섬 하나가 감은사 쪽으로 떠내려 오는 이상한 일이 있다고 아뢴다. 놀란 왕은 일관(日官)으로 하여금 점을 쳐보게 하니, 바다용이 된 문무왕과 천신(天神)이 된 김유신이 나라를 지킬 수 있는 보배를 주려고 한다는 것이다. 이에 왕은 기뻐하며 이견대(利見臺)에 가서 그 섬을 살펴보게 하였더니, 섬의 모양이 거북의 머리처럼 생겼고, 그 위에 대나무가 자라고 있었다. 기이하게도 이 대나무는 낮에는 둘로 나뉘어 있으나, 밤에는 하나로 합쳐지면서 천지가 진동하고 이레 동안 비바람이 몰아쳤다. 바다가 잔잔해진 다음 왕은 배를 타고 그 섬에 들어가 보니 커다란 용이 검은 옥대를 받치면서 이 대나무로 피리를 만들면 천하가 태평해질 것이라고 했다. 궁궐로 돌아온 왕은 용이 준 대나무로 피리를 만들어 월성 천존고(天尊庫)에 보관해두었다. 왜구가 침입하거나 가뭄이나 홍수로 나라에 근심이 있을 때마다 이 피리를 불면 모두가 평온해졌으므로 '만파식적(萬波息笛)'이란 이름을 붙였다고 한다.

그 외에도 《삼국유사》에는 '미추왕과 죽엽군(竹葉軍)', '죽죽(竹竹) 장군 이야기' 등 대나무와 관련된 설화가 전해지는 것으로 보아 삼국시대 훨씬 이전에 우리나라에 들어온 것으로 짐작된다. 또한 생활용품을 만드는 데도 빠질 수 없는 재료로서 먼 옛날부터 함께한

우리
나무의
세계

〈묵죽도(墨竹圖)〉, 유덕장, 18C 초중반, 178x77.4cm, 중앙박물관
이정, 신위와 함께 조선 3대 묵죽화가로 이름난 유덕장의 그림이다. 이정의 통죽에 비하여 더 힘차고 활력이 있어 보인다. 마디의 고리가 두 개로 명확하게 그려져 있어서 솜대로 짐작된다.

나무가 바로 대나무다.

　죽순대(맹종죽)는 대나무 중에서 가장 굵게 자라며, 1898년 일본에서 가져다 처음 심기 시작했다. 왕대와 솜대는 약간의 논란이 있으나 삼국시대 이전에 중국을 통하여 수입된 것으로 보고 있다. 죽순대의 마디는 테가 하나밖에 없으며, 왕대와 솜대는 테가 두 개다. 그 외에 줄기가 까만 오죽(烏竹)은 관상용으로 흔히 심는다.

　대나무의 일생은 보통 나무와는 아주 다르다. 땅속을 이리저리 헤집고 다니는 뿌리줄기에서 죽순이 나와 한 달에서 두 달이면 키 자람을 끝내버린다. 한 시간에 2~3센티미터씩 자라는 경우도 있다 하니 자람이 그대로 눈에 보일 정도다. 그러나 대나무가 단단해지는 데는 리그닌(lignin)이라는 물질이 세포벽 속에 쌓이는 시간이 있어야 하므로 1~2년은 기다려야 한다. 단단해지는데 조금 더 시간을 주어 대체로 대나무는 2~4년마다 베어서 쓴다.

　대나무는 언제나 변함없이 푸른 잎이 달려 있고, 줄기는 곧 바르게 자라므로 지조와 절개를 상징한다. 또 세로로 쪼개 보면 깔끔하게 쪼개진다. 그래서 '대쪽 같은 사람'은 불의나 부정과 타협하지 않는 군자의 행실을 비유한 말이다. 사군자 중 하나이기도 하다.

　영국의 식민지였던 인도에서는 얄미운 영국인들을 골탕 먹이기 위하여 대나무를 쌓아 놓고 불을 질렀다. 빵빵하고 터지는 소리를 '밤푸'로 들은 그들은 대나무를 두고 '밤부(bamboo)'라는 영어 이름을 만들었다. 우리의 세시풍속에도 밤에 모닥불을 피우고 대나무를 태우면 큰 소리에 놀라 귀신들이 도망갔다고 한다.

　죽(竹)을 중국 남부지방에서는 '택(tek)'이라고 하는데, 우리나라에 들어오면서 ㄱ이 탈락하고 변하여 '대'로 부르게 되었다고 한다.

벼과
학명 : *Pseudosasa japonica*
영명 : Arrow Bamboo, Yadake
일본명 : ヤダケ矢竹
중국명 : 矢竹
한자명 : 箭竹

이대

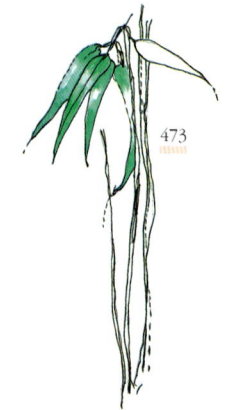

중국의 고전소설 《삼국지》에 보면 조조의 백만 대군을 격파하는 '적벽대전'에 앞서 제갈량은 조조로부터 화살 10만 개를 공짜로 얻게 되는 내용이 묘사되어 있다. 짙은 안개가 낀 새벽, 유비와 손권의 연합군은 제갈량의 지휘 아래 빈 배에 짚단을 잔뜩 싣고 조조 진영 코앞에서 북소리만 요란하게 울린다. 그러자 조조는 제갈량이 쳐들어온 줄 알고 놀라서 무차별로 화살을 쏘아댄다. 결국 제갈량의 지략으로 힘 안 들이고 화살을 공짜로 모아온다는 이야기다.

이외에도 여러 가지 역사 이야기에 '화살 10만 개'는 흔히 등장한다. 화살이 많다는 뜻이겠으나 모든 것이 수작업으로 이루어지는 옛날에 이렇게 많은 화살을 만들기는 그리 간단치 않다. 우선 화살 재료가 무엇이며, 수집은 어떻게 하였는지부터가 궁금하다. 화살은 화살촉과 화살대로 이루어지는데, 화살대는 명중률을 높이고 사거리에 영향을 미치는 중요한 기능을 했다. 재료는 나무였고, 화살대의 대부분은 죽시(竹矢)였다. 화살대라는 이름 자체가 '화살대나무'의 준말이다. 한편 대나무가 나지 않은 북부지방은 싸리와 광대싸리 등의 목시(木矢)를 썼다. 《천공개물》의 기록에 보면 북방 오랑캐의 화살대는 자작나무와 버드나무라고 한 것으로 보아 여러

◀무성하게 자란 이대가 터널을 만들고 있다(2010.06.30. 순천 송광사)

나무를 사용한 것임을 알 수 있다.

화살대의 옛 이름은 전죽(箭竹)으로 화살대를 만드는 대나무의 한 품종을 말한다. 전죽의 생산지는 남부지방이다. 실제로 북방민족과의 충돌이 끊이지 않아 화살대 공급이 절실한 함경도, 평안도, 황해도에는 전죽이 나지 않았다.

옛 문헌에 보면 화살대 공급에 관련된 여러 기록들을 찾을 수 있다. 세종 15년(1433)에 병조에서 아뢰기를 "평안도와 함경도의 군인들이 전술 연습에 쓸 화살대가 없으니 함경도는 강원도에서 1만 개, 경상도에서 2만 개, 평안도는 충청도에서 1만 개, 전라도에서 2만 개씩 해마다 실어 보내게 하소서"라고 했다. 세조 7년(1461)에는 병조에서 "함경도는 전죽이 나지 아니 하니 강원도 관찰사로 하여금 전죽 뿌리를 많이 캐서 여러 고을에 심게 하여야 할 것입니다. 평안도와 황해도에도 역시 전죽이 생산되지 아니 하니, 함경도의 예에 따라 전죽 가꾸기에 적당한 고을을 찾아 심게 하소서"라고 하니 이를 그대로 따랐다. 또한 세조 3년(1457)에는 승정원·병조에서 전지하기를 "이미 전죽이 자라고 있는 곳은 벌채하지 말도록 엄금했다"고 한다.

전죽은 실제로 어떤 나무였을까? 우리나라 대나무 종류 중 화살대를 만들기에 적합한 나무는 이대다. 일반 대나무는 너무 굵고 북쪽까지 자라는 조릿대와 신이대 등은 토양조건이 좋은 곳에서는 거의 지름이 1센티미터 가까이 자랄 수도 있으나, 품질이 좋은 화살대를 대량으로 만들기에는 여러 가지 제약이 많았다. 이대와 비슷한 나무로는 해장죽이 있다. 《동사강목(東史綱目)》[3]에 보면 몽고

춘천 천전리에서 출토된 청동기시대 화살촉과 화살대(2005.10.25.)

가 고려에 조공을 요구한 물품 중에 해죽(海竹)이 들어 있었으며,《양화소록》의 '자미화' 이야기에도 해죽이 나온다. 또《만기요람(萬機要覽)》[4]에는 해장죽(海長竹)으로 기록되어 있다. 그러나 해죽이나 해장죽이 꼭 오늘날의 해장죽(海藏竹)이라고 생각지는 않는다. 이대와 해장죽은 너무 비슷하여 옛사람들이 정확하게 둘을 구분하였을 것 같지 않아서다. 이대의 엽초(葉鞘, 잎 껍질)는 마디 전체를 덮고 있으나, 해장죽은 일부를 덮고 있으며, 각 마디의 1년째 가지는 이대가 한 개씩 나오는 반면에 해장죽은 여러 개가 나온다.

이대는 키 2~5미터, 지름 0.5~1.5센티미터 정도로 굵기가 적당하고 곧게 자라며, 줄기는 마디가 적고 마디 사이가 길어서 화살대로 쓰기에 안성맞춤이다. 우리나라 남부지방의 해안 쪽에서 많이 자라고 여러 기록으로 볼 때 전죽은 이대로 보아도 무리가 없을 것 같다.

이대는 일본과 중국에서도 역시 화살대로 쓰였다. 이대는 산기슭에서 무리를 지어 자라므로 같은 규격의 화살대를 대량으로 만들 수 있는 유일한 나무다. 군수물자로서 이대의 확보는 고대 국가의 흥망성쇠와도 관련이 있다. 고구려가 꾸준히 남진 정책을 편 것도 안정적으로 이대를 직접 확보하겠다는 의지가 포함되어 있었으리라고 생각해본다.

꽃봉오리에 이슬이 맺힌 안개 속의 섬조릿대(2005.05.06. 울릉도, ⓒ황영목)

벼과

학명: *Sasa borealis*
영명: Sasamorpha, Sasa
일본명: スズタケ篠竹
중국명: 山竹, 地竹
한자명: 山竹, 地竹, 笠竹

조릿대

조리는 곡식에 들어 있는 이물질을 걸러내는 기구다. 옛날에는 가을에 벼를 베어 수확하면 흙으로 된 마당에서 바로 이삭을 털어내어 방아로 찧었다. 으레 쌀에는 돌이 섞이기 마련이므로 밥 짓기에 앞서 조리로 쌀을 일어야 했다. 지금이야 벼 수확에서 마지막 쌀 찧기까지 모두 기계로 이루어지니 밥에 돌이 들어가는 일이 없지만, 옛 주부들은 조리로 쌀을 이는 기술도 중요한 능력평가 항목 중 하나였다. 귀한 손님이 식사 중에 돌이라도 씹으면 안주인은 고개를 들지 못했다.

옛사람들의 필수 부엌기구인 조리를 만드는 재료로 쓰이는 '조리 대나무'가 조릿대다. 조리의 크기는 지름 15센티미터 전후의 삼각형이고, 긴 손잡이가 달려 있다. 조리는 물속에서 흔들면서 쌀을 이는 기구로 가볍고 물이 잘 빠져야 하므로 조리 만들기에는 조릿대가 안성맞춤이다.

우리의 전래 풍습에는 정월 초하룻날 1년을 쓸 조리를 한꺼번에 사서 실이나 엿 등을 담아 벽에 걸어두었다. 이는 조리로 쌀을 떠서 이듯이 복도 그렇게 뜨라는 의미로 복조리라 불렀다고 한다.[5] 1990년대까지만 해도 정월 초하루 첫새벽에는 복조리 장수가 '복조리 사려!'를 외치면서 골목을 누볐다. 먼저 사는 것이 복을 더 많이 가

상수리나무 숲 밑에서 겨울을 나고 있는 조릿대(2000.01.13. 옥천)

져온다고 여겨 새벽 일찍 구입하였으며, 복조리 값은 깎지 않았다.

조릿대는 전국 어디에서나 숲속에서 흔히 만날 수 있는 난쟁이 대나무다. 남쪽은 제주도에서부터 북한의 고산지대까지 추운 곳과 더운 곳을 가리지 않으며, 고도 1500미터에서도 큰 나무 아래에서 무리를 이루어 자란다.

조릿대는 뿌리줄기로 뻗어나가면서 거의 흙이 보이지 않을 정도로 빽빽하게 땅 표면을 뒤덮기 때문에 급경사지에서는 땅을 보호하고 건조를 막아주는 유익한 기능도 있다. 그러나 자기들끼리만 자라면서 다른 식물이 들어올 틈새를 주지 않는, 오직 나 혼자만 잘 살겠다는 특성이 말썽을 일으키기도 한다. 한번 조릿대가 번식을 시작하면 온통 자기네들 세상으로 변한다. 예를 들어 한라산의 제주조릿대는 방목이 줄어들면서 너무 많이 번식하여, 수천 년을 같은 생활공간에서 살아오던 시로미나 구상나무 등 희귀식물의 자람

조릿대 잎에 잠깐 햇빛이 들어왔다(2010.05.12. 밀양 표충사)

터를 나날이 침범해가고 있어 문제가 되고 있다.

조릿대는 대나무의 특성을 그대로 간직하고 있다. 잎사귀 모양이 대나무와 거의 같고 늘푸른나무라는 것도 대나무와 마찬가지다. 다만 키가 1미터 남짓하고 굵기는 지름 3~6밀리미터 정도다. 꽃은 5~6년마다 한 번씩 핀다고 알려져 있으나 일정하지 않다. 꽃이 피고 나면 지상부는 죽어버린다. 줄기는 가늘고 유연성이 좋아 쉽게 휘고 비틀 수 있으므로 조릿대 줄기는 조리 만들기 이외에도 작은 상자나 키, 바구니 등 옛사람들의 각종 생활기구 재료로 널리 쓰였다. 근래에는 대나무 잎의 약리작용과 관련된 여러 연구가 성행하고 있으며, 민간에서는 암을 비롯한 난치병에 효과가 있다고 하여 관심이 높아지고 있다.

우리나라의 조릿대 종류는 신이대, 제주조릿대, 섬조릿대, 갓대 등이 있으며 일본과 중국에도 비슷한 종류가 자란다.

이제 막 익기 시작한 대팻집나무의 열매와 잎(1999.07.06. 대구 팔공산)

감탕나무과
학명: *Ilex macropoda*
영명: Large Berried Holly
일본명: アオハダ青膚
중국명: 大柄冬青
한자명: 鬼兜靑, 大柄冬靑

대팻집나무

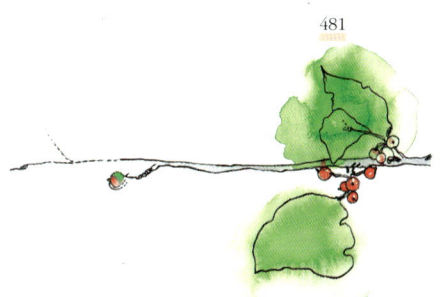

나무 다듬기에 쓰이는 여러 목공 기구 중에 표면을 마무리하는 것은 대패의 몫이다. 그래서 대패는 예부터 목수들이 가장 아끼는 기구 중 하나였다. 대팻집나무는 대팻날을 보호해주고 깎을 나무와 바로 맞닿는 대팻집을 만드는 나무란 뜻이다. 대팻집에 쓰일 나무는 우선 단단하고 재질이 고르며, 거스름(逆木理)이 일어나지 않는 나무가 좋다. 대팻집나무는 비중이 0.6·0.7 정도로 너무 단단하지도 무르지도 않아 이런 목적에 적합한 나무다.

대팻집나무는 감탕나무 무리의 호랑가시 종류와 형제 나무다. 다른 형제들은 늘푸른나무이면서 추위를 싫어하여 모두 난대지방에서 자라지만, 유일하게 대팻집나무는 갈잎나무이고 온대지방까지 올라온다. 경기 이남에서 만날 수 있으며, 키가 10여 미터에 이르나 아름드리가 되는 큰 나무는 아니다. 회갈색의 줄기는 상당히 나이를 먹어도 갈라지지 않고 매끄럽다. 칼이나 손톱으로 껍질을 살짝 긁어보면 안껍질이 초록색이다. 이것은 다른 나무에서 잘 볼 수 없는 특징인데, 엽록소가 있어서 잎을 도와 광합성을 하는 것으로 짐작하고 있다. 여기서부터 부름켜까지의 안껍질에는 감탕나무나 먼나무 같은 형제나무들과 마찬가지로 끈적끈적한 물질이 함유되어 있다. 이것을 정제하여 접착제로 쓰거나 오늘날의 끈끈이처럼

생활에 쓰이는 나무

벌레를 잡는 데 이용되었다.

대팻집나무의 잔가지를 보면 두 종류의 다른 형태를 금방 찾아낼 수 있다. 길이 1~2센티미터 남짓한 번데기처럼 가로 주름이 잔뜩 잡힌 단지(短枝)와 주름이 없는 장지(長枝)가 섞여 있다. 단지는 은행나무나 잎갈나무에도 있지만, 넓은갈잎나무 중에서는 대팻집나무에서 가장 확실히 볼 수 있다. 장지에 달린 잎은 어긋나기로 달리고, 단지는 가지 끝에서 돌려나기를 한다. 같은 공간에서 돌려나기가 어긋나기보다 훨씬 더 많은 잎을 달 수 있다. 그래서 장지는 새 가지를 길게 뻗어 자신의 세력 확장에 투자하고, 단지는 공간을 최대한 활용하는 잎 펼침의 경제성에 중점을 두었다는 해석도 있다.

대팻집나무는 암수가 다른 나무로서 봄날이면 눈에 잘 보이지 않는 꽃이 잎겨드랑이에 1~2개씩 핀다. 가을이 되면 아직 노란 단풍이 들기 전의 초록 잎을 배경으로 콩알 굵기만 한 새빨간 열매가 익

콩알 굵기만 한 열매가 파란 잎 사이에서 붉게 익었다(2005.10.09. 대구 팔공산)

는다. 녹색과 붉은색을 강하게 대비시켜 새들의 눈에 잘 띄게 하자는 전략이다.

  대부분의 나무 열매는 붉은 것과 검은 것이 가장 많다. 사람과 같은 색감을 가지고 있는 새들이 가장 쉽게 찾아낸다고 한다. 대체로 이런 열매는 새들이 좋아하는 과육을 잔뜩 가지고 있다. 새의 종류에 따라 다르지만 보통 한 나무에 머무는 시간은 길어야 10분 정도라고 한다. 그사이 맛있게 먹고 위장에서 소화시키지 못한 씨앗은 가능한 멀리 날아가서 퍼뜨려 달라는 주문이다. 파스칼의 말처럼 갈대가 아니라도 '생각하는 나무'가 되어야만 경쟁에서 살아남을 수 있다.

늦여름에 꽃을 피우고 바로 열매가 익기 시작하는 두릅나무(2009.09.30. 대구)

두릅나무과
학명 : *Aralia elata*
영명 : Japanese Angelica Tree
일본명 : タラノキ 楤木
중국명 : 刺嫩芽, 辽东楤木
한자명 : 木頭菜, 搖頭菜, 摠木

두릅나무

《농가월령가(農家月令歌)》〈오월령(五月令)〉에 보면 "앞산에 비가 개니 살찐 향채 캐오리라/삽주, 두릅, 고사리며 고비, 도라지, 으아리를/절반은 엮어 달고 나머지는 무쳐 먹세/떨어진 꽃 쓸고 앉아 빚은 술로 즐길 적에/산채를 준비한 것 좋은 안주 이뿐이다"라는 내용이 나온다.

예나 지금이나 두릅은 이처럼 산채의 왕자다. 봄의 따사로움이 대지에 퍼질 즈음, 물에 살짝 데친 두릅나무 순을 빨간 초고추장에 찍어 한 입에 넣어본다. 칼큼하고 씁쌀한 맛이 입안 가득히 퍼져 나갈 때의 그 기막힌 느낌을 우리는 잊지 못한다. 정다운 임이 따라주는 이화주(梨花酒) 한 잔이라도 곁들여진다면 나라님 부럽지 않다.

두릅나무 순은 사람뿐만 아니라 초식동물들도 좋아한다. 그래서 두릅나무는 오랜 세월을 살아오는 동안 나름대로의 대비책을 세워서 새순이 붙은 작은 가지마다 날카로운 가시를 촘촘히 박아 놓았다. 덕분에 자손을 널리 퍼뜨려 수천 년을 무사히 이어왔다. 그러나 수난의 역사가 시작된 것은 그리 오래되지 않았다. 요즈음 자연식품이 건강에 좋다는 이유로 새싹이 남아나지 않아서다. 싹을 내밀자마자 잎을 펴볼 틈도 없이 싹둑싹둑 잘려나간다. 저장한 양분으로 다시 한 번 싹을 내밀기 위해 안간힘을 써보지만 두 번 세 번 싹둑질을 당하면 목숨을 부지할 방법이 없다. 봄날의 산골마다 시목(屍木)이 가득하다. 이러다가 자칫 식물원에 가야만 두릅나무를 볼 수 있는 날이 오지 않을까 두렵다.

두릅나무는 우리나라 어디에서나 양지바른 산자락에서 키 3~4미터 남짓하게 자라는 작은 나무다. 가지가 그렇게 많이 갈라지지 않아 전체적으로 듬성듬성하며, 싹을 보호하기 위하여 생긴 가시는 오래되면 떨어져 버린다. 요즈음에는 아예 처음부터 가시가 생기지 않는 민두릅을 산림청에서 개발하여 보급하고 있다. 인공재배할 때 가시가 없으면 훨씬 취급이 쉬워진다.

잎은 어긋나기로 달리고 한 대궁에 새 날개처럼 달린 잎이 또 한 번 더 갈라지는 겹잎으로 그 모양이 특별하다. 잎 전체의 길이가 어른

촘촘한 가시로
무장하고 새싹을 내민다
(2005.04.21. 강화)

팔 길이에 이른다. 작은 잎과 잎 대궁이 마주치는 곳에도 가시가 있다. 가지 끝에서 나오는 꽃차례는 우산모양으로 벌어지면서 많은 꽃이 달린다. 암꽃과 수꽃이 따로 있고, 늦여름에서부터 초가을에 걸쳐 흰빛으로 피며, 검은 열매가 10월에 익는다.

한방에서는 총목피(楤木皮)라 하여 주로 뿌리나 나무껍질을 이용하는데, 위와 신경계통의 병을 비롯하여 몸이 붓는 병, 당뇨병 등에 썼다고 한다. 두릅은 나무두릅 이외에도 흔히 독활(獨活)이라 하여 풀로 분류되는 땅두릅이 있다. 땅두릅은 예부터 한약재로 널리 쓰였다. 고려 문종 33년(1079)에는 중국에서 보내준 약재 속에 포함되어 있었으며, 《목민심서(牧民心書)》[7] 관질(寬疾)에도 전염병에 독활 처방을 제시하고 있다. 종류는 다르지만 두릅이란 이름을 가진 나무로 높은 산꼭대기에서 자라는 땃두릅나무가 또 있다.

까맣게 익은 뽕나무 열매 오디(2006.06.06. 상주 두곡리)

뽕나무과
학명 : *Morus alba*
영명 : White Mulberry, Silkworm Mulberry
일본명 : マグワ真桑
중국명 : 桑树, 家桑
한자명 : 桑樹, 地桑, 白桑

뽕나무

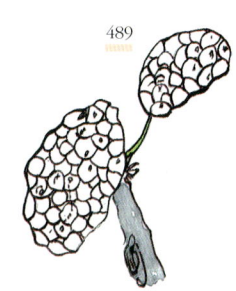

뽕나무를 키워 누에를 치고 비단을 짜는 일은 예부터 농업과 함께 농상(農桑)이라 하여 나라의 근본으로 삼았다. 우리나라에 양잠이 시작된 것은 중국의 《위서 동이전(魏書 東夷傳)》[8] 〈마한 조(條)〉에 "누에를 치고 비단을 짜서 옷을 해 입었다"라고 한 것으로 보아 삼한시대 이전으로 짐작된다. 우리의 기록에도 고구려 동명왕과 백제 온조왕 때 농사와 함께 누에치기의 귀중함을 강조한 대목이 있다. 신라 박혁거세 17년(BC 40)에는 임금이 직접 6부의 마을을 돌면서 누에치기를 독려했다는 내용이 《삼국사기》에 기록되어 있다. 이후 통일신라를 거쳐 고려에 이르기까지 누에치기의 중요성을 누누이 강조하고 있다. 비단은 당시로서는 오늘날의 반도체나 자동차만큼이나 나라의 중요한 기간산업이었기 때문이다. 조선조에 들어오면서 비단 생산을 더욱 늘려야 할 필요성이 생겼다. 처음 나라를 열어 불안한 민심을 수습하고 백성들을 편안히 살게 하려면 산업생산을 통한 수입증대가 필요했기 때문이다. '비단입국'의 기치를 높이 들 수 있었던 이유는 명나라에 보내는 조공과 신흥귀족들의 품위유지를 위한 비단의 수요가 만만치 않아서다.

태종 때는 집집마다 뽕나무를 몇 그루씩 나누어주면서 심기를 거의 강제하다시피 했다. 이후 세종으로 내려오면서 누에치기를 더욱 독려했다. 예부터 내려오던 친잠례(親蠶禮)를 강화하여 왕비가 직접 비단을 짜는 시범을 보이기도 했다. 또한 각 도마다 좋은 장소에 뽕나무를 널리 심도록 하였고, 누에치기 전문기관인 '잠실'을 설치했다. 그러다가 중종 원년(1506)에는 보다 효율적인 관리를 위하여 각 도에 있는 잠실(蠶室)을 서울 근처로 모이도록 구조조정을 한다. 바로 그때 그 장소가 오늘날의 서초구 잠원동 일대다.

흔히 우리는 세상이 너무 변하여 옛 정취를 찾을 수 없게 되면 '상전벽해(桑田碧海)'란 말을 쓴다. 잠실은 이제 뽕나무 밭, 누에들의 터전이 아니라 대한민국 최고의 아파트촌이 되어버렸다. 구한말까지만 해도 300~400년이나 된 뽕나무가 여럿 있었다고 하나 이제는 모두 죽어버렸다. 얼마 전까지 살아 있던 단 한 그루도 죽어버리자, 그의 시신을 없애지 않고 서울시 기념물 1호란 이름으로 옛 터를 지키게 하고 있을 따름이다. '임도 보고 뽕도 따던' 그 옛날의 청춘남녀들은 무성한 잎으로 은밀한 사랑 놀음을 가려줄 뽕밭이 없어졌으니 모두 카페나 PC방으로 가버릴 수밖에 없다.

뽕나무 꽃(2006.04.23. 대구)

뽕나무는 단순히 잎을 따서 누에치기에만 쓰인 것은 아니다. 우선 약재의 원료로서 뽕나무의 쓰임새는 끝이 없다. 열매인 오디는 가난하던 시절 맛있는 간식거리로 애용되었고, 건조시키면 한약재로 둔갑한다. 이뇨효과와 함께 기침을 멈추게 하고 강장작용이 있으며, 기타 여러 가지 질병 치료에도 효과가 있는 것으로 알려져 있다. 열매의 즙액을 누룩과 함께 섞어 발효시킨 상심주(桑椹酒)는 정력제라고도 한다. 물론 뽕나무 껍질도 약재 대열에서 빠지지 않는다.

《조선왕조실록》을 들춰 보면 '상상기생(桑上寄生)'이란 말이 여러 번 나온다. 뽕나무에 빌붙어 사는 기생식물 이야기다. 우리가 흔히 보는 늘푸른잎을 가진 보통의 겨우살이와 다른 종류로 '꼬리겨우살이'로 짐작되는데, 거의 만병통치약처럼 귀하게 생각한 것 같다. 다른 데서도 자라지만 상상기생은 백령도와 내정도가 득산지이며, 나이를 먹은 큰 뽕나무에 주로 난다고 한다.

뽕나무는 누에에게 이파리 공양을 쉽게 하기 위하여 자꾸 잘라대는 탓에 사람 키보다 조금 큰 크기로 자란다. 제 자람대로 두면 둘레가 두 아름이 넘는 큰 나무가 된다. 겉껍질은 세로로 깊게 갈라지고, 안껍질은 노란 것이 특징이다. 나무속은 황색빛을 띠고 있어서 독특한 정취가 있고, 단단하고 질기며 잘 썩지 않는다. 그래서 옛날에는 밤나무와 같이 조상의 신주를 모시는 위패를 만들었고, 나무배의 겉 판자를 잇는 나무못으로 쓰이기도 했다. 또 굵은 나무는 목관재(木棺材)로 쓰였다. 경북 경산시 임당동에는 삼국이 자리를 잡기 전에 어느 부족국가가 있었는데, 족장쯤으로 짐작되는 이의 뽕

우리나라에서 가장 굵은 상주 두곡리의 경북기념물 1호 뽕나무 고목(2006.06.06.)

나무 목관이 발견되었다.

뽕나무는 특별히 아름다운 꽃을 피우는 것도 아니고, 품새가 근사하여 묵객의 붓질로 화선지에 올라갈 수 있는 처지도 아니었다. 숲속의 천여 가지 나무 중 이름 없는 한 나무로 묻혀버릴 수도 있었던 평범한 나무였다. 그러나 잎이 잘려나가는 아픔을 이겨내고 누에와의 인연을 소중히 승화시켰다. 덕분에 누에라는 작은 벌레 한 마리가 만들어준 비단길을 통하여 동서양 문화교류의 물꼬를 틀 수 있는 디딤돌 역할을 한 귀한 나무가 되었다. 최근에는 상황(桑黃)버섯이 널리 이름을 떨치고 있는데, 뽕잎을 먹었다는 이유만으로 누에 그 자체가 바로 약으로 쓰이는 세상이다. 비단에서 출발하여 상상기생, 상황버섯을 거쳐 이제는 '누에그라'로 또다시 고개를 들어 영광을 일구어내는 그의 변신술이 놀랍다.

사위질빵

한여름의 태양이 더욱 이글거리는 8월 초중순쯤 야산 자락의 둔덕이나 들판의 높다란 두렁에 우리의 눈길을 끄는 꽃 덩굴이 하나 있다. 뭔가 사연을 간직한 듯한 이 식물이 바로 사위질빵이다. 이 나무는 다른 물체를 감거나 허락도 없이 빨판으로 붙잡고 일방적인 '내 사랑'을 호소하는 스토커가 아니라, 자기보다 높다고 생각되는 아무것에나 넉살 좋게 그냥 올려다 걸친다.

사위질빵은 초록의 잎을 배경으로 자그마한 꽃대가 쑥 올라오면서 동전 크기만 한 상앗빛 꽃들이 무리 지어 핀다. 하나하나의 꽃을

생활에 쓰이는 나무

상앗빛 사위질빵 꽃이 무리지어 피어 있다(2010.08.02. 화순)

미나리아재비과
학명 : *Clematis apiifolia*
영명 : Aoiifolia Virgin's Bower
일본명 : ボタンヅル牡丹蔓
중국명 : 女萎
한자명 : 女萎
북한명 : 질빵풀

자세히 들여다보면 조금은 독특한 모양을 갖는다. 꽃받침이 변한 네 장의 꽃잎 위에 같은 색의 가느다란 수술이 뻗어 있다. 이런 꽃 수백 수천 송이가 모여서 이루는 사위질빵 꽃무리는 자칫 단순해지기 쉬운 여름의 초록바다를 풍요롭게 하는 악센트다.

흔히 주변에서 만나는 사위질빵은 굵은 덩굴이 잘 보이지 않아 1년짜리 풀 덩굴이려니 하고 생각하기 쉬우나 회갈색의 굵은 덩굴이 만들어지는 나무덩굴임에 틀림없다. 북한 사람들은 느낌대로 그냥 '질빵풀'이라고 했다.

나무 이름인 사위질빵에는 숨겨진 깊은 뜻이 있다고 한다. 질빵은 짐을 질 때 사용하는 멜빵을 말하므로 사위의 멜빵이 된다. 한편 비슷하게 생긴 덩굴로 할미밀망이 있는데, 할미질빵, 혹은 할미밀빵이라고도 부른다. 이를 두고 임경빈 교수는 재미있는 풀이를 하고 있다. 사위질빵은 덩굴이 가늘고 약하여 큰 짐을 옮기는 멜빵으로 부적합하고, 할미밀망은 덩굴이 굵고 튼튼하여 무거운 짐을 나르는 데 제격이다. 귀한 사위가 힘든 일을 하지 않도록 지게의 멜빵끈을 끊어지기 쉬운 사위질빵으로 만들어 조금씩 짐을 나를 수 있게 한 반면에 항상 들볶아대는 '얄미운 사람'인 시어머니에게는 튼튼한 할미질빵으로 멜빵끈을 만들어 골탕을 먹였다는 해석이다.

사위질빵은 전국 어디에서나 자라는 낙엽 덩굴 나무로 잎자루마다 잎이 세 개씩 달리는 3출엽이며 마주나기로 달린다. 갸름한 작은 잎은 끝이 뾰족하고 깊이 팬 톱니가 드문드문 있다. 가을까지 꽃이 피며 한 꽃에 암술과 수술이 같이 들어 있다. 열매가 익어 가면

생활에 쓰이는 나무

◀숲속에서 자라고 있는 사위질빵. 덩굴줄기를 다른 나무에 걸치고 있다(2008.05.15. 대구 팔공산)

마치 흰꽃처럼 달려 있는 사위질빵 열매(2007.10.29. 장수)

작은 씨앗 끝에 흰 깃털이 호호백발 할머니의 머리카락처럼 짧게 밑으로 처진다. 여기에는 바람을 타고 멀리멀리 날아가서 '아들딸 낳고 잘 살라'는 선조들의 음덕이 배어 있다. 줄기는 한방에서 '여위(女萎)'라 하여 열이 날 때나 부종, 설사 등에 사용했다.

사위질빵은 집안이 벌족이라서 사촌들만 해도 수십 종이다. 할미밀망, 사위질빵 등 잎에 커다란 톱니를 가진 부류와 위령선, 으아리 등의 톱니가 없는 부류가 있고, 종덩굴 종류도 여기에 포함된다. 특히 중국 원산의 위령선은 예부터 약재로 유명한데, 고려 문종 33년(1079)에 송나라 사신인 왕순봉 편에 보내온 100가지 한약에 위령선이 들어 있었으며, 세종 5년(1423)에는 중국 약재와 비교하여 새로 진짜 씨를 얻은 14종의 약재 중에도 포함되어 있을 정도였다. 그 외에 꽃이 아름답기로 소문난 주먹만 한 하얀 꽃을 달고 있는 큰꽃으아리가 있다.

삼지닥나무

멀리 남녘땅에서부터 봄을 알리는 꽃들이 겨울을 털고 기지개를 켠다. 근래 외국에서 들어온 풍년화와 영춘화가 2월 초나 중순이면 제일 먼저 봄소식을 전하고, 정원의 매화도 이에 뒤질세라 곧바로 꽃망울을 터뜨린다. 삼지닥나무는 이들보다 조금 늦게, 대체로 3월 초에 진한 노란색 꽃으로 봄 향기를 전하는 선두주자다.

 삼지닥나무는 잎이 나오기 전, 회갈색빛이 강한 껍질을 가진 나뭇가지를 배경으로 아름다운 꽃을 피운다. 꽃받침 통은 가늘고 작

가지가 셋씩 갈라지는 삼지닥나무(2004.07.16. 고흥 금탑사)

이른 봄 삼지닥나무가 꽃봉오리를 잔뜩 맺었다(2007.04.01. 진주)

팥꽃나무과
학명 : *Edgeworthia papyrifera*
영명 : Paper Bush
일본명 : ミツマタ三椏
중국명 : 结香, 黄瑞香
한자명 : 三椏木, 黃瑞香, 密蒙花

디 작은 긴 깔때기 모양을 하고 있으며, 겉은 연한 잿빛 털로 덮인 꽃이 수십 개씩 둥글게 모여서 아래로 처진다. 거의 손가락 마디 길이만 한 꽃은 끝이 넷으로 갈라져 꽃잎처럼 되며, 포동포동 살이 찐 느낌이 들고 안쪽이 샛노랗다. 노랑꽃과 연한 잿빛의 털북숭이 꽃받침 통은 다른 어떤 꽃보다 어울림이 좋다. 이런 꽃들은 아기의 고사리 같은 손 주먹만 한 묶음을 만들어 가지 끝마다 나무 크기에 따라 수십 수백 개씩 매달린다. 꽃 모양을 실제로 접하지 못한 독자일지라도 앙증맞고 예쁠 것이라는 짐작에 어려움이 없을 터다.

키가 1~2미터 남짓할 정도로 자그마한 삼지닥나무는 중국 남부가 고향으로 우리나라에 언제 들어왔는지는 알려져 있지 않다. 중국에서 직접 들여왔다는 자료는 없으며, 근세에 일본에서 가져와 남해안에 심은 것이 아닌가 짐작할 뿐이다. 현재 삼지닥나무를 가끔 만날 수 있는 곳은 양산 통도사, 경남 하동의 쌍계사, 전남 고흥의 금탑사를 비롯한 주로 남부지방의 사찰에서다.

나무 이름은 가지가 셋으로 갈라지는 삼지(三枝) 모양에 닥나무처럼 쓰인다고 하여 삼지닥나무다. 실제로 가지는 셋씩 거의 같은 간격으로 갈라지며, 가지 뻗음은 수직축에 대하여 40~50도로 벌어진다. 이 벌림 각은 가지가 자라면서 차츰차츰 커져 나중에는 거의 수평상태가 되거나 수평보다 아래로 더 처지기도 한다. 따라서 전체 모양은 나뭇가지가 땅에 거의 닿으면서 자연적으로 밑변이 넓고 둥그스름한 형태가 된다. 잎은 진한 초록빛이며 약간 두껍고, 뒷면은 짧은 흰 털 때문에 하얗게 보인다. 잎 모양은 피뢰침처럼 생겼는데, 손가락 하나 길이에서 두 배 길이쯤 된다. 열매는 팥알 크기만 한 타원형으로 늦여름에서 초가을에 익는다.

　오늘날 삼지닥나무는 독특한 가지 뻗음과 봄을 알리는 샛노란 꽃을 감상하는 정원수로 우리에게 친숙하다. 그러나 원래 쓰임은 사람들의 문화생활을 지탱할 막중한 업무가 부과된 자원식물이다. 종이를 만드는 원자재로서 널리 알려진 닥나무보다 더 고급 종이를 만드는 데 쓰이는 귀한 나무이기 때문이다. 우리의 옛 문헌에서 딱히 삼지닥나무를 이용했다고 짐작할 수 있는 종이 만들기 기록은 없지만, 일본에서는 에도시대(1603~1867)부터 삼지닥나무로 종이를 만들었다고 한다. 자기네들의 옛 고급 일본종이〔和紙〕를 만들 때 닥나무와 함께 쓰이다가, 현대식 지폐를 만들 때 삼지닥나무의 껍질로 만든 펄프를 반드시 섞어 사용했다고 한다. 물론 지금이야 지폐를 만들 수 있는 질 좋은 다른 펄프들이 많으므로 그 쓰임이 차츰

하얗고 긴 꽃받침은 대롱 모양이며 끝이 넷으로 갈라져 샛노랗다(2004.03.28. 진주)

줄어들고 있지만, 한때는 일본조폐공사에서 계약재배를 할 만큼 귀중한 원료였다. 삼지닥나무 껍질 속에는 단단하고 질긴 인피섬유가 사관(篩管)이라는 양분 이동 통로의 주위를 둘러싸고 있다. 이 인피섬유는 너무 길지도 짧지도 않으면서 질김은 닥나무를 능가하므로 고급 종이의 원료가 되었다.

종명 'papyrifera'에는 종이란 뜻이 들어 있어서 종이 만들기에 쓰이는 나무임을 나타내고 있다. 꽃봉오리는 몽화(夢花)라고 하여 눈병에 쓰이고, 뿌리는 몽화근(夢花根)이라고 하여 조루 등의 치료에 이용한다고 알려져 있다.

강화 참성단에 홀로 자라는 천연기념물 502호 소사나무(2009.10.23.)

자작나무과
학명 : *Carpinus turczaninovii*
영명 : Korean Hornbeam
일본명 : イワシデ岩四手
중국명 : 鹅耳枥
한자명 : 小西木

소사나무

소사나무는 중부 이남 해안과 섬 지방이 원래의 자람 터다. 다 자라도 키 5~6미터, 지름이 한 뼘 정도가 고작인 작은 나무다. 그것도 똑바로 선 나무가 아니라 비뚤어지고 때로는 여러 갈래가 지는 모양새로 우리와 만난다.

소사나무는 메마름과 소금기에 강하며, 줄기가 잘려져도 새싹이 잘 나오는 등 척박한 조건에 잘 적응하는 나무로 유명하다. 그래서 우리 주변에서 소사나무는 최소한의 영양분으로 겨우 삶을 이어가는 분재(盆栽)나무로서 흔히 만난다. 분재는 작은 분(盆)에 나무를 심어 고목나무의 모습으로 축소시켜 가꾼 것이다. 소사나무는 너무 빨리 자라지 않고 생명력이 강하며, 달걀모양의 잎은 2~3센티미터 정도에 불과하여 분재재료로 적합하다. 소사나무의 줄기는 회갈색으로 깊이 갈라지지 않으며, 직립하려는 성질이 강하지 않아 나무 모습을 구미에 맞게 조절하기도 쉽다. 또한 갈잎나무인 소사나무는 겨울에 잎이 지고 나면 섬세한 가지 뻗음이 예술적이다. 이래저래 소사나무는 분재나무로 선택될 조건을 모두 갖춘 셈이다. 소사나무 이외에 참느릅나무도 분재나무로 널리 이용된다.

분재는 고려 말부터 기록이 나오며, 강희안의 《양화소록》에는 구체적인 재배방법까지 기술되어 있다. 분재는 작은 분에 고목나무와 어우러진 자연 상태의 풍취를 재현한 예술이라고도 한다. 그러나 나처럼 평생을 나무와 어울려 살아가는 사람에게는 분재나무를 볼 때마다 가엾고 불쌍하다는 생각이 앞선다. 몇 년 전 분재를 '쇠줄에 묶인 개'에 비유했다가 분재협회로부터 강력한 항의를 받은 적이 있다. 나무 하나를 두고도 이렇게 보는 눈이 정반대이니, 사람들의 이해관계를 조정하는 정치라는 것은 얼마나 어려울까 생각해 보게 된다.

소사나무란 서어나무의 한자 이름인 서목(西木)에서 온 것이다. 서어나무보다 훨씬 작게 자라는 나무이니 소(小) 자를 넣어 소서목(小西木)으로 불리다가 소서나무에서 소사나무로 변했다. 중국에서는 서어나무를 아이력(鵝耳櫪)이라 하니 우리 이름과는 관련이 없는 것 같다. 오히려 일본 이름과 더 관련이 깊다. 임경빈 교수의 해설

◀타원형의 자그마한 잎을 가진 소사나무(2006.09.18. 제주 성읍리)
▶잎 사이에서 밑으로 처져 달리는 소사나무 열매(2005.05.10. 남해 보리암)

에 따르면 일본에서는 소사나무를 포함한 서어나무속의 나무들을 일반적으로 '시데(四手)'라고 하는데, 이는 신에게 바치는 비쭈기나무 가지에 매다는 무명실을 뜻한다. 서낭나무에 흰 종이나 흰 실 또는 새끼줄을 치고 천도 시데라고 부르는데, 비쭈기나무 이외에 서어나무(西木)를 뜻하기도 한다는 것이다.

강화도 마니산 단군 제사 터에는 천연기념물 502호로 지정된 소사나무 한 그루가 자란다. 이 나무는 키 4.8미터, 줄기둘레 27~84센티미터의 여덟 개 줄기로 타원형의 나무갓을 만들어 민족의 성전을 지키고 있다.

운향과
학명: *Euodia daniellii*
영명: Korean Euodia, Bee Tree
일본명: チョウセンゴシュユ
朝鮮吳茱萸
중국명: 臭檀
한자명: 茱萸, 朝鮮吳茱萸
북한명: 수유나무

쉬나무

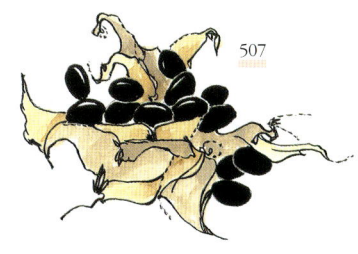

옛날 서울 지방의 풍속으로 음력 9월 9일 중양절에는 남산이나 북악산에 올라가 음식을 먹으면서 하루를 즐겁게 놀았다. 이를 등고(登高)라고 하는데, 이는 중국의 풍습을 따른 것이다. 전설에 의하면 후한(後漢) 때 앞날을 잘 맞히는 도인 비장방(費長房)이란 사람이 있었는데, 어느 날 환경이란 제자에게 이렇게 말했다. "9월 9일 너의 집에 큰 재앙이 있을 것이니, 급히 가서 집안사람들에게 각각 붉은 주머니에 쉬나무 열매를 담아 팔뚝에 걸고 높은 산에 올라가서 국화주를 마시게 하면 재앙을 면할 것이다." 환경은 그의 말에 따라 온 가족을 거느리고 산에 올라갔다가 저물녘에 내려와 보니, 집에 키우던 가축이 모두 죽어 있었다고 한다. 또 《동사록》에 보면 "쉬나무 꽃을 꺾어 머리에 꽂고 재앙의 기운을 물리치고 첫 추위를 막아달라"고 한다는 내용이 나온다. 쉬나무 열매는 이렇게 벽사(辟邪)의 상징성을 비롯하여 약재와 등유의 재료로 사용되었다.

　쉬나무란 이름은 수유(茱萸)나무에서 발음이 편한 쉬나무로 변한 것이다. 북한에서는 그대로 수유나무라고 쓴다. 키 10여 미터, 줄기둘레가 한 아름에 이를 수 있는 쉬나무는 우리나라 중부 이남의 마을 근처에 심거나 뒷산에서 흔히 만날 수 있는 나무다. 서울 남산

◀ 무성하게 가지 뻗음을 한 큰 쉬나무(2009.06.22. 창경궁)

〈화조도 병풍〉, 필자미상, 144.5x35.0cm, 북촌미술관
굵은 쉬나무 고목 줄기 위에 까치 한 마리가 잡은 먹이를 움켜쥐고 있고, 나머지 두 마리가 이를 노려보는 그림이다. 고목이 되어도 껍질이 갈라지지 않은 쉬나무의 특징을 세밀하게 잘 나타내고 있다. 등불 기름을 얻기 위하여 양반집 부근에는 흔히 쉬나무를 심었다.

의 가장 높은 곳인 옛 봉화대 옆에는 한 아름이나 되는 세 그루의 쉬나무가 사이좋게 자라고 있다.

옛 선비들은 집 근처에 쉬나무를 꼭 심었다. 주경야독이란 말이 있듯이 밤에 책을 읽으려면 불을 밝힐 기름은 필수였다. 하지만 석유가 들어오기 전, 등유는 동식물에서 얻을 수밖에 없었다. 유채, 해바라기, 아주까리, 들깨를 비롯하여 목화씨에서 얻는 면실유 등 옛사람들이 이용한 등유는 초본식물에서 흔히 얻었다. 그러나 곡물을 생산해야 할 경작지에 심어야 하는 단점이 있었다. 그러나 쉬나무는 동백나무와 함께 산에 심어서 비교적 손쉽게 기름을 얻을 수 있는 유지(油脂)자원이었다.

꽃은 여름에 피는데, 황록색으로 거의 흰빛에 가깝고 원뿔모양의 꽃차례에 작은 꽃이 무더기로 핀다. 꽃이 피는 기간도 한 달이 넘게 이어지며, 많은 꿀을 가지고 있어서 밀원식물로도 널리 알려져 있다. 최근 꿀 따기로 유명한 아까시나무가 원인 모를 황화병으로 죽어가고 있어서 대체 수종으로 쉬나무가 거론될 정도다.

가을이 점점 깊어가는 10월경이면 꽃자리마다 잔 콩알만 한 붉은색 쉬나무 열매가 헤아릴 수 없이 많이 열린다. 이것을 수확하여 마당에 놓고 싸리가지로 두들기면 쌀알 굵기의 새까맣고 반질거리는 씨앗이 떨어진다. 30년 이상 된 큰 쉬나무 한 그루에서 15킬로그램이 넘는 씨앗을 얻을 수 있다고 한다.[11] 《성호사설》〈만물문〉에 보면 "호남 지방에서는 들깨 대신 쉬나무 열매로 기름을 짜서 등불을 켰다"라는 기록이 있는데, 이처럼 쉬나무 열매는 등유 재료로 인기품목이었다. 쉬나무 등유는 불이 맑고 밝으며, 그을음이

여름날 황록색의 꽃이 수없이 핀다(2010.07.24. 대구)

적어서 책 읽는 공부방에서는 더욱 인기가 높았다.

쉬나무는 암수가 다른 나무이므로 암나무를 심어야만 열매를 얻을 수 있다. 쉬나무는 고목이 되어도 나무껍질이 갈라지지 않고 회갈색으로 매끈하여 다른 나무와 잘 구별된다. 잎은 마주나기로 달리며 새 날개모양의 깃꼴 겹잎으로 7~11개의 달걀 크기만 한 잎으로 이루어진다.

쉬나무 종류는 우리나라에서 원래부터 자라는 쉬나무와 중국 원산의 오수유(吳茱萸)가 있다. 오수유는 쉬나무와 모양새가 거의 같으나 작은 잎의 개수가 약간 많고 잎 뒷면에 털이 있으며, 열매가 둥근 것이 차이점이라고 한다.《동의보감》에는 쉬나무에 대한 설명은 없고, 오수유(吳茱萸)만 처방이 들어 있다. 쉬나무와 오수유는 서로 매우 닮았으나 약으로 쓸 때는 중국 원산인 오수유만 골라 썼다.

우리나라에는 오직 경주에만 오수유가 있고 다른 곳에는 없다고 하나 꼭 경주에서만 자랄 수 있는 것은 아니므로 중부 이남 여기저기에 심어서 약으로 쓴 것으로 보인다. 오수유는 통증과 냉기를 낫게 하는 등 신경계통의 약으로 이용되었고, 열매 이외에 잎과 뿌리도 약으로 쓰였다.

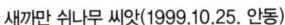
새까만 쉬나무 씨앗(1999.10.25. 안동)

생활에 쓰이는 나무

세 개씩 돋아난 3출엽을 바탕으로 보라색 꽃이 핀 싸리(2002.07.23. 종묘)

콩과
학명 : *Lespedeza bicolor*
영명 : Bush Clover
일본명 : ヤマハギ山萩
중국명 : 胡枝子
한자명 : 杻木, 荊, 梧, 山萩

싸리나무

싸리나무는 다 자라도 사람 키 남짓한 작은 나무다. 하늘 높이 쭉쭉 뻗어 아름드리로 자라는 큰 나무들이 볼 때는 정말 하찮은 존재로 여겨 우습게 생각할지도 모른다. 《삼국지》에 보면 유비의 모사였던 방통은 외모는 볼품이 없지만 뛰어난 지략을 가진 재주꾼이었다. 나무나라의 싸리도 마찬가지다. 가녀린 몸체가 가진 것의 전부인 것 같지만 싸리나무만큼 쓸모 있고 널리 쓰이는 나무도 드물다.

옛사람들의 생활용품으로 싸리나무는 다른 어떤 나무보다 두루 쓰였다. 일반 백성들의 집에 들어가려면 먼저 사립문을 밀고 들어가야 한다. 또 마당에 놓인 싸리비, 삼태기, 지게 위에 얹는 바소쿠리와 부엌에 두는 광주리, 키 등 거의 대부분이 싸리 제품이었다. 집을 지을 때는 기둥과 기둥 사이를 먼저 싸리로 엮고 그 위에 흙을 발랐다. 명절날의 윷놀이에 쓰는 윷짝 역시 싸리나무였다. 이처럼 일일이 그 쓰임을 다 찾아내기가 어려울 정도다.

군수물자로도 싸리나무는 빠지지 않았다. 화살대는 남부지방의 경우 주로 이대를 사용하였으나, 대나무가 자라지 않은 북부지방에서는 싸리나무나 광대싸리로 만들었다. 또 장군이나 임금의 화살대 등 소량으로 특별 제작할 때는 대나무보다 싸리나무를 선호한 것 같다. 《용비어천가》에 보면 "태조는 초명적(哨鳴鏑)이라는 큰

생활에 쓰이는 나무

〈수책거적도(守柵拒敵圖)〉(북관유적도첩), 작자미상, 조선 후기, 41.2x31cm, 고려대박물관
임진왜란 전 두만강 하구의 녹둔도를 지키던 이순신 장군이 습격해온 여진족을 물리치는 장면을 그린 그림이다. 진지는 나무기둥을 세우고 싸리를 두껍게 엮어 목책을 완성하였다. 싸리는 단단하여 활이나 창으로 쉽게 뚫을 수가 없다.

화살을 잘 이용했다. 이는 싸리나무로 화살대를 만들고 학의 날개로 넓고 길게 깃을 달았으며, 사슴뿔로 화살촉을 만들었다. 촉이 무겁고 대가 긴 것이 보통 화살과 같지 않다"라고 했다. 또 싸리는 비중이 0.88이나 되어 단단하기로 보면 박달나무에 가깝고, 수분도 다른 나무에 비해 적게 포함되어 있다. 불이 잘 붙고 화력이 강해 군인들이 야외로 훈련을 나가서 취사를 할 때 싸리 없이는 자칫 생쌀을 먹게 되는 불상사가 발생한다.

또 다른 귀중한 쓰임새는 횃불이다. 단종 2년(1454)에 신주(神主)가 종묘에 나아가는 모습을 묘사한 내용 중에 "앞에는 고적대가 있고, 이어서 싸리횃불 1백 개가 좌우로 나뉘어서 행진한다"라는 대목이 있다. 그 외에도 《조선왕조실록》에는 야간행사에 싸리횃불을 이용한 기록들이 여기저기 나온다. 흔히 TV 역사극에서 기름을 묻힌 솜뭉치 횃불이 등장하는데, 그렇게 함부로 쓸 만큼 기름이 풍족하지는 않았다. 실제는 대부분 싸리횃불이었을 터이다.

싸리나무의 여러 쓰임 중 가장 황당한 이야기는 싸리 기둥이다. 마곡사 대웅보전, 김천 직지사 일주문, 장수 신광사 명부전, 신륵사 극락전, 송광사 구시(구유) 등 아름드리가 넘는 이런 나무들이 모두 싸리나무라고 알려져 있다. 오늘날에는 아무리 크게 자라도 사람 키 남짓한 싸리나무이지만 수백 수천 년 전에는 혹시 아름드리로 자란 것은 아닐까? 의심 많은 현대인들은 고개를 갸우뚱한다. 그러나 식물학적인 상식으로는 전혀 가능하지도 않고 있을 수도 없는 일이다. 이들의 작은 표본을 수집하여 현미경 검사를 해보니, 마곡사는 소나무였고, 나머지는 모두 느티나무였다. 싸리 기둥으로 알려진 이유는 여럿이 있겠으나 옛 선비들의 기록이 잘못된 것도 크게 영향을 미친 것 같다.《지봉유설》에 보면 "종루는 싸리나무로 들보를 만들었는데, 싸리나무도 이렇게 큰 것이 있다"라는 내용이 나온다. 싸리나무의 한자표기를 뉴(杻), 형(荊), 고(楛)라고 쓰는데, 이를 광대싸리로 해석하는 경우도 많다. 문제는 일부 한학자들이 광대싸리를 아름드리나무라고 기록하면서 혼란을 부추겼다. 광대싸리는 원래 작은 나무이나 오래되면 키 10여 미터, 지름이 20센티미터 정도에 이르는 경우[12]도 드물게 있다. 그러나 싸리는 물론 광대싸리도 결코 아름드리나무로 자라지는 않는다. 또 흔히 만날 수 있는 나무도 아니다.

우리나라에는 22종의 싸리 식구들이 있지만, 작은 키나 잎 모양이 서로 너무 닮아 종류 구분 없이 그냥 싸리라고 부른다. 실제는 식구가 아니면서 싸리라는 이름이 붙은 나무도 여럿 있다. 그중 광대싸리가 대표적이다. 싸리나무와 잎이 비슷하고 좀 더 크게 자라는데 콩과인 싸리나무와 달리 대극과 소속으로 이 둘은 아예 족보가 다르다.

싸리나무의 많은 식구들 중에 가장 흔히 만날 수 있는 종류는 싸리, 참싸리, 조록싸리다. 모두 잎 대궁 하나에 잎이 세 개씩 달리는 3출엽(三出葉)이다. 조록싸리만 잎 끝이 뾰족하고 싸리와 참싸리는 동그스름하다. 싸리는 꽃대의 길이가 4~5센티미터에 이르고, 참싸리는 꽃대가 1~2센티미터 남짓하다. 싸리나무는 콩과 식물 특유의 공중질소를 고정하는 능력이 있으므로 최근에는 도로 절개지 등 척박한 곳의 녹화식물로 각광을 받고 있다. 꽃이 귀한 늦여름에

싸리나무로 만들었다고 하는 송광사 구시. 실제로는 느티나무다(1999.06.30.)

서 가을에 걸쳐 적자색으로 피는 꽃은 사람들의 눈길을 사로잡는다. 우리나라 시가에는 싸리 꽃을 읊조린 시가 드물지만, 일본의 유명한 고대 시가집인 《만엽집》에는 싸리나무가 138회나 등장하여 118회인 매화보다 더 많다.[13] 또 싸리 꽃은 꿀을 많이 가지고 있어서 겨울 준비에 바쁜 벌들의 눈에도 띄어 싸리 꿀을 만들어준다.

초여름날 바닷가에 만개한 예덕나무 꽃(2006.06.22. 통영 욕지도)

대극과
학명 : *Mallotus japonicus*
영명 : Japanese Mallotus
일본명 : アカメガシワ 赤芽槲 赤芽柏
중국명 : 野桐, 絨毛野桐
한자명 : 野桐, 赤芽櫟, 楸梓

예덕나무

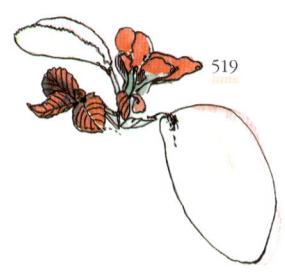

여름이 조금씩 짙어가는 6월 말에서 7월 초쯤 남해안을 여행하다 보면 좀 색다른 모습으로 꽃을 달고 있는 예덕나무가 눈에 들어온다. 노랑을 바탕으로 초록색이 많이 섞인 녹황색 꽃들이 나무 위를 덮고 있다. 가까이 가보면 가지 끝에서 꽃대가 위로 쑥쑥 올라와 마치 꽃방망이를 줄지어 세워둔 것 같다. 손바닥을 펼친 것처럼 커다란 잎을 밑에 깔고 총총히 들어서 있다.

예덕나무는 흔히 바닷가에서 잘 자라는 생태특성과 더불어 주변 환경과의 어울림이 편안하고 자연스럽다. 빨강이나 노랑의 원색 꽃이 너무 강렬한 인상을 주는 반면에 초록과 노랑이 섞인 간색(間色) 꽃은 편안함과 안정감을 준다. 나른한 더위로 몸은 지치고 골치 아픈 일로 머리가 지끈거릴 때, 남해안 해안도로로 달려가면 예덕나무가 꽃과 함께 편안하게 맞이해줄 것이다.

예덕나무는 따뜻한 땅을 찾아 우리나라 남해안은 물론 일본 남부, 중국, 타이완에 걸쳐 자란다. 키 10여 미터, 지름이 한 뼘 넘게 자라지만 아름드리가 되는 나무는 아니다. 또한 나이를 먹어도 갈라지지 않는 회백색 줄기를 가지고 있다. 좋아하는 곳은 햇볕이 잘 드는 해안가다. 도로를 내느라 큰 나무들을 잘라내 버리면 가장 먼저 찾아오는 손님이다. 그래서 '선구식물(pioneer plant)'이란 별명도

생활에 쓰이는 나무

초가을이면 열매는 벌써 익어 까만 씨앗이 얼굴을 내민다(2008.09.05. 제주)

있다.

예덕나무는 봄에 갓 돋아나는 잎 표면이 짧은 털로 덮여 있는데, 털 자체의 색깔이 진한 붉은색이라 새잎은 빨갛게 보인다. 일본 사람들은 이런 특징을 두고 '붉은 새싹 나무'란 이름을 붙였다. 붉은 털은 자라면서 차츰 없어지고, 밑의 녹색이 드러나면서 원래의 초록 잎으로 돌아간다. 그래서 예쁜 애송이 잎들이 어른 잎이 되어가는 과정을 볼 수 있는 봄날의 예덕나무는 또 다른 매력 포인트다.

커다란 예덕나무 잎은 셋으로 얕게 갈라지거나, 그냥 타원형의 잎이 섞여 있어서 단조롭지 않다. 잎자루는 한 뼘이 넘으며 붉은색을 띠고 있다. 잎 아래쪽의 잎자루와 주맥이 만나는 지점에는 마주 보는 꿀샘 두 개가 달려 있어서 개미들이 줄지어 찾기도 한다. 잎을 보고 중국 사람들은 요즈음 말하는 그 이상한 '야동'이 아니라 야동(野桐)이라고 했다. 깊은 숲속보다 인가 근처의 들판이나 야산에서

예덕나무 잎이 갓 나올 때의 아름다운 모습(2008.04.20. 거제도, ⓒ황영목)

흔히 볼 수 있는 나무이며, 잎의 생김새가 오동나무와 닮았다. 예덕나무란 이름도 야동의 중국식 발음인 '에통'과 관련이 있지 않나 짐작해본다. 예덕나무는 원래 중국에서 소화불량 등에 쓰인 약 나무다. 거친 먹을거리에 고생하던 우리나라 사람들에게도 소화계통 약재는 언제나 소중한 자원이었을 터, 중국 이름인 야동을 그대로 받아들이고 약으로 쓴 것으로 보인다.

암수가 다른 나무이며 가을에 열매는 삭과로 열린다. 둥근 세모꼴의 열매가 갈색으로 익으면 활짝 갈라져 콩알 굵기만 한 새까맣고 반질반질한 씨앗이 얼굴을 내민다. 씨앗은 기름성분이 많아 환경이 나쁠 때도 오랫동안 살아남을 수 있다고 한다.

자작나무과
학명 : *Alnus japonica*
영명 : Japanese Alder
일본명 : ハンノキ榛木
중국명 : 赤杨, 日本桤木
한자명 : 五里木, 赤楊, 榆理木

오리나무

겨울 숲에서 오리나무는 금방 눈에 띈다. 잎이 떨어진 나뭇가지 끝에 작은 아기 솔방울을 닮은 열매가 수없이 매달려 있는 키다리 나무를 찾으면 된다. 이 열매는 겨울을 지나 다음해에 잎이 나고도 한참을 그대로 매달려 있다. 속에 들어 있던 씨앗은 작은 날개를 달고 작년 가을에 멀리 떠나버렸기 때문에 사실은 걱정 많은 어미가 빈 집을 그대로 지키고 있는 셈이다.

오리나무는 습기가 많은 땅을 좋아하여 하천이나 늪의 가장자리, 또는 계곡의 낮은 곳에 흔히 터를 잡는다. 청동기시대나 삼국 초기의 유적지에서 나온 나무를 분석해보면 오리나무가 꼭 들어 있다.

대체로 오리나무가 자라는 곳은 농경지와 가깝다. 쓰임이 많은 나무이면서, 사람들 곁에 살다 보니 하늘이 준 수명(樹命)을 다하기가 어렵다. 그래서 오늘날 우리 주변에 오리나무는 흔치 않다. 경기도 포천시 관인면 초과리에는 키 20미터, 줄기둘레 334센티미터, 나이가 200년이나 된 보호수 고목이 마을 앞 논 한가운데에서 자라고 있다. 농사 쉼터로 심은 나무가 살아남은 것인데, 홀로 서 있어서 한층 더 돋보인다. 또 서울 양재동 대모산 기슭에 자리 잡은 헌릉에는 넓은 오리나무 숲이 잘 보존되어 있다. 《승정원일기》에는

◀아기 솔방울 모양의 자그마한 열매와 씽씽한 잎(1998.09.20. 경기 광릉)

고종 29년(1892)에 구리시에 있는 수릉에 오리목 59주를 심었다는 기록이 있으며, 그 외에 선릉 등 조선 왕릉에서 오리나무를 흔히 만날 수 있다.

오리나무는 몇 가지 한자 이름이 있지만, 그중에서도 오리목(五里木)이라 하여 옛사람들의 거리 표시 나무로 알려져 있다. 5리마다 자라고 있어서 길손의 이정표 나무로서 오리나무라고 불렀다는 것이다. 꼭 일부러 심어서가 아니라 햇빛을 좋아하는 양수로 길가를 따라가다 보면 5리도 못 가서 만날 수 있는 나무다. 비슷한 이름으로 10리마다 만난다는 시무나무가 있다.

오리나무의 몸체는 비중이 0.5 정도로 단단함은 소나무와 비슷하지만 재질이 균일하고 자람이 빠르다. 깎고 다듬고 톱질하기에 적합하고 틀어지거나 갈라짐이 적다. 구하기까지 쉬우니 우리 주변의 생활용품에 빠지지 않는다. 전통혼례식 때 존안례(奠雁禮)를

포천 초과리에 있는 우리나라에서 제일 큰 오리나무 보호수(2009.06.11.)

위하여 신랑이 가지고 가는 나무 기러기는 오리나무로 만든다. 한 나무에 암꽃과 수꽃이 아주 가까운 거리에 달리며, 봄이 채 오기 전부터 꽃을 피우는 부지런함이 있으니, 신랑 신부가 오랫동안 행복하게 살라는 상징성을 부여할 수 있어서다. 하회탈을 제작하는 데도 쓰이며, 1999년 4월 안동을 방문한 엘리자베스 영국 여왕에게도 오리나무로 만든 탈을 선물했다고 한다. 그 외에도 나막신, 칠기의 목심(木心) 등은 오리나무가 가장 알맞은 재료다.

물오리나무의 암꽃과 수꽃(2001.03.18. 창녕)

오리나무는 나무 자체의 쓰임뿐만 아니라 염료식물로도 널리 알려져 있다. 껍질이나 열매를 삶은 물에 매염제로 석회수의 양을 조절하면 적갈색에서부터 흑갈색까지 다양한 색깔을 얻을 수 있다. 오리나무의 또 다른 한자 이름인 적양(赤楊)은 붉은 물감을 얻을 수 있는 데서 유래된 것으로 짐작된다.

오리나무는 전국 어디에서나 자라며 키 20미터, 줄기둘레가 두세 아름에 이를 수 있는 큰 나무다. 나무껍질은 흑갈색이며, 잘게 세로로 갈라진다. 잎은 양면에 광택이 있는 달걀모양으로 잎 끝이 뾰족하다. 꽃은 이른 봄 긴 꼬리모양의 수꽃이 아래로 늘어져 피

오리나무의 한 종류인 물오리나무(2003.06.13. 청송)

고, 바로 밑에는 붉은 꽃이 자그마하게 핀다.

오리나무 이외에 물오리나무와 일본에서 들여온 사방오리나무가 있다. 그러나 진짜 오리나무는 자꾸 잘라 써버렸으므로 요즈음 우리 주변에서 오리나무를 만나기란 하늘의 별따기다. 그러나 등산을 하는 사람들은 산에서 오리나무를 쉽게 만난다고 한다. 그런데 이것은 진짜 오리나무가 아니라 둥근 잎을 가진 물오리나무를 말하는 경우가 대부분이다. 물오리나무는 잎이 훨씬 크고 거의 둥글며, 사방오리나무는 잎맥의 간격이 촘촘하고 수가 더 많다. 오리나무 종류는 뿌리혹박테리아를 가지고 있어서 공중질소를 고정하므로 웬만큼 척박한 땅에서도 잘 자랄 수 있다.

옻나무

옻나무에 상처를 내면 진이 흐른다. 이를 모아 정제한 것이 옻이다. 옻은 우루시올(urushiol)이란 화학성분을 가지고 있어서 일단 굳으면 산(酸)이나 알칼리에 안전하고 수분을 차단하는 특징이 있다. 옻은 예로부터 각종 기구를 오랫동안 보존하고 표면을 아름답게 하기 위하여 널리 사용했다. 칠기, 가구, 제기(祭器), 병기, 목관(木棺), 미술공예품 등 거의 모든 고급 생활용품에 옻칠은 빠지지 않았다. 표면에 무엇을 바를 때 흔히 쓰는 표현인 '칠한다', 깜깜한 어둠을 '칠흑 같다'라고 하는 말도 역시 옻칠과 관련이 있다.

붉게 물든 개옻나무의 고운 단풍(2006.11.01. 영월)

적갈색의 잎자루와 원뿔모양의 꽃차례에 달리는 노랑꽃(2008.05.28. 삼척)

옻나무과
학명 : *Rhus verniciflua*
영명 : Lacquer Tree, Varnish Tree
일본명 : ウルシ漆
중국명 : 漆树
한자명 : 漆, 漆樹

인류가 옻칠을 사용한 역사는 무척 오래되었으며, 우리나라에서도 청동기시대부터 옻칠 유물이 출토된다. 낙랑고분, 고구려의 고분, 서울 석촌동의 백제고분, 무령왕릉, 경주의 천마총, 안압지 등 거의 모든 유적지에서 출토된 옻칠 제품들은 수천 년의 세월을 거뜬히 버텼다.

왕실에서는 많은 양의 옻이 필요하므로 삼국시대, 고려시대에도 옻나무 심기를 권장한 기록이 여러 곳에 남아 있고, 조선왕조에 들어와서도 옻 생산을 독려했다. 그러나 관리들이 필요한 양을 초과하여 징수하는 바람에 백성들의 원성을 사기도 했다.

처음 얻어진 옻나무 진은 우윳빛이며, 속의 불순물을 고운 모시나 명주 등으로 걸러낸 것을 생칠이라 한다. 자연 그대로는 수분이 많아 햇빛이나 숯불로 수분을 증발시킨다. 이렇게 얻은 재료를 투명 칠 또는 정제 칠이라고 한다. 색이 들어간 옻칠은 광물성 안료나 검댕이 등을 넣어 여러 가지 색을 내게 한 것이다.

옻은 칠의 재료로만 끝나는 것이 아니다.《동의보감》에 올라 있는 약재이고 전통식품인 옻닭, 최근에는 항암제로까지 널리 쓰이고 있다. "마른 옻은 어혈을 삭이며 월경이 중단된 것을 치료하고, 소장을 잘 통하게 하고 회충을 없앤다"라고 하였으며 "생 옻은 회충을 죽이고 오래 먹으면 몸이 가벼워지며 늙지 않는다"라고 했다.

옻나무는 중국에서 들여와 키우는 갈잎나무인데, 키가 10미터 이상, 지름이 두 아름 이상이나 자라는 큰 나무다. 흔히 우리가 만나는 옻나무는 크게 키우지 않아서 작게 보일 따름이다. 어린 나무 껍질은 회갈색이고 길이 방향으로 줄이 있으며, 오래되면 줄기의

둘레가 한 아름에 이르는 큰 옻나무 고목(2008.09.30. 단양 보발리)

껍질이 두꺼운 비늘처럼 갈라진다. 잎은 새 날개모양으로 작은 잎이 9~13개 홀수로 잎 대궁에 어긋나기로 달린다. 작은 잎은 달걀모양으로 갓난아이 손바닥만 하다. 잎자루는 빨갛게 되는 경우가 많다. 또 가을에 붉은 단풍이 아름답기로 유명하다. 꽃은 늦봄에 원뿔모양의 꽃차례에 여러 송이가 피며, 밑으로 처지고 길이가 한 뼘이나 된다. 열매는 콩알만 한 핵과로 가을에 노랗게 익는다.

옻나무와 개옻나무는 매우 비슷한데, 옻나무는 작은 잎의 수가 9~13개, 개옻나무는 13~17개다. 구분이 애매하다면 밭에 심은 것은 옻나무, 산에서 자라는 것은 개옻나무라고 생각해도 된다. 옻을 잘 타는 사람들은 산에 가서 옻나무와 마주치는 것을 싫어하고 겁낸다. 옻나무든 개옻나무든 옻이 오르니 주의해야 한다.

차나무

우리말 중에 '다반사(茶飯事)'란 말은 차를 마시는 일은 일상적으로 흔히 있다는 뜻이다. 또 명절을 맞아 간략하게 지내는 제사를 차례(茶禮)라고 하는 것에서 알 수 있듯이 우리는 오래전부터 일상생활에서 차를 마셔 왔다.

차의 원료가 되는 차나무는 중국에서 들어온 것인지 아니면 본래부터 우리나라의 남부지방에서 자라고 있었는지는 논란이 있으나, 일반적으로 중국에서 들어온 것으로 생각하고 있다. 구한말 이능화가 지은 《조선불교통사(朝鮮佛教通史)》[14]에 보면 "김해의 백월사에

가을이 깊어 갈 즈음에 시작하여 차나무 꽃은 한 달 넘게 이어 핀다(2007.10.17. 밀양 혜산서원)

순천 선암사 입구 숲속의 큰 나무 밑에서 자연 상태로 자라는 차나무(2009.03.23.)

차나무과
학명 : *Camellia sinensis*
영명 : Thea Bohea, Tea Plant
일본명 : チャノキ茶木
중국명 : 茶, 茶树
한자명 : 茶, 茗

있는 죽로차는 김수로왕의 왕비인 허왕후가 인도에서 가져온 차씨에서 비롯되었다"라는 기록이 있는데, 이것이 사실이라면 가장 오래된 차일 수도 있다. 보다 믿을 만한 기록으로 《삼국사기》와 《삼국유사》에 차에 관한 내용이 여러 번 나온다. 《삼국유사》 제5권 〈감통 월명사(月明師)〉의 '도솔가'에 보면 신라 경덕왕 19년(760)에 "월명이 도솔가를 지어 태양이 두 개가 생기는 변괴가 사라지니 왕은 좋은 차 한 봉지와 수정염주 108개를 하사했다"라고 했다. 또한 경덕왕 24년(765), 충담이란 중이 "저는 매년 3월 3일과 9월 9일에는 차를 달여서 남산 삼화령의 미륵세존께 드리는데, 지금도 차를 드리고 돌아오는 길입니다"라고 말했다는 내용이 나온다. 이를 미루어 보아 차는 서기 760년 전후 벌써 상류사회에서는 널리 마시고 있었던 것으로 짐작되므로 실제 보급 시기는 이보다 훨씬 이전이 아닌가 생각된다.

그러나 일반적으로 우리나라에 차가 들어온 것으로 인정받은 기록은 《삼국사기》에 실린 신라 흥덕왕 3년(828)의 기록을 근거로 하고 있다. "당나라에 갔다가 귀국한 사신 대렴이 차나무 씨를 가지고 왔다. 왕은 그것을 지리산에 심게 했다. 차는 선덕왕(780~785) 때부터 있었으나, 크게 유행한 것은 이 시기부터였다"라는 내용이 그것이다. 그래서 이때를 차가 전해진 원년으로 보고 있다.

이 기록에서 보듯이 차나무는 중국에서 수입하여 널리 심기 시작한 것이지만 현재는 전남, 경남의 남부지방에 야생상태로 자라는 것도 상당수 있다. 늘푸른 잎을 가진 작은 나무로 재배하는 차나무는 허리춤 남짓하나 키가 4~5미터까지도 자랄 수 있다. 잎은 좁고 긴 타원형으로 어긋나기로 달리며, 두껍고 표면이 반질반질하다. 늦가을 다른 나무들은 모두 잎이 떨어져버린 날 차나무는 계절을 잊어버린 듯 꽃을 피운다. 옛날 엽전 크기만 한 6~8장의 새하얀 꽃잎이 노란 꽃술을 살포시 감싸고 있는 모습은 예쁜 꽃나무로도 손색이 없다. 열매는 다음해 11월에 열리며 다갈색으로 익는다. 속에는 굵은 구슬 크기의 둥글고 단단한 씨가 들어 있다.

예부터 차 한잔을 같이 마시면서 조용히 담소를 나누는 차 문화는 인생을 관조하고 우주 만물의 이치를 깨닫게 하는 길이라고 한다. 지배계층인 승려를 중심으로 삼국시대와 고려를 거쳐 천년을 이어온 차 문화는 조선조에 들어서면서 유교의 영향으로 쇠퇴의 길을 걷는다. 거의 맥이 끊기다시피 하다가 최근 차에 항암효과와 치매 예방효과가 있다는 연구결과와 다이어트에도 좋다고 알려지면서 차를 즐기는 이들이 부쩍 늘고 있다. 물이 너무 뜨겁거나 차가

밀양 일직 손씨의 혜산서원 앞에 자라는 차나무. 적어도 150년 이상 된 고목으로 보인다(2007.10.17.)

워도 안 되며, 찻잎을 너무 많이 넣거나 적게 넣어도 안 되며, 우려내는 시간이 너무 길거나 짧아도 제 맛을 낼 수 없다는 그 까다로운 다도(茶道)를 꼭 배우지 않더라도 차는 차츰 우리와 가장 가까운 기호식품이 되어가고 있다.

차나무는 오랜 역사를 가지고 있는 나무이지만 잎을 따기 위하여 크게 키우지 않았고, 원래 오래 사는 나무가 아니라서 고목으로 남는 경우는 거의 없다. 경남 하동군 화개면 정금리 도심다원에 있는 차나무는 키 4.2미터, 뿌리목 둘레가 62센티미터로 현존하는 차나무 중 가장 크다.

차나무 열매와 씨앗 (2001.11.28.)

생활에 쓰이는 나무

멀구슬나무과
학명: *Cedrela sinensis*
영명: Chinese Toon
일본명: チャンチン香椿
중국명: 香椿, 椿
한자명: 椿, 櫄, 香椿樹, 香櫄木

참죽나무

참죽나무는 예부터 남부지방의 인가 주변에 몇 그루씩 심던 나무다. 봄에 새싹이 나오자마자 꺾어서 데쳐 먹고 튀겨 먹고, 나중에는 장아찌로도 만들어 먹는다. 제대로 가지를 뻗을 틈도 없다 보니 자람은 곧아도 키만 껑충하다. 향춘(香椿)이란 중국 이름처럼 새싹은 향긋한 봄 향기로 미각을 자극한다. 참죽나무 입장에서 보면 참 괴로운 나무 살이다.

참죽나무는 원래 우리 땅의 나무가 아니라 중국에서 들어왔다. 우리 문헌에 등장한 것은 조선 초이지만 우리나라에 건너온 시기는 신라 중엽인 5~6세기 이전으로 짐작된다. 대구의 칠곡 아파트 단지를 조성하면서 발굴된 신라시대의 수중 나무 보(洑)에서 참죽나무가 발견되었기 때문이다. 대체로 불교가 들어오면서 중국 스님들의 절 음식을 본받기 위하여 참죽나무를 가져다 심지 않았나 싶다. 이는 참죽나무의 이름을 진짜 중나무란 뜻의 진승목(眞僧木)으로 해석하는 일부 견해와도 일치한다.

참죽나무는 《장자(莊子)》〈내편(內篇)〉의 '소요유(逍遙遊)'에 처음 등장한다. "태곳적에는 커다란 참죽나무(大椿)가 있었는데, 8천 년을 봄으로 삼고 8천 년을 가을로 삼았다. 그런데 팽조(彭祖)[15]가 지

◀ 나물로 먹기 위하여 밭둑에 심은 참죽나무에 새싹이 돋고 있다(2010.05.25. 대구)

◀참죽나무의 마른 열매(2009.04.17. 전주) ▶참죽나무 잎(2003.05.21. 경북대)

금에 와서 오래 산 것으로 소문이 났으니 또한 슬프지 아니한가?" 라고 했다. 8백 년을 산 팽조보다 참죽나무는 10배, 20배는 더 살았다는 이야기다. 중국 사람들의 과장이 심하다는 것을 고려해도 참죽나무를 오래 사는 나무의 대표로 삼은 것은 적절치 않다. 참죽나무는 은행나무나 느티나무에 비하여 더 오래 산다는 기록이나 실물이 없다. 자람의 특성도 생장이 매우 빠르고, 키가 다른 나무보다 훨씬 크다. 대체로 생장이 빠른 나무는 수명이 짧고, 너무 큰 키는 바람에 잘 넘어지므로 오래 살 조건을 갖추지 못한다. 현재 우리나라에서 가장 오래된 참죽나무는 이태조의 어진을 모신 전주의 경기전(慶基殿) 뒷담에 거의 붙어 자라는 보호수 참죽나무로 나이는 약 250년 정도 된다.

참죽나무는 잎이 지는 갈잎나무로 키 20미터, 지름이 1미터에 이른다. 나무껍질은 세로로 비늘처럼 길게 일어나서 갑옷 같으며 흑갈색이다. 잎은 아까시나무처럼 겹잎이고, 긴 타원형의 작은 잎이 10~20개씩 붙어 있다. 원뿔모양의 꽃차례에 종모양의 하얀 꽃이 가지 끝에서 밑으로 처지면서 피고 향기가 난다. 또 계란모양의 작고 마른 열매가 열리고, 익으면 윗부분이 다섯 개로 갈라진다. 씨는 양쪽에 날개가 있어서 날아다닌다. 참죽나무의 목재는 진한 적갈색으로 광택이 있으며, 무늬가 아름답고 단단하여 각종 기구를 만드는 데 쓰임이 넓다. 특히 가구로는 기품 있는 최고급품을 만들 수 있다.

참죽나무 이야기에 가죽나무도 빠지지 않는다. 이 둘은 이름도 비슷하고 생김새도 닮은 점이 많다. 그러나 참죽나무는 멀구슬나무과, 가죽나무는 소태나무과다. 둘은 이렇게 과(科)가 다르고 촌수도 먼 나무들이다. 서로 닮은 구석이 많은데 왜 촌수는 먼 것일까? 이유는 종(種)을 나누는 기준이 꽃이기 때문이다. 즉, 꽃이 비슷하게 생겼으면 가까운 촌수다. 잎 모양이 아무리 닮았어도 꽃 형태가 다르면 촌수가 멀다.《해동농서(海東農書)》[16]에는 "저(樗)를 참죽나무"라고 하였으며, "산누에(野蠶)는 참죽나무 잎을 먹고 자란다"라고 했다.

다른 사람의 아버지를 높여 부르는 춘부장(椿府丈)이란 말도 참죽나무와 관련이 있다고 알려져 있다.《장자》에서 말하는 춘(椿)은 장수(長壽)의 대표나무이니 참죽나무처럼 오래 사시라는 깊은 뜻이 들어 있는 것 같다.

동그스름한 잎과 우산모양의 꽃대에 달리는 노랑꽃(2008.04.20. 음성)

백합과
학명 : *Smilax china*
영명 : Chinaroot
일본명 : サルトリイバラ猿捕茨
중국명 : 菝葜
한자명 : 山歸來, 仙遺糧, 禹餘糧

청미래덩굴

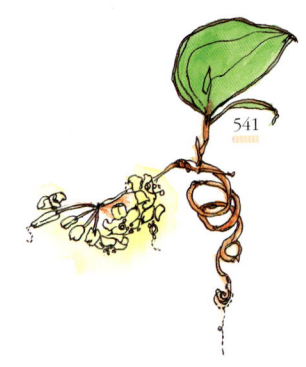

 삼천리금수강산, 옛사람들은 산 넘고 물 건너 평평한 땅이 조금이라도 있으면 오순도순 모여 살았다. 시집가고 장가가고 먹을 것, 입을 것을 서로 주고받아야 하니 더우나 추우나 산길을 수없이 넘어 다닐 수밖에 없었다.
 청미래덩굴은 사람들이 잘 다니는 산속 오솔길 어디에서나 만날 수 있는 흔하디흔한 우리 산의 덩굴나무다. 청미래덩굴은 공식적인 이름이고, 경상도에서는 망개나무, 전라도에서는 맹감나무, 혹은 명감나무라 불린다. 이 중에서도 망개나무란 이름이 널리 알려져 있는데, 충북 및 경북 일부 지방에서 자라는 희귀수종인 진짜 망개나무와 혼동하기 쉽다.
 청미래덩굴의 잎은 젖살 오른 돌잡이 아이의 얼굴처럼 둥글납작하고, 표면에는 윤기가 자르르하다. 기다란 잎자루의 가운데나 잎겨드랑이에서 나온 한 쌍의 덩굴손은 손끝에 닿는 대로 나무며 풀이며 닥치는 대로 붙잡고 '성님! 나도 같이 좀 삽시다' 하고 달라붙는다. 잡을 것이 없으면 끝이 도르르 말린다. 덩굴줄기를 이리저리 뻗기 시작하면 고약한 버릇이 생긴다. 갈고리 같은 작은 가시를 여기저기 내밀어 자기 옆으로 사람이나 동물이 지나다니는 것을 훼방 놓는다. 나무꾼의 바짓가랑이를 찢어놓고 그도 모자라 속살에

생활에 쓰이는 나무

생채기를 만들어놓는가 하면, 친정나들이를 하는 아낙의 치맛자락을 갈기갈기 벌려 놓는 심술을 부리기도 한다. 화가 난 사람들이 낫으로 싹둑싹둑 잘라 놓아도 되돌아서면 '약 오르지?'를 외치듯 새 덩굴을 잔뜩 펼쳐놓는다. 청미래덩굴의 가시는 이렇게 호락호락하지 않다. 그래서 산속의 날쌘돌이 원숭이도 꼼짝 못한다는 뜻으로 일본인들은 아예 '원숭이 잡는 덩굴'이라고 한다.

그러나 청미래덩굴은 이처럼 몹쓸 식물만은 아니다. 여러 가지 좋은 일도 많이 한다. 어린잎을 따다가 나물로 먹기도 하며, 다 펼쳐진 잎은 특별한 용도가 있다. 잎으로 떡을 싸서 찌면 서로 달라붙지 않고, 오랫동안 쉬지 않으며, 잎의 향기가 배어 독특한 맛이 난다. 이제는 옛 이야기가 되어버렸지만, 시골장터에서 흔히 듣던 떡장수의 '망개~ 떠억' 하는 외침은 지나간 세대의 아련한 추억으로 남아 있을 뿐이다. 망개떡은 청미래덩굴의 잎으로 싼 떡을 말한다.

가을에 빨갛게 익기 시작한 열매는 이듬해 봄까지 그대로 달려 있다(2003.02.14. 울산 가지산)

줄기는 땅에 닿는 곳에서 바로 뿌리가 나오는 것이 아니라 대나무처럼 땅속을 이리저리 뻗쳐 나가는 땅속줄기(地下莖)를 갖는다. 땅속줄기는 굵고 울퉁불퉁하며 오래되면 목질화된다. 마디마다 달려 있는 수염 같은 것이 진짜 뿌리다. 뿌리 부분에는 어떤 원인인지 명확치 않으나 가끔 굵다란 혹이 생기는데, 이것을 '토복령(土茯苓)'이라고 한다. 속에는 흰 가루 같은 전분이 들어 있어서 흉년에 대용식으로 먹기도 했다. 그 외에 주요 쓰임새는 약재다. 옛사람들이 문란한 성생활로 매독에 걸리면 먼저 토복령 처방부터 시작했다. 또 위장을 튼튼하게 하고 피를 맑게 하며 해독작용도 있다고 알려져 있다.

봄의 끝자락에 이르면 잎겨드랑이에 있는 덩굴손 옆에 긴 꽃대가 올라와 우산모양의 꽃차례를 펼친다. 노란빛이 들어간 풀색 꽃이 모여 피고 나면 초록색의 동그란 열매가 열렸다가 가을에는 빨갛게 익는다. 다 익은 열매는 속에 황갈색의 씨앗과 주위에 퍼석퍼석하게 말라버린 약간 달콤한 육질이 들어 있다. 먹을 것이 없던 옛 시골 아이들은 '망개 열매'가 시고 떫은 초록일 때부터 눈독을 들인다. 익은 열매는 달콤한 맛을 보려고 오가며 가끔 입속에 넣어보곤 한다. 항상 조금 더 맛있고 씹히는 부분이 더 있었으면 하는 아쉬움으로 유년을 보낸 기억이 새롭다. 육질이 거의 메말라 버린 열매는 덩굴에 매달린 채로 겨울을 넘겨 다음해 봄이 되어도 그대로 달려 있다. 줄기의 뻗음이 멋스러워 꽃꽂이 재료로 우리 주변에서 만나기도 한다.

초피나무는 마을 돌담 옆에 흔히 한두 그루씩 심어두었다가 추어탕을 끓일 때 잎이나 열매를 넣어 먹는다 (2010.07.19. 함안)

운향과
학명 : *Zanthoxylum piperitum*
영명 : Japanese Pepper
일본명 : サンショウ山椒
중국명 : 秦椒, 川椒
한자명 : 蜀椒, 川椒, 秦椒, 山椒

초피나무

초피나무는 야산이나 깊은 산자락 어디에서나 흔히 만날 수 있는 나무다. 자그마한 키에 누가 혹시라도 얕볼까봐 짧고 날카로운 가시를 쏙쏙 내밀고 있다. 가을이면 쌀알 굵기만 한 새까맣고 껍질이 반질반질한 씨앗을 무더기로 매단다. 힘 닿는 대로 많이 낳아 가문의 융성을 바라던 옛사람들은 초피나무의 씨앗처럼 많은 자식을 갖길 원했다. 그래서 초피나무 열매는 바로 다산(多産)의 상징성을 갖는다.

초피나무는 《시경》〈당풍〉의 '초료(椒聊)'란 시에서 "초피나무 열매 알알이 익어 한 되는 넘겠네……" 하고 시작되는 옛 문헌에서 처음 만날 수 있다. 《시경》이 2500~3000년 전에 지어진 책이라고 하니 초피나무 열매를 이용하기 시작한 것은 이보다 훨씬 더 이전일 것이다.

초피나무의 이용 역사가 이렇게 오래된 것은 약용을 겸한 향신료로 사용했기 때문이다. 주로 열매를 쓰며, 기름을 짜거나 약간 덜 익은 씨앗을 열매껍질과 함께 갈아서 가루를 만들면 맵싸한 맛이 나고 강한 향기가 있다. 사람마다 취향의 차이는 있지만 초피 향기를 싫어하는 사람은 거의 없다. 추어탕을 비롯하여 각종 생선 요리에 넣으면 비린내를 없애준다. 또 살균·살충효과를 가지고

〈산초백두도(山椒白頭圖)〉, 김정, 16C 초, 32.1x21.7cm, 개인소장
 '산초백두'라는 화제(畫題)대로 산초나무를 수묵만으로 간결하게 그렸다. 산초나무의 특징인 어긋나기로 달린 가시를 뚜렷하게 볼 수 있고, 겹잎의 꼭지 잎을 다른 잎보다 크게 그려 강조하였다. 오른편으로 남부지방의 바닷가에서 주로 자라는 해당화 열매가 보인다.

있어서 상하기 쉬운 여름 음식의 보존기간을 늘려주어 식중독을 예방해주는 효과까지 있다. 당연히 옛사람들은 다산(多産)의 상징성에 향신료의 기능까지 갖춘 초피나무를 귀하게 여길 수밖에 없었다.

왕비나 후궁 등 '왕의 여자'들이 거처하는 방을 초피나무 방이란 뜻으로 초방(椒房)이라 불렀다. 초방은 초피가루를 벽에다 발라 향기로움으로 방 안의 분위기를 띄우고 불쾌한 냄새를 없애주었다. 무더기로 달리는 초피나무 열매는 왕가의 번성을 기원하는 의미까지 더했다.

백거이의 〈장한가〉에는 당태종의 초방 후궁들이 백발이 되어버린 세월을 노래한 내용이 들어 있다. 우리나라 문헌에도 초방은 《조선왕조실록》에서 1백 회 이상 언급될 정도다. 《동의보감》에는 초목(椒木), 촉초(蜀椒), 초엽(椒葉)이란 이름으로 초피나무의 효능을 기술하고 있다. 여러 가지 증상에 쓰이나 특히 배변을 좋게 하는 효능이 있으며, 열매는 "벌레 독이나 생선 독을 없애며, 치통을 멈추고 성기능을 높이며, 음낭에서 땀나는 것을 멈추게 한다"라고 했다.

초피나무는 키가 3~4미터 정도까지 자라는 작은 나무로 우리나라를 비롯하여 중국, 일본에까지 분포한다. 햇빛이 잘 드는 양지를 좋아하고, 잔잔한 잎 여럿이 한 대궁에 달리는 겹잎이다. 또 작은 가시가 마주보기로 달리는 것이 특징이다. 꽃은 초여름에 원뿔모양의 꽃차례에 황록색으로 피며 암수가 다른 나무다. 가을에 적갈색의 열매가 열리며, 안에는 반질반질한 새까만 씨앗이 들어 있다.

맵싸한 맛을 내는 초피나무 열매가 익어 가고 있다(2006.09.09. 안동)

열매껍질의 향기가 가장 강하다.

초피나무와 함께 알아보아야 할 나무로 산초나무가 있다. 이 둘은 비슷하기는 해도 분명 다른 나무다. 우선 산초나무는 열매나 잎에 향기가 없는 것은 아니지만 초피나무보다는 훨씬 약하다. 한마디로 산초나무는 초피나무와 비슷하지만 가짜인 것이다. 그러나 이 두 나무를 흔히 혼동하여 이름을 뒤섞어 쓰는 경우가 많다. 예를 들어 옛 문헌에 나오는 '초(椒)'는 초피나무임에도 불구하고 대부분 산초나무로 번역해버린다. 초피나무와 산초나무는 서로를 명확히 구분할 수 있다. 간단하고 가장 확실한 구별방법은, 초피나무는 가시가 마주보기로 달리고, 산초나무는 어긋나기로 달려 있다는 점이다.

한자 문화권인 동양 삼국에서 초피나무에 붙인 이름도 좀 혼란스럽다. 초피나무의 일본 이름은 산쇼우(山椒), 우리의 산초나무는 이누산쇼우(犬山椒)다. 중국 사람들은 초피나무를 화초(花椒), 혹은 화북산초(華北山椒)라고 했다. 하지만 이는 우리의 초피나무와 같은 종(種)이 아니라 '*Zanthoxylum bungeanum*'란 학명을 가진 별개의 나무다. 결국 개화 초기에 우리나라의 표준식물 이름을 처음 붙일 때 초피나무를 일본처럼 산초나무라 하고, 지금의 산초나무는 다른 이름을 붙였더라면 이름에 따른 혼란은 없었을 것이라는 생각이 든다.

생활에
쓰이는
나무

초겨울날, 상록수 잎을 그대로 달고 치자 열매가 노랗게 익어 가고 있다(2007.12.10. 영암)

꼭두서니과
학명 : *Gardenia jasminoides*
영명 : Cape Jasmine
일본명 : クチナシ梔子
중국명 : 大花梔子
한자명 : 梔子, 黃梔花

치자나무

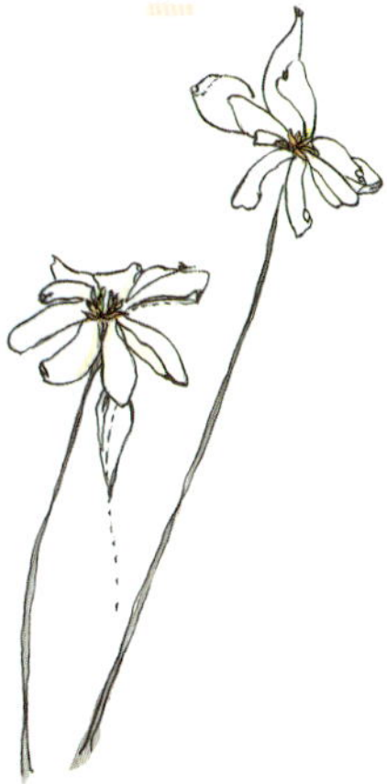

저녁 으스름 속의 치자꽃 모양

아득한 기억 속 안으로

또렷이 또렷이 살아 있는 네 모습

그리고 그 너머로

뒷산마루에 둘이 앉아 바라보던

저물어 가는 고향의 슬프디 슬픈 해안통(海岸通)의

곡마단의 깃발이 보이고 천막이 보이고

그리고 너는 나의, 나는 너의 눈과 눈을

저녁 으스름 속의 치자꽃 모양

언제까지나 언제까지나 이렇게 지켜만 있는가

   청마 유치환의 시 〈치자 꽃〉이다.
  치자 꽃은 살짝 우윳빛이 들어간 도톰한 여섯 장의 꽃잎이 활짝 피어 있어서 마치 예쁜 아기 풍차를 보는 듯하다. 으스름에 바라보는 꽃은 새치름한 눈매에서도 가버린 이에 대한 아쉬움을 찾아낼 수 있는 소복의 여인처럼 언제까지나 지켜보아야 할 것 같은 안타까움이 느껴진다. 노란 꽃술 무더기에서 퍼져나와 코끝을 살짝 스칠 때 느껴지는 달콤하고 진한 향기가 더더욱 기다리는 이를 감질

우리
나무의
세계

〈화조(花鳥)〉, 이영윤(전), 16C 후반~17C 전반, 160.6x53.9cm, 중앙박물관
화면 중간쯤에 아래로 늘어져 하얀 꽃이 활짝 핀 치자나무가 보인다. 때는 초여름으로 수컷 원앙이 물고기가 올라오기를 기다리는 듯 수면을 노려보고 있다. 위쪽 소나무 고목에는 담쟁이덩굴이 감고 올라가 있으며, 그 사이에 새들이 날고 있는 평화로운 풍경이다.

나게 하는 꽃이다. 유치환은 남편을 잃고 홀로 사는 시조 시인 이영도 여사와 연서를 주고받으면서 이렇게 치자 꽃에 비유한 것 같다.

치자나무는 불가(佛家)에서는 흔히 담복(薝蔔)으로 쓴다. 영어로는 '케이프 재스민(Cape jasmine)'이라고 하는데, 재스민과 비교될 만큼 향이 진하기 때문이다. 유마대사가 대승의 진리를 설명한 《유마경(維摩經)》에서는 "치자나무 숲에 들어가면 치자 향기만 가득하여 다른 향기는 맡을 수 없다"라고 했다.

강희안은 그의 원예전서인 《양화소록》에서 "치자는 꽃 가운데 가장 귀한 꽃이며, 네 가지 이점이 있다"라고 했다. "꽃 색깔이 희고 기름진 것이 첫째이고, 꽃향기가 맑고 풍부한 것이 둘째다. 겨울에도 잎이 변하지 않는 것이 셋째이고, 열매로 황색 물을 들이는 것이 넷째다"라고 하여 치자 예찬을 아끼지 않았다.

아무리 아름다워도 꽃이 지고 나면 아무도 쳐다보지 않는다. 치자나무는 이런 아픔을 일찌감치 알아차린 듯, 쓰임새가 무궁무진한 열매를 매달아 사람들의 관심을 붙잡아 놓았다. 치자나무 열매에는 크로신(crocin)과 크로세틴(crocetin)이라는 황색색소를 가지고 있어서 천연염료로 먼 옛날부터 널리 쓰여 왔다. 열매를 깨뜨려 물에 담가두면 노란 치자 물이 우러나온다. 농도가 짙을수록 노란빛에 붉은 기운이 들어간 주황색이 된다. 이것으로 삼베, 모시 등의 옷감에서부터 종이까지 옛사람들의 생활용품을 아름답게 물들일 수 있었다. 걸핏하면 발암물질이 들어 있다고 난리를 피우는 지금의 인공색소와는 차원이 다르다. 그래서 무공해 천연색소의 으뜸 자리에 있다. 옛날에는 각종 전(煎) 등 전통 음식의 색깔을 내는 데

법정 스님이 머물던 송광사 불일암 앞뜰에 하얀 치자 꽃이 다소곳하게 피어 있다(2010.06.30.)

빠질 수 없는 재료였다.

열매의 또 다른 쓰임새는 한약재다. 《동의보감》에 보면 "가슴과 대장과 소장에 있는 심한 열과 위 안에 있는 열기, 그리고 속이 답답한 것을 낫게 한다. 열독을 없애고 오줌이 잘 나오게 하며, 황달을 낫게 한다. 소갈을 멎게 하며, 입안이 마르고 눈에 핏발이 서며 붓고 아픈 것도 낫게 한다"라고 소개할 정도다.

치자나무는 중국에서 들어왔다. 《삼국유사》〈탑상〉 제4의 '만불산' 이야기에 담복을 심었다는 기록이 있다. 이를 보아 적어도 삼국시대에 벌써 우리 곁에 자리를 잡은 것으로 보인다. 늘푸른나무로서 따뜻한 곳을 좋아하여 주로 남해안과 도서지방에 심어야 잘 자라며, 키가 2~3미터 정도로 작은 나무다. 잎은 마주나기로 달리며 긴 타원형이고, 표면이 반질반질하며 가장자리는 밋밋하다. 꽃은 암꽃과 수꽃이 따로 피고, 초여름에 흰빛으로 피어 짙은 향기를 풍

여러 겹의 꽃잎을 가진 관상용 꽃치자(2009.07.04. 완도)

긴다. 우리가 흔히 보는 장미과에 속하는 꽃들의 대부분은 꽃잎이 다섯 장이지만, 치자나무는 여섯 장의 꽃잎을 갖고 있다. 열매는 길이가 손가락 두 마디 정도의 긴 타원형이고, 세로로 6~7개의 능선이 있다. 가을에 접어들면서 주황색으로 익는다.

  치자나무와 비슷하지만 잎과 꽃이 작고 꽃잎이 만첩의 여러 겹으로 된 것을 '꽃치자'라고 한다. 꽃치자는 향기가 너무 강하여 가까이서 맡으면 숨이 막힐 지경이다. 은은한 향을 즐기려면 홑꽃을 달고 있는 치자를 심는 것이 좋다.

가을에 피는 보라색 칡꽃(2009.09.30. 안동)

콩과
학명 : *Pueraria lobata*
영명 : Kudzu Vine
일본명 : クズ葛
중국명 : 野葛
한자명 : 葛

칡

이런들 어떠하리 저런들 어떠하리
만수산 드렁칡이 얽혀진들 어떠하리
우리도 이같이 얽혀져 백 년까지 누리리라

두고두고 충절을 굽히지 않았던 정몽주에게 태조 이방원이 던진 시 한 수다. 만수산 칡넝쿨이 이리저리 뒤엉켜 있듯이 풍진(風塵) 한세상 별스럽게 굴지 말고 서로 협조하여 잘 살아보자는 뜻이다. 이 시는 오늘날도 적낭히 부정을 저질러 누이 좋고 매부 좋게 다 같이 잘 살아보자는 의미로 널리 쓰인다. 그러나 이것은 칡의 생리를 잘 모르는 사람들이 착각한 것이다. 유감스럽게도 칡은 만수산 드렁칡처럼 얽혀서 사이좋게 살지 않는다.

콩과 식물에 속하는 칡은 아무 곳에서나 잘 자라고, 생명력이 왕성하여 숲속에 웬만한 틈만 보이면 얼른 자리를 잡고 나서는 것부터가 문제다. 일단 터만 잡으면 하는 짓마다 망나니다. 허락도 받지 않고 이웃 나무줄기를 빙글빙글 감고 순식간에 꼭대기까지 올라간다. 광합성을 위해 피나는 경쟁으로 확보해놓은 공간을 몽땅 점령해버린다. 조금의 나눔도 없이 혼자 전부 갖겠다는 놀부 심보가 들어 있다. 더욱이 넓적한 잎을 수없이 펼쳐, 잎 아래에 있는 나무에게는 단 한 줄기의 빛도 들어가지 못하게 거의 완전히 햇빛을 차단해버린다. 당한 나무는 몇 년을 버티지 못하고 그대로 죽어버린다. 공생(共生)이라는 산림의 질서를 망가뜨리는 주범이 바로 칡이다. 숲의 가장자리에서 흔히 이 녀석이 주위를 몽땅 뒤덮어버린 모습을 심심찮게 볼 수 있다. 산림의 질서를 위해서는 사람들이 일일이 칡을 캐내야 한다. 죽이는 약재도 있지만 돈도 많이 들고 효과도 절대적이지 않다.

그뿐만이 아니다. 시골길 전봇대를 타고 올라가 전선을 얼기설기 엮어 놓는다. 그러고는 비 오는 날 전기합선을 일으키는 못된 짓을 서슴없이 한다. 고육지책으로 전봇대를 지탱하는 철사 줄에 커다란 고깔모자를 뒤집어씌워 더 이상 올라가지 못 하게 하는 수고를 끼치기도 한다. 오늘날 칡은 나무 키우는 일에 매진하는 삼림공무원이나 한국전력공사 직원에게는 악명 높은 훼방꾼일 따름이다.

다른 나무를 온통 뒤덮어버려 광합성을 할 수 없게 만드는 나무나라의 무법자 칡(2008.08.31. 영동)

칡이 올라가지 못하도록 전봇대를 지탱하는 철선에다 고깔을 씌워 두었다(2006.07.03. 포항 내연산)

말 그대로 '칡과의 전쟁'을 벌이고 있지만, 워낙에 왕성한 생명력을 가진 녀석이라 언제나 사람이 밀린다.

그러나 역사의 바늘을 조금만 거꾸로 돌려보면 칡은 정말 고마운 식물이었다. 뿌리, 줄기, 잎, 꽃 모두 요긴하게 쓰였다. 갈근(葛根)이라 불리는 칡뿌리는 흉년에 부족한 전분을 공급하는 대용식이었으며, 갈근탕을 비롯한 여러 탕제(湯劑)에 쓰였다.

질긴 껍질을 가진 칡 줄기는 삼태기를 비롯한 생활용구로 널리 이용되었고, 크게는 다리와 배를 만들고 성을 쌓은 데도 활용된 예가 있다. 세종 15년(1433)에 정흠지는 "다리를 만드는 데에는 갈대와 칡을 많이 쓴다"라고 하였으며, 숙종 37년(1711)에는 북한산의 축성을 논의하면서 "성을 쌓는 역사를 할 때에 숯과 칡 등을 수납했다"라고 했다. 또 정조 17년(1793)에는 배다리를 놓은 방법으로 "두 배의 머리를 서로 마주 잇닿게 하고 말뚝을 마주 세워 박은 다음 칡 밧줄로 야무지게 묶는다"라고 했다. 나라를 지키는 군수물자로 요긴하게 쓰인 셈이다. 이 외에도 임금이나 부모의 상을 당하여 상복을 입을 때 매는 허리띠는 다듬어진 칡을 사용했다는 기록이 여러 번 나온다.

칡은 전국 어디에서나 양지바른 곳이면 잘 자라는 덩굴나무다. 줄기는 흑갈색인데, 갈색 또는 흰빛의 털로 덮여 있다. 잎은 세 개씩 나오고, 각각의 잎은 어른 손바닥만 할 정도로 크다. 가장자리는 밋밋하거나 얕게 셋으로 갈라지고, 잎자루는 길고 털이 있다. 원뿔 모양의 꽃차례가 잎겨드랑이에서 나와 곤추서고 여름에 짧은 꽃자루가 달린 붉은보랏빛 꽃이 핀다. 열매는 길이 5~10센티미터의 콩꼬투리로서 갈색의 거친 털이 덮여 있고 가을에 익는다.

최근에는 미국에서 들어온 가시박이란 초본 덩굴식물까지 칡과 함께 나무들을 못살게 군다. 가시박은 1년생이지만 주로 습지에서 자라면서 줄기 길이가 12미터나 되어 나무를 완전히 덮어버린다.

탱자나무

겨울날의 탱자나무 울타리는 참새들의 천국이다. 매가 하늘에 떠 있어도 참새들은 눈 하나 깜짝하지 않는다. 이리저리 가시가 뻗어 있어서 막대기 하나 들어갈 틈이 없어도 참새들은 순식간에 들어가 버릴 수 있어서다. 박경리의 대하소설 《토지》에서 최 참판 댁의 설명을 보면 "사랑 뒤뜰을 둘러친 것은 야트막한 탱자나무 울타리다. 울타리 건너편은 대숲이었고, 대숲을 등지고 있는 기와집에 안팎일을 다 맡고 있는 김 서방 내외가 살고 있었는데……"라고 했다. 이렇듯 우리 주변에서 만나는 탱자나무는 대부분 울타리 역할을 하고 있다.

탱자나무의 가장 비극적인 쓰임은 위리안치(圍籬安置)다. 이는 옛날 죄인을 귀양 보내 주거지를 제한하는 형벌로서 집 주위에 탱자나무를 빙 둘러 심어 바깥출입을 못하게 한 것을 말한다. 길게는 이렇게 수십 년을 보냈으니 애꿎은 탱자나무만 원망하지 않았나 싶다.

탱자나무는 중국 양쯔강 상류가 원산지라고 알려져 있으며, 키 2~4미터 정도의 자그마한 나무다. 우리나라에 들어온 시기는 알 수 없지만 중부 이남에서 울타리로 널리 심었다. 탱자나무는 우리가 흔히 말하는 가시나무의 대표 나무다. 손가락 두 마디 정도 되는 날카로운 가시가 가지마다 빈틈이 보이지 않을 정도로 달려 있다.

새하얀 탱자 꽃이 한창 피어 있다(2008.04.18. 익산 이병기 생가)

운향과
학명: *Poncirus trifoliata*
영명: Bitter Orange, Trifoliate Orange
일본명: カラタチ枳殼
중국명: 枳, 枸橘
한자명: 枳橘, 枸橘

약간 모가 난 초록색 줄기는 길고 튼튼하며, 험상궂게 생긴 가시가 쉽게 접근을 거부하는 듯 제법 위엄을 갖추고 있다. 가지의 색깔이 초록이라 갈잎나무임에도 불구하고 잎이 진 겨울에도 얼핏 늘푸른 나무처럼 보인다. 그러나 늦봄에 피는 새하얀 꽃은 향기가 그만이고, 가을에 열리는 동그랗고 노란 탱자열매는 험상궂은 외모와는 달리 친근하게 우리 곁에 있다. 먹을거리가 부족하던 시절의 어린 아이들은 먹음직하게 생긴 탱자열매에 군침을 삼켰다. 지독한 신맛에 얼굴을 찡그려 가면서도 한두 개는 먹어치웠다. 잎은 세 개씩 같이 붙어 있는 겹잎이며, 잎자루에는 작은 날개가 붙어 있다.

탱자나무는 흔한 쓰임의 울타리 이외에, 국토방위의 최전선에서 활약하던 나라지킴이 나무였다. 옛날에는 성을 쌓고 주위에 '해자(垓字)'라 하여 둘러가면서 못을 파고 그도 모자라 성 밑에 탱자나무를 심었다. 특별한 장비를 갖추지 않으면 탱자나무 가시를 뚫고 성벽을 기어오르는 일이 녹녹치 않았기 때문이다. 그래서 이런 성을 탱자성이란 뜻으로 '지성(枳城)'이라 했다. 우리나라의 대표적인 지성은 충남 서산의 해미읍성이다. 《신증동국여지승람》에 보면 "성 밖은 탱자나무 숲(枳林)으로 둘러싸여 있다"라는 기록이 나온다. 강화도에 있는 천연기념물 78호와 79호로 지정된 탱자나무 역시 외적을 막기 위해 심었다.

중국의 고전인 《안자춘추(晏子春秋)》[17]에 이런 이야기가 나온다. 제나라 재상 안영이 초나라의 왕을 만나러 갔을 때 안영의 기를 꺾기 위해 제나라의 도둑을 잡아놓고는 "당신의 나라 사람들은 도둑질을 하는 버릇이 있는 모양이다" 하고 비아냥거렸다. 이에 안영은

노랗게 익은 탱자열매가 가을을 한층 풍요롭게 해준다(2008.10.11. 부여 석성동헌)

"귤나무는 회수(淮水)[18] 남쪽에 심으면 귤이 열리지만, 회수 북쪽에 심으면 탱자가 열린다고 합니다(橘化爲枳). 저 사람도 초나라에 살았기 때문에 도둑이 됐을 것입니다" 하고 응수했다. 이 이야기는 사람은 주변 환경에 크게 영향을 받는다는 의미를 담고 있다.

《동의보감》에 보면 탱자열매는 피부병, 열매껍질은 기침, 뿌리껍질은 치질, 줄기껍질은 종기와 풍증을 치료하는 귀중한 약재로 쓰였다. 나무 자체는 별로 쓰임새가 없을 것 같으나 북채를 만드는 나무로 탱자나무를 최고로 친다. 소리꾼은 탱자나무 북채로 박(拍)과 박 사이를 치고 들어가면서 북통을 '따악!' 하고 칠 때 울려 퍼지는 소리에서 희열을 맛본다고 한다. 제주도 등지에서는 귤나무를 접붙이는 밑나무로 쓴다.

팽나무

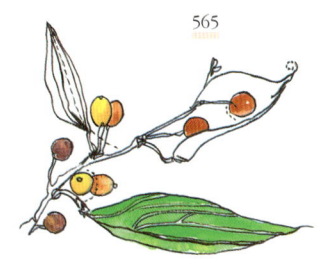

팽나무는 키 20미터, 줄기둘레가 두세 아름이 넘는 큰 나무다. 우리나라 어디에서나 잘 자라지만, 항상 소금바람이 부는 바닷가에서도 끄떡없다. 그것도 두툼한 껍질을 뒤집어쓰고 버티는 것이 아니라 수백 년이 되어도 울퉁불퉁하게 갈라지지 않는 얇고 매끄러운 껍질을 갖고 그대로 버틴다.

남부지방에서 부르는 팽나무의 다른 이름은 포구나무다. 배가 들락거리는 갯마을, 포구(浦口)에는 어김없이 팽나무 한두 그루가 서 있는 탓이다. 나무의 특성은 물론 자라는 곳을 그림처럼 떠올릴 수

생활에 쓰이는 나무

붉은 기가 도는 진한 황갈색 열매는 약간 달콤한 맛이 있다(2001.10.19. 부산)

겨울 팽나무의 섬세한 가지 뻗음은 가히 예술적이다(2009.03.15. 통영 추도)

느릅나무과
학명: *Celtis sinensis*
영명: Japanese Hackberry
일본명: エノキ 榎
중국명: 朴树, 沙朴
한자명: 彭木, 朴樹, 樸樹, 樸榆

있는 포구나무가 팽나무란 정식 이름보다 훨씬 더 정겹다.

팽나무는 곰솔과 함께 짠물과 갯바람을 버틸 수 있는 나무로 유명하다. 내륙지방에서도 자라기는 하지만 바닷가에서 심고 가꾸는 데 가장 적합하다. 우리나라의 보호수로 지정되어 산림청의 관리를 받고 있는 고목나무 1만 3천여 그루 중 팽나무는 약 10퍼센트인 1,200본으로서 느티나무 7,100본 다음으로 많다. 이 중 대부분은 전남, 경남, 제주에서 자란다.

늦봄에 자그마한 팽나무 꽃이 지고 나면 금세 초록색 열매가 열리기 시작한다. 가난하던 시절의 시골 아이들은 주위의 모든 곳이 놀이터였고 장난감 재료였다. 그중에서도 팽나무는 아이들과 가장 친근한 나무였다. 초여름 날, 콩알만 한 굵기의 열매를 따다가 작은 대나무 대롱의 아래위로 한 알씩 밀어넣은 다음, 위에다 대나무 꼬챙이를 꽂아 오른손으로 탁 치면 공기 압축으로 아래쪽의 팽나무 열매는 팽하고 멀리 날아가게 된다. 이것을 '팽총'이라고 하는데, 팽총의 총알인 '팽'이 열리는 나무란 뜻으로 팽나무란 이름이 생겼다. 팽총놀이가 끝난 팽나무 열매는 가을에 들어서면서 붉은 기가 도는 황색으로 익는다. 열매 가운데에는 단단한 씨앗이 있고, 주위는 약간 달콤한 육질로 싸여 있다. 이렇게 잘 익은 열매 역시 배고픈 아이들의 좋은 간식거리로 인기가 높았다.

팽나무는 느티나무나 은행나무만큼이나 오래 산다. 천 년을 넘긴 나무도 있으며, 남부지방의 당산나무는 흔히 팽나무인 경우가 많다. 옛날에 배를 매어두던 나무로 천연기념물 494호로 지정된 고창군 부안면 수동리의 팽나무는 키 12미터, 줄기둘레 6.6미터, 나이 400

우리나라에서 가장 굵은 천연기념물 494호 고창 수동리 팽나무(2008.10.05.)

년에 이르며, 우리나라 팽나무 중 가장 굵다. 커다란 버섯 갓을 닮은 모양새는 한 폭의 수채화를 보는 것같이 아름답다.

너무 흔하고 친근한 서민의 이미지 탓인지 우리 옛 문헌에서 팽나무를 찾기란 쉽지 않다. 《산림경제》에 실린 "소나무, 팽나무(彭木), 참나무에서 나는 버섯은 독이 없다"라는 내용이 전부다. 그러나 백성들과 함께 자연 속에 묻혀 조용히 살아가는 팽나무는 농사에 얽힌 여러 가지 전설을 간직한 채 살아왔다. 봄에 일제히 잎이 피거나 윗부분부터 싹이 트면 풍년이며, 그 반대일 때는 흉년이라는 등 기상목(氣象木)의 역할을 하기도 했다.

5리마다 오리나무, 10리마다 시무나무를 심었듯이 일본에서는 이정표 나무로 팽나무를 심었다. 1604년 장군 도쿠가와[19]는 동경의 니혼바시(日本橋)를 기점으로 1리(4킬로미터)마다 일리총(一里塚)을 만들라고 지시했다. 지름 9미터, 높이 1.7미터 정도의 흙더미를 쌓

약 400여 년 전, 길손의 쉼터로 4킬로미터마다 심었다는 일본 일리총(一里塚)의 팽나무

고 가운데에다 나무를 심었다. 이 나무는 길손이 거리를 알 수 있게 하고, 잠시 쉬어 가는 휴게시설이었다. 담당 실무자가 어떤 나무를 심는 것이 좋을지 묻자 도쿠가와는 좋은 나무를 심으라고 했다. 그러나 관서지방 사투리를 쓰는 도쿠가와는 좋은 나무란 뜻의 일본 표준말인 '이이키'라 하지 않고 '에에키'라 했다. 이를 '에노키(팽나무)'로 잘못 알아들은 실무자는 일리총에다 팽나무를 심었다는 것이다. 오늘날 일리총은 여러 군데 남아 일본문화재로 지정되어 있으며, 팽나무 이외에도 느티나무, 삼나무, 소나무 등이 심어져 있으나 팽나무가 대부분이라고 한다.

팽나무 무리는 풍게나무, 검팽나무, 폭나무, 산팽나무, 왕팽나무 등 한참을 헤아려 보아야 할 만큼 종류가 많다. 또 남서해안의 따뜻한 지방에서 자라는 푸조나무도 팽나무의 사촌쯤 되는 나무로서 흔히 아름드리 당산나무가 된다.

천연기념물 268호 장흥 용산의 웅장한 푸조나무 고목(2007.06.06.)

느릅나무과
학명: Aphananthe aspera
영명: Mukutree
일본명: ムクノキ椋木
중국명: 糙叶树
한자명: 糙葉樹, 椋子木

푸조나무

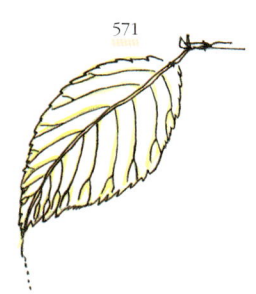

푸조나무는 경기도 이남의 해안지방을 따라 주로 남해안에서 자란다. 두세 아름이 넘게 자라며, 은행나무나 느티나무처럼 수백 년을 살 수 있는 큰 나무다. 전남 강진군 대구면 사당리 35호, 장흥군 용산면 어산리 268호, 부산 수영공원 311호 등 세 그루의 천연기념물을 비롯하여 아름드리 푸조나무는 남해안 어디에서나 흔하게 만날 수 있다. 남아 있는 고목은 주로 넓은 들판의 가장자리나 가운데에서 자라며, 특히 그 모양새가 아름답다. 거의 땅에 닿을 듯한 가지를 펼치고 우뚝 서 있는 모습은 백만 대군을 호령하던 나무나라 장수가 연상될 만큼 위엄이 있다.

푸조나무는 오래 살다 보니 큰 몸체가 바람에 맥없이 넘어가지 않도록 유지할 지혜가 필요했다. 나무 종류마다 나름대로 대비책이 있는데, 푸조나무는 가장 간단한 방법을 선택했다. 뿌리목 근처에 마치 두꺼운 판자를 옆으로 세워둔 것 같은 독특한 뿌리가 발달한 것이다. 이는 판자 모양의 뿌리란 뜻의 '판근(板根, buttress root)'이라는 특수조직을 말하는데, 일부는 땅 위로 나오고 나머지는 땅속으로 들어가 옆으로 퍼짐으로서 마치 가로수에 버팀목을 해준 것과 꼭 같은 효과가 있다. 푸조나무에 반드시 판근이 생기는 것은 아니지만, 다른 나무에 비해 더 흔히 만날 수 있다.

푸조나무 잎과 익고 있는 초록 열매(2009.08.16. 강진)

대부분의 나무는 소금기가 섞인 바닷바람에 매우 약하다. 그러나 거의 바닷물과 맞닿은 모래사장에서도 거뜬히 자라는 나무도 있다. 바늘잎나무로는 곰솔이 소금물에 가장 잘 버티며, 넓은잎나무로는 팽나무와 함께 푸조나무가 염분에 잘 견디는 대표적인 나무들이다. 따라서 해안에 심어 바닷바람을 막아주는 방풍림으로 팽나무와 푸조나무는 빠지지 않는다.

나무껍질은 연한 잿빛으로 길이 방향에 따라 얕게 갈라지며 어린 가지는 거친 털이 있다. 잎은 달걀모양이나 끝이 짧은 꼬리처럼 되고 가장자리에 얕은 톱니가 있다. 잎의 표면은 거칠고 뒷면은 짧은 털이 있으며, 작은 잎맥은 7~12쌍으로 팽나무보다 훨씬 많다. 잎 모양은 언뜻 보아 팽나무와 비슷하게 생겼으나, 잎맥이 톱니 끝부분까지 닿아 있는 것이 다르다. 그래서 푸조나무의 다른 이름은 개

팽나무다.

  푸조나무는 암수 한 나무로 봄에 작은 꽃이 핀다. 열매는 약간 갸름하고 굵은 콩알만 하며 9~10월에 검게 익는다. 열매는 팽나무보다 훨씬 굵고 물렁물렁한 육질이 씨를 둘러싸고 있는데, 시큼한 맛이 나지만 먹을 만하다. 팽나무와 비슷하다고 하여 개팽나무, 지방에 따라서는 곰병나무란 다른 이름도 갖고 있다. 나무는 엷은 황백색으로 연하면서도 단단해서 각종 기구를 만드는 등 여러 용도로 쓸 수 있다.

가까이에서 본 향나무 잎(2007.06.21. 울진)

측백나무과
학명 : *Juniperus chinensis*
영명 : Chinese Juniper
일본명 : イブキ伊吹, ビヤクシン柏槇
중국명 : 龙柏
한자명 : 香木, 紫檀, 檜柏

향나무

코끝을 스치는 향긋한 내음은 사랑의 밀어를 나누는데 빠질 수 없다. 그래서 수백 가지의 향수는 사람들을 유혹한다. 향은 아주 옛날부터 사람들 가까이에 있었다. 《구약성서》에 등장하는 시바의 여왕은 기원전 10세기 즈음 솔로몬 왕을 방문하여 그의 지혜를 시험해 본다. 그의 박식함에 감탄한 여왕은 금은보화와 향료를 선물했으며, 솔로몬은 보내준 백단으로 향목(香木) 궁전을 지었다고 한다.

왕이나 귀족의 전유물이었던 향이 일반화된 것은 종교의식에서 향을 피우면서부터다. 불교나 기독교를 비롯한 종교의 발상지는 대체로 아열대 지방이다. 많은 사람들이 모이는 종교 행사에는 찌든 옷에서 풍기는 땀 냄새가 가득할 수밖에 없다. 이런 냄새를 없애기 위한 수단으로 향 피우기가 처음 시작되었다고 한다. 차츰 향은 부정(不淨)을 없애고 정신을 맑게 함으로써 천지신명과 연결하는 통로라고 생각하여 종교의식에 빠지지 않았다.

우리나라에 처음 향 피우는 풍습이 들어온 것은 6세기 초 중국의 양나라를 통해서였다. 《삼국유사》에 보면 양나라 사신단이 향을 가지고 왔는데, 그 이름도 쓰임새도 몰랐다. 이에 두루 물어보게 하였더니 묵호자(墨胡子)[20]가 말했다. "이것은 향이란 것입니다. 태우면 강한 향기가 나는데, 신성한 곳까지 두루 미칩니다. 원하는 바를 빌

전남대 본관 앞에 자라고 있는 잘 가꾸어진 가이쓰까향나무(1995.12.26.)

면 반드시 영험이 있을 것입니다"라고 했다는 내용이 나온다. 이후 불교가 퍼지면서 자연스럽게 의식에 향이 사용되었는데, 우리나라에서 손쉽게 구할 수 있는 향의 재료는 향나무뿐이었다.

향나무는 태워서 향을 내는 것뿐만 아니라 발향이라 하여 부인들의 속옷 위에 늘어뜨리는 장신구, 점치는 도구, 염주 알 등에까지 널리 쓰였다. 그 외에도 나무 자체로는 고급 조각재, 가구재, 불상, 관재 등으로 애용되었다. 최근 알려진 해인사의 비로자나불은 신라시대에 만든 불상으로 밝혀졌는데, 이것 역시 향나무로 만들었다.

향나무는 소나무처럼 햇빛을 좋아하는 나무다. 아울러서 육신은 쓰임이 많다 보니 산속의 향나무는 남아날 리가 없었다. 우리가 흔히 만나는 굵은 향나무는 모두 심은 나무다. 다만 울릉도 절벽에 붙어 자라는 향나무들은 수천 년을 이어온 그들만의 자연 자람 터다.

천연기념물 312호 울진 화성리 향나무(2007.03.21.)

일제강점기와 광복 후의 혼란기를 거치는 동안 자연산 향나무는 거의 없어졌고, 울릉도의 향나무만이 천연기념물 48호와 49호로 지정되어 절벽에만 겨우 몇 그루가 남아 있을 뿐이다. 울릉도 민예품으로 팔리는 향나무는 북미에서 수입한 시다(cedar)란 나무가 대부분이다. 식물학적으로는 측백나무 종류이나 향기와 외관은 전문가들도 쉽게 구분할 수 없을 정도로 향나무와 비슷하다.

　향나무는 늘푸른 바늘잎 큰나무로서 굵기가 한 아름이 훌쩍 넘는다. 잎은 어릴 때는 짧고 끝이 날카로운 바늘잎이 대부분이며, 손바닥에 가시가 박힐 정도로 단단하다. 그러나 10여 년이 지나면 바늘잎 이외에 찌르지 않는 비늘잎이 함께 생긴다.

　나무 속살은 붉은빛이 도는 보라색이므로 《조선왕조실록》을 비롯한 옛 문헌에는 흔히 자단(紫檀)으로 기록되어 있다. 향나무의 날카로운 바늘잎이 아예 처음부터 생기지 않고 비늘잎만 달리게 개

량한 가이스까향나무를 정원수로 가장 널리 심는다. 그 외에 정원의 가장자리에 회양목처럼 많이 심으며 전체가 둥근 모양인 옥향, 아예 누워서 자라는 눈향나무, 우물가에 주로 심는 뚝향나무, 미국에서 수입한 연필향나무는 모두 향나무와 한 식구다.

향나무 이야기에 침향과 매향을 빠뜨릴 수 없다. 세계적으로 최고급 향은 침향(沈香)으로 대표된다. 동남아시아의 아열대 지방이 원산인 침향나무를 베어서 땅속에 묻고 썩혀서 수지만 얻거나 줄기에 상처를 내어 흘러내린 수지를 수집한다. 이 수지를 침향이라 하며, 의복에 스며들게 하거나 태워서 향기를 내게 했다. 이 수지는 귀한 약으로도 이용된다. 그러나 수입품인 침향은 값이 비싸고 귀하여 귀족들만 제한적으로 겨우 쓸 수 있었다. 일반 백성들은 향기뿐만 아니라 만병통치약으로 알려진 침향을 갖고 싶어 했다. 이들은 수백 수천 년 동안 향나무를 오래 땅에 묻어두면 침향이 될 것이라고 생각했다. 고려 말에서 조선 초에는 강과 바다가 만나는 해안에 향나무를 묻어두는 매향(埋香)을 했다. 미륵사상과도 연계된 이 행사를 하고 매향비를 세운 곳이 전국에 여러 군데 있다. 그러나 아직 실물 매향을 찾은 경우는 없다.

생활에 쓰이는 나무

◀〈노백도(老栢圖)〉, 정선, 18C 전반, 132.1x55.7cm, 호암미술관
바위틈이나 척박한 땅에서 어렵게 자란 향나무의 모습을 나타내고 있다. 심하게 구부러져 있어도 건강한 잎을 가지고 자람이 왕성한 것은 불굴의 의지를 나타낸다고 해석한다. 아울러서 후대에 붙인 찬문에는 장수를 축원하는 글이 있어서 향나무 고목에 대한 사람들의 바람을 짐작해볼 수 있다. 정선은 평생 동안 여러 번에 걸쳐 금강산 여행과 동해안을 따라 많은 여행을 했다. 향나무는 예부터 동해안 암벽지대에 자라고 있었으며, 강인한 생명력으로 살아가는 기상을 보고 이 그림을 그린 것으로 추정된다.

운향과
학명: *Phellodendron amurense*
영명: Amur Cork Tree
일본명: キハダ黄肌, 木肌
중국명: 黄檗, 黄柏
한자명: 蘗, 黃蘗, 黃栢
북한명: 황경피나무

황벽나무

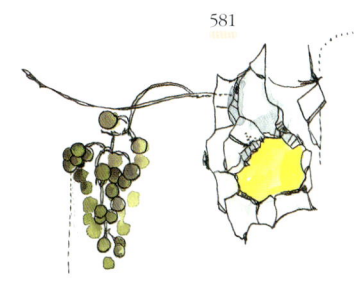

옛날 책의 종이를 보면 종이가 누르스름하다. 전통 한지 만들기에 들어가는 황촉규(黃蜀葵)[21] 등의 섬유접착제가 산화되면서 약간 누렇게 되기도 하지만, 근본적으로는 황벽나무 껍질 추출물인 '황물'이 들어갔기 때문이다. 황벽나무의 두꺼운 코르크를 벗겨내면 밑에 샛노란색의 선명한 속껍질이 나온다. 여기에 포함된 여러 성분 중에서 베르베린(berberine)은 황벽나무를 대표한다. 황벽나무 속껍질에는 황색색소가 잔뜩 들어 있어서 옛날에는 명주나 피혁 등의 천연염색제로 널리 쓰였다. 《규합총서(閨閤叢書)》[22]에 보면 황벽나무 껍질을 햇빛에 말려두었다가 치자와 마찬가지로 노랑 물을 들이는 염색재료로 이용했다고 한다.

옛사람들은 베르베린에 항균방충 효과가 있다는 사실을 경험과 학으로 잘 알고 있었다. 그래서 귀중한 책이 좀먹는 것을 막기 위하여 종이를 만들 때 황벽나무 속껍질에서 추출한 황물로 물을 들였다. 이런 책을 특별히 '황권(黃卷)'이라 불렀다. 무구정광대다라니경을 비롯한 우리의 옛 책들이 수백 년을 지나 지금까지도 보존될 수 있었던 비밀은 우수한 한지 제조법과 아울러 황물 처리를 한 지혜

◀황벽나무의 겉껍질은 질 좋은 코르크가 발달하고, 속껍질은 베르베린이란 황색색소가 들어 있으며, 항균방충 효과도 있다(2001.07.08. 정선)

황벽나무 잎과 꽃(2010.06.01. 경복궁)

가 있었기 때문이다.

벌레를 막는 효과가 있으니 당연히 사람 몸에 들어오는 여러 가지 벌레도 막을 수 있을 것이라고 생각했다. 《동의보감》에는 황벽나무 껍질과 뿌리를 약으로 쓴다고 했다. 황백(黃柏)이라고 하는 껍질은 "오장과 장위 속에 몰린 열과 황달을 없애고 설사와 이질, 부인병을 낫게 하고 기생충을 죽인다. 옴과 버짐, 눈에 핏발이 서고 아픈 것, 입안이 헌 것 등을 낫게 하며 허약증상을 없앤다"라고 했다. 또 뿌리는 단환(檀桓)이라 하며, "명치 밑에 생긴 모든 병을 낫게 하고, 오래 먹으면 몸이 가벼워지고 오래 살 수 있다"고 한다.

중국과 우리 이름은 다 같이 황벽(黃檗)나무, 즉 노란껍질나무란 뜻이고, 황경피나무란 다른 이름도 마찬가지다. 일본은 노란살갖나무라고 쓴다. 다만 서양 사람들은 노란 껍질이 아니라 코르크에 방점을 찍었다. 속명 'Phellodendron'이나 영명은 모두 '코르크나

익고 있는 황벽나무 열매(2001.11.01. 영주)

무'란 뜻이다. 황벽나무 껍질은 탄력이 좋아 눌러보면 푹신푹신한 느낌이 드는 두꺼운 코르크가 줄기를 둘러싸고 있다. 속껍질은 원래 나무의 양분을 지탱하고 이동시키는 생리기능을 하지만, 역할이 모두 끝나고 죽음을 맞이할 즈음 코르크로 변한다. 황벽나무 코르크는 생산량이 많지 않아 공업적으로 쓰이지는 않지만, 다른 나무에서 만들어지는 코르크보다 품질이 뛰어나다.

황벽나무는 거의 전국에 걸쳐 자라며, 키 10여 미터 전후가 보통이나 20미터가 넘게 자랄 수 있는 큰 나무다. 코르크는 추운 지방으로 갈수록 더 두꺼워진다고 한다. 잎은 갸름하고 끝이 뾰족한 잎 6~7개가 마주 붙어 겹잎을 이룬다. 암수가 다른 나무이며, 늦봄에서부터 초여름에 걸쳐 원뿔모양의 꽃차례에 황록색의 작은 꽃이 잔뜩 피지만 눈에 잘 띄지는 않는다. 꽃자리에는 콩알 굵기만 한 동그란 열매가 처음에는 파랗게 열렸다가 점차 갈색으로 변하면서 나중에는 새까맣게 익는다. 기름 성분이 많이 들어 있고, 냄새가 난다. 특히 열매는 양이 많고 다음해 봄까지도 달려 있어서 산새들의 배고픔을 달래준다.

   황백색의 목재도 무늬가 아름답고 잘 썩지 않으며 단단하기까지 하다. 그래서 가구 제작뿐만 아니라 각종 기구 만들기는 물론 뽕나무 목재와 비슷하여 그 대용으로도 쓰인다. 어느 것 하나 버릴 것이 없을 정도로 쓰임이 많아 숲속의 황벽나무는 거의 베어가 만나기 어렵다. 이제는 공원에서나 황벽나무를 만날 수 있을 뿐이다.

황칠나무

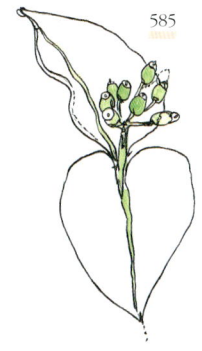

그대 아니 보았더냐 궁복산 가득한 황금빛 액

맑고 고와 반짝 반짝 빛이 나네

껍질 벗겨 즙을 받기 옻칠 받듯 하네

아름드리나무에서 겨우 한잔 넘칠 정도

상자에 칠을 하면 검붉은 색 없어지나니

잘 익은 치자나무 어찌 이와 견줄소냐……

다산 정약용 선생의 〈황칠(黃漆)〉이란 시를 송재소 교수가 번역한

생활에
쓰이는
나무

작은 꽃이 모여 공모양을 이루고, 갓 달리기 시작한 열매도 보인다(1999.09.03. 고흥 외나로도)

두릅나무과
학명: *Dendropanax morbiferus*
영명: Korean Dendropanax
일본명: チョウセンカクレミノ
朝鮮隠れ蓑
한자명: 黃漆, 金漆
북한명: 노란옻나무

일부 내용이다.[23] 우리나라의 전통 칠은 옻나무 진에서 얻어지는 옻으로 짙은 적갈색을 내는 것이 대부분이다. 그러나 지금은 없어져 버린 칠공예의 한 기법으로 황금빛이 나는 황칠이 있었다. 부와 권력의 상징인 황금빛을 낼 수 있는 황칠은 바로 황칠나무에서 얻어진다. 일부에서는 황금으로 도금한 것 같다 하여 아예 금칠(金漆)이라 부르기도 한다.

황칠나무에 대한 첫 기록은 《삼국사기》〈고구려 본기(本紀)〉 '보장왕 4년(645) 조'에 등장한다. 이해 봄, 당 태종은 명장 이세적을 선봉으로 삼아 직접 요동성을 공격하여 12일 만에 함락시킨다. 이 작전에 "백제는 금 옻칠한 갑옷(金髹鎧)을 바치고 군사를 파견했다. 태종이 이세적과 만날 때 갑옷의 광채가 햇빛에 번쩍거렸다"라는 내용이 나온다. 금 옻칠은 바로 황칠을 말한다. 실증자료도 있다. 2007년 경주 황남동 통일신라시대 유적지에서 나온 항아리 밑바닥의 유기물 덩어리를 분석하였더니 황칠이었다는 것이다.

우리의 황칠은 중국 쪽에 더 잘 알려졌다. 《계림지(鷄林志)》라는 고문헌에 보면 "고려 황칠은 섬에서 나고 본래 백제에서 산출된다. 절강성 사람들은 신라칠이라고 부른다"라고 하였으며, 《해동역사(海東繹史)》[24]에는 "백제 서남해에서 나며 기물에 칠하면 황금색이 되고 휘황한 광채는 눈을 부시게 한다"라고 하여 삼국시대부터 귀중한 특산물이었음을 알 수 있다. 우리의 황칠을 직접 구하기 어려웠던 발해는 서기 777년에 사신 사도몽을 보내 일본 황칠을 수입하기도 했다. 고려에 들어서는 원나라에서 황칠을 보내달라는 요

◀천연기념물 479호 보길도 정자리 황칠나무 고목(2003.03.09.)

구가 여러 번 있었다. 원종 12년(1271)에 왕은 "우리나라가 저축하였던 황칠은 강화도에서 육지로 나올 때 모두 잃어버렸으며 그 산지는 남해 바다의 섬들이다. 그런데 요사이는 역적들이 왕래하는 곳이 되었으니 앞으로 틈을 보아서 가져다가 보내겠다. 우선 가지고 있는 열 항아리를 먼저 보낸다. 그 역즙(瀝汁)을 만드는 장인은 황칠이 산출되는 지방에서 징발하여 보내겠다"라고 하였으며, 이어서 충렬왕 2년(1276)과 8년(1282)에는 직접 사신을 파견하여 황칠을 가져다주었다. 조선왕조 때는 정조 18년(1794)에 호남 위유사 서용보가 올린 글 중에 "완도의 황칠은 근년 산출은 점점 전보다 못한데도 추가로 징수하는 것이 해마다 더 늘어나고, 아전들의 농간이 극심하니 엄격히 규제하여 섬 백성들의 민폐를 제거하는 것이 마땅할 것입니다"라는 기록이 있다.

황칠과 관련된 기록은 잠깐 훑어보아도 이와 같이 수없이 나온다. 불과 200여 년 전까지만 해도 우리나라는 가장 품질 좋은 황칠 생산의 중심지였다. 그러나 조선 후기로 오면서 안타깝게도 관리들의 수탈이 심해지자 백성들이 심기를 꺼려 하여 아예 맥이 끊겨버렸다. 최근에 들어서야 전통 황칠을 다시 살리기 위한 연구가 활발하게 이루어지고 있다.

황칠나무는 남부 해안 및 섬 지방에서 자라는 늘푸른 넓은 잎 큰 나무로 키가 15미터에 이른다. 껍질은 갈라지지 않아 매끄럽고 어린 가지는 초록빛이며 윤기가 난다. 잎은 어긋나기로 달리며 처음에는 3~5개로 갈라지나 나이를 먹으면서 긴 타원형에 톱니가 없는 보통 모양의 잎만 남는다. 암꽃과 수꽃이 따로 있고 6월에 흰빛으로 피며, 타원형의 열매는 30~40여 개씩 공처럼 모여 달리고 10월에 검게 익는다. 황칠나무에는 우리나라 천여 종의 나무 중에서 유일하게 '수평수지구(水平樹脂溝)'라는 세포를 가지고 있는 것이 특징이다. 황칠은 음력 6월쯤 나무줄기에 칼로 금을 그어서 채취한다. 매우 적은 양이 나오며 처음에는 우윳빛이나 공기 중에서 산화되면 황색이 된다. 황칠을 하면 금빛을 띠고 있으면서도 투명하여 바탕의 나뭇결을 생생하게 보여준다. 금빛을 더욱 강하게 내기 위하여 먼저 치자 물을 올린 다음 황칠로 마감하기도 한다.

우리
나무의
세계

1 문양공재: 나무를 가로로 잘랐을 때 물관이 나이테 안에서 배열하고 있는 모양을 나타내는 말로 특별한 무늬를 나타내는 나무.

2 《행포지》: 조선 후기의 실학자 서유구(徐有榘, 1764~1845)가 순조 25년(1825)에 쓴 농업기술서.

3 《동사강목》: 조선 후기 안정복이 고조선부터 고려 말까지의 역사를 기록한 책.

4 《만기요람》: 순조 8년(1808)에 편찬되었으며, 임금이 정사에 참고할 수 있도록 정부 재정과 군정의 내역을 모아 놓은 책.

5 《우리문화 길라잡이》, 2002, 국어연구원, 학고재.

6 《농가월령가》: 조선 후기의 월별 농촌풍속과 권농을 내용으로 한 가사로서 저자는 정약용의 둘째 아들인 정학유라고 알려져 있음.

7 《목민심서》: 조선 후기의 대학자인 정약용이 지방관리가 백성을 다스리는 도리를 기술한 책.

8 《위서 동이전》: 중국 진나라의 진수(233~297)가 편찬한 《삼국지》에 포함된 부여와 고구려 등 우리나라에 관련된 기록.

9 《동국세시기》, 2009, 홍석모/정승모, 풀빛.

10 《동사록》: 조선 인조 때의 문신 최유해(1587~1641)가 명나라 사신으로 갔을 때 지은 시문집.

11 《나무백과1》, 1977, 임경빈, 일지사.

12 《대한식물도감》, 1980, 이창복, 향문사.

13 《中尾佐助》, 1991, 花と木の文化史, 岩波新書.

14 《조선불교통사》: 개화기의 역사학자이자 불교학자인 이능화(李能和)가 한국의 불교사를 집대성한 책으로 1918년 발간함.

15 팽조: 중국의 고대 국가인 하(夏)왕조부터 상(商)왕조에 걸쳐 약 800년을 살았다는 전설 속의 임금.

16 《해동농서》: 조선 후기의 문신 서호수(1736~1799)가 편찬한 종합 농업서적.

17 《안자춘추》: 중국 춘추시대 제나라의 명재상인 안영(?~BC 500)의 언행을 정리한 책.

18 회수: 중국 중서부의 동백산(桐柏山)에서 발원하여 안휘성, 강소성을 거쳐 황하로 들어가던 강.

19 도쿠가와 이에야스: 일본 에도 막부(江戶幕府)의 초대 장군(1543~1616), 여러 가지 정책으로 일본 근세 봉건제사회 확립에 기여했다.

20 묵호자: 신라 눌지왕(417~458) 때 처음 불교를 전한 고구려의 중.

21 황촉규: 아욱과의 일년생 풀로서 뿌리에서 얻은 끈적끈적한 물질을 종이 만들 때 접착제로 이용. 닥풀이라고도 함.

22 《규합총서》: 고종 6년(1869)에 간행된 조선 후기 부녀자들의 생활 지침을 기록한 순한글로 된 책.

23 《다산시선》, 1997, 정약용/송재소 역주, 창작과비평사.

24 《해동역사》: 조선 후기 실학자인 한치윤이 중국책과 일본책을 참조하여 기술한 우리나라 역사책.

찾아보기

한국명

ㄱ

가래나무 · 219
가죽나무 · 539
갈매나무 · 443
감나무 · 227
감탕나무 · 481
갓대 · 479
개나리 · 11
개나리꽃나무 · 10
개다래 · 259
개머루 · 278
개살구나무 · 329
개암나무 · 237
개오동나무 · 351
개옻나무 · 378, 530
갯버들 · 447
겨우살이 · 355
계수나무 · 87
계요등 · 15
고욤나무 · 233
골담초 · 359
곰딸기 · 393
공조팝나무 · 178
광대싸리 · 473
구기자나무 · 363
구루메철쭉 · 157
구슬꽃나무 · 98
국수나무 · 19
귤나무 · 243

금은화 · 426
기리시마철쭉 · 157
까마귀머루 · 278
까마귀밥나무 · 247
까마까치밥나무 · 249
까치밥나무 · 247
꼬리겨우살이 · 358
꽃사과나무 · 23
꾸지뽕나무 · 369

ㄴ

남오미자 · 47
넓은잎정향나무 · 142
노가지나무 · 456
노각나무 · 453
노간주나무 · 457
노나무 · 354
노린재나무 · 25
누린내나무 · 30
노란옻나무 · 586
녹나무 · 221
누리장나무 · 29
능금나무 · 251
능소화 · 33

ㄷ

다래나무 · 257
닥나무 · 461
당마가목 · 380
당조팝나무 · 178
대나무(왕대) · 467
대나무 무리 · 466
대추나무 · 265
대팻집나무 · 481
덜꿩나무 · 45

돌배나무 · 269
동백나무 · 39
두릅나무 · 485
등나무 · 47
등수국 · 140
딱총나무 · 373
땅두릅나무 · 487
때죽나무 · 53, 58

ㅁ
마가목 · 377
망개나무 · 541
매화나무 · 61
머귀나무 · 381
머루 · 275
멀꿀 · 285
멍석딸기 · 393
명자나무 · 67
명자순 · 248
모감주나무 · 73
모과나무 · 293
모란 · 79
목련 · 83
묏대추 · 266, 267
무궁화 · 89
무화과나무 · 297
무환자나무 · 385

ㅂ
박쥐나무 · 95
박태기나무 · 99
밤나무 · 305
배나무 · 460
배롱나무 · 103
백당나무 · 109

백목련 · 88
백서향 · 136
병꽃나무 · 113
보리수 · 297
보리장나무 · 311
복분자딸기 · 389
복사나무 · 315
붉나무 · 395
비파나무 · 321
뽕나무 · 489

ㅅ
사방오리나무 · 182
사위질빵 · 493
산당화 · 72
산돌배나무 · 271
산딸나무 · 117
산배나무 · 268
산사나무 · 123
산수국 · 140
산수유 · 399
산조팝나무 · 178
산초나무 · 381
살구나무 · 66, 325
삼색병꽃나무 · 116
삼지닥나무 · 497
새머루 · 419
생강나무 · 58, 129
서어나무 · 504
서향 · 133
석류나무 · 331
소사나무 · 503
소태나무 · 405
수국 · 137

수유나무 · 506
수수꽃다리 · 141
순비기나무 · 409
쉬나무 · 507
신이대 · 479
실거리나무 · 145
싸리나무 · 513

ㅇ
아그배나무 · 24
아왜나무 · 151
앵두나무 · 335
야광나무 · 24, 155
약밤나무 · 309
염주나무 · 388
영산홍 · 157
예덕나무 · 519
오갈피나무 · 413
오동나무 · 57
오리나무 · 523
오미자 · 417
오수유 · 510
오얏나무 · 346
옻나무 · 527
왕머루 · 278
왜싸리 · 180
으름덩굴 · 289
음나무 · 421
이대 · 473
인동덩굴 · 425

ㅈ
자귀나무 · 167
자두나무 · 341
자목련 · 88
자산홍 · 160
자주목련 · 88
장미 · 171
접시꽃나무 · 110
제주조릿대 · 479
조각자나무 · 431
조록싸리 · 516
조릿대 · 477
조팝나무 · 175
족제비싸리 · 179
주엽나무 · 431
죽단화 · 214
줄딸기 · 393
쥐다래 · 259
쥐엄나무 · 434
진달래 · 183
쪽동백나무 · 54, 57
찔광나무 · 122
찔빵풀 · 494
찔레꽃 · 189

ㅊ
차나무 · 531
참개암나무 · 240
참꽃나무 · 185
참나무겨우살이 · 358
참다래 · 263
참싸리 · 516
참죽나무 · 537
천선과나무 · 301
철쭉 · 161
청미래덩굴 · 541
청포도 · 283
초피나무 · 545

찾아보기

추리나무 · 342
측백나무 · 221
치자나무 · 551
칡 · 557

ㅋ
콩배나무 · 271
키위 · 261

ㅌ
탱자나무 · 561

ㅍ
팥배나무 · 195
팽나무 · 51, 565
포도나무 · 279
푸조나무 · 571
풍년화 · 199

ㅎ
해당화 · 203
향나무 · 575
향오동나무 · 350
헛개나무 · 435
협죽도 · 207
호두나무 · 223
황경피나무 · 580
황매화 · 211
황벽나무 · 581
황칠나무 · 585
흑오미자 · 419

학명

A
Acanthopanax sessiliflorus · 412
Actinidia arguta · 256
Actinidia chinensis · 260
Akebia quinata · 288
Alangium platanifolium var. *macrophyllum* · 94
Albizia julibrissin · 166
Alnus japonica · 522
Amorpha fruticosa · 180
Aphananthe aspera · 570
Aralia elata · 484

B
Broussonetia kazinoki · 462

C
Caesalpinia decapetala · 146
Camellia japonica · 38
Camellia sinensis · 532
Campsis grandiflora · 34
Caragana sinica · 360
Carpinus turczaninovii · 502
Castanea crenata · 306
Catalpa ovata · 350
Cedrela sinensis · 536
Celtis sinensis · 566
Cercis chinensis · 98
Chaenomeles sinensis · 292
Chaenomeles speciosa · 68
Citrus unshiu · 242
Clematis apiifolia · 494
Clerodendron trichotomum · 30
Cornus kousa · 118
Cornus officinalis · 400
Corylus heterophylla var. *heterophylla* · 238
Crataegus pinnatifida · 122

Cudrania tricuspidata · 370

D

Daphne odora · 134

Dendropanax morbiferus · 586

Diospyros kaki · 228

Diospyros lotus · 234

E

Edgeworthia papyrifera · 498

Elaeagnus glabra · 310

Eriobotrya japonica · 320

Euodia daniellii · 506

F

Ficus carica · 298

Ficus erecta · 302

Forsythia koreana · 10

G

Gardenia jasminoides · 550

Gleditsia japonica · 430

H

Hamamelis japonica · 200

Hibiscus syriacus · 90

Hovenia dulcis · 436

Hydrangea macrophylla for. *otaksa* · 138

I

Ilex macropoda · 480

J

Juglans mandshurica · 218

Juglans regia · 224

Juniperus chinensis · 574

Juniperus rigida · 456

K

Kalopanax septemlobus · 420

Kerria japonica · 212

Koelreuteria paniculata · 74

L

Lagerstroemia indica · 104

Lespedeza bicolor · 512

Lindera obtusiloba · 128

Lonicera japonica · 426

Lycium chinense · 364

M

Magnolia kobus · 84

Mallotus japonicus · 518

Malus asiatica · 252

Malus baccata · 154

Malus prunifolia · 22

Morus alba · 488

N

Nerium indicum · 208

P

Paederia scandens · 14

Paeonia suffruticos · 78

Phellodendron amurense · 580

Phyllostachys bambusoides · 468

Picrasma quassioides · 404

Poncirus trifoliata · 562

Prunus armeniaca var. *ansu* · 324

Prunus mume · 60

Prunus persica · 314

Prunus salicina · 342

Prunus tomentosa · 336

Pseudosasa japonica · 472

Pueraria lobata · 556

Punica granatum · 330

Pyrus pyrifolia · 268

R

Rhamnus davurica · 442

Rhododendron indicum · 158

Rhododendron mucronulatum · 184

Rhododendron schlippenbachii · 162

Rhus javanica · 394

Rhus verniciflua · 528

Ribes fasciculatum var. *chinense* · 248

Rosa hybrida · 172

Rosa multiflora · 190

Rosa rugosa · 204

Rubus coreanus · 390

S

Salix gracilistyla · 448

Sambucus williamsii var. *coreana* · 374

Sapindus mukorossi · 386

Sasa borealis · 476

Schizandra chinensis · 416

Smilax china · 541

Sorbus alnifolia · 194

Sorbus commixta · 378

Spirea prunifolia var. *simpliciflora* · 176

Stauntonia hexaphylla · 284

Stephanandra incisa · 18

Stewartia koreana · 452

Styrax japonicus · 52

Styrax obassia · 56

Symplocos chinensis for. *pilosa* · 26

Syringa oblata var. *dilatata* · 142

V

Viburnum odoratissimum var. *awabuki* · 150

Viburnum erosum · 44

Viburnum sargentii · 110

Viscum album var. *coloratum* · 356

Vitex rotundifolia · 408

Vitis coignetiae · 274

Vitis vinifera · 280

W

Weigela subsessilis · 114

Wisteria floribunda · 48

Z

Zanthoxylum ailanthoides · 382

Zanthoxylum piperitum · 544

Zizyphus jujuba var. *inermis* · 264

영명

A

Ailanthoides Fagara · 382

Amur Cork Tree · 580

Aoiifolia Virgin's bower · 494

Apple Tree · 252

Apricot · 324

Arrow Bamboo · 472

B

Bastard Indigo · 180

Beach Vitex · 408

Bitter Orange · 562

Bitter Wood · 404

Bower Actinidia · 256

Bridalwreath Spiraea · 176

Bush Clover · 512

C

Cape Jasmine · 550

Castor Aralia · 420

Chinaroot · 540

Chinese Catalpa · 350

Chinese Gooseberry · 266

Chinese Judas Tree · 98

Chinese Juniper · 574

Chinese Peashrub · 360

Chinese Quince · 292

Chinese Redbud · 98

Chinese Silkworm Thorn · 370

Chinese Soapberry · 386

Chinese Sumac · 396

Chinese Toon · 536

Chinese Trumpet Creeper · 34

Chinese Walnut · 224

Chinese Wolfberry · 364

Common Camellia · 38

Common Jujuba · 264

Common Fig · 298

Common Lilac · 142

Crab Apple · 22

Crape Myrtle · 104

Crimson Glory Vine · 274

Cutleaf Staphanandra · 18

D

Dahurian Buckthorn · 442

Date Plum · 234

Downy Cherry · 336

E

Eleuthero · 412

Erosum Viburnum · 44

European Grape · 280

F

False Indigo · 180

Fevervine · 14

Fig · 298

Five-leaf Akebia · 288

Flowering Quince · 68

Fragrant Snowbell · 56

G

Glabra Oleaster · 310

Golden Rain Tree · 74

H

Harlequin Glory Bower · 30

Hawthorn · 122

Hazelnut · 238

I

Indian Oleander · 208

J

Japanese Alder · 522

Japanese Angelica · 484

Japanese Apricot · 60

Japanese Arrowwood · 44

Japanese Chestnut · 306

Japanese Coral Tree · 150

Japanese Cornelian Cherry · 400

Japanese Currant · 248

Japanese Dogwood · 118

Japanese Fig · 302

Japanese Hackberry · 566

Japanese Honey Locust · 430

Japanese Honeysuckle · 426

Japanese Hydrangea · 138

Japanese Mallotus · 518

Japanese Medlar · 320

Japanese Mountain Ash · 378
Japanese Pepper · 544
Japanese Persimmon · 228
Japanese Plum · 342
Japanese Prickly-ash · 382
Japanese Pussy Willow · 448
Japanese Raisin Tree · 436
Japanese Rose · 190
Japanese Snowbell · 52
Japanese Spice Bush · 128
Japanese Staunton Vine · 284
Japanese Timber Bamboo · 468
Japanese Wisteria · 48
Japanese Witch Hazel · 200
Japanese Kerria · 212
Jujube · 264

K

Kaki · 228
Kerria Rose · 212
Kiwi Fruit · 260
Kobus Magnolia · 84
Korean Blackberry · 390
Korean Dendropanax · 586
Korean Elder · 374
Korean Euodia · 506
Korean Golden-bell · 10
Korean Hornbeam · 502
Korean Mauntain Ash · 194
Korean Mistletoe · 356
Korean Rosebay · 184
Korean Stewartia · 452
Kousa Dogwood · 118
Kudzu Vine · 556

L

Lace Shrub · 18
Lacquer Tree · 528
Large Berried Holly · 480
Lobed Leaf Alangium · 74
Loquat · 320

M

Manchu Cherry · 336
Mandshurica Walnut · 218
May Flower, Hawthorn · 122
Momosa · 166
Mukutree · 570
Multiflora Rose · 190
Mysore thorn · 146

N

Needle Juniper · 456

P

Paper Bush · 498
Paper Mulberry · 462
Peach · 314
Pomegranate Tree · 330

R

Rose · 172
Rose of Sharon · 90
Rugosa Rose · 204

S

Saltspray Rose · 204
Sand Pear · 268
Sargent Viburnum · 110
Sasamorpha · 476
Satsuki Azalea · 158
Satuma Mandarins · 242
Schizandra · 416

Siberian Crab · 154
Siberian Ginseng · 412
Siberian Hazel · 238
Silk Tree · 166
Smile Rosebay · 162
Stauntonia Vine · 284
Sweet Leaf · 26
Sweet-scented Oleander · 13

T
Tara Vine · 256
Temple Juniper · 456
Thea Bohea · 532
Tree Paeony · 78
Trifoliate Orange · 562
True Rhus · 394

W
Weigela · 114
White Mulberry · 488
Winter Daphne · 134

Y
Yadake · 472

일본어

ア행
アオハダ · 480
アカメガシワ · 518
アケビ · 288
アジサイ · 138
アズキナシ · 194
アンズ · 324
イタチハギ · 180
イチジク · 298
イヌビワ · 302
イブキ · 574
イワシデ · 562
ウメ · 60
ウリノキ · 94
ウルシ · 528
エゴノキ · 52
エノキ · 566
オオサンザシ · 122
オニグルミ · 218

力행
カキノキ · 228
カシグルミ · 224
カラスザンショウ · 382
カリン · 292
カンボク · 110
キウイ · 260
キササゲ · 350
キハダ · 580
キョウチクトウ · 208
クコ · 364
クサギ · 30
クズ · 556
クチナシ · 550
クリ · 306
クロバナエンジュ · 180
クロフネツツジ · 162
ケンポナシ · 436
ゲンカイツツジ · 184
コウゾ · 462
コウライシャラノキ · 452
コウライニワトコ · 374
コゴメウツギ · 18

コバノガマズミ・44
コブシ・84
コライヤブウツギ・114

サ행

サイカチ・430
サツキ・158
サルスベリ・104
サルトリイバラ・540
サルナシ・256
サワフタギ・26
サンゴジュ・150
サンシュユ・400
サンショウ・544
ザクロ・330
ジャケツイバラ・146
ジンチョウゲ・134
スイカズラ・426
スズタケ・476
スモモ・342

タ행

タラノキ・484
ダンコウバイ・128
チャノキ・532
チャンチン・536
チョウセンカクレミノ・586
チョウセンクロツバラ・442
チョウセンゴシュユ・506
チョウセンレンギョウ・10
チョウセンゴミシ・416
チョウセンリンゴ・252
ツバキ・38
ツルグミ・310
トックリイチゴ・390

ナ행

ナツメ・264
ナナカマド・378
ニガキ・404
ヌルデ・374
ネゴヤナギ・448
ネズ・456
ネムノキ・166
ノイバラ・190
ノウゼンカズラ・34

ハ행

ハクウンボク・56
ハシバミ・238
ハナズホウ・98
ハマゴウ・408
ハマナス・204
ハリギリ・420
ハリグワ・370
ハンノキ・522
バラ・172
ヒトエノシジミバナ・176
ヒメリンゴ(イヌリンゴ)・22
ヒメリンゴ,エゾノコリンゴ・154
ヒロハハシドイ・142
ビワ・320
フジ・48
ブドウ・280
ヘクソカズラ・14
ボケ・68
ボタン・78
ボタンヅル・494

マ행

マグワ・488

マダケ · 468
マメガキ · 234
マンサク · 200
マンシウウコギ · 412
ミカン · 242
ミツマタ · 498
ムクゲ · 90
ムクノキ · 570
ムクロジ · 386
ムベ · 284
ムレスズメ · 360
モクゲンジ · 74
モモ · 314

ヤ행

ヤドリキ · 356
ヤブサンザシ · 248
ヤマナシ · 268
ヤマハギ · 512
ヤマブキ · 212
ヤマブトウ · 274
ヤマボウシ · 118
ユスラウメ · 336

중국명

ㄱ

家桑 · 488
干枝梅 · 60
桂竹 · 468
鸡屎藤 · 14
鸡矢藤 · 14
鸡树条荚迷 · 110
高麗錦帶花 · 114

高麗接骨木 · 374
苦楝 · 404
苦木 · 404
瓜木 · 94
欧亚花楸 · 378
枸橘 · 562
枸杞 · 364
君迁子 · 234
金银花 · 426

ㄴ

糯米条子 · 44
柰子 · 22
女萎 · 494

ㄷ

茶 · 532
茶花 · 38
多花紫藤 · 48
多化薔薇 · 190
茶树 · 532
单叶蔓荆 · 408
大柄冬青 · 480
大字杜鹃 · 162
大花栀子 · 550
桃 · 314
桃花 · 314
杜松 · 456

ㄹ

栾树 · 74
凉子木 · 194
柳叶桃 · 208
凌霄 · 34
凌霄花 · 34
李 · 342

辽东楤木·484
龙柏·574
林檎·252

ㅁ
满条红·99
蔓胡颓子·310
梅·60
玫瑰·204
梅花·60
麦夫杨树·394
牡丹·78
毛叶插田泡·390
毛刺花椒·382
毛樱桃·336
木瓜·292
木槿·90
木梨·292
木通·288
木患子·386
木锦·90
无花果·298
無患子·386
猕猴桃·256, 260

ㅂ
朴树·566
菝葜·540
白玉棠·190
百日红·104
枇杷·320

ㅅ
沙果·252
沙梨·268
沙朴·566

四照花·118
蒴藋·374
山茶·38
山豆子·336
山李子·342
山楂·122
山茱萸·400
山竹·476
山通草·288
山葡萄·274
山杏·324
珊瑚·150
酸枣·264
山荆子·154
三桠乌药·128
插田泡·390
桑树·488
鼠李·442
瑞香·134
石榴·330
小米空木·18
小构树·462
绣线菊·176
水王·350
睡香·134
水榆花楸·194
柿·228
柿子树·228
矢竹·472
食茱萸·382

ㅇ
鹅耳枥·502
安石榴·330

野葛·556
野桐·518
野茉莉·52
野木瓜·284
夜合树·166
羊棘子·364
痒痒树·104
软枣猕猴桃·256
盐肤木·394
映山红·158
五加皮·412
五味子·416
五倍子树·394
五叶木通·288
玉铃花·56
温州蜜柑·242
牛奶根·302
牛藤果·284
月季·172
绒毛野桐·518
宜昌荚蒾·44
银柳·448
银芽柳·448
锦鸡儿·360
忍冬·426
日本金缕梅·200
日本珊瑚树·150
日本辛夷·84
日本云实·146
日本板栗·306
日本桤木·522
日本栗·306
摇钱树·74

ㅈ

紫葛葡萄·274
刺嫩芽·484
紫藤·48
紫薇·104
紫穗槐·180
刺楸·420
柘树·370
紫荆·98
紫阳花·138
梓·350
梓树·350
楮·462
楮桑·462
赤杨·522
灯笼树·74
朝鲜皂荚·430
糙叶树·570
朝鲜紫荆·452
朝鲜丁香·142
朝鲜连翘·10
枣树·264
枳·562
地骨·364
地竹·476
枳椇子·436
榛·238
秦椒·544

ㅊ

天仙果·302
川椒·544
贴梗木瓜·68
贴梗海棠·68

棣棠 · 212
楸子 · 22
椿 · 536
春梅 · 60
椿叶花椒 · 382
臭檀 · 506
臭梧桐 · 30
漆树 · 528

ㅍ
八角枫 · 94
蒲桃 · 280
葡萄 · 280

ㅎ
华茶藨子 · 248
华蔓茶藨子 · 248
华北绣线菊 · 176
夹竹桃 · 208
合欢 · 160
海棠果 · 22
海州常山 · 30
海红 · 22
核桃 · 224
香椿 · 536
胡桃 · 224
胡桃楸 · 218
胡枝子 · 512
華山蘩 · 26
花红 · 252
黑老鸦刺 · 442
黑枣 · 234
红叶甘姜 · 128
绒花树 · 166
结香 · 418

闊叶槲寄生 · 356
黄棘 · 360
黄楝 · 404
黄柏 · 580
黃檗 · 580
黄瑞香 · 498
黄雀花 · 360

한자명

ㄱ
檟 · 350
葛 · 556
甘棠 · 194
柑子 · 242
羌桃 · 224
鷄尿藤 · 14
高麗楊櫨 · 114
高麗接骨木 · 374
苦木 · 404
苦珠子 · 386
骨擔草 · 360
瓜木 · 94
構 · 462
枸橘 · 562
枸杞 · 364
君遷子 · 234
鬼兜靑 · 480
槿 · 90
錦繡木 · 452
金漆 · 586
金鷄花 · 360
金藤花 · 34

金銀花 · 426

ㄴ
南藤 · 378
老柯子木 · 456
老松 · 456
雷電桐 · 350
凌霄花 · 34

ㄷ
茶 · 532
茶茗 · 532
棠梨 · 194
棠薔薇 · 190
唐楸子 · 224
大柄冬靑 · 480
大連翹 · 10
大棗 · 264
桃 · 314
桃花樹 · 314
凍綠 · 442
冬柏 · 38
冬靑 · 356
杜鵑花 · 184
杜松 · 456
豆梨 · 194
藤 · 48
藤梨 · 256

ㄹ
欒樹 · 76
椋子木 · 570
老翁鬚草 · 426
柳桃花 · 208
笠竹 · 476

ㅁ
馬價木 · 378
馬牙木 · 378
蔓荊子 · 408
梅 · 60
玫瑰 · 204
梅桃 · 60, 336
梅花 · 60
孟宗竹 · 468
木角豆 · 350
木瓜 · 292
木槿 · 90
牧丹 · 78
木頭菜 · 484
木蘭 · 84
木蓮 · 84
木蜜 · 436
木珊瑚 · 436
木鹽 · 394
木通 · 288
木筆 · 84
無窮花 · 90
無花果 · 298
無患樹 · 94, 386
獼猴桃 · 258
蜜柑 · 242
密蒙花 · 498

ㅂ
朴樹 · 566
樸樹 · 566
樸楡 · 566
白棘 · 204
白桑 · 488

百日紅 · 104
白棗 · 264
白蒲姜 · 468
白花丹 · 26
檗 · 580
甫里樹 · 310
菩提樹 · 74
覆盆子 · 390
膚木 · 394
佛頭花 · 110
枇杷 · 320

ㅅ

四照花 · 118
山客 · 162
山歸來 · 540
山茶 · 38
山棠花 · 68, 212
山裏紅 · 122
山反栗 · 238
山查木 · 122
山茱萸 · 400
山梨 · 268
山定子 · 248
山竹 · 476
山椒 · 544
山萩 · 512
山葡萄 · 274
山核桃 · 218
珊瑚樹 · 150
山花楸 · 378
三椏木 · 498
常山 · 176
桑樹 · 488

生薑木 · 128
鼠李 · 442
瑞香 · 134
石榴 · 330
石棗 · 400
仙果樹 · 314
仙桃 · 218
仙扉花 · 360
仙遺糧 · 540
仙杖 · 364
小西木 · 502
小柿 · 234
小珍珠花 · 18
繡毬花 · 138
藪山查 · 248
繡線菊 · 176
水楊 · 448
茱萸 · 506
柿 · 228
柿木 · 228
食茱萸 · 382
辛夷 · 84
實棗兒樹 · 400

ㅇ

亞棠梨 · 154
鴨脚板樹 · 94
櫻 · 336
櫻桃 · 336
野桐 · 518
野枇杷 · 302
野薔薇 · 190
野丁香 · 142
夜皁角 · 146

野葡萄 · 274
夜合樹 · 166
羊奶子 · 310
羊母奶子 · 310
女萎 · 494
連翹 · 10
燕覆子 · 284
軟棗 · 256
鹽膚木 · 394
映山紅 · 158
營實薔薇 · 190
迎春化 · 84
五加皮 · 412
五里木 · 522
五味子 · 416
玉鈴花 · 56
搖頭菜 · 484
牛奶柿 · 234
牛李 · 442
牛鼻木 · 26
禹餘糧 · 302
楡理木 · 540
杻木 · 522
栗木 · 512
李 · 306
忍冬 · 342
忍冬草 · 426
林檎 · 426
林下婦人 · 252

ㅈ

柘 · 370
紫檀 · 574
紫桃 · 342

刺桐 · 420
紫藤 · 48
柘木 · 370
紫微 · 104
紫微花 · 104
刺兒松 · 456
紫葳花 · 34
柘刺 · 370
刺楸 · 420
紫荊木 · 98
薔薇 · 172
梓 · 218
楮 · 462
樗 · 234
楮桑 · 462
赤芽檞 · 518
赤楊 · 522
箭竹 · 472
丁公藤 · 378
丁香 · 142
齊墩 · 52
皂角刺 · 430
棗木 · 264
朝鮮吳茱萸 · 506
糙葉樹 · 570
皂莢 · 430
左纏藤 · 426
枳橘 · 562
地棠花 · 212
地桑 · 488
地竹 · 476
枳棋 · 436
榛 · 238

榛栗 · 238
秦椒 · 544

ㅊ
躑躅 · 162
千金木 · 394
天仙果 · 302
川椒 · 302
靑桃 · 298
蜀椒 · 544
摠木 · 484
楸木 · 218
楸子 · 218, 224
楸梓 · 518
椿 · 536
春柏 · 38
黜壇花 · 212
醉人仙 · 138
梔子 · 550
漆 · 528
漆樹 · 528

ㅌ
探春花 · 38, 44
通草 · 288

ㅍ
彭木 · 566
葡萄 · 280
蒲柳 · 448
豊年花 · 200

ㅎ
合婚樹 · 166
合歡樹 · 166
海棠花 · 204
海桐木 · 420

海州常山 · 30
核桃 · 224
杏 · 324
杏木 · 324
香木 · 574
香欜木 · 536
香椿樹 · 536
夾竹桃 · 208
荊 · 512
胡桃 · 224
紅棗樹 · 264
華榴木 · 292
花梨木 · 292
華山礬 · 26
花王 · 78
黃柑 · 242
黃棟樹 · 404
黃梅木 · 128
黃梅花 · 212
黃灰木 · 26
黃栢 · 580
黃蘗 · 580
黃瑞香 · 498
黃漆 · 586
檜柏 · 574
栲 · 536
楛 · 512
楧檀 · 68
槆樞 · 68
橞 · 74
蘡薁 · 274